U0451639

如何看待这个世界

《道德经》精讲

秦平 / 著

天地出版社 | TIANDI PRESS

图书在版编目（CIP）数据

如何看待这个世界：《道德经》精讲 / 秦平著. ——成都：天地出版社，2024.4
ISBN 978-7-5455-8010-5

Ⅰ.①如… Ⅱ.①秦… Ⅲ.①《道德经》—通俗读物 Ⅳ.①B223.1-49

中国版本图书馆CIP数据核字（2023）第211554号

RUHE KANDAI ZHEGE SHIJIE：DAODEJING JINGJIANG

如何看待这个世界：《道德经》精讲

出 品 人	杨　政
著　　者	秦　平
责任编辑	陈文龙
责任校对	张月静
装帧设计	挺有文化
责任印制	王学锋

出版发行	天地出版社
	（成都市锦江区三色路238号 邮政编码：610023）
	（北京市方庄芳群园3区3号 邮政编码：100078）
网　　址	http://www.tiandiph.com
电子邮箱	tianditg@163.com
经　　销	新华文轩出版传媒股份有限公司

印　　刷	北京文昌阁彩色印刷有限责任公司
版　　次	2024年4月第1版
印　　次	2024年4月第1次印刷
开　　本	787mm×1092mm 1/16
印　　张	27.5
字　　数	419千字
定　　价	78.00元
书　　号	ISBN978-7-5455-8010-5

版权所有◆违者必究

咨询电话：（028）86361282（总编室）
购书热线：（010）67693207（营销中心）

如有印装错误，请与本社联系调换。

前言

今天我们为什么要读《道德经》

今天的我们还需要读经典吗？这是每一种与国学相关的普及读物都要首先回答的问题。

今天是一个求"短"、求"平"、求"快"的时代，"短视频""快时尚"每天都携带着无数冲击眼球的信息向我们袭来。我们讨论疾病、讨论战争、讨论股价、讨论潮流……便携式电子设备与网络技术的发展，让我们可以极高效率地被动或主动地接收各种各样的资讯。但是，这样的时代氛围也向我们抛出一个问题：我们每天是否留出了足够的时间来回顾和反思？我们虽然可以在一些文章中思考疾病、战争、股价、潮流等等，但除此之外，我们是否也应该去思考一些更根本的问题，思考一些形而上的东西。

经典给我们的，正是它能够带我们去思考人类的根本问题，并且针对这些问题，给出深刻的、充满智慧的回答。

孔孟老庄、墨荀申韩思想，这些积淀了几千年的中国智慧，仍然渗透在我们当代生活的方方面面。我们生活的当代中国，它的文化制度、政治制度、法律制度乃至所谓的"民族性格"，到处都有着古圣先贤在经典著作中留存的思想的影子。也许在我们面对热点事件时，思维的尽头，那些藏在古老文字里的智慧正在静静地等待着我们。所以，今天的我们，仍然不能不去读古老的经典。

回到今天要讲的《道德经》。曾有人说，不了解《道德经》，不知中国文化，不知人生真谛。在古代思想经典中，《道德经》可以说是很独特的一部，它思考根本的问题，它提供的答案非常深邃，它指向的未来非常美好，它让我们的灵魂通向自由。

老子回答了世界本原的问题："道生一，一生二，二生三，三生万物……"他认为"道"是世界的本源。

老子还说："有无相生，难易相成，长短相形，高下相倾……"他认为有无、难易、长短、高下……这些看上去对立的观念都是相伴相生的。这是两千多年前中国人的辩证思维的代表。

老子也提出了治国理政和人生修养中的"清净"与"无为"。他反对战争："兵者，不祥之器，物或恶之，故有道者不处。""有道"的人，不会热衷于战争。他要求抱朴守拙："见素抱朴，少私寡欲……"外表单纯，内心朴素，减少私心，降低欲望。

可以说，老子的学说没有解决任何问题，但似乎又解决了所有问题，《道德经》里的人生观、社会观、价值观构成了中国社会性格的一部分。

时光流转千年，今天的我们需要对《道德经》中的思想进行辩证的取用与解读，以便能够求取其中的"大道"。

写这本国学普及性读物的缘起，可以追溯到我在武汉大学为全校本科生开设通识课的一次触动。通识课就是为不同专业的同学开设的公选课。在一次课上，讲到某个主题时，我顺带着问了一个问题："有哪些同学读过《红楼梦》？请举手！"当时教室里大约有六七十位同学，我猜想可能有一半同学会举手吧。结果，让我大吃一惊！实际上举手的同学有多少呢？三个！只有三个！我不太敢相信，于是又问了一遍，仍然只有这三位同学举手。我只好换了一个问题："计划在将来阅读《红楼梦》的同学，请举手。"这次，举手的人多了一点，有十几位。也就是说，剩余的将近五十位同学，过去没读过《红楼梦》，将来也不打算读。这些人占了总数的70%～80%。

这个意外的发现，让我想起了一句俏皮话：在过去，如果有学生在课堂上悄悄读金庸先生的武侠小说，老师看到了，会生气，会没收；而现在，如果有学生在课堂上偷偷读金庸的书，老师知道了，只会欣慰地点点头。

本来，年轻朋友读不读《红楼梦》或者金庸的武侠小说，完全是他们个人的自由。不过，我是学哲学的，哲学嘛，就是喜欢"把简单的问题想复杂""把复杂的问题变简单"。于是，我由现在的年轻朋友不再把阅读《红楼梦》，读金庸先生的《射雕英雄传》《笑傲江湖》当作一个必然的、重要的选项，一步一步地推导，联想到大家对于旧日的所谓"经典""名著"不再理所当然地接受和崇尚。或许有人会说，一代人有一代人的喜好，这就是"代沟"，没什么大惊小怪的。然而，我却有一点疑虑，我把它称作当代人的"'非历史'的错觉"。

我们今天所处的时代，与过去的历史已经有了翻天覆地的变化，甚至有人说，"今天已然超出了历史，不再处于历史之中了"。的确，当代社会的发展变化之迅猛，让"日新月异"这个成语没有了夸张的色彩。"我们面对的是百年未有之大变局"，已然成为共识。

从大处讲，21世纪以来，人类社会进入一个波澜壮阔的创新活跃期，新一轮科技和产业革命已然起航，很多重大的、颠覆性的技术不断涌现，科技成果转化速度明显加快，资本和信息巨头的影响力空前扩张。

从小处讲，每一秒、每一刻，我们的生活形式、生活内容都被推动着不断更新换代。古代将三十年称作"一世"，大约就是一代人的意思；现代，代际的更迭曾经以十年为单位，如"70后""80后""90后"概念；然而，到了今天，一代与一代的更迭周期已经被压缩到五年，甚至三年……

一个很明显的结果就是，今天的我们已经很难准确预测三年后、五年后的世界会是什么样子。

身处于巨变的时代洪流之中，不少人产生了一种感觉：当今时代太过特殊了，以至于今天和历史上的任何一个时代都不一样；历史上的经验对当今时代的参考价值越来越小；甚至于，可以说"今天已经不再属于那个我们熟悉的历史"，而是具有了"非历史"的特殊地位。既然今天都不再属于历史，那么"历史"以及与之相伴随的"传统"和"经典"，对今天的人来说，只不过是可有可无的点缀罢了。

尽管这种"非历史"的感觉很强烈，但我更愿意将它称作"错觉"。其实，身处各个历史时代的人们，对自己时代的特殊性往往感受更强烈。正如英国著名作家狄更斯在《双城记》一书的开篇写到的，"这是一个最好的时代，也是一个最坏的时代"。殊不知，很多人都是这样看待自己所处的时代的。当然，当今时代的变化节奏要远远快于过去的时代；但是，这种差异也许仍然只是量上的，而不是质上的。当拨开纷繁变幻的表面现象，我们会发现，今天这个时代所面对的最基本问题与过去的时代依然是相似的，如人与天地万物的关系，我与他人的关系，我的身体和我的心灵的关系等等。

我们不需要迷信传统和经典。不过，倘若换一个视角，将历史上的圣贤与智者——中外历史上的大思想家，如老子、孔子、柏拉图、释迦牟尼等，看作只不过比我们先行了一步的一个个同行者，我们和他们面对的其实是相似的问题，是在相近的道路上摸索着，那么，这些杰出的同行者、先行者，他们的感受和思考的结晶，也就是所谓的经典和传统，或许能带给我们很多有益的启发。

回到"百年未有之大变局"这个话题。我们应该如何应对？我认为答案是辩证的：一方面，急遽变动的时代，需要我们具备宽广的视野、变化的眼光，不能做守株待兔、抱残守缺的蠢人；另一方面，世事变幻，或许更需要有"以不变应万变"的定力，要能守住初心，不能做手忙脚乱、随波逐流的庸人。

说到底，在纷繁变化的时代，"以简驭繁"的智慧显得更加难能可贵，也更加意义重大。我们都知道，一些最复杂、最高深的科学原理，往往与人类早期的古老智慧、古老观念不谋而合。我们能够从那些看上去简陋、质朴的思维模型中获得关键性的启发。这样的例子不胜枚举。

《道德经》正是一部饱含"以简驭繁"智慧的经典。它启发人们，如何用一种独特的眼光看待这个越来越陌生的世界。在这样一个信息爆炸、人心浮动的时代，简单一点，学会做"减法"，学会慢一些，学会静下来。一旦人们这样做了，很多问题的答案就会自然而然地浮现出来。

与此相关的，有这么一个说法：道家是中国文化中的"药店"。提出这个说法的，是文化学者南怀瑾。他在《论语别裁》这本书里归纳说：中国传统文化的主体有儒、释、道三家。他还把它们比作三家店铺。

儒家好比是粮食店。粮食是我们天天都要吃的，须臾不能离的。老话说，"人是铁，饭是钢，一顿不吃饿得慌"，儒家思想就是我们中国人的精神食粮。

中国佛教好比百货店，里面商品琳琅满目，样样俱全。你要是家里缺了针头线脑，有钱有时间，可以去逛逛，买点东西。暂时不缺，不去逛也没关系。但是社会需要它。

而道家则是药店，我们不生病的时候当然不去，但万一生了病，自己无法痊愈，就非得去药店开药方、抓药。对于国家、社会来说，生病就好比变乱时期，出了大问题；要想拨乱反正，就非得去道家开一些清静的方子（过热）。甚至就个人来说，精神出了问题，也可以去道家这个药店开方子，因为精神的问题往往是想得太多了，而道家教我们怎么样清心寡欲。所以，一个国家、一个民族、一个人生了病，非去道家这个药店不可。

朋友们都知道，当代人的精神压力和心理健康问题日益显著。那么，道家的《道德经》《庄子》这些经典，或许能给我们开出一剂对症的方子吧。

目录

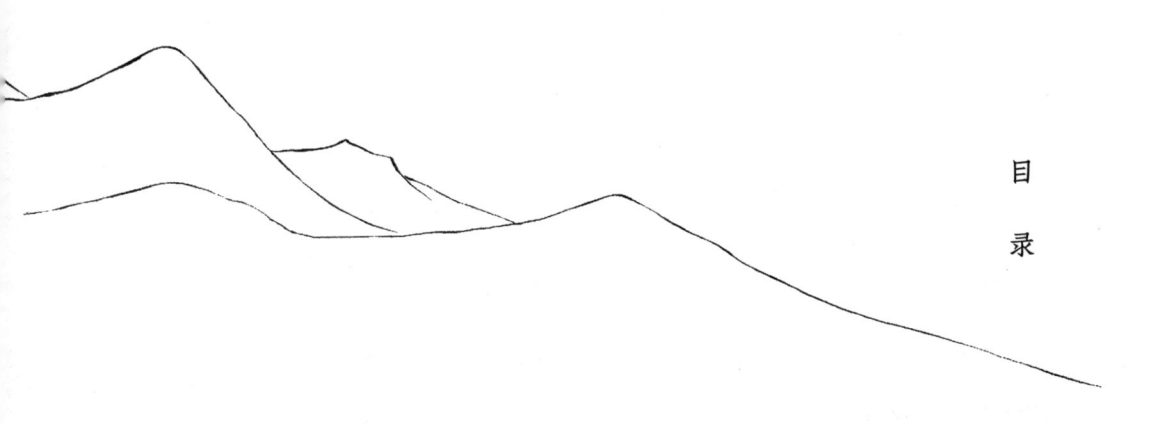

第一章 / 001

第二章 / 006

第三章 / 011

第四章 / 016

第五章 / 020

第六章 / 025

第七章 / 029

第八章 / 034

第九章 / 039

第十章 / 044

第十一章 / 048

第十二章 / 053

第十三章 / 058

第十四章 / 064

第十五章 / 069

第十六章 / 073

第十七章 / 077

第十八章 / 082

第十九章 / 087

第二十章 / 092

第二十一章 / 097

第二十二章 / 102

第二十三章 / 107

第二十四章 / 112

第二十五章 / 117	第四十二章 / 199
第二十六章 / 122	第四十三章 / 204
第二十七章 / 126	第四十四章 / 209
第二十八章 / 131	第四十五章 / 214
第二十九章 / 136	第四十六章 / 219
第三十章 / 141	第四十七章 / 223
第三十一章 / 145	第四十八章 / 228
第三十二章 / 150	第四十九章 / 233
第三十三章 / 155	第五十章 / 238
第三十四章 / 160	第五十一章 / 243
第三十五章 / 165	第五十二章 / 248
第三十六章 / 169	第五十三章 / 253
第三十七章 / 174	第五十四章 / 257
第三十八章 / 179	第五十五章 / 262
第三十九章 / 184	第五十六章 / 267
第四十章 / 189	第五十七章 / 272
第四十一章 / 194	第五十八章 / 277

目 录

第五十九章 / 282

第六十章 / 286

第六十一章 / 291

第六十二章 / 295

第六十三章 / 300

第六十四章 / 305

第六十五章 / 310

第六十六章 / 315

第六十七章 / 320

第六十八章 / 325

第六十九章 / 330

第七十章 / 335

第七十一章 / 340

第七十二章 / 345

第七十三章 / 350

第七十四章 / 354

第七十五章 / 358

第七十六章 / 363

第七十七章 / 367

第七十八章 / 372

第七十九章 / 377

第八十章 / 382

第八十一章 / 387

结束语 / 393

附录：《道德经》阅读指导 / 395

第一章

　　第一章在《道德经》全书中的地位极为重要。可以说，读懂读通了这一章，也就找到了打开《道德经》之门的一把钥匙。这一章不容易理解，但是也不必担心，因为不管是东方的思想经典，像《老子》《论语》《庄子》《坛经》，还是西方的思想经典，比如柏拉图的《对话录》，等等，它们都有一个共同的特点，那就是它们讲述的都是人类思考这个世界的一些根本问题，也就是说，这些问题，在我们的一生中，或多或少，或迟或早，都会遇到。既然是人类共通的问题，作为爱思考、爱智慧的我们，就一定能够理解它，把握它，并在我们的生命过程中践行它，最终成就一种有意义的人生。我们先来看看第一章的内容：

　　道，可道，非常道；名，可名，非常名。无，名天地之始；有，名万物之母。故常无，欲以观其妙；常有，欲以观其徼。此两者同出而异名。同谓之玄，玄之又玄，众妙之门。

　　河上公给这一章起的标题是"体道"。
　　这一章相信大家都非常熟悉。但是，这里的几个关键词，如"道""名""有""无"，理解起来还是有些难度的。在解读这一章的时候，要特别注意。

我们试着解读一下："道"，如果可以用语言来言说的话，就不是老子所讲的恒常之道。反过来讲，作为本体代名词的这样一个恒常之道、永恒之道，是没有办法用语言来描述、来言说的。"言不尽意"，语言是有局限性的，语言是低于道的层面的。套用"维度"的说法，语言是低维度的，而"道"则是高维度的；用低维度的东西，很难描述高维度的东西。如果我们执着于用语言来描述"道"，那就像盲人摸象一样，永远只能够感受到大象的某个部分，而无法了解它的整体、它的全貌。"道"是超越语言的，语言在道的面前是有限的，是苍白的，没有办法去把握、去描绘"道"的整体。

"名，可名，非常名"是同样的意思，"常名"就是恒常之名，是与"恒常之道"这个存在相对应的名称。每一个事物都有它对应的名称，而恒常之道所对应的名称就是恒常之名。由于恒常之道是无法用语言来描述的，同样的道理，它所对应的"恒常之名"，也是没有办法用语言去界定的。对于一个概念、一个名称，我们通常都是用语言来描述、来定义的。然而，恒常之道对应的恒常之名，是无法用语言来描述，来下定义的。所以，这两句话都是说明"道"是超越语言的，没有办法用语言、用概念来形容。

弄清楚了"道"与"名"的关系，我们的理解工作也就进行了一半了。接下来，我们再看看"有"和"无"。

"无，名天地之始，有，名万物之母"。老子在这里采用了"无"和"有"的双重结构来讲"道"的内在层次。现代科学在解释新事物时，经常会借助一些理论模型。同样，我们在理解《道德经》的时候，也可以借助一些理论框架、思维模型。"无"和"有"的双重结构就是这样一个理论框架，或者说思维模型。

当我们说"道"是"无"的时候，就是说，道在天地开始之前就已经存在了；在老子这里，天地也是有始有终的，天地不是无限的，不是永恒的，天地有开端也有终结。而"道"在天地开始之前就已经存在了。在天地灭亡之后，"道"依然存在。因此，"道"超越天地终始，"道"是永恒的，没有开端，也没有终结。"道"是一个独一无二的、绝对的、最高的存在，是本体。

"道"是"无"讲清楚了，那当我们讲"道"是"有"，又是什么意思？其实，《道德经》在这里是想说明，"道"是天地万物产生的来源，是天地万物的母亲。换句话说，这个本体之"道"，并不是和天地万物、和人无关的孤悬于天外的存在，相反，它是万事万物都离不开的，是世间一切事物、一切现象之所以存在、之所以变化的终极根源、终极依据。从这个意义上讲，我们可以说"道是天地万物的母亲"。

讲清楚了"道"与"有"和"无"的关系，那我们理解第一章的工作就完成了一多半了。但是像《道德经》这样的经典，它在讲问题的时候，是非常透彻、非常深刻的。为了把"道"与"有"和"无"的关系讲得更清晰，它于是加入了一个"常"字，有了"常有""常无"这两个词。

老子说"常无，欲以观其妙；常有，欲以观其徼"，我们从"常无"的角度，可以体会这个"道"的神妙莫测，它是没有办法用语言、用感官去把握的，是玄妙的，不可言传。我们从"常有"的角度，可以观察"徼"。"徼"就是边界，就是事物之间的一个界限。我们在讲万物的时候，之所以说"万物"，就是因为一个事物和另一个事物相区分了，事物和事物之间是有边界的，因此我们在讲"常有"的时候，恰恰是强调了万事万物之间的边界，它们之间的区别。万物的产生，就是一个事物和另一个事物相区分的过程，这也就是"道生万物"的过程，让万物之间有了边界，有了区别。

因此，"道"包含"有"和"无"这两个层面，而这两个层面又同出于道，只不过它们的名是不一样的，一个是"无"，一个是"有"。"有"和"无"同出于道，是"道"的一体两面，就像硬币有两面一样。这么一个微妙的状态，我们可以称之为"玄"，道的"无"和"有"都包含在这个"玄"之中。"玄之又玄"，也就是说，道的"无"和"有"是层层叠叠的，是混杂在一起的，它是一切玄妙的来源，一切奥妙的源头。"玄之又玄，众妙之门"。

再总结一下，《道德经》的第一章其实就是强调了"道"的"无"和

"有"的统一。所谓的"无",是说"道"是一个绝对的、永恒的本体,它在天地产生之前就已经存在;而所谓的"有",是说"道"是万物的来源,是万事万物存在、变化的终极依据。

关于"道"的"无"和"有"的统一,我们还可以换个角度来理解。

之所以将"道"形容为"无",是为了强调"道"的绝对性,"道"作为本体性存在的超越性和绝对性,是一个独一无二的、最高的、绝对的存在。我们可以举参照系的例子来讲。通常,我们要认识一个新的事物,一个陌生的事物,往往会借助于参照系,把和这个新事物相关的,同时又是我们已经熟知的事物纳入进来,建立一个参照系,然后把新的事物放到参照系统中,看看它和其他参照物之间的关系,从而了解和把握这样一个未知的新事物。假设我们不认识刘德华,不清楚他的身高、他的相貌,那我们可以用潘长江、姚明、王宝强、周润发等这样一些我们所熟知的人物,来建立一个参照系。再把刘德华放到这样一个参照系里面,看看他在身高上,与潘长江、姚明相比较的情况,看看他在相貌上,和王宝强、周润发等相比较的结果,我们就能够逐渐了解、把握刘德华这样一个陌生的人,这也是一般情况下我们认识新事物的方法。这里要特别说明一下,我们举这些名人为例,绝对没有不尊重的意思,他们都是令人钦佩的人物,我也很喜欢他们。以他们为例,仅仅是因为大家对他们都比较熟悉,比较了解。

然而面对"永恒之道",我们会发现这种"参照系"的认识方法是无效的。因为"道"这样一种对象,它是独立的、绝对的存在。什么意思呢?就是没有和它对等之物,不存在和"道"相近的、相似的、相反的事物,它太高了,是一个独立的、唯一的存在,没有什么东西能跟它相提并论。这样一来,我们根本找不到与"道"相关联、相类似的事物,来建立一个可以形容"道"的参照系。因为任何事物在"道"的面前都低了很多层次,低了很多维度。

因此,可道之道,可以用语言描绘的"道",并不是老子所讲的恒常之道。道是无法形容的,我们无法用语言、用已有的事物、用已知的经验,来描述这样一个绝对性的超越性的恒常之道。我们没有办法正面来形容它，不能说"道"是什么，我们只能说它不是什么。例如，"道"不是用高矮胖瘦能够形容的，"道"也不是用"美丑善恶"所能概括的，"道不是这样的"，"道不是那样的"，用此类否定的方法，才能够排除掉人们对"道"的误解和偏见，才能够逐渐地接近"道"的本质和真相。基于这样的考虑，老子干脆用"无"来勉强形容道的一部分特性。

老子在讲"道是无"的时候，并不是说"道"是空无所有的，或者说"道"是虚空；而是说"道"是无以名状的，它是无法用语言来描述的。

而当我们讲"道"是"有"的时候，是强调"道"是万物产生的源头，是万物存在的依据。

这一章非常重要，所以，我讲得也啰唆一些。如果有一天你能够用自己的语言把这一章的意思讲出来，那时候解读《道德经》五千言的这把钥匙你就攥在手心里了。

第二章

如果说第一章是打开《道德经》之门的一把钥匙，那么，第二章就是我们进门后看到的第一道景致。我们先来看看第二章的文本：

> 天下皆知美之为美，斯恶矣；皆知善之为善，斯不善矣。故有无相生，难易相成，长短相形，高下相倾，音声相和，前后相随。是以，圣人处无为之事，行不言之教，万物作焉而不为始，生而不有，为而不恃，功成而弗居。夫唯弗居，是以不去。

河上公给这一章起的标题，叫"养身"，说的是"母亲养育子女"。这个标题只能间接地解释后半段的意思，不是很贴切。

至于文字，这一章的第一句话"天下皆知美之为美"，历史上有些版本没有"天下"这两个字，开头就是"皆知美之为美"。

这一章的大概意思是说：天下的人，如果都知道了怎样才算美，就表明已经有了丑了。文中的"恶"，就是"丑恶""丑陋"的意思。如果都知道怎样才算善，就肯定是有了"不善"，也就是有了"恶"了。恰恰是有了"丑"的衬托，有了"丑"的对比，才能显示出"美"的特点、"美"的价值。同样，正因为有了不好的行为、邪恶的行为，才让我们对那些善良的行为有了更深的体会，明白什么是善意、善举。由此，我们可以得出一些规律："有"和

"无"相对立而生;"难"和"易"相对立而成;"长"和"短"相对立而体现,"形"就是"体现"的意思;"高"和"下"相对立而存在,"倾",就是倾斜、不平的意思,"高"和"下"是错落不平的。"音声相和"稍微要难理解一点,"声"是简单的声响或者发音,"音"则是多种声响的有序排列,也就是"声"的组合。单一的声响与复杂组合的"乐音",是既相互区别,又相辅相成的。"前"与"后"同样也是相互对立而出现的。我们都知道,前后、左右的位置关系,是相互对比、参照才有意义的。所以说,"体道""得道"的圣人,他会顺其自然,采用"无为"的方式来对待事物,采用"不言"的方式来教导民众。他任凭万物自然地生长变化,而不加干预;尽管生养了万物,却不将它们据为己有;尽管助推了万物的变化,却不会居功自傲;尽管成就了伟大的功业,却不会贪图名位。正是因为圣人不居功自傲、不贪图名位,他的伟业才会永不磨灭。

仔细推究,我们发现这一章包含了三层意思。第一层意思,是说:世间存在的种种现象、种种价值,都是相对的,是两两相对存在的。第二层意思,则是讲:如果执着于这种相对的价值,就会陷入循环的怪圈。所以,圣人,也就是能够体认"道",能够遵循"道"的,有大智慧的人,他们不愿意陷进这个没什么意义的怪圈里,他们要跳出相对的价值。第三层意思是接着第二层而来的,告诉我们:一旦能够遵循"大道",跳出美丑、善恶等相对价值的怪圈,它的效果、它的表现是什么样子的。

我们来具体分析一下这三层意思。

从开头"天下皆知美之为美",一直到"前后相随",是谈第一层意思。这一大段话都在强调世间的很多事物是相互依存的,很多价值是相互对应的,例如美丑、善恶、高矮、长短、胖瘦等,都是相对的。人们之所以知道什么是美,是因为有丑的东西做对比。我发现了一个现象,我把它叫作"电梯效应"。假设一个小伙子进了一部电梯,电梯里有一些陌生男女。如果电梯运行的时间足够长的话,这个小伙子可以充分地观察电梯里的女性,他在心里就会偷偷地评价一下，哪个女孩子漂亮一些，哪一个稍差一点。女孩子可能也一样，会对这个封闭空间里的男士有一个自己的评价，哪一个帅一些，哪一个很普通。首先，我们发现这里的"漂亮""不漂亮""帅""不帅"，都是通过对比得来的。这还没完，等大家都出了电梯，进入更广阔的环境，看到更多的异性，可能原来的这个评价就没有意义了，原先觉得还有点美的或帅的，现在发现也不过如此。这是因为有了更多的参照物作对比，"美"和"不美"以及"帅"和"不帅"的标准，也会相应有变化。通过这个所谓的"电梯效应"——当然也可以是"教室效应"或别的提法，我们能够感受到，很多时候，我们的评价标准是相对的，换一个环境，换一个场合，评价的结果可能就不太一样。因此，很多价值都是相对的。

再拿个头高矮举例子。当年我读书的时候，NBA（美国男子篮球职业联赛）的赛场上，有一个球星叫艾弗森，球打得很好。大家看比赛的时候，都觉得他很矮。其实他的身高有178厘米，不算矮了，只不过在NBA的一群大高个儿里面，他显得很矮而已。所以这个高矮也是相对的。

老子很敏锐，发现人世间的很多价值、很多属性都是相对的：美丑善恶、长短难易……也有学者把老子的这个认识，看作是朴素的辩证法。

读者朋友们可能对唯物辩证法有些了解，里面有个对立统一规律，它提出：一切存在的事物，都由既相互对立又相互统一的矛盾组合而成，就好像，有生就有死，有得就有失。这一对对矛盾着的双方，既对立又统一，共同推动着事物的发展。

老子也有一些类似的看法，如在本章，他指出，事物的种种属性并不是独立的，而是彼此相对的，也是相互依存的。如果这个世界上没有了丑人，那"美人"的说法就没有意义了；缺少了丑人或者普通人的衬托，"美人"也美不到哪里去了。另外，他还注意到，事物会向它的反面转化，他说："祸兮，福之所倚；福兮，祸之所伏。"这是在第五十八章。他指出，祸与福是互相依存的，而且还会互相转化。坏的事情，也可能引出好的结果；相反，好的事情，也可能引出坏的结果。比如朋友们熟悉的"塞翁失马"的故事。老子的这些说法，的确有辩证法的色彩。这是我们要承认的。

不过，我们发现，老子思想的落脚点，并不在辩证法上面。他尽管看到了事物的辩证性，但是并没有停留在事物是相对的，或者说事物一定要向相反的方向发展变化这一点上。

他接着说"圣人处无为之事，行不言之教"，既然美丑、善恶、高矮、胖瘦等这样一些价值都是相对的，那么它们就没有绝对的价值。可见体悟了"道"之精髓的圣人，他不执着于美丑、善恶等这些相对的名声。他不会执着于这是美的，这是善的，所以我要喜欢；那是丑的，那是恶的，我就不喜欢。既然这些价值标准都是相对的，那么就没有必要执着于刻意区别对待它们了。所以，老子的结论是：跳出这样一个是非，跳出这样一个价值相对的循环，以一种无为、不言的方式来对待它。所谓无为、不言，就是不再执着于这些相对价值。"无为"，意思是不再去片面地追求"美""善"，追求更"高"、更"前"；"不言"，意思是不再去分辨那些前前后后、长长短短，不再迷恋这么做。只有当我们对"永恒之道"有了真切的体认，并且能够自觉地遵循"大道"的自然本性，我们才可以做到"无为"和"不言"。因而老子说，"圣人"才可以"处无为之事，行不言之教"。这是第二层意思。

第三层意思，是进一步展开，描述"无为"和"不言"的表现，以及效果。"无为"并不是什么都不做，而是"无执着地为""无私欲地为"，是以顺应大道自然的方式去作为。由于他能够顺应道，顺应自然，他就可以分享"大道"的成就，做到"无所不为"，也就是获得真正的成功。同样因为"无为""不言"，他也不会把这个成功看作自己的功劳，去占有，去骄傲，而是淡然处之，飘然而去。如此，他的功劳、他的伟业，反而可以永久地长存于世。这是讲圣人的态度和表现的效果。

从整体上看，第二章先讲人世间的美丑善恶、有无难易等，都是两两相对、彼此依存，对立存在的，都是相对的。接着，老子话锋一转：圣人，那些体道的高人，他们不会局限在这些相对的价值之中，而是努力跳出来，用"无为""不言"的方式对待这些东西，超脱出来。最后，达到成就万事、辅助万物的效果。不过，圣人不会居功自傲，他们会以非常低调、非常从容平淡的态度来面对这一切。

第三章

接下来要学习的《道德经》第三章,也是比较有争议的一章。我们还是先看文本:

> 不尚贤,使民不争;不贵难得之货,使民不为盗;不见可欲,使民心不乱。是以圣人之治,虚其心,实其腹,弱其志,强其骨。常使民无知无欲,使夫智者不敢为也。为无为,则无不治。

河上公给这一章取的标题是"安民"。

这一章的大概意思是:不推崇有贤德之人,使人民不至于为了名利而竞争;不看重难得稀有之物,使人民不至于利欲熏心而成为盗贼;不要接触那些容易引起人的欲望的事物,使人民的心思不被扰乱。因此,"圣人"的治国原则,在于使人民的头脑虚静,使人民的肚腹充实,使人民的精神柔弱,使人民的筋骨强韧。要长久地使人民没有知识、没有欲望,让那些自作聪明的人不敢去做新奇巧诈的事情。圣人依照"无为"的原则来治理天下,就没有治理不好的。

这一章体现了老子的社会政治思想和他自己的建议,我们从中可以看出他对当时的社会政治和制度文明的态度。这其中,一个备受诟病的地方,就是他提出的"虚其心,实其腹,弱其志,强其骨""为腹不为目""无知无欲"的主张。这被很多学者批评为"人君南面之术",是为统治者服务的,是帮助统治者奴役民众的"愚民"政策。

再结合第六十五章里讲到的"古之善为道者,非以明民,将以愚之",似乎更加坐实了老子"愚弄百姓"的恶名。

那么,老子的这些主张真的是"愚民政策"吗?他的目的真的是帮统治者更方便地愚弄、操纵老百姓吗?

带着这个疑问,我们来具体分析第三章的内容。

老子提出"不尚贤",老子为什么要反对"尚贤"呢?这就涉及"尚贤"的实质。在墨家那里,"尚贤"就是选拔有贤德的人才,让他们做高官,来服务社会。这当然很好。不过,在老子看来,所谓"尚贤",其实是"标榜贤才"。河上公解释说:此处的"贤",说的是世俗意义上的"贤",是那些被包装、被标榜的所谓的"贤者"。老子反对"尚贤",第一个理由是,这种所谓的"贤者",很多徒具虚名,是滥竽充数之辈,根本就不值得推崇。他的第二个理由是,即便是对那些真正有本领的"贤者",也不应该去推崇。按照老子的理解,最高统治者如果尚贤,提拔重用贤才,就会形成一种社会导向,人们群起而仿效,把自己打扮成、包装成"有贤德"的人才。这一点,我们都深有感受:有些人十分善于钻漏洞,只要你制定出一条规则,他们总能想方设法找出这个规则的漏洞,并且利用这个漏洞谋取私利。这些年,社会上批评的"精致的利己主义者",就是这样一群非常"聪明",非常会利用规则的漏洞来获利的所谓的"精英"。在老子的时代,也有这样的人。所以说,只要统治者推崇、提拔"有贤德"的人才,就会涌现出很多假冒伪劣的"贤者",他们精于包装,擅长表演,能够在规则中"脱颖而出",反而会挤占那些真正的"贤者"的机会。这就是我们今天常说的"劣币驱逐良币",会导致很多不良竞争,并引发一系列的问题。

"不贵难得之货"和"不见可欲",就是"眼不见,心不烦"。不把那些难得的、稀罕的东西看得太重。就像钻石,如果大家都不去稀罕它,不把它看成宝贝，那它只不过是一块闪亮的石头，一个割玻璃的工具，可能还有一些别的用途，但肯定不会像今天这样，贵到离谱。如果这样的话，就可以从根子上消除偷盗钻石的现象。为什么要偷钻石？这玩意儿有什么用？我又不想当安装窗户的工人师傅，不用去割玻璃！"不见可欲"也是一样，不要接触那些刺激欲望、撩拨欲望的东西，自然就能心平气和，恬淡无欲。"不见可欲"这句话里的"见"字，也可以读"现"，它可以通假作"现"字。按照这个读法，这句话就是说：统治者不要去炫耀、不要去彰显那些让人产生太多欲望的东西，跟"不贵难得之货"是一个意思。

先秦百家争鸣的各位思想家，都在反思社会动荡的原因，探索解决危机的方案。而老子考虑问题的角度不太一样。在他看来，天下的纷乱在于人的贪欲膨胀。

在第十二章，他说："五色令人目盲，五音令人耳聋，五味令人口爽，驰骋畋猎令人发狂，难得之货令人行妨。"五色、五音、五味、难得之货，这些都是会诱发人们欲望的外在之物。一旦迷恋它们，追逐它们，陷进去了，人就会骄奢淫逸，人心就会浮躁动荡、不得安宁。而在第四十六章，老子更是很肯定地说："祸莫大于不知足，咎莫大于欲得。"也就是说，贪得无厌，放纵欲望，是各种矛盾、各种麻烦的根源。

老子给出的方案是"为腹不为目"，要摒除这些声色之欲。因此，他说"虚其心，实其腹，弱其志，强其骨"。"心"和"志"，"腹"和"骨"，乍一看，都是人的身心的一个部分，老子为什么厚此薄彼呢？为什么肯定一些，否定另一些呢？这是因为，按照老子的理解，"腹"和"骨"都是生理性的，填饱肚子，强健筋骨，这些都是自然而然的，是顺着"道"的本性的做法。而"心"和"志"就不同了。"心""志"是受到刺激、产生欲望的结果，是一种有为的、造作的举动。对于前者，也就是"腹"和"骨"，老子不反对，主张可以"实其腹""强其骨"；不过对于后者，也就是"心"和"志"，老子是反对的，是警惕的，要"虚"化它，"弱"化它。

老子说，圣人治理国家，"常使民无知无欲"，只是让他们饿了能吃饱、困了能睡好，满足生理上的正常需求。除此之外，不要提倡多余的东西，要让百姓保持纯朴自然，不生出过多的贪求和欲望。这就是"无为而治"，它反而可以达到"无不治"的效果，因为这是符合自然之道的。

可见，老子的这些主张，本来的目的并不是要蒙蔽人民的心智，来实现统治者一己之私利。

减损的"损"也是《道德经》的一个核心概念。第三章里面的"不尚贤""不贵难得之货""不见可欲""虚其心""弱其志""无知无欲"等等，这些都是减"益"的表现。当时的主流价值观推崇有贤德的人，珍爱那些难得的宝物，都属于"损"这一类。老子把它们都看作"有为"，不符合"大道"和自然。于是，老子提出的方案是，用"无为"代替"有为"，用"减法"替换"加法"，抛弃掉那些看似有益、实则有害的东西。

应该怎么看待、怎么评价老子的这个主张呢？任继愈先生的看法很值得重视。当然，他的看法也有一个发展变化的过程。在改革开放之前，任继愈先生主张"老子的观点是一种愚民政策，是为腐朽落后的奴隶主贵族阶级服务的，是一种统治权术"，这个评价有当时的时代烙印，有它的局限性。到了后来，他写《老子绎读》的时候，他的看法改变了。但他仍然把老子的观点看作"愚民"的，只不过，这是一种比较中立的评价，也就是，老子并不是出于不可告人的目的，帮统治者欺负老百姓。老子希望老百姓"愚笨"一点，是因为他觉得这样对老百姓本人，对整个社会都更好，这也符合"道"的本性。应该说，这样的评价更客观一些。任先生继续讲，老子认为社会之所以动荡不安，关键是那些功名利禄刺激了人们的欲望，搅乱了人们的内心，于是乎，各种竞争、各种争夺，包括欺骗、偷盗，都冒出来了。那怎么解决这些问题呢？老子的办法是：杜绝名利，不再提倡、看重那些所谓的奇珍异宝、高官厚禄，这样人心就不会受到诱惑，也就不再有那些过分的欲望、过分的行动。

任先生评价说，老子的做法实际上是一种消极的预防，它体现了中国古代农业社会小生产者的心态,也就是"得过且过""小富则安",或者说"眼不见,心不烦"。

这种做法能够解决问题吗?显然不能。它是有局限性的,是没有可行性的。但它不是欺骗民众的"愚民政策"。这一点,大家需要明白。我们在后面的一些章节,还会谈到这个话题。

第四章

道冲，而用之或不盈。渊兮，似万物之宗。挫其锐，解其纷，和其光，同其尘。湛兮，似或存。吾不知谁之子，象帝之先。

河上公为本章起的标题是"无源"。这个标题的含义有些模糊，大概是说"万物"的源头就是这个似有若无的"道"。

先看看这章的大意。道的体相是空虚的，然而它的作用却是无穷无尽、永不枯竭的。它好像深渊一样，广阔而包容，仿佛是万物的宗主。它不露锋芒，超越了世俗的纷争；它掩抑自己的光芒，将自身混同于俗尘之中。它清明澄澈，似亡而实存。我不知道它是谁的产物，它似乎在天和上帝之前就已经存在。

这章有不少冷僻的概念，有的还很重要，理解起来有一定困难。我们一边疏解这些概念，一边分析这一章的具体含义。

第一个重要的概念是"冲"，这也是理解本章的关键。什么是"冲"呢？学术界历来有几种不同的理解，还没有一个定论。其中有两种看法影响最大。

第一种看法认为，这个"冲"的古字是"盅"，也就是"喝两盅"的"盅"，上面是"中"，下面是皿字底。以"酒盅"为例来说，中间是空的、虚的，能够装酒。"道冲"就是说，"道"的形体是"中空"的，是"冲"而"虚"的。老子认为，"道"是没有办法描述的，"道可道，非常道"。他很少从正面来描述道，更多是从反面来消除人们对"道"的误解和偏见。不过，他也不是完全没有对"道"的正面描述,本章的"道冲",就是罕有地从正面来描绘"道"。当然不是界定了,不是给"道"下定义;只是对它的形象做一番描述。"道冲"就是讲:如果永恒之道有个形象,或者如果"道"有形体的话,那么它的形象、形体应该是"中空""冲虚"的,像酒盅、容器一样,能够涵容一切。后面说到的"渊"字,进一步解释"冲",说它像深渊一样,高深莫测,包容万物。"冲"就是"虚",这是"道冲"的第一种解释,因此,后来"冲虚"两个字常常连用。金庸先生写的《笑傲江湖》里面有位武当派的掌门人,就叫"冲虚道长"。武当派属于道教,跟道家、跟老子有很深的渊源,因此,掌门人的名字也和《道德经》有关。

第二种看法把这个"冲"解释成动词,就像冲茶的"冲"。比如明前茶上市了,玻璃杯里面放上些许清茶,用开水一冲,茶叶随着水流激荡沉浮,这个画面最能体现"冲"字的神韵。"冲"就是涌动摇荡,那么"道冲"就是讲,"道"不是静止不动的,而是涌动摇荡、周流往复、运动不息的,万物就是在"大道"的运动过程中产生,并且成长变化的。

这两种看法都有一定道理。不过,如果结合后面的"渊"字来看,第一种看法,也就是把"冲"看成"道体"的"中空""冲虚""无形"的样子,要更顺畅一些。

前两句连起来,可以这样解读:"道"的形象、形体是冲而虚的,就像盛水的容器一样,中间是空的。或者可以把它比喻成传说中的"聚宝盆",人们无论往里面放进多少东西,它都不会盈满;无论从它那里取出多少东西,它都不会枯竭。这就是"用之或不盈"。由于它空而虚的形象,像深渊一样广阔,无边无底,可以包容一切,于是"道"具备了无穷无尽的创造能力。它能永不枯竭地生养万物,就好像是万物的宗主、万物的源头。

接下来的几句话,十分对仗,就像诗句一样:"挫其锐,解其纷,和其光,同其尘。"这四句话在后面的第五十六章也出现了,而且上下文联系很紧密,因此也有学者认为:这十二个字应该是五十六章的内容,在传抄的时候,不小心混进第四章了。因为有一个时期，古书都是刻写在竹简或者木简上面的，每一片竹简也没有编号，万一串竹简的绳子断了，这些竹简就可能弄混。司马迁说，孔子读《易经》读得很勤，"韦编三绝"。"韦"就是串联竹简的熟牛皮，三绝，就是断了多次，竹简翻看多了，熟牛皮做的绳子都磨断了。此类情况可能并不罕见。因此，不排除一些文句、一些内容被错误地混进其他地方。

当然，也有人不这么认为。品一品这四句话，和本章的其他内容也是吻合的，所以，这一章原本就有这十二个字。至于为什么后面的第五十六章重复出现了这几句，可能老子觉得这几句话讲得很好，他颇有点自鸣得意，于是乎，其他的地方再用一次。这似乎也说得过去。

总结这四句话："道"，它是不会显露锋芒的，"挫"就是"挫平""磨平"，"锐"就是尖尖的角。"道"会收敛自己的锋芒，不会刺伤别人。"解其纷"，字面意思是解开纷争，是说，"道"超越了世俗的种种纷争。第二章说过，老子认为世间的美丑善恶等差别都是相对的，没有必要执着，而是应该超越它们，用"无为""不言"的方式对待它们。这样一来，自然不再纠结于世俗的纷争。"和其光"，是说"道"是光明的，但它的这种光明不是刺眼的，不是那种光芒万丈、让人无法直视的光明，而是很温和、很柔和的。"同其尘"，最不好理解，它大概是说，要把自己和普通的、凡俗的东西混同在一起，不要显出自己的高明、自己的不凡。合起来讲，"道"不会炫耀自己、彰显自己，它是包容的、超然的，也是平和的、低调的。这和第二章所说的"生而不有，为而不恃，功成而弗居"，有共通的地方，都是说："道"尽管创造了万物，有永不枯竭的伟大的创造力，但它又是谦逊的、低调的，不会刻意表现自己。

"湛兮，似或存"，这里的"湛"是透明、澄澈的意思，就像"湛蓝的海水"，形容蓝色的海水清澈而透明。这个"道"，我们用眼睛去看，其实是看不到的，它是澄澈、透明的。第十四章也说了"视之不见名曰夷"，"道"是无色透明的，没办法用眼睛看。一般情况下，如果有亮光，而什么都没看见，我们都会认为这里没有东西存在。"道"却不一样，尽管看不到，但大家又能依稀觉察到它的存在，所以说，"道"是似无而实有，似亡而实存的。

最后一句，"吾不知谁之子，象帝之先"，是说：对于这个"冲虚"而能创造万物的、似无实有的"道"，我们实在无法想象有什么东西能够产生它。换句话说，"道"太伟大，太超然，很难想象它还有父母、还有源头。尽管老子用的是一种不确定的疑问的语气，但其实，他认为："道"没有父母、没有来源；"道"就是最早的、最初的。接着，老子补充说，通常人们会说"象"和"帝"是最早的。宋代的王安石有一个解释，"象"，就是一切有形之物的开始，就如我们说"形象"，"象"对应的就是"形状"的开端。这么说来，"大象"就是"最大的形象"，也就是形状最大的动物。"帝"，就是上帝，上帝是一切有生命的事物的祖先。"象"和"帝"应该说是非常早的了，而"道"比它们更早。在"象"还没有出现的时候，"道"就已经出现了；在"帝"还不存在的时候，"道"就已经存在了。这可以说是对第一章的"无，名天地之始"，以及第二十五章"有物混成，先天地生"这两句话的一个补充，都是说明"道"的超越时空、早于万物的本体色彩。

最后，要提醒朋友们注意，本章有几个字，"用之或不盈"里面的"或"，"湛兮，似或存"里面的"似"和"或"，以及"似万物之宗"这句里面的"似"。一共有两个"似"字，两个"或"字，这都不是随意用的，而是有特殊作用的。老子特意用了这几个表示不确定的副词，目的是要突出本体之"道"的超越性、绝对性。一方面，人对于这个"道"有某种模模糊糊的感受，能隐约觉察到它的无穷无尽的创造能力和它的某些存在的印记。但另一方面，我们的这些感觉、这些印象，其实是没有办法确证的，没办法证明。因为，作为本体而存在的"道"，和我们之间，和我们的日常经验之间，永远存在着某种断裂、某种距离。两者是处在不同维度的。不仅如此，它还更进一步突出了"道"的似无实有、似有若无的矛盾性。

第五章

接下来的这一章,有相当的难度。一来,是容易产生误解;二来,也是因为有些概念的含义不太容易把握。我们还是先看看文本:

> 天地不仁,以万物为刍狗;圣人不仁,以百姓为刍狗。天地之间其犹橐(tuó)籥(yuè)乎?虚而不屈,动而愈出。多言数穷,不如守中。

这一章河上公起的标题为"虚用",意思是"虚"的用途。

本章的大意是:天地,也就是"道",是无所谓偏爱的,它对待万物,就像对待草扎的狗一样,听任万物自然地生长变化。效法"道"的圣人,也无所谓偏爱,他对待百姓,也如同对待草扎的狗一样,任凭百姓自然地生活和发展。天地之间,或者说这个"道"的形体,岂不就像一个风箱一样?橐籥就是"风箱"的意思。过去,打铁的工匠铺里,往往会有风箱,用来鼓风,让火烧得更旺,提供的温度更高。"风箱",它的中间是空的,是空而虚的,然而,它的功用却是无穷的,不会枯竭。你越是鼓动它,风出来得就越大。国家的政令如果变来变去,过于复杂,过于苛刻,国家反而会加速败亡。或者说,一个人如果太过于"有为",说得太多,做得太多,反倒会陷入困窘的境地。与其这样,不如回归中空之道,奉行无为虚静的原则。

里面还是有很多可以展开的地方。总体上看,这一章包含了三个层次:首先，讲到了"天地不仁"，天地对待万物、圣人对待百姓的态度。接着，把天地、把"道"比喻成虚空的风箱，拿风箱的工作原理来说明"道"创生万物的特点。最后，由此获得启发，讲到政治的治理，或者说个人的行为，应该采用什么样的方式。

第一层，说到"天地不仁，以万物为刍狗；圣人不仁，以百姓为刍狗"。这句话很有名，很多地方都会引用。这句话其实很容易理解错，尤其是只停留在字面的话，很容易让人望文生义。几年前，武汉大学的国学专业二次招生，有一次由我出题目。我就出了一道题，让考生来解释一下，"天地不仁，以万物为刍狗；圣人不仁，以百姓为刍狗"。结果，答卷收上来，我们发现不少同学都是这样理解的：天地是不仁慈的，把万物当成猪狗一样对待；圣人也是不仁慈的，把百姓当成猪狗一样对待。他们把"刍狗"理解成"猪狗"。大家都知道"猪狗不如"这个成语，是贬义的，是侮辱人的话。再加上"不仁"两个字，那不就是"为富不仁"吗？因此，顺理成章地把"天地"和"圣人"都理解成坏东西，天地和圣人不尊重万物，不尊重老百姓，而是任意地欺凌万物，盘剥百姓。这种理解正确吗？不正确！为什么会出现这种荒唐的解释呢？根本原因在于，这些同学不明白"刍狗"是什么。或者说，他们对古代的"礼仪"比较陌生。我们读中国古代典籍的时候，会发现，"礼"是绕不开的，因为"礼"在中国古代社会生活的各个方面都发挥着非常关键、非常充分的作用。我们要想读懂古书，还需要适当地了解古代的礼仪。

"天地不仁"这句话里面的一个关键词，就是"刍狗"，我们如果懂了"刍狗"的意思，就不会闹这样的笑话了。刍草是路边一种很普通、很常见的草，"刍狗"就是用这种很普通、很常见的草扎成的草狗。那"刍狗"是用来干什么的呢？原来，"刍狗"是用于古代的祭祀场合，充当祭祀活动的祭品。当祭祀活动结束，怎么处理这个"刍狗"呢？随手一扔就是了。这么一来，人们发现了两层矛盾。第一层，按一般的理解，祭祀场合都是非常隆重的、非常神圣的，祭品也应该很尊贵，很精美。然而，用很普通、很常见的刍草扎成的草狗，居然也能够当祭品，这是第一层矛盾。第二层，通常情况下，祭祀活动结束后，祭品、礼器，都要被人们很慎重地对待。礼器呢，要把它清洁好，收藏起来。祭品呢，像鱼、肉之类的，就要把它们送给一些德高望重的长者来分享。但是这个"刍狗"，在祭祀活动结束之后，却被一扔了之。其实，老子用"刍狗"来做比喻，恰恰是看中了它的这两层矛盾。而所谓的"矛盾"，不过是人们的一种执着、一种偏执。"刍狗"本身是什么样子的呢？当贵则贵，当贱则贱。原本很普通的刍草，如果需要用它来做祭品的话，它就可以成为尊贵的祭品。当用则用，当舍则舍。用的时候，把"刍狗"当作祭品隆重使用；用完了，随手一扔。所以，"贵"和"贱"，"用"和"舍"之间，并没有一个天然的鸿沟，没有一个刻板的标准，一切都随顺自然，该怎样就怎样。这是"刍狗"的喻象。

再看"天地不仁"。这句话里的"天地"，包括下一句的"天地之间"，它们指的都是"道"。由于"道"不可说、不可见，所以有些时候，老子会用"天地"这个人们更熟悉的形象来指代"道"。毕竟，"天地"与"道"要更接近一些，尽管它还比不上"道"。

"不仁"并不是很坏的意思，而是"无所谓仁慈"。天地，也就是"道"，是不能够用仁慈来形容的，它是超越"仁慈"或者"不仁慈"的相对价值的。它对待万物就像对待"刍草"扎成的"草狗"一样，当贵则贵，当贱则贱，当用则用，当舍则舍，是顺其自然的，顺着万物的本性而为，"天地"本身并没有什么特别的偏执。效法"道"、顺应"道"的圣人，也无所谓仁慈，他对待百姓，也随顺老百姓的本性，听其自然，并不刻意去做什么。

老子在这里批评了儒家。儒家倡导"仁爱"，儒家也讲天地创生万物的过程，《周易》的《系辞》说："天地之大德曰生，生生之谓易。"在儒家看来，天地宇宙的大化流行里面，蕴含着深沉的感情，那就是博大的"仁爱"。宋代理学家程颢在讲到《诗经》的"鸢飞戾天，鱼跃于渊"这一句时，非要加一句"同一活泼泼底"，以显示宇宙的生机勃勃。所以，儒家信仰的创造万物和人类的"天",是具有伟大的仁慈和博爱的。

但是,在老子、在道家看来,这种"仁爱"实际上是一种有偏私、有缺陷的爱。这是不够的,不能解决根本的矛盾。墨子也注意到这一点,所以,墨家提出用没有偏私的"兼爱"代替这种有偏见、有私心的"仁爱"。老子的主张是,无所谓"爱"或者"不爱",要超出"仁"与"不仁"的价值对立,就像对待美丑善恶一样,用"无为""不言"的态度,顺其自然地对待万物,对待百姓。

第二层,老子又把"道"比喻成人们熟悉的风箱。古人讲道理,很喜欢借助生活中一些大家熟知的事物来举例,既形象生动,又有趣味性。风箱的工作原理,我们前面已经介绍了。那风箱和"道"有什么关系呢?或者说,老子为什么在这里要提到风箱呢?原来,风箱的特点是,它本身是空虚的,它的里面是空的,正是这种"空虚"使它拥有了长久的创造力,能不枯竭地产生出风来。而在这个过程中,风箱本身是没有主观意志的,不会刻意做什么,而是听凭事物的自然本性。你推动得轻柔一些,它的风就小一点;你鼓动得越猛,它出来的风力就越大。这些都符合"道"的特点,跟"道"的形状、"道"的作用方式有相通的地方。因此,老子特意用"风箱"的例子,来进一步说明天地,也就是"道"作用于万物的原则。这也是《道德经》里面,为数不多的、对"道"的正面描述。

第三层,"多言数穷,不如守中"。这里的"多言数穷"可以有两种解释。一种是就普通人而言,如果我们不明白"道"的虚无的本性,不遵循"无为而顺自然"的原则,而是执着于自我意识,老是要表现自己,说得太多,那就会弄得自己很窘迫,陷入困境。"穷",就是"穷途末路"的"穷",形容无路可走了。另一种理解认为,"多言数穷"是对统治者的规劝,就像第二章讲的,是由圣人来"处无为之事,行不言之教"。"多言"是和"不言"相对的。如果说"不言"是"无为"的体现,那么,"多言"就是"有为",是刻意作为。联系本章开头讲到的"圣人不仁,以百姓为刍狗","多言"就是

"仁"，他会刻意地表现自己的"仁爱"，只不过，这是一种片面的、有私心的"爱"，反而会让老百姓无所适从。"多言"的另一个表现，就是统治者，朝令夕改，折腾来折腾去，让老百姓疲惫不堪。结果，加速了政治的败亡，大家都不拥护他了。

与其这样，不如"守中"。"中"和第四章"道冲"的"冲"是一个意思，具备风箱的形状特征，中间是空虚的。所以，老子讲的"中"，跟孔子提倡的中庸不太一样。"中庸"是说要无过无不及，要适度。老子倡导的"中"，更看重它内部空虚的这一面。"守中"，就是持守"中空""虚静"之道，它的一个主要表现就是"无为"，顺自然。

总结一下，这章首先强调了天地生万物，即"道"生万物的过程，是一个自然而然的过程，没有自己的主观意图，而是听凭万物的本性，自然地发展。接下来举风箱的例子，更形象、更生动地展示"道"的这些特点。最后则点明违反"道"会导致的后果，以及统治者应该采取的正确做法。

第六章

第六章的原文是：

> 谷神不死，是谓玄牝（pìn）。玄牝之门，是谓天地根。绵绵若存，用之不勤。

河上公为本章起的标题是"成象"，他想要强调的可能是万象即万事万物的诞生、形成。

先看看这一章的大意，再详细辨析具体的哲理。

"道"就像山谷一样，空灵而包容，拥有着奇妙莫测的伟大创造力；由于"道"是永恒不灭的，那么相应地，它孕育、创造万物的功效也永远不会枯竭。我们可以将它称作"玄牝"，也就是微妙的生殖之母。这生殖之母的生殖之门，正是天地万物的根源。它生养万物的过程无形无迹，隐微却又不会断绝；无论怎么使用，都不会耗尽，不会枯竭。这就是本章的大意。

尽管这一章出现了"谷神""玄牝"这样相对冷僻的概念，不过总体上看，本章的含义比较单一。《道德经》八十一章，各章的文字长短不一，内容也有深有浅。就像我们已经学过的第一章、第二章、第五章这样的一些章节就复杂一点，不仅文字更多，里面往往也包含了好几层意思。当然，也有一些章节，文字可能不多，或者说含义相对单一。今天学习的第六章，就属于此类。

理解这一章的难点，也是重点，就是这么两个词，一个是"谷神"，一个是"玄牝"。弄清楚这两个词的含义和作用，也就明白了这一章要讲的意思。

先来看"谷神不死"这一句。大家读到这个"神"字，会不会联想到神灵？就好比上古有一个时期，人们相信"万物有灵"，身边的很多事物都有神灵赋予其中，山有山神，水有水神，天上有雷公电母，地上有山精水怪。我们读《西游记》，里面经常出现的山神和土地爷，就是这种观念的表现。那这里讲的"谷神"，会不会也是某种神灵呢？是不是山谷之神，或者稻谷之神？因为，"谷"既可以看成"山谷"的"谷"，也可看成"稻谷"的"谷"。"谷神"就是它们成了精，或者是它们中最神圣的存在？如果我们单看字面，的确可能会产生这样的联想。

不过，这很可能不是老子的原意。我们在理解《道德经》各章的内容时，要顾及老子本人的整个思想体系，不能和它有根本的冲突。春秋战国时期的诸子蜂起、百家争鸣，之所以让后人津津乐道、叹为观止，是因为它们在很多方面都有伟大的突破。其中一个很重要的表现，就是"人文理性精神的觉醒"。它的大概意思是看重人，而不再看重神。具体来说，从这个时期开始，思想家们逐渐摆脱夏朝和商朝的鬼神、上帝等观念，不再把"天"或者"神"摆在最重要的位置，改成把"人"摆放在核心位置。朋友们比较熟悉的例子，是孔子所讲的"敬鬼神而远之"，虽说没有直接否定鬼神的存在，但是对它们敬而远之，只保留了客套式的尊敬，而骨子里则是疏远的。那他们看重什么呢？看重的就是这句话之前的一句，"务民之义"，专注于和民众、老百姓息息相关的事情。不光孔子这样，老子也是如此。在《道德经》这本书里面，基本上没有讲宗教意义上的鬼神，可以说，老子思想的宗教色彩非常淡。

明白了这一点，我们再来看"谷神"，原来这里的"神"字，是玄妙莫测的意思。《周易》说过"阴阳不测之谓神"，"神"就是很微妙、无法预测的意思。老子也不喜欢讲怪力乱神，不讲神灵。

什么是"谷"呢？大部分学者都认同"谷"对应的就是"道"，创造万物的"永恒之道"。为什么"谷"可以解释成"道"？对其原因，则有不同的说法。有学者认为，"谷"指稻谷、大米，它是我们生活的必需品，尤其是老子所在的中国南方地区，更是每天都少不了。"稻谷"意谓生养人类，从这一点来看，它和"道"有相似的地方。不过，更多人认为，"谷"应该解释成"山谷"的"谷"。"山谷"就像前面的章节提到的"冲""深渊"等形象，中间是空旷的、冲虚的，都是凹陷下去的，有包容性，正如"虚怀若谷"这个成语所形容的那样。出于这个原因，老子经常讲到"谷"。如第二十八章讲"为天下谷"，第四十一章讲"上德若谷"。老子用"山谷"来譬喻"道"。而"谷""神"连起来，是描述冲虚之"道"，它的广阔的包容性和伟大的创造力，这些都是微妙不可捉摸的。

"谷神不死"，是用一种比较通俗的说法强调"道"的创造活动不会停顿，不会枯竭。

接下来，谈谈"玄牝"。古人把雌性动物叫"牝"，把雄性动物叫"牡"。"玄"的意思是"高明的""微妙的"。合起来，"玄牝"指的是微妙的、神奇的生殖之母。下文的"玄牝之门"，字面含义是雌性动物的生殖器，指代诞生万物的生殖之门。老子很看重"牝"，也就是雌性动物的生殖能力。他用雌性动物伟大的生殖能力来譬喻"道"创造万物的神奇力量，突出"道"是孕育和生养天地万物的母体。

朋友们读《道德经》的时候，可能会发现，老子对于母亲，对于柔弱、包容类的价值有浓厚的兴趣，有很高的评价。

由此，可以谈开一点。我们在读老庄著作的时候，会发现道家，尤其是老子的思想，可能与南方的文化联系更密切一些。南方多水，而《道德经》里面经常会提到"水"，像"上善若水"等等，对"水"有很多的赞誉。这跟儒家不太一样。我们读儒家的经典，读《论语》，会发现孔子更看重的是"山"。"知者乐水，仁者乐山"，这句话里面的"乐"字的读音是"yào"。表面上，孔子同时提到了山和水，但在他心目中，"仁"的分量比"智"要高一些，所以"山"比"水"也更重要一些。可以说,儒家最看重"山",希望像泰山一样岿然不动。而道家的老子更为看重"水",他用"水"来象征"道"的很多特点。"水"这个形象,是比较偏向阴柔的。不是有这么一句话吗,"女人都是水做的",可见,"水"的女性化特征更鲜明一些。

除了"水",老子还特别看重柔弱、包容的价值,以及本章讲到的"玄牝",也是母亲的生殖能力。老子非常推崇这些。由此,有学者就提出,老子的哲学比较偏向于女性文化,或者说,属于一种阴性哲学。当然,这不是说老子是女人;而是说,老子的思想,甚至整个道家的思想,也许可以追溯到南方地区曾经流行的母系氏族社会的古老文化。众所周知,人类社会早期有一个母系氏族社会阶段,后来才进入父系氏族社会。而母系氏族社会文化可能有这么一些特点,例如对母亲生殖能力的崇拜,还有对柔弱、包容类的品质比较肯定。这些,我们在老子的《道德经》里面经常能够看到。

最后来看"绵绵若存,用之不勤"。"绵绵"形容孕育、创生万物的具体过程,它虽然并不是很显赫,不是轰轰烈烈的,但它是一直持续的,不会停顿,更不会断绝。"不勤"就是不会耗尽,不会衰竭,还是在形容"道"创生万物这种能力的永恒性。

第七章

接下来我们讲解第七章。

> 天长地久，天地所以能长且久者，以其不自生，故能长生。是以圣人后其身而身先，外其身而身存。非以其无私邪？故能成其私。

河上公为这章起的标题是"韬光"，就是"韬光养晦"的韬光，意思是掩饰锋芒，收敛自己，低调，谦逊。

天地长长久久地存在着。天地之所以能够长长久久，是因为它们的运作都不是为了自己。因此，体悟"道"、遵循"道"的圣人，虽总是把自己摆在后面，反而被推到前面，也就是被老百姓拥戴，得到人民的爱戴；圣人把自己的生死置之度外，反而能够保全自己。这难道不是因为他们不自私，反而能够成就自己吗？这是本章的大意。

首先，老子讲到"天长地久"，这也是为我们树了一个榜样、一个楷模。"天长地久"是一种很吉利的说法，后世还在用，例如白居易的《长恨歌》里有一句话："天长地久有时尽，此恨绵绵无绝期。"当然，我们有时候会把"天""长""地""久"四字的顺序换一下，说"地久天长"，比如"友谊地久天长"。这些都是以天地的长久作为一个对比，作为一个美好的象征。

前面我们已经提过，《道德经》里面出现的"天地"有不少都是"道"

的代名词。因为"道"是很难描述的，很难直接用语言、经验来形容和把握。为了便于人们理解"道"，老子有时候把"天"和"地"作为道的使者，作为"道"的代言人来使用。尽管从根本上讲，天地是有限的，道才是无限的，不过，我们说"天地有限"，是相对于"道"来说的；对于万物而言，对于我们人类而言，天地依然是非常长久的。可以说，单从"长久"这方面来看，"天地"仅次于"道"，是第二长久的存在。老子在这里强调了"天地"在时间上的长久这一特点。

老子进一步追问：天地为什么能够长久呢？这背后隐藏的问题是，"道"为什么能长久存在？这个问题要更关键。因为，"道"才是唯一的永恒存在；天地尚且有开端和终结，而"道"超出了天地，没有起点，也没有终点。那么，"道"凭什么能够永恒存在，不会衰老、不会枯竭呢？这可以说是《道德经》里一个根本性的追问。

在本章，老子主要从一个方面对这个追问作了回答。他的答案是："以其不自生。""自生"，就是"为了自己而生"。根据王弼的解释，"天地"如果"自生"的话，一切都是为了自己，那它们就会与万物争夺利益，让万物活不自在。而"天地不自生"，它们不与万物争抢好处，就可以让万物获得各自的发展空间，让万物都能够按照各自的本性发展。这样一来，似乎"天地"的利益受到了影响，受到了伤害；实则不然，恰恰是"天地"的"无私"，它们的存在、运作，都不是为了自己的利益，让"天地"能够长长久久地存在。因此，"天地"能够长久的关键，就在于它们的无私。

在古人的观念里面，天地是没有私心的。儒家的经典《礼记》中，有一句很著名的话，可以反映出人们对天地的评价。这句话说："天无私覆，地无私载。"意思是说：苍天无私地覆盖着万物，大地无私地承载着万物。这都是讲天地没有私心。在道家看来，"天地无私"的根源，是"大道无私"。我们在第二章学习过，道和圣人都是"生而不有，为而不恃，功成而弗居"的。"道"诞生了万物、养育了万物，但它不会居功自傲，不会得意扬扬。相反，它是低调的、谦逊的。"天地"和"道"在这方面有共通之处。

圣人，也就是那些有大智慧的统治者，他们效法道、效法天地。其做法是"后其身""外其身"。

所谓"后其身"，是说：把自己放在后面。碰到利益，碰到名誉，碰到好处的时候，圣人把自己放在后面、摆在后面，让别人先获得。结果呢，"后其身而身先"，他们反而被人们推到了前面，被人们拥戴。这里又提到了"先"和"后"。在第二章，老子说过"前后相随"，"前后"也就是"先后"。通常我们的解释，更多的是说它相互依存的这一面，有前才有后，有后才有前，它们是相互对应的，是一种相对的关系。其实，"前后"或者说"先后"还有一层重要的关系，一种辩证的关系：前可以变成后，后也可以变成前。本章讲得很清楚：当碰到好处时，统治者如果把自己放在最前面，也就是冲在前面争抢，这样的话，老百姓就会抛弃他，他反而会掉到最后。反过来，统治者如果遇到了好处，遇到了名和利，总是退让，把自己摆在后面，让民众、让老百姓先去获得这些好处，老百姓就会真心地拥戴他，会把他推举出来，他反而能够被推到最前面。

范仲淹的名句"先天下之忧而忧，后天下之乐而乐"同样讲到了先与后的关系。这也是对"先和后"的一种非常深刻的理解。

接着看"外其身而身存"。这里的"外其身"和"先天下之忧而忧"有点相似，都是讲：碰到了忧患，遇到了危险，不要逃避，不要躲闪，而要迎难而上，将自己的生死、自己的名利置之度外。林则徐有两句很感人的诗："苟利国家生死以，岂因祸福避趋之。"这两句的大意是："只要对国家有利，对民族有利，即便是牺牲自己的生命，也心甘情愿，绝不会因为自己可能受到损害而躲开。"林则徐的诗句也很好地解释了"外其身"的意思，那就是碰到了艰险不躲避，将自己的生死置之度外。这同样是"无私"的一种表现。老子说，遵循"大道"的圣人，恰恰因为"外其身"，他们的生命反而能够保全下来。

"后其身而身先，外其身而身存"，其实也是"无为"的一种效果。老子说"无为而无不为","后其身""外其身"都是顺着自然本性的、"无为"的举动,也因此,它可以分享"道"的伟大成果,做到"无不为",获得极大的好处。"无私",反而能"成其私",让个人利益都得到实现。

本章是在说明"无为不争",或者说"无私忘我"这样一些价值的好处,它既是"道"的一个特点,也是"道"或者说"天地"能够长久的根本原因。

我们还可以通过一个故事,感受一下"无私忘我"观念在历史上的影响。

先秦时期,流传着一个"宋景公观星"的故事:话说,宋国的国君宋景公,有一天晚上突然心血来潮,要观察天象。结果,他这一看,看出大问题了——"荧惑守心"。简单说,就是天上有一颗代表灾难的星星,它的运动轨迹不定,只要它停在哪个国家对应的天区,哪个国家就会遭遇严重的灾难。不得了,这颗灾星居然跑到宋国对应的天区里了!宋景公赶紧找来宋国的司星官子韦,请这个专业人士来推断一下,究竟是什么灾难。子韦给出的解释把宋景公吓得手脚冰凉——灾星带来的灾难,将会落在宋景公头上,他将命不久矣!宋景公脸色苍白,向子韦请教化解的办法。子韦说:"倒是有个办法让这个灾祸从国君您的身上移开,那就是让我们宋国的太宰来承担这个灾祸。"宋景公先是挺高兴,不过想了想,觉得不妥:"太宰是为我治理国家的,我却要害死人家,太缺德了,不行。"

子韦又出主意:"那还可以把灾祸转嫁到老百姓身上。""不行,老百姓死光了,我当谁的国君啊?这主意不好。"这次,宋景公想都没想,拒绝了。

子韦又出了一个点子:"还可以把这次灾祸转移到年成,也就是今年的粮食收成上。"宋景公断然拒绝:"怎么尽是馊主意啊?如果年成不好,老百姓忍饥挨饿,家破人亡。我于心何忍?"最后,宋景公认命地说:"算了算了!死就死吧,我也别祸害别人了。"

子韦一听,很感动。他再抬头看天象,奇迹出现了!子韦告诉宋景公:"恭喜国君!本来天象是很糟糕的,但是,就是因为您说了这三句仁慈的话,您的无私感动了上天。现在您不仅不会遭遇灾祸,相反,您的寿命还被延长了二十一年！"这就是"宋景公观星"的故事，其中虽说有迷信色彩，不过，宋景公的做法的确难能可贵。

《论语》里也有类似的说法，圣人唐尧祷告上天："如果我本人有罪，请不要牵连到天下万方；而如果天下万方有罪，那就都归我一个人承担吧！"

这些思想和老子所说的"后其身而身先，外其身而身存"一起，体现了中国古代政治文明中一些可贵的地方。

再回到《道德经》。由"无私忘我""退让不争"可以发现，道家的"道"是谦逊的，它不突出自我意识。"道生万物"并不是为了显示自己多么伟大，多么高尚；它只是顺其自然罢了。这和西方的基督教很不一样。按照基督教的说法，"上帝是全知全善全能的"；上帝造万物，实际上是为了显示上帝的伟大。再来看中国文化，"道生万物"，却并不会强调"道"自身怎么高明、怎么伟大。这也是中国智慧的一个特点，它不强调自己的所谓权威性，不炫耀自己的功劳。它更倾向于采用一种低调的、谦逊的方式，潜移默化，无形无迹，听凭万物自然地发展。

第八章

很多人喜欢在办公室、书房或者客厅的墙上挂上一幅字画，一来可以陶冶性情，二来也能提升格调。字画的内容当然五花八门，不过，有这么几种更为常见，更受欢迎。一个是"宁静致远"，出自诸葛亮的名句"非淡泊无以明志，非宁静无以致远"。一个是"慎独"，这是《大学》和《中庸》里面讲到的，就是说一个人独处的时候，也要坚持道德上的要求，要表里如一。还有一个，那就是"上善若水"。这四个字，就出自《道德经》第八章。由此可以看出，本章的地位很重要，影响非常深远。

上善若水。水善利万物而不争，处众人之所恶，故几于道。居善地，心善渊，与善仁，言善信，正善治，事善能，动善时。夫唯不争，故无尤。

河上公给本章起的标题是"易性"，或许是说，我们要向水学习，来改变自己的本性。

本章集中地描述了"水"的可贵品质。它的大意是：最高的"善"就像水一样吧！为什么要用"水"来象征这个最高的"善"呢？因为"水"很了不起，它善于滋润万物，养育万物，可以说所有生命都离不开水。水这么重要，有这么大的功劳，但是它从来不去争夺功劳，不会争名逐利。这是"水"的一个可贵品质。再就是，"水"低调，谦让，甘愿待在人们都厌恶的低下、阴暗的地方。老话不是说吗，"人往高处走，水往低处流"。我们人总是喜欢往高处发展，希望更加突出、更加光彩夺目。水就不一样了，它心甘情愿地往低处流淌，填满低凹的地方。"水"表现出来的这些优点，恰恰是"道"所具有的。所以说，水"几于道"，它接近于"道"；虽说还比不上"道"，但已经接近了。换句话说，"水"有资格作为"道"的一个象征物，一个代表。这是从整体上讲"水"可贵的地方。接下来，老子分七个方面具体地讲述了"水"的表现。当然，这也可以看成我们人类应该向"水"学习的几个方面。它们分别是：居住要像水一样安于卑下；心胸要像水一样深沉宁静或者说包容；和人打交道，要像水一样亲和友善；说话要像水一样真诚守信；为政要像水一样有条有理；做事情，要像水一样灵活自如，无所不能；采取行动，要像水一样善于掌握时机。最后，老子总结说：我们如果能够像水那样与物无争，就能够没有过失，不遭人嫉恨。

这一章很重要，有几个地方需要我们格外关注。

首先是"上善"这个词。有一位研究《道德经》的学者，齐善鸿教授，他特别重视"上善"这个提法。我们知道，"上"和"下"一般都是相对的，既然有了"上善"，肯定就应该有"下善"。像第三十八章，老子讲了"上德"，也讲了"下德"。齐教授说，只要我们对比这"上善"和"下善"，看看它们的差别，就能理解什么是"上善"。他从五个方面比较了两者的不同。第一，"下善"之人也帮助他人，不过他帮助别人只是一个幌子，根本目的都是为了自己，"帮助别人"其实是在做交易。"上善"之人就不同了，他帮助别人是出于本心，没有自私的目的。第二，"下善"之人做事情，只做那些对自己有利，或者对自己亲近的人有利的事。至于其他人，至于陌生人，他就不会关注了。"上善"的人呢，他一视同仁地对待别人，没有偏心。第三，"下善"的人，即便是想做好事，但也可能好心办坏事，因为他只会从自己的愿望出发做所谓的好事，不能够考虑对方的特点、对方的感受，导致效果不理想，好心做了坏事。上善者就不一样了，他不仅有心做好事，而且善于做好事，也就是能够取得很好的效果。第四、第五两点可以合并在一起："下善"的人，如果帮助了别人，给别人带来好处，他自己会追求好的名声，会扬扬得意，甚至很骄傲，以恩人自居。"上善"的人就不同了，即便做了很多好事，帮助了他人，他也不会在意自己的名声和回报，更不会骄傲自大。

这个对比很精彩，我们可以从中感受到"上善"之人的一些特点。例如，他乐于助人，而且他帮助别人是没有私心的；他能力很强，善于把事情做成功；还有，他是公平公正的，没有偏见，一视同仁；他也很谦虚，很低调，不喜欢炫耀。

这么一概括，我们就明白了，老子为什么会说"上善如水"。原来"上善"的这些优点，都可以在"水"身上找到。

"上善"就是最高的善，最接近于"道"的善，或者说是"道"的一种表现，老子用"水"来做比喻。由于"大道"太玄乎了，老子习惯于借助一些事物作为"道"的象征。他用得比较多的有三种：一个是水，一个是"牝"（就是之前讲过的"玄牝"的"牝"），还有一个就是婴儿。老子常常用这三个事物来指代"道"。而其中，"水"是他用得最多的。

老子看重"水""善利万物而不争"的这一面。其实这中间包括了两个优点：一个是"善利万物"，另一个是"不争"。

"善利万物"，是说"水"神通广大，能够滋养万物，帮助万物。我们都知道，对各种生命来说，"水"是必不可少的。不是有一句公益广告词"水是生命之源"吗？人类最早的文明全都是逐水而居的。考古发现，我们人类早期的文明遗址，全都在河流附近，都在方便取水的地方。没有水，就没有生命，当然也不可能有人类的文明。所以说，"水"养育万物的功劳，可以说是无与伦比、盖世无双的。

不过，它不会去争夺功劳，也不会与万物争夺好处，这是它的又一个优点。它不仅不争名逐利，相反，它还甘愿处于下位，愿意待在低下的、阴暗的地方。

这些都完美地展现了"大道"的特点。"道"也很低调,不争抢名利。

那怎么看待"处众人之所恶"这一点呢?庄子对此有很深的理解,而且讲得非常精彩。有一位东郭先生,向庄子问了一个问题:"道究竟在什么地方?"这个东郭先生,不是"东郭先生与狼"的寓言故事里的那一位,而是住在城东门的一个读书人。他提的问题,也是我们大家都想知道答案的:这个玄之又玄的"道",究竟在什么地方?庄子的回答很有意思:"道"在蝼蚁之中。"蝼蚁",一种细小、卑微的昆虫,"道"就在它们身上。庄子继续举例,"道"还在杂草里,在烂砖破瓦里,甚至在动物的排泄物里,在这些破烂的、污秽不堪的东西里。

庄子举的这几个例子十分出人意料,通常人们会认为,"道"既然高深莫测、神奇伟大,那和它相关联的应该都是一些崇高、圣洁的东西。就好比佛教的禅宗,在讲到"佛性"的时候,有一个比喻:"郁郁黄花,无非般若;青青翠竹,尽是法身。""般若"和"法身"分别是指智慧和佛性。禅宗借用郁郁黄花、青青翠竹这些非常优美、非常雅致的东西来解说佛性。

庄子却反其道而行之,说"大道"就在那些不起眼的东西里,甚至在动物的排泄物里。他是要强调"道无所不在",同时也说明了真正的"道"是无私的、谦逊的,它不仅表现在美妙的事物中,也存在于卑贱、低下的东西里。这样说来,"水往低处流","水"甘愿待在低下的地方,这一点正好和"道"是一样的。

既然"水"这么了不起,和"道"差不多,并且它又是我们身边常见的、特别熟悉的事物,那么,我们完全可以直接向"水"学习,这总比向"道"学习要直观、容易一些。

老子说,我们可以从七个方面学习"水"。第一个方面是"居善地"。"居",就是我们该选择处在怎样的位置。答案是,像水一样,甘愿居处在不起眼的位置,待在那些看上去有些卑微的地方。第二个方面是"心善渊"。我们的心胸要像渊一样，深沉而安宁。第三个方面是"与善仁"。"与"就是和别人打交道。和他人相处，要像水一样，亲和、友善。"水"善于和他物相处，有一句诗叫"润物细无声"。这个"润"字很好地讲到了水的特点：它会慢慢地浸润、滋润对方。所以，中国人讲"君子之交淡如水"。朋友交往看起来很平淡，但它会慢慢地浸润，不强迫，不粗暴，特别有韵味。第四个方面是"言善信"。我们说话要像水一样，真诚守信用。第五个方面是"正善治"。"正"通"政治"的"政"。"正善治"是说：处理国家政治事务，要像水一样有条有理。因为水是有它的纹路，有它的纹理的。第六个方面是"事善能"。"水"灵活多变，神通广大；如果有山阻挡的话，它会绕过去，会选择最恰当的方式实现自己的目标。那我们办具体的事，就要像水一样灵活多变，通过委婉的方式来达到目标。最后一个方面是"动善时"。水的流动总是很守时，就像潮汐。比如，钱塘大潮是非常守时的，每年农历八月十八，它准时出现。人的行动，也要像水一样，善于守时。这句话也可以解释成，善于把握时机，在恰当的时候出现，就好比"及时雨""好雨知时节，当春乃发生"。雨水都知道要在最恰当的时候出现，人也一样要应时而动。

当然，"水"还有其他很多的长处。而在本章，老子最看重"水"与世无争、柔顺无为的这一面。

第九章

两千五百多年前,儒家的创始人孔子有一天带着学生到鲁桓公庙里观礼,看到了奇怪的器具——倾斜歪倒的瓦罐。守庙人说,这就是"欹器"。"欹器"很神奇,空着的时候是倾斜的,装上一半水就会直立起来;但是,如果继续加水,一旦装满,它反而会翻倒,水全都流出来。孔子由此悟出来一个深刻的道理:"满招损,谦受益",做人要谦虚,不能骄傲自满,自满就要栽跟头。

其实,老子比孔子更早就明白了这个道理。我们今天要读的《道德经》第九章,就是老子对此的感悟。

> 持而盈之,不如其已。揣而锐之,不可长保。金玉满堂,莫之能守。富贵而骄,自遗其咎。功遂身退,天之道。

本章的标题是"运夷",河上公认为,这一章在讲怎样运作才能够避免灾祸,避免衰亡,也就是怎样求得长久的平安。

本章的大意是:已经快要装满的容器,与其再往里添加东西,不如就此停下。已经非常锋利的刀刃,还要把它锤炼得更加尖锐,那就很难避免折断的命运,无法长久地保持尖锐。即便是黄金美玉堆满堂屋,也不可能永远守住这些财富。大富大贵之人更容易骄奢淫逸,这反过来会招惹灾祸,甚至自取灭亡。所以,功成名就之时,要善于隐身而退,这才是符合"大道"自然的做法。

论含义，这一章并不复杂，不过，简单不意味着不重要。恰恰相反，这些简单明了的字句里其实饱含着伟大的人生哲理。

首先，老子从生活常识里发现了一个道理。什么道理呢？凡事都不要过头。

"持而盈之"这一句有好多种理解，有的认为，这是指：手里面已经拿了很多东西，快要拿不下了，心里却还想着去抓更多的东西，结果肯定鸡飞蛋打。也有的认为，它是在讲：已经积累了很多，还要往上增加。不管是哪一种解释，大家都认同，老子这一句话是在批评得寸进尺、贪得无厌。好比在日常生活中，我们在厨房里做了一锅汤，倒进汤碗。汤碗已经装满了，如果还要往里加，汤就会溢出来。老子说，这个时候不如停下来，适可而止。

"揣而锐之"是说磨砺尖刀，尖了还要更尖，结果适得其反，刀尖会折断。这个经验，我们削铅笔就体会过。有的人喜欢把铅笔削得尖尖的，越尖越好。结果，要么削着削着，笔尖断了；要么刚一写字，最尖的那部分就会崩出去。真正会削铅笔的，都不会把它削得太尖锐，合适就可以了。

前面这两句都是在讲，我们做人做事，不要过头，不能贪得无厌。否则，就会坏事，就会摔跟头。

接下来，老子从生活经验引申到人生智慧，引申到对待财富的态度。常听人们聊一个段子："我在年轻的时候，曾经以为金钱是世界上最重要的东西。现在我老了，才发现确实如此。"这句俏皮的话，是英国作家王尔德说的。估计他也没想到，自己不经意间讲的一句话，在今天会被人们当成真理来顶礼膜拜。我们已经深刻地体会到，"没有钱是万万不能的"。

不过，老子跳出来唱反调了："金玉满堂，莫之能守；富贵而骄，自遗其咎。"

哪怕现在有再多的钱财，黄金、钻石这些宝贝堆满院子，谁能保证后代守得住这些财富？中国有句老话，"富不过三代"，哪怕是亿万富翁，也很可能传不过三代。什么原因呢？当然不是风水不好，而是"一分耕耘，一分收获"。一般来说，付出与收获都是成正比的。第一代富豪都是通过自己打拼得来财富，他们经历过创业的艰难，能吃苦耐劳，深深懂得财富来之不易。到了第二代，他们一出生就含着金钥匙，父母不愿意他们吃自己吃过的苦，或者有补偿心态，自己忙于事业，没时间陪孩子，那就多给钱吧！想要什么买什么。第三代就更难践行勤俭节约的道理了。我想到了曾经看过的一个段子：一个裸官的儿子在国外的一所名校就读。有一天，儿子在给父亲打越洋电话时，语气闷闷不乐。父亲连忙追问原因。儿子说："班上的外国同学都是坐地铁来学校上学的，只有我是开着保时捷来的。弄得大家都孤立我了。"父亲挂断了电话。过了一会儿，父亲又给儿子打过来，霸气地说："不就是地铁吗？儿子，我刚给你的卡里打过去三个亿，你也买个地铁坐坐。咱丢不起那人！"有这样的父亲，孩子会变成什么样，可想而知。

这样一来，就有不少富二代、富三代继承和享受前辈留下的家业，但创业精神和吃苦能力远不如前辈。如果再有一些坏习惯，就很容易败掉家业。

其实，林则徐比我们很多家长看得都通透。他写过一副对联，传给子孙后代："子孙若如我，留钱做什么？贤而多财，则损其志。子孙不如我，留钱做什么？愚而多财，益增其过。"意思是说：如果子孙像我一样正直、果敢，那我留钱做什么？贤良的人拥有了大量钱财，有可能玩物丧志。如果子孙不如我，那我留钱做什么？愚蠢的人手中有了钱，不仅不思进取，还会去做坏事。因此财富再多，也未必能传承下去。过去影视作品中经常会出现一句话："我赚的钱，孙子辈都用不完。"事实证明，这些土豪太乐观了。哪怕有再多的钱，也架不住有一个败家子！

正如老子说的，"富贵而骄，自遗其咎"。很多有钱有势的人，驾驭不了自己，容易沾染上各种毛病。而且，一些"妖魔鬼怪"也容易盯上有钱人。我的一位朋友给我讲过一个故事：有一片地方要搞旅游开发，正好要征用一个山村的土地。村里的人当上了"拆二代"，一夜暴富，个个都成了千万富翁。很快，一些坑蒙拐骗之徒跑来了，怂恿着他们"享受"幸福生活，又是赌博，又是吸毒，又是嫖娼，结果没几年，很多村民败光了拆迁款，只好又回去扛木头了。当然，没准这对他们是件好事，至少他们还有机会回头。

有些人后悔都没有机会了。比如中国历史上炫富、斗富的宗师，西晋时期的富豪石崇。

石崇是西晋时期的超级富豪。他在当地方官的时候，靠假扮强盗打劫过路客商的血腥勾当，完成资本的原始积累，财富越滚越多，成为真正的富可敌国的首富。当时，另外一个富豪，皇帝的舅舅王恺也非常高调。两个人不对付，决定斗富，比比看谁更有钱。

第一回合：王恺用糖水洗锅；石崇呢，就用蜡烛当柴火烧。这些东西在古代可不是平常人家用得起的，他们倒好，拿来刷锅烧火了，这一局双方算是打成平手。第二回合：王恺用一种名叫"赤石脂"的陶土来涂墙壁，这玩意儿比较昂贵；石崇就更厉害了，用高价买回来的花椒抹墙。这一局王恺落败。第三回合：王恺想扳回一局，便用蚕丝在家门前的大路两旁做了夹道四十里的围挡；石崇毫不示弱，用更为珍贵的彩色锦缎做了五十里的行幕，更长更豪华。王恺没辙了，只好向皇帝求助。皇帝偷偷地借给他一株二尺高的珊瑚树，可谓奇珍异宝。王恺拿着这株珊瑚树向石崇炫耀，不料石崇挥起铁如意，将珊瑚树打得粉碎。王恺心疼不已，以为石崇嫉妒自己的宝物。石崇轻轻一笑，说："别心疼了，我还给你。"他让人搬来六七株珊瑚树，每一株都有三四尺高，造型更优美。这下石崇大获全胜。

石崇的下场如何呢？晋朝的荒淫奢侈引发了战乱，军阀孙秀看上了石崇的财产和女人，就给石崇安上一个谋反的罪名，抢光了他的财产和女人，又回过头来把石崇全家几十口押往刑场。

无独有偶，明朝的改革家、政治家张居正，贵为内阁首辅，却奢靡浪费。《明史》记载，张居正的父亲去世，他要送父亲的灵柩回故乡安葬，结果，为了衣锦还乡，他让人制作了中国有史以来最大的一顶轿子——三十二抬大轿！一般有八个人抬，就算大轿了。而张居正的轿子，居然需要三十二个壮汉来抬。为什么呢？因为这不是一顶轿子，而是一套房子，有卧室，有客厅，有厨房，还有一对金童玉女在旁边伺候！一路上，他们慢慢走，居然走了三个月。每到一地，地方官员就要请张居正吃饭，简直伤透了脑筋。有一个地方官宴请张居正，一顿饭上了九十九道菜。没想到，张居正一看，叹了口气："没什么可以吃的！"以后，官员请他吃饭，不少于一百道菜。

张居正的张狂得意，奢侈铺张，引起了全天下的厌恶。在他病逝后，仅仅过了两年，皇帝就下令抄了他的家，差一点儿扒了他的祖坟。

像石崇、张居正这样的人，大富大贵的时候，不知道节制，不懂得收敛，一味地炫耀。殊不知"树大招风"，盛极而衰，早就埋下了灭亡的祸根。

最后，老子总结说，正确的做法应该是"功遂身退"。在功成名就之时，能够及时抽身而退。这一方面，范蠡可以说做得最令人敬佩。

范蠡是春秋末期的一代奇人，他辅佐越王勾践，和文种一起制订兴越灭吴的九条计谋，还亲自寻访到西施，施展"美人计"，最终打败吴王夫差，成就了越王勾践的霸业。

就在功成名就之时，范蠡急流勇退，离开越国，隐姓埋名，来到齐国。他在齐国垦荒经商，几年时间就积累了数千万家产。齐王赏识他的才干，拜他为相国。三年后，功德圆满，他向齐王归还了相印，散尽家财，飘然而去。

范蠡再次隐姓埋名，迁徙到陶这个地方。他经商有道，没过几年，又成巨富，自号陶朱公，再次散尽家财。后世都尊陶朱公为财神，他也留下了千古美名。

像范蠡这样的人，才是有大智慧、大魄力的人。他洞悉了"得"与"失"的奥秘，真正做到了"事了拂衣去，深藏身与名"。按照老子的标准，他的举动正符合"天之道"。

在这一章，老子教导我们，要留有余地，不要把事情做得太过，不要被胜利冲昏头脑。他点明了"知进而不知退""善争而不善让"的祸害，希望人们把握好度，适可而止，这才是长久之道。

第十章

有的朋友可能会有这样一种感觉：老子所讲的"道"，更多的是一个抽象的本体，或者说，是在思想中、在观念中存在的一种比较玄虚的价值概念。它和我们的生活，和我们的生命隔得比较遥远。

今天要学的这一章，将改变我们的看法。因为这一章讲到了很多具体可行的修行方法。照此来做，有可能让我们一步一步地更接近"道"，或者至少能够更好地感悟"道"。

载营魄抱一，能无离乎？专（tuán）气致柔，能婴儿乎？涤除玄览，能无疵乎？爱民治国，能无为乎？天门开阖，能为雌乎？明白四达，能无知乎？生之、畜之；生而不有，为而不恃，长而不宰，是谓玄德。

这一章的大概意思是：魂和魄，或者说精神和形体融合在一起，能够不分离吗？调匀精气，让身体柔软，让肢体柔顺，能够做到像婴儿一样自然吗？清除掉各种杂念，进入一种神秘的静观状态，这样做的时候能够没有瑕疵吗？爱护民众，治理国家，能够自然无为吗？当我们的感官与外界的事物相接触，这个过程中我们能做到柔顺虚静吗？我们通晓四方、明白外界的时候，能够不炫耀才智、不用心机吗？"道"生成万物，"德"养育万物。它生养了万物而不据为己有，推动了万物而不居功自傲，使万物成长而不自以为主宰：这就是最深远的"德"。

本章一开始就提出"载营魄抱一，能无离乎？"。"营魄"有两种解释。一种把它解释为魂魄。魂、魄又对应着阴、阳，所以"载营魄抱一"就意味着阴阳的混同，这和《道德经》第四十二章讲的"万物负阴而抱阳"，可以相互呼应。还有一种解释，"营魄"指我们的形体和精神。合起来讲，就是我们的形体承载着精神，在这个过程中，要能够抱元守一，浑融一体，而不要分离。因为一旦分离，要么就意味着魂飞魄散；要么就是精神被外在的东西诱惑，心不在焉，甚至失魂落魄。做到"抱一""无离"，魂和魄或者说精神和形体就能够融合为一体。

东晋时期出了一个非常著名的道教学者葛洪，他写了一本书，名字就叫《抱朴子》，特别强调了这个"抱"字。

再来看"专气致柔，能婴儿乎"这一句。这个地方的"专"字应该读"tuán"，就是"抟"字。北宋初期道教的"睡神仙"陈抟老祖，跟宋太祖打赌赢下了华山，他名字里的"抟"字，就来自《道德经》。从我前面介绍的练气功的诀窍，大家很容易明白"抟气"的意思，那就是调匀阴阳之气，让气混融、柔和。再把气引导运行在身体之中，这样就可以让我们的身体变得柔软，好像新生的婴儿一样。老子喜欢拿婴儿作为"道"的楷模，因为婴儿身体特别柔软，生命力最旺盛，最有活力，心灵最纯真。"专（tuán）气致柔"也是一种修炼身体的方法，有可操作性。

"涤除玄览，能无疵乎"这一句比较好理解。"涤除"就是洗涤、清除，也就是打扫干净。"扫除"什么呢？扫除掉那些私心杂念，那些"胡思乱想"，像用清水把它们冲洗掉一样。然后，我们就能够逐渐进入到一种"玄览"的境界。"玄"是玄妙、微妙的意思。关键是"览"字，它可以通"鉴"字，指铜镜或者镜子。为什么要像"玄妙的镜子"呢？我们可以从庄子那里找到答案。庄子说："至人之用心若镜。""至人"也是体悟"大道"的高人，他的心就像一面明镜一样。明镜有什么特点呢？它可以非常客观地、全面地、如实地观照到外界事物的变化，一丝一毫都不会遗漏，不会走样。此外，镜子在反映外界事物变化的时候，它本身是不会受影响的，它不会留下划痕、印记。这是道家追求的一种境界。不过，要做到这一点，得有一个前提，那就是，这面镜子上面不能有灰尘，不能有瑕疵。因此老子说"涤除玄览，能无疵乎"，还是在讲修行要到火候，要彻底。这一条和禅宗和尚神秀的说法很相似。神秀在与慧能竞争禅宗六祖之位的时候，创作过一首偈，其中就有"时时勤拂拭，莫使染尘埃"两句，也是说要时时把心田打扫干净，不要留下一点点尘埃。很多智慧，它们之间是相通的。

"爱民治国，能无为乎"这一句，有的版本把它写作"爱民治国，能无知乎"。不过，根据更权威的版本，把它改成"无为"更合适，把这一句的"知"和后面句子里的"为"对调一下。不光儒家讲爱民治国，道家也讲。但道家讲的爱民治国，不是出于仁爱。因为在老子看来，仁爱是一种片面的、有私心的爱，是不够的。道家提倡的"爱民治国"是出于自然本性，是一种无为而治。在老子看来，"圣人不仁，以百姓为刍狗"，其实也是一种"爱民治国"的方式，而且是比儒家更好的方式。

这一章里最难理解的，是"天门开阖，能为雌乎"这一句。关键是要知道什么是"天门"。所谓"天门"，就是天然的门户，具体来说，就是我们人身上与生俱来的那些能够与外界事物、外在信息进行接触的通道，也就是我们的眼睛、耳朵、口和鼻。眼睛能够看见外界的事物，耳朵能够听到外界的声音，鼻子能够闻到外面的气味，嘴巴能够品尝各种滋味。这些感官，就是"天门"，是我们身上的"天然门户"。不仅眼睛、嘴巴能够张开、闭上，耳朵和鼻子也一样，比如人们常说"充耳不闻"。通常，大家都希望把这些感官的作用发挥到最大，看得更分明，听得更清楚，就是所谓的"聪明"——耳聪目明。老子把这种做法称作"雄"，"雌雄"的"雄"。四川球迷在看球时，经常会高喊"雄起"，那就是"要更厉害"的意思。

老子提出，在使用这些感官的时候，应该保持"雌"的状态，而不是

"雄"的状态。这里的"雌",字面上是说,我们的眼睛、耳朵、鼻子、嘴巴这些天然的感官,在与外界事物接触的时候,更多地要让它们处在一种收敛状态。因为我们一旦过分地追求耳聪目明,过分地逞强,就会陷入造作有为,陷入偏执,从而伤害我们的本心。与其这样,不如让这些感官、这些天然的门户,处于一种相对收敛的状态,而不是老想着把它们的功用发挥到极致。

接下来的"明白四达,能无知乎"就好理解了:我们对外界事物的了解,可以做到明明白白、通通达达;但是在这个过程中,能不能不炫耀知识,不用心机?

在这里,大家可能隐约感受到了老子的思想里面有一种反智主义。老子反对聪明,庄子也一样。道家对于所谓的"聪明",都抱有一种警惕和批判的态度。

最后的"生之、畜之;生而不有,为而不恃,长而不宰,是谓玄德"这几句,和第五十一章的内容有重复。一些学者认为,这几句应该是后面的内容,被错放到了第十章。正好,我们第十章已经讲得比较多了,所以,最后这几句具体的讨论,就留到学习第五十一章的时候进行。

第十一章

第十一章是看上去简单,但是值得细细品味的一章。

　　三十辐共一毂,当其无,有车之用。埏(shān)埴(zhí)以为器,当其无,有器之用。凿(záo)户牖以为室,当其无,有室之用。故有之以为利,无之以为用。

我们还是先来了解它的大意:人们制造马车车轮时,三十根辐条汇集到一根车毂的孔洞当中。正是因为有了车毂上的这些空的孔洞,才能够卡住辐条,这才成就了马车的作用。人们揉和陶土,把它做成各种器皿,正是因为有了器皿中空的地方,才成就了器皿的作用。就像杯子、罐子,还有碗,它们中间是空的,所以才能使用。人们建造房屋,需要有门窗,里面还有空的地方,这才能住人。所以说,"有"带给人便利,给人们好处;但真正让"有"发挥它的作用的,其实是"无"。

老子还是先从身边的生活经验出发,从当时人们非常熟悉的制造马车、揉制陶器,还有建造房屋这些常见的事例里,发现和感悟一些很重要的道理。

第一个例子是制作马车,具体来说是制作车轮。古代的车轮是用木头做的,最外面一圈圆形的叫作"轮";最中间连接两个车轮的横木,叫作"车轴"。车轴与车轮衔接的地方,有一个部件,就是老子说的"毂",它是套在

第十一章

车轴上的。最外圈的车轮，要通过三十根辐条和"毂"连在一起。"毂"上面有三十个孔，每一根辐条插进一个孔，把车轮固定住。另外，"车毂"中间还有一个更大的孔，这样车轴才能够插进去，并且可以转动。这是制作车轮的诀窍。老子特别看重"车毂"上的孔的作用，既有插辐条的小孔，也有插车轴的大孔。他说：没有这些看似空无的孔洞，就没办法卡住辐条，衔接车轴，车轮也就做不好，马车当然也没办法动。

接着，老子又举了揉制陶具的例子。"埏埴"这两个字很生僻，读作"shān"和"zhí"。"埏"是添加水，调和、揉捏的意思；"埴"是黏土。我们在影视作品里，有时会看到制作陶器的场面，先要把黏土揉好，就像和面一样，然后根据需要，把它捏成一定的形状。其中，很基本的一点，中间得留出空的地方，无论是做陶罐，还是茶杯、饭碗，中间必须是空的，这样，器皿烧制好了，才能装水、装食物。否则，中间是实心的，像个陶瓷疙瘩，就没法用了。故而老子说，正是它们里面这些空的地方，才让这些器具有了使用价值。

他举的第三个例子是建造房子，"凿户牖以为室"。"户"是房门，"牖"是窗户。这句话里用了一个"凿"字，我们可以用西北地区建窑洞的经验来解释。窑洞就是在土崖上，不断地开凿，挖出门窗，挖出里面的空间，然后再加工、加固。如果没有门窗，没有里面的空间，那怎么住人呢？通过这个例子，老子还是在强调空无的作用。

这三个例子的道理是一样的。

老子发现了被很多人忽视的"空无"的特殊作用，到这一步，已经很了不起了。但是老子没有停步，他进一步总结出"有"和"无"这两者的内在关系。

我们在介绍第一章的时候，提到了"有"和"无"。我们可以通过"有"和"无"的双层结构，通过这样的理论模型、思维框架来理解《道德经》。另外，第二章也讲到"有无相生"。接下来，就是本章，它从功用、功能的角度来说明"有"和"无"的关系。老子说："有之以为利，无之以为用。"什么是"有"呢？就是马车、陶器、房屋这些有形的东西，它们给人类带来便利，带来好处。不过，再仔细一琢磨，我们发现真正发挥作用的，其实是这些有形之物里面"空无"的地方。这些无形的地方，在老子看来，才是起主导和决定性作用的。

考虑到老子的思想比较抽象、比较玄虚，为了更准确地理解，我们借助两个例子，借用更加形象、更加生动的形式来揭示它的含义。

第一个例子：传统国画中有一种很重要的表现手法——留白。我们通过它来了解"有"和"无"的关系。有一句诗，大家都很熟悉："此时无声胜有声。"而国画里面的"留白"，可以说是"此处无物胜有物"。

所谓"留白"，是指中国画除了色彩笔墨，总会有意识地在画布上留下一些空白。这些"留白"可以与画面中的笔墨色彩，形成巧妙的呼应或者对比，使画面达到"以虚衬实""虚实相生"的艺术效果。

说到"留白"，还有一个故事：古代有一位商人，专门卖古董字画。有一天，来了一位顾客，一眼看中了他收藏的一幅画。画面上，一个牧童正牵着一头牛过桥，牛因为害怕，不敢向前走。牧童面向牛头，双臂伸直，身体后仰，用力地拉牛绳。画面很有神韵。顾客很喜欢这幅画，尽管开价很高，他还是打算买下。他先付了定金，然后回家取钱。

眼看又做成一笔买卖，商人很高兴。他打开画，要最后再欣赏一下，以后就看不到了。结果这一看，让他发现了一个问题：在牧童和牛鼻子之间，应该有一根绳子。但是，不知道是画家忘了，还是有点褪色，现在这根绳子看不到了，中间是空的。商人觉得美中不足，同时还担心：万一待会儿顾客来了，仔细查看，发现了这处瑕疵，会反悔。

商人顾虑重重，最后，他找来同色的颜料，用笔非常小心地在牧童与牛鼻子之间添了一根绳子。他画得很巧妙，别人完全看不出是后来添加的。他认为，这样才完美嘛。

半天后，买家带着钱来取画。当他打开这幅画再检查时，脸色突然变了。买家说："不对呀！这不是我选中的那张画！"商人一听着急了："怎么会

第十一章

呢！这就是你刚才看中的画呀！"买家指着画中的绳子说："我要买的那张画里根本就没有这根绳子！我之所以愿意花大价钱买那幅画，看中的就是此处的留白！原先的画，虽然没有绳子，却能让人感觉到那一根绳子的存在，可以说'无绳胜有绳'！这才是整幅画最高明的地方，也是这幅画的价值所在啊！而现在的这幅画，多了这根绳子，整个意境都被毁了。我不要了！"

商人顿时傻了眼。

这个故事很巧妙地点出了"留白"的价值。画家在画面上恰到好处地留出一些空白，平添了几分疏、淡、空、灵的神韵，更能让人产生对空间的联想，仿佛那里有山峦、有溪水，有云烟、有雾气，使得整幅画作更有意境，更有情趣。

再从"有"和"无"的角度看，国画中的笔墨色彩就是"有"，而其间的"留白"则是"无"。当然，这个"无"，并不是空无一物，而是空中有物，可以幻化出无穷的天地、山水。通过中国画的"留白"，我们可以隐约感受到老子讲的"有""无"之间的微妙关系。

我们再来看第二个例子。20世纪早期，有一位享誉世界的大学者，英国哲学家、文学家罗素，他可以说是中国文化的知音。他在比较中国文化和西方文化的不同时，说：现在我们假设一种情况，我家从一个地方搬到另一个地方。如果这件事发生在中国，那么，当地人，我的那些新邻居看到我，会热情地跟我介绍："我们这个地方好啊！在一千多年前，大诗人李白曾经在这里写过诗，喝过酒；几百年前，苏东坡又在这里做过什么……"而如果我搬到英国或者美国的某个地方，当地的邻居会怎么介绍呢？他们会说："我们这里好啊！这里离车站只有三十分钟路程，去集贸市场只需要十分钟，到学校、到医院有多么多么方便……"我们会发现，西方人介绍的，总是那些实用的信息。而中国人就不一样了，他们关注的是一些雅致的、有趣的，然而不实用的东西。罗素认为，中国人这种有着浓厚审美情趣的、"不实用"的价值观念，其实更加宝贵，也更令人神往。

当然，可能今天的很多中国人做得并不像罗素先生说的那么风雅。但我想说，我们的骨子里，我们的血脉里，其实一直都有这些潇洒的、超然的东西。中国人在看重"有用"的同时，对于那些看起来"无用"的东西，并没有丢弃。

这让我想起一句有点凡尔赛的话："这个世界不只有眼前的苟且，还有诗与远方。"乍一听，这不是浓缩版的心灵鸡汤吗？我连下个月的房租在哪里都不知道，你跟我谈什么"诗与远方"？那么用一句不那么凡尔赛的话来回应："做人如果没梦想，那跟咸鱼有什么区别？"

"诗与远方"是"无用"的东西，它可能解决不了任何现实问题。但或许它能够解决另一个问题，那就是：当很多现实的、生存的问题解决得差不多了，当我们不再为生计发愁的时候，不再为"有用"的东西烦恼的时候，我们又该如何？也许，那个时候，那些看似"无用"的东西，它们的价值才会真正展现出来。就像庄子讲过的，"无用之用，是为大用"。"留白"看似无用，却能起到化腐朽为神奇的作用；"诗与远方"，会不会在某些时候，也有它的独特作用呢？

第十二章

第十二章和第三章，也就是之前讨论过"老子的思想是不是愚民政策"那一章，有很密切的联系，可以看作对第三章的继续和深化。

  五色令人目盲，五音令人耳聋，五味令人口爽，驰骋畋猎令人心发狂，难得之货令人行妨。是以圣人为腹不为目。故去彼取此。

河上公给本章起的标题叫"检欲"，"检欲"也就是"检查欲望"，要对我们的欲望好好检讨一下。

本章大意是：缤纷绚烂的色彩往往会让人眼花缭乱；错杂变换的声音往往会让人的听觉迟钝；千滋百味的美食往往会让人的口舌麻木；策马狂奔、纵情田猎往往会让人心潮澎湃，激荡不安；稀有珍贵的货物往往会让人萌生偷盗的不轨之心。因此，"悟道""守道"的圣人，他们看重的是那些填饱肚子、保养身心的简单而自然的欲望，不愿意去追逐那些声色犬马之类的不自然的欲望。圣人要我们去除掉不自然的欲望，而保有自然的欲望。

这一章延续了前面章节，尤其是第三章中所谈的反对有为、反思欲望的主题。并且，在本章，老子讲得更加具体，更加明确，也更振聋发聩。

开篇，老子用了一系列排比句，气势很足："五色令人目盲，五音令人耳聋，五味令人口爽，驰骋畋猎令人心发狂，难得之货令人行妨。"他非常鲜明地表达了对于欲望的一种警惕的态度，一种批评的态度。人都有眼睛、耳朵、鼻子、嘴巴等各种感官，也就是第十章"天门开阖"这句话里所说的"天门"，身体上的天然门户。我们的"天门"、我们的感官和外界事物相接触，在这个过程中会产生各种感受，同时会产生各种欲望。

表面看上去，老子以及后来的庄子，似乎很反对欲望，要排斥一切欲望。其实不然。可以说，老子和庄子对待欲望的态度是既有反对的一面，也有保留的一面。不光是老庄道家，我们再看儒家，看墨家，看佛教，以及基督教等，但凡一种有生命力的思想、一种伟大的文明，它都不可能主张放纵一切欲望，同时也不可能禁止和抛弃一切欲望。它们不会这么偏激。可能有朋友会说，佛教就反对一切欲望啊！你看它主张看破红尘，怎么会承认欲望呢？不知道大家有没有注意到，佛教固然有它对极乐世界的追求，有不少人出家修行，终生修行，然而佛教从来没有要所有人都出家，所有人都舍弃欲望去当和尚、当尼姑。要是那样的话，就再也没有人结婚，没有婴儿出生，人类都要灭绝了，自然也不会再有佛教了。可以说，一切伟大的文明，都既有它坚定的信仰，同时又不会太极端、太偏执。它们对待欲望的态度，都是一分为二的，有节制，也有保护。只不过，其中的具体内容，或者说节制与保护的比重不同罢了。

老子对待欲望的态度，就非常有代表性，也很值得我们重视。武汉大学哲学学院有一位彭富春教授，他本来是研究西方哲学的专家，近些年对中国文化产生了浓厚的兴趣，他对老子、对国学都有很精彩的研究。他说，老子实际上对欲望做了某种区分，区分的标准就是"自然"。符合自然的欲望就是正常的欲望；而那些超出了"自然"的边界的欲望，则是不正常的欲望。由彭教授的说法，我们可以引申一下：

老子推崇"自然"，相应的，他也尊重人正常的欲望，就像中国古代常讲的"饮食男女，人之大欲存焉"，正常的吃饭穿衣，正常的结为夫妻，等等，对于这些正常的欲望，道家是尊重的。而且道家发现，正常的欲望有两个特点：第一个特点是，这些欲望比较容易满足，它们一般要求都不太高，比如粗茶淡饭之类，相对来说很容易满足；第二个特点是，当人的正常的欲望得到满足之后，其身心会在很长一段时间里处于一种舒适自在的状态。也正因为这样，它们才是"自然"的欲望。

不过，老子发现很多人觉得正常的欲望不够过瘾、不够刺激，于是，感官非要追求更强烈的刺激，非要追求欲望的更大满足。例如，眼睛非要去看那些光怪陆离的色彩，耳朵非要去听那些震耳欲聋的声音，嘴巴非要去品那些特别极端的味道，这就会对人的身心造成伤害。所谓"五色令人目盲，五音令人耳聋"，并不是说眼睛真的瞎了，耳朵真的聋了，而是说当我们的感官去追逐那些强烈刺激，追逐欲望的过度满足时，我们的眼睛就再也无法感受到大自然的色彩，我们的耳朵就再也无法聆听到大自然的声音。就拿"五味令人口爽"来说。在酷热的夏天，我们从冰箱里拿出一杯冰镇可乐，一口把它喝下去，感觉就一个字：爽！但这意味着什么呢？这时假设有高明的厨师，用天然有机的蔬菜炒了一盘色香味俱全的青菜端上来，我会发现自己完全尝不出味道，口舌都麻木了。所以，"爽"的本义就是败坏。我的胃口、我的味蕾已经被那些特别极端、特别极致的味道给破坏了，我无法再品尝正常食物本来的滋味了。

在老子看来，超出"自然"的边界的欲望，就是所谓"淫欲"。《岳阳楼记》里有一句话，"淫雨霏霏，连月不开"，所谓淫雨就是过分的、过多的雨。同样，过分的、过多的欲望就叫作"淫欲"。"淫欲"是不可能真正得到满足的。有一个成语叫作欲壑难填，"淫欲"是填不满的。"淫欲"也有几个特点。第一，它的满足感非常短暂。人们通过追逐物欲，让自己的感官获得了一定的快感、一定的满足感。但是，这个快感，它很快就会消退，而且一旦快感消退，人们就会觉得更加难受。第二，满足"淫欲"的方式也会很快失效。在某个阶段，人们通过某种刺激获得了官能快感；然而，过一段时间会发现，同样的刺激、同样的方式可能就无法产生官能快感了，它失效了。于是，为了获得新的快感，人们就会不断尝试各种新奇的刺激，慢慢地，有可能会越来越变态。那些正常的、人的刺激无法奏效了，干脆去尝试一些非人的、禽兽的，甚至禽兽不如的刺激。这不是变态是什么？

那么，怎样才能不变态呢？老子说，我们要反思自己的欲望，对"淫欲"，对那些过分的欲望，要用减损的智慧把它减掉。他提出了一个原则，就是"为腹不为目"。这也是本章的一个重点和难点。

"为目"好理解，它其实是一个泛称，包括了前面提到的追逐"五色""五音""五味""驰骋畋猎"及"难得之货"，等等。只要是迷恋这些外在的物欲诱惑，都属于"为目"的范畴。老子是用第一句话"五色令人目盲"来代表后面的各项。我们用眼睛追逐"五色"，这就是"为目"。因此"为目"指的是老子前面列举的种种纵情于声色的行为。

"为腹"的意思就不那么容易把握了。有人把它解释成"填饱肚皮"，类似第三章讲的"实其腹"，满足基本的生存需求。这是从字面来说的。也有学者倾向于从"遵循大道"的角度来解释。例如王弼的解释是：为腹，指的是用外物来滋养自己，这是遵循"道"的一种体现；而为目，则是自己被外物奴役，追逐外物而迷失自我。

安徽大学有一位孙以楷教授，是很有名的研究《道德经》的专家。他是这么解释"为腹"的：老子所强调的"为腹"，并不是简单的"填饱肚子"的意思，而是出于养生的目的。因为根据中医养生理论，我们有所谓的"先天之本"和"后天之本"。"先天之本"就是我们的肾脏，一个人的肾脏是否存在亏虚，直接决定了他的先天体质的好坏。而"后天之本"就是脾脏，它对应我们的消化系统，脾脏要是出了问题，我们就会出现营养吸收方面的障碍，身体自然会虚弱。这两个重要的脏器，都位于我们身体的腹部。不仅如此，丹田也在腹部。丹田据说是储存精气神的地方，被称作"性命之根本"，它在肚脐往下三寸的地方。所以，中医养生思想认为腹部很重要。老子对"腹部"的重视，很可能有修炼和养生方面的考虑。这种思路可以容纳进传统的中医学说、养生思想，很值得关注。

  这也启发我们，道家的老子、庄子的智慧，除了有理论的、精神的一面，可能还有和身体密切相关的内容，可以归属到修养、修炼的这一面。

第十三章

　　第十三章是一个挑战，这一章是公认的最难理解的章节之一。在整部《道德经》八十一章中，本章的难度可以说数一说二。倒不是说它里面有多少陌生字词或者冷僻概念，关键是这一章的主旨，它到底想要表达什么。关于这一点，千百年来众说纷纭，争论很多。我打算迎难而上，尝试着解读本章。至于能不能说通，就请读者朋友来当裁判吧！

　　宠辱若惊，贵大患若身。何谓宠辱若惊？宠为下，得之若惊，失之若惊，是谓宠辱若惊。何谓贵大患若身？吾所以有大患者，为吾有身，及吾无身，吾有何患？故贵以身为天下，若可寄天下；爱以身为天下，若可托天下。

　　河上公给本章起的标题有点奇怪，叫"厌耻"，似乎要提醒人们重视"耻辱"之类的、看似不好的东西。
　　还是先说这一章的字面意思：无论是得到宠爱，还是受到羞辱，都惊慌失措，忐忑不安；把那些名利得失之类，看得像自己的身体一样重要。为什么说得宠和受辱都会惊恐呢？因为"宠为下"，得到宠爱时惊慌，受到羞辱时也惊慌。当然就是"宠辱若惊"啦。为什么要把所谓的"大患"，看得像自己的身体一样重要呢？因为我们发现，宠与辱、得与失，这些大患都是与我们的身体捆绑在一起的。既然这样，如果我连身体都没有了，哪里还会有什么"大患"？所以，一个人只有他把自己的身体看得比整个天下都宝贵，这样的人，才可以把天下交给他；只有他对自己身体的珍爱要远超对整个天下的爱，这样的人，才可以把天下托付给他。

读完这一章的字面意思，朋友们估计已经明白了，为什么说本章是最难理解的章节之一。一会儿"宠"，一会儿"辱"，还说"宠为下"，"宠"难道不是好事吗？更令人费解的是，老子还提出"无身"，他难道是鼓吹自残、自杀？那不成邪教了吗？再就是最后两句，为什么要把天下交给这些看起来很自私的人呢？

下面，我就试着一条一条分析。

首先，我们需要明白的是，开头的这两句"宠辱若惊，贵大患若身"，其实是老子立起来的靶子，是供我们批评和反思的对象。他是在说，很多人以为只有受到羞辱才会惊恐；至于得到宠爱，怎么会惊恐呢？高兴还来不及啊！其实，得到宠爱也一样会让人惊恐。因为"宠为下"，一个人"受宠"，恰恰表明他是屈居人下的，这所谓的"宠爱"，原来并不是他自己可以决定的，是那些高高在上的人施舍给他的。一旦施舍者改变了喜好，这些"宠爱"也就会烟消云散。得到宠爱时固然喜形于色，但又害怕失去；受到羞辱时固然怒发冲冠，但又心存侥幸。这也就是人们常说的"患得患失"。如此一来，"受宠"和"受辱"一样，当然就会心旌动荡，惊扰不安了。

接着，老子追问：为什么人们会"宠辱若惊"呢？为什么得到和失去的时候，都会惊恐不安？原来是他们把所谓的"宠辱"、把名利上的得失，看得太重了，以至于一旦"失去宠爱，受到羞辱"，就好像大难临头，天都要塌下来了。"大患"就是"患得患失"，希望自己备受宠爱，不要蒙受耻辱。他们把名利得失看得像自己的身体一样重要，甚至有些人把它看得比身家性命还要重要。于是，这些人才会为了赢得宠爱，不惜拼命。历史上有一个"楚王好细腰"的典故，春秋时期楚国有个国君楚灵王，他有一种很病态的爱好，喜欢腰很细的人。无论朝中的大臣，还是宫中的宫女，为了迎合他，争夺宠爱，不惜拼命节食，一天只吃一顿饭，一个个饿得要扶着墙才能走路。不说楚灵王了，单说这些大臣、宫女，他们的荒唐举动，说到底都是因为把名利得失看得太重了。

那怎样才能破除对宠辱得失的计较，不再患得患失呢？老子把目光投向了我们的"身体"。他说："吾所以有大患者，为吾有身。"原来，这些宠与辱、得与失，它们都是与我们的身体捆绑在一起的。我们的身体常常会伴随着各种欲望追求，希望安逸，喜欢享受，爱慕虚荣，等等。正是因为我们的身体伴随着这么多的欲望追求，所以我们才会觉得"受到宠爱是好事""受到羞辱很糟糕"。于是，我们会争宠，会计较得失，为了利益不择手段、不惜代价，甚至惹上官司，走上不归之路。一旦执着于这些东西，我们就会与大道相背离，就会违背自然。这样，当然会大患临头，没什么好下场了。

老子给出的解决方案很奇特，那就是"无身"。如果没有身体，当然也就不会有和它相连的宠辱得失了。那我还会有什么大患呢？我都不在乎了，自然也就不再把所谓的"得失"看作"大患"。可以说，老子提出的是一种釜底抽薪式的方法，也就是从根本上消除掉名利得失的源头。

"无身"，也成了理解本章的一个关键的难点。需要声明的是，老子所说的"无身"，并不是要我们自残，去毁伤我们的身体。他针对的是伴随着身体的自我意识、欲望，等等。老子认为，这些东西其实并不是身体的自然属性；相反，它们是被添加到身体上的、"不自然"的东西。例如第三章"虚其心""弱其志"两句里面提到的"心"和"志"，还有第十二章所批评的"为目"，追逐声色犬马等欲求。对于这些违背自然的东西，老子主张做减法，把它们统统"空无"掉。

至于那些和我们的身体密不可分的自然的成分，老子不仅不主张把它们"空无"掉，相反，还主张把它们保护好、照顾好。就如第三章说的"实其腹""强其骨"，第十二章说的"为腹"，这些对应的都是身体的生理性的、基本的内容，它们都是符合自然的，不但不能消灭掉，还应该重视它们、珍惜它们。这就是"无身"的真正含义。

"无身"能够用釜底抽薪的办法，把宠辱得失的根基切断。既然和我的身体捆绑在一起的欲望、追求，这些都被"空无"掉了，当然也就无所谓"宠"和"辱"的区分，没有"得"和"失"的区别，更不要说为了争名逐利，患得患失，铤而走险了。这是"无身"一方面的作用，它可以让人们看淡外在的荣辱名利，就像很多人喜欢的一副对联讲的："宠辱不惊，看庭前花开花落；去留无意，望天上云卷云舒。"

老子讲的"无身"，还有另外一方面的意思，那就是"贵身"，珍惜、爱护自然意义上的身体。明明是"贵身"，怎么也叫"无身"呢？因为如果我们重视身体，保护好它，就可以避免因为身体出问题而带来的麻烦。也就是，通过"贵身""养身"，来实现"无身"，不受它的困扰和束缚。

在这一点上，庄子可谓老子的知心人。我们也可以借助庄子的一些说法来弄清楚老子的意图。

庄子也讲"养身"。他用了两个例子来说明我们对身体应该有的态度。这两个例子就是后来的两个词语，一个叫"适履忘足"，一个叫"适带忘腰"。"履"就是鞋子，"带"就是腰带。庄子说，我们穿一双合适的鞋子，目的不是让脚舒服，而是让我们忘了有脚的存在。大家都有这个生活经验：早上出门穿了一双鞋子，如果这一整天，老是觉得自己的脚存在，那么这双鞋子肯定是有问题的，要么太大，要么太小，要么太硬，总之它是有问题的。所以，最合适的鞋子，是穿上之后一整天都没想过自己的脚，没感觉到脚存在。同样的道理，最合适的腰带，是系上之后感觉不到腰的存在。这就是"适履忘足""适带忘腰"。老子和庄子都认为，我们对待身体就应该这样：我们养护它，但是我们的目的不是看重它，而是为了忽略它的存在，或者说我们可以不受它的干扰，不受它的影响，不受它的限制。

我们再以一位有争议的道家人物为例。先秦时期的道家学者，除了老子和庄子，还有一位名气也很大，那就是杨朱。一说到杨朱，可能很多人就会想起他的那句名言："拔一毛以利天下，不为也。"因而大家对他的印象是，这家伙就是一个自私自利的极端利己主义者。不过，我们如果了解一下杨朱这个提法背后的理由，也许能更客观地看待他，虽然我们不一定会认同他。

杨朱是怎样来论证的呢？他先问了第一个问题：如果让你拔一根汗毛来救济天下，你愿意吗？碰到这个问题，我们都会毫不犹豫点头。紧接着他问了第二个问题：现在如果让你牺牲自己的一只手臂来救济一个国家，你愿意吗？很多朋友最后还是会举手同意，不过，可能没有第一次那么干脆、果断了。杨朱又问了第三个问题：如果让你牺牲自己的生命来救济一个家庭，还不是自己的家，你愿意吗？我想，这时候很多人都会犹豫，甚至打退堂鼓。这可以理解，毕竟我们还有自己的家，有父母、子女需要照顾，如果就这样牺牲了，还是有一些放不下。

杨朱开始论辩了：面对这三个问题，为什么人们的答案会不一样呢？在他看来，无论是整个生命、一只手臂，还是一根汗毛，尽管它们大小悬殊，但从性质上讲，它们都是一样的，都是内在于我的，因此至关重要。而另一边，无论是一个家庭、一个国家，还是整个天下，无论它如何大，它都是外在于我的，因而是不重要的。正所谓"内外有别""轻重有别"。天下、国家之类的名利功勋是外在于我的，所以是轻的；一毫一发是内在于我的，所以是重的。既然如此，我又何必损伤我内在的哪怕一毫一分，去帮助外在于我生命的哪怕是天下、国家呢？

杨朱又补充了一个理由说：如果每一个人都不牺牲自己生命中的一毫一分去帮助外在的天下、国家，那么，不仅我们每个人的内在生命能得以保全完整，而且外在的天下、国家自然而然也会太平无事。

这是杨朱的"贵身"思想。尽管有诡辩的色彩，但也不乏启人深思之处。明白了道家的"贵身"思想，本章的最后两句就很容易理解了。那些"贵身"

的高人，把自己的身体看得比天下更重，他当然不会为了窃取天下的名利，来损伤自己的身体了。这样一来，"贵身"反而使他们做到了真正的"大公无私"。这可谓"私"与"无私"的奇妙转化。

第十四章

第十四章和稍后要学的第二十一章关系很密切,可以说是互为姊妹篇。我们还是先了解这一章的文本:

视之不见名曰夷,听之不闻名曰希,搏之不得名曰微。此三者,不可致诘,故混而为一。其上不皦(jiǎo),其下不昧,绳(mǐn)绳(mǐn)不可名,复归于无物。是谓无状之状,无物之象,是谓惚恍。迎之不见其首,随之不见其后。执古之道以御今之有。能知古始,是谓道纪。

河上公为本章起的标题叫"赞玄",意思是赞颂神奇玄妙的"道"。

这一章的大意是:对于恒常之道,当我们试着用眼睛去看的时候,什么也看不见;当我们试着用耳朵去听的时候,什么也听不到;当我们试着用手去触摸的时候,什么也摸不着。也就是说,在面对"道"的时候,人们通常所依赖的视觉、听觉、触觉等这样一些器官感觉,是无能为力的,没有办法来穷究它、探知它。它混融一体,超越了任何一种感官的极致。这混融一体的"道",它的上面并不更加明亮,它的下面也并不更加阴暗。它连绵不绝,难以名状,又回到了无形无象的状态。因此,"道"是没有具体形状的形状,没有任何实物的物象,这就叫"惚恍"。我们迎着它看,却看不见它的前头;跟着它看,也看不见它的后头。一旦我们把握了这亘古永存的"道",就可以来驾驭今天的万事万物，还能推知万物的本源。这就是"大道"的规则吧。

这一章延续了第一章的主题，继续讲"道"的本体色彩，"道"是"无"和"有"的统一。第一章说过：无和有"同出而异名"，它们同出于道，彼此又有差别。本章继续讨论这个话题，而且讲得更加具体，把"道"的这种超越感觉、超越经验的一面，讲得更生动。

老子从人们熟悉的感觉经验着手。对于陌生的东西，我们都习惯了用眼睛去看，用耳朵去听，用手去触摸，用这样一些感官来感知、了解这个对象。然而，一旦这个对象换成"道"，恒常之道，我们就突然发现，原本屡试不爽的办法居然失效了。"夷"就是"无色"，"道"是透明无色的，眼睛再怎么看也看不见它。"希"就是"无声"，"道"是没有声音的，我们用耳朵是听不到的。"微"就是"无形"，因为大道无形，所以我们当然没办法用手触碰到。需要说明一下，老子讲"大道"无色、无声、无形，并不是说它就真的没有任何色彩、没有任何声音、没有任何形状。而是说，它的色彩、声音，它的形状，都不是人用眼睛、用耳朵，用手用脚所能够感受到的。就以"无声"和"希"为例。老子说过，"大音希声"，最宏大的声音，耳朵是无法听到的。我一直不明白这是什么意思。直到有一次，我到湖北省博物馆参观，听到编钟演奏，才弄清楚它的意思。曾侯乙编钟是湖北省博物馆的"镇馆之宝"，演奏时用的当然是仿制品。但是，场面仍然很震撼，尤其是敲击最大的那件钟时，几乎听不到什么声音，只感觉到很低沉的、嗡嗡的震撼感。据说，这个几乎听不见声音的、最大的钟，它的作用就是为整套编钟确定基调，因此也是最重要的。而"大道"发出的声音还要远远超过这最大的钟，那更是不可能用耳朵听到的。

老子通过这样一些否定式的描述，说明"道"超越了我们的视觉、听觉、触觉等感官。即使我们把眼睛睁得再大，耳朵竖得再直，手伸得再长，也没有办法来感觉"道"，没有办法触及它。因为它存在于我们的感官之上，或者说感官之外。对我们来说，它是"似有若无"的。

老子接着讲，"道"是混融一体的，它混沌一团。通常我们看一个比较大的事物，它的上部往往比较明亮一些，上部光线更好；而它的下部，由于有阴影，就会相对阴暗。然而"道"却不是这样，它的上面部分不显得特别明亮，下面部分也不显得特别灰暗。

至于存在样态，它是连绵不绝的。这句话里的"绳绳"两个字，读"mǐn mǐn"，意思是连绵不绝，没有办法来形容，也就是无以名状。它超越了任何具体的事物，仿佛没有存在。但它又"似无实有"，因此，它是没有具体形状的形状，是没有具体事物的物象。也就是说，"道"在本质上并不是虚无，它仍然是一种有，只不过是没有具体的形状、颜色、重量等属性罢了。

老子还是在强调"有"和"无"的统一，或者如我们刚才讲的，"道"似有而若无，似无而实有。对于这样一种矛盾、微妙的状态，老子用了一个词来形容，那就是"惚恍"。这个词非常关键，我们放在后面讲。

接着，老子说"道"既不见首，也不见尾，它是一个永恒无限的存在。而我们呢，都是有限的，当然没办法丈量它了。

结尾的几句主要是讲"大道"的神妙功能，一旦我们了解它，顺应它，就可以驾驭现实中的一切事物，并且还能知道这些事物的古老的来源。这就是"大道"的纲纪，"大道"的规则。这也是第二十一章所说的"孔德"。

以上我们梳理了一下这一章的含义，但还留下来一个很重要的问题，那就是：老子为什么要用"惚恍"这个词来形容"道"？道和"恍惚"又有什么关系？

本章的"惚恍"和第二十一章的"恍惚"，意思是一样的。

在我们的印象里，"恍惚"不是褒义词。小学读书时，老师口里经常会蹦出一句话："×××，你又精神恍惚了！"这是在批评、训斥那位同学注意力不集中、神游天外。这里，"恍惚"显然是被当作贬义词来使用的。

老子讲的"恍惚"或者"惚恍"，跟我们平日里说的"恍惚"是不一样的。不过，它们之间也有一些联系，要不然为什么都叫"恍惚"呢？

"恍",就是不真切、不确定。有个成语叫"恍然如梦",形容像梦境一般不真实。"惚",意思是倏忽不定,瞬息变幻,好像惊鸿一瞥,还没来得及细看,就不见了,但又依稀有影像留在心间。

老子用"恍惚"这个词,是想要表达:"道",它完全超出我们的感官经验。我们没办法用眼睛看,用耳朵听,用手触摸它。如果说"道"是无限的存在,我们人就是有限的、渺小的存在。所以,我们只能够感受它的一个片段,一个局部,就像盲人摸象那样。从这个意义上看,"恍惚"显示了人们在"道"面前的局限性和无力感。对于"道",正如一首名叫《雾里看花》的歌曲唱的,我们永远不可能看得真真切切、清清楚楚、明明白白。而"恍惚",就是"大道"给我们留下的印象与感受。

不过,这里的"恍惚"和日常用语的"精神恍惚"又有什么关系呢?下面,我通过自己读书时候的一段体会,来讲讲我所理解的"恍惚"。

本人上大学的时候,有一段时间,校园里突然流行起一种活动,"看三维魔画"。什么是"三维魔画"呢?同龄的朋友大概知道。它也叫"三维立体画",就是通过电脑技术,利用我们眼睛的立体视觉原理制作出来的一种绘画作品。它有什么魔力呢?乍一看,这种画就是平面的图画,没有什么特别之处;不过,当我们按照某种特定的方式来观看时,就能从这个看似平面的图画中,看出立体的层次来。通常我们看东西时,双眼是聚焦的,两个眼睛的焦点集中到要看的东西上面,但是看三维魔画的诀窍是:双眼要散焦,两眼的视线要分散开来,好像看着两个点,但不要刻意地盯着,而是放松。保持一段时间后,我们就能够在一张平面的三维魔画里,看出多层次的、立体的画面。

后来,一次偶然的机会,我试着用看三维魔画的方式来看地面上的一片草丛。两眼放松,视线随意地落在草丛上,保持散焦的状态。渐渐地,我眼中的这片草丛出现了一些变化:它的颜色变得更加翠绿,也更加明亮,不过不刺眼;而且绿色由这片草丛逐渐向四周扩散,到后来,满眼都是绿色的草丛。这时候,我心里产生了一种感觉:我可以感受到风中每一片草叶的抖动。最后,双眼散焦的状态被打破,眼前的景色恢复成最初的样子。

这就是我当年的一次偶然的经历。由此,我联想到了本章讲到的"恍惚"。如果说"精神恍惚",指的是精神不专注、开小差的话;那么,我刚才讲到的观看三维魔画的方式,或许就是一种眼睛的"恍惚",一种视觉的"恍惚"。

眼睛的"恍惚",它的根本特征是双眼放松,保持一种散焦的状态。也就是说,它不强调仔细观看,不要求纤毫毕现。这种观看,其实具有某种模糊性,某种朦胧色彩。但是,就在模糊、朦胧之中,我们的眼睛反倒有可能注意到一些平时忽略了的信息,甚至会产生一些奇妙的感受。眼睛的"恍惚",它和那种注意力高度集中、全神贯注的观看,正好可以形成鲜明的对照。全神贯注的观看,其实是一种"有得有舍"的观看,看清楚的同时,也漏掉了很多。就好像热恋中的情侣,为什么会旁若无人?因为他们眼中只看到了对方,对四周的人"视而不见"。"恍惚"的观看,则"无得无失",好像没有看清楚某个对象,但视野中的所有信息都有可能捕捉到。

如此说来,处在"恍惚"状态的时候,我们的眼睛所感受到的东西,比起认真盯着看时,要更加全面,更加真实,也更接近"道"的原貌。或者说,过分专注的、全神贯注的观看方式,是不自然的,是有为的。而"恍惚"状态下的观看,才是自然的、无为的,才更符合"道"。

老子讲:"天门开阖,能为雌乎?"我们的"天然门户"不光有眼睛,还有鼻子、耳朵、嘴巴等。这样一来,不仅仅是眼睛能够做到"恍惚",其他的感官,同样可以做到"恍惚"。这就是老子讲的"能为雌",不逞强,不专注,不炫耀,顺应自然,轻松而自在。这样,或许我们距离"道"会更近一些。因此,"恍惚"说不定是我们人感知"大道"、通向"大道"的一种方式、一个途径。

第十五章

我们中国文化里常常会出现"得道高人"的形象。他们有的仙风道骨，鹤发童颜，例如宋元明时期的著名道士张三丰；有的神通广大，能呼风唤雨，比如《三国演义》里的诸葛亮。不过，"得道高人"的关键并不是他的道术有多么高明，这只是顺带的效应，是细枝末节。他的关键是"得道"，能够领悟"大道"的精神，能够遵循大道，顺应自然。也就是说，他那些出神入化的本领，都是在领悟大道、遵循大道之后，从"大道"那里得来的。

《道德经》第十五章里，就有老子所描绘的"得道高人"的生动形象。

> 古之善为士者，微妙玄通，深不可识。夫唯不可识，故强为之容：豫焉，若冬涉川，犹兮，若畏四邻，俨（yǎn）兮，其若客，涣兮，若冰之将释，敦兮，其若朴，旷兮，其若谷，混兮，其若浊，孰能浊以止？静之徐清。孰能安以久，动之徐生。保此道者不欲盈。夫唯不盈，故能蔽而新成。

河上公给这一章起的标题是"显德"，意思是"得道高人"所显示出来的德性。

本章的大意是：古代的那些善于修道、能够行道的高人，他们的精神、他们的行为精妙而通达，高深莫测；普通人是很难看清他们，很难理解他们的。既然没有办法从根子上、从实质上认清他们，那就只好退而求其次，勉强来描述一下这些"得道高人"的一些外在表现：他们行为谨慎，就好像冬天踩着冰面过河一样，小心翼翼、战战兢兢；他们很警觉，很有警惕性，好像时刻在防备四周的围攻；他们庄重、严肃，就好像在别人家做客一样，恭恭敬敬、彬彬有礼；他们和顺可亲，如冰雪消融；他们敦厚质朴，就像没有被雕琢过的天然材质一样，浑朴自然；他们豁达而洒脱，就像空山幽谷一样，虚心包容；他们混同于俗尘，就像江海湖泊里的水一样，能够涵容污垢。谁能够让江河中浑浊的水不再浑浊？只要让它静下来，它就会逐渐澄清。谁能够让长久安静的东西充满生机？只要它渐渐发动起来，就能够慢慢地培养生机。通晓并且能够坚守此道的高人，他们不会自满；正因为不自满，他们才能够吐故纳新。

看到这里，朋友们可能会有一点点困惑：老子在本章所描述的"高人"，似乎没有那么高啊！你看他做事情犹犹豫豫，束手束脚，警惕、拘谨的样子，哪里看得出半点儿从容自在的高人风范？当然后半段还行，不过前前后后综合起来，总感觉还不够潇洒尽兴，还配不上"得道高人"的头衔。

讲到这里，就不得不提庄子了。一说起道家，人们就会习惯地说"老庄"。这个说法既对，也不对。说它对，是因为老子和庄子的确是最能代表道家思想的伟大哲人；而且，他们两位的很多观点、学说都有相通之处，作为后辈，庄子确实对老子有非常多的继承。但是，严格说起来，老子是老子，庄子是庄子，他们两位的性格、爱好，他们关注的焦点问题其实有很多差异；相应的，他们的思想也有相当大的区别。这一点，我们会陆陆续续介绍到。

回到"得道高人"这个话题。庄子这个人太有趣了，他的思想太神奇了，可以说，从魏晋时期开始，相较而言，历代的文人在骨子里更亲近的是庄子，而不是老子。就比如各个时期的潇洒文人的代表，东晋的陶渊明、唐朝的李白、宋朝的苏轼，这些人受庄子的影响都更深一些。也是出于这个原因，我们后世在想象"得道高人"形象的时候，会不自觉地按照庄子给出的模板来描绘。

那庄子心目中的"得道高人"是什么样的呢？最生动的例子，可能要算他在《逍遥游》里勾画的"邈姑射山的神人"。庄子是这样描述的："邈姑射之山，有神人居焉。肌肤若冰雪，绰约若处子；不食五谷，吸风饮露；乘云气，御飞龙，而游乎四海之外。其神凝，使物不疵疠而年谷熟。"这段话的意思是：在遥远的姑射山上，住着一个神人：他的肌肤像冰雪一样洁白无瑕，他的身姿像处子一样轻盈柔美。他不用吃五谷杂粮，而只是吸吸清风、饮饮露水就可以了。他乘着云气，驾驭着飞龙，遨游在四海之外。没有特定的目的，没有刻意的作为。他的精神凝聚，能够让百物不受灾害，让每一年都风调雨顺、五谷丰登。

与老子所描绘的"得道高人"相比，庄子笔下的这位神人，身体姿态更加轻盈飘逸，行为举止更加超然独立。另外，这位神人的性别不详，似乎更像一位女性。魏晋时期的一些名士，喜欢身上熏香、脸上敷粉，喜欢穿女装，审美颇有些女性化倾向，据说，正是要向"邈姑射山的这位神人"看齐。当然，这是闲话。

有一位在民间推广《道德经》颇有成效的学者——董延喜先生，他对老子和庄子两人心目中的"得道高人"形象，做过一个非常贴切的对比。他说，老子刻画的"得道高人"，人格形态的特点可以用四个词来形容，那就是"敦厚、浑朴、恬静、谨慎"；而庄子刻画的"得道高人"，其人格形态则是"逍遥、自在、超凡、脱俗"的。老子刻画的，是一位内心安详的老者，是一位"大隐隐于市"的隐者；而庄子刻画的，则是一位潇洒飘逸的中年人，是"邈姑射山之神人"。董先生的这个比喻很好。

中国有句老话："年龄越大，胆子越小。"人随着年龄的增长，阅历的增多，见到的各种教训越多，要思考的事情就越多，顾虑的人、顾虑的事就越多。于是，胆子就变小了。与今天人们常说的"司机开车越久，就越谨慎"是一个道理。老子所理解的"得道高人"，就像一位睿智的老人，他不会一味地随着性子潇洒、痛快，他有更多的顾虑、更谨慎。不过，老子不认为这是患得患失的表现。相反，他认为必要的谨慎、必要的顾虑，其实也是顺应大道的一种表现，因为大道本身就不是酣畅淋漓的，不是肆意妄为的。

通过和庄子笔下的高人做对比，我们大概知道了老子心目中的"得道高人"的一些特征。不过，这些仍然是一些符号化的东西，很抽象，不太容易理解。为了方便大家理解，我们不妨通过《西游记》里的一个人物形象来直观地感受"得道高人"的风采。

在《西游记》里，有一个很重要的人物，那就是孙悟空出海学艺拜的师父须菩提，也就是菩提祖师。须菩提身上的不少特点，就体现了"得道高人"的一些素质。须菩提的第一个特点是，法力高超、神通广大。可以说，只有孙悟空想不到的，没有须菩提教不了的。他用三年时间随便教给孙悟空的长生不老术、七十二般变化、驾筋斗云等本领，就让孙悟空能够大闹天宫，弄得天兵天将灰头土脸。他的第二个特点更难得，那就是低调。他躲在孤悬于海外的西牛贺洲，守着"灵台方寸山，斜月三星洞"教教徒弟，过过日子，不去争什么名头，不像五庄观的镇元子总端着"地仙之祖"的架子。其实须菩提的本领绝不亚于镇元子，只不过他不争。第三个特点是，他还很平易近人。就像孙悟空曾经问路的那个樵夫，因为家事劳苦，经常会有烦恼，须菩提就特意教授他一曲《满庭芳》，让他烦恼的时候散散心。须菩提不但没有瞧不起凡夫俗子，反而能够耐心和他们交往，能够贴心帮助他们，可见，他非常谦和亲切，而不是端着架子、高不可攀。最后，还有一点，那就是他非常谨慎，有危机意识。他发现学艺有成的孙悟空性情跳脱，喜欢显摆，容易惹祸，就把他赶出师门，并且非常严厉地告诫孙悟空，不准他说是自己的徒弟。这样一来啊，不论将来孙猴子惹下多大的祸患，也牵连不到自己身上。这可以说是"防微杜渐"，防患于未然。他的小心谨慎可见一斑。这么说来须菩提俨然是"得道高人"的一个典型代表了。

第十六章

　　第十六章也是十分重要的一章。河上公给本章起的标题叫"归根",意为回归本根,是从其中的一句"夫物芸芸,各复归其根"里面摘取的。
　　先来看看这一章的原文:

　　　　致虚极,守静笃(dǔ)。万物并作,吾以观复。夫物芸芸,各复归其根。归根曰静,是谓复命;复命曰常,知常曰明。不知常,妄作,凶。知常容,容乃公,公乃王(wàng),王(wàng)乃天,天乃道,道乃久,没(mò)身不殆。

　　当然,可能有的朋友看到的版本,"公乃王,王乃天"写作"公乃全,全乃天",有一些差异。这是历史上不同的传抄源流造成的,各有各的道理;而且,也不会影响到全章的理解。
　　致虚的修道功夫要做到极致,守静的悟道体验要做到笃诚。天地间的万物蓬勃生长,我能从中观察到循环往复的道理。万物纷纭变化,看似繁杂,但无一例外都将回复到它们各自的本根。万物回归本根的过程,就叫作"静",这也象征着它们返回到本性。回归本根、返回本性,这是万事万物存在和发展的永恒法则。一个人一旦认识到这个永恒的法则,就可以称得上是明智的人。反过来说,倘若不能明白"万物归根复命"的法则,一味地胡作非为、轻举妄动，就会招来各种各样的灾祸。认识到这个法则，遵循它，则可以虚怀若谷，包容万物；而包容万物，就能够做到坦然公正，不偏心，公平、公正地对待万物。这样的人，才有资格君临天下，成为万物的领袖。他即便是成为王者，当上了万物的领袖，也依旧会保持自然天真，而不会刻意作为，更不会偏离大道。一旦做到了这些，他就可以说是"得道之人"了，当然能够长长久久，终身都不会遭遇凶险。这是本章的大意。

在这一章里面，有几个重要的思想。

第一个就是修道、悟道的功夫，它的关键在于"致虚"和"守静"。这一点在后世影响非常大，有人说，翻遍《道藏》八千卷，离不开这六个字——"致虚极，守静笃"。《道藏》是历代收集的道家、道教的经典汇总。而"致虚极，守静笃"，正是《道藏》的灵魂，也是道教修炼的根基。当然，我们要跳出道教的框框，把"致虚极，守静笃"理解成一种更加开放、更加深刻的智慧。

人要效法"道"，要体悟"道"，首先应该做到"虚静"。所谓"致虚、守静"，就是要经常地、彻底地排空我们的头脑和心灵，不要让太多现有的人云亦云的知识、规范、技巧等，把我们的头脑和心灵给塞满。生命是需要灵性的，然而，越来越多的知识、欲望、规范、价值观念等，会渐渐充塞我们的头脑和心灵，损害人与生俱来的灵性。对此，我们要学会做减法，要用否定的方式来排除这些东西。只有这样，才能让我们的生命恢复灵性，重新体会到轻松自在、悠闲宁静的心境。只有这样，我们才能体悟"大道"，回归自然之道。

我们可以通过一个例子来说明"虚静"的重要：国外曾经做过一项实验，主题很简单，就是"看电视"。在英语里专门有一个词语叫"沙发里的土豆"，形容有些人太喜欢看电视了，回到家就把自己扔到沙发上，偎在沙发里像个土豆一样，一直看电视。这个实验就投其所好，专门征募一些志愿者来看电视，并在实验开始之前，测量了志愿者各方面的指标。接着实验开始，要求有两个。第一，每天看电视的有效时间不少于七个小时。内容不限，可以选择自己喜欢的内容看。第二，要连续看三个月，一天都不能中断。三个月之后，实验结束，实验团队再来检测参加实验的志愿者的各项指标，发现其中的一个指标明显下降。哪个指标呢？智商。也就是说，经过三个月长时段高强度的看电视之后，参加实验的志愿者的智商出现了明显下降。这说明了什么？这说明过度地看电视，有可能对智商造成一定的影响。我们可以分析其中的原因：当我们看电视的时候，特别是看那些没有什么营养、傻白甜的肥皂剧时，通常不需要动脑子，我们只需要被动地去看、去听，只需要不断地接收信息，完全不需要推测，不需要联想，头脑长时间不用的话，智商当然会下降。

而有类电视节目，只是一个劲儿地塞给我们太多的信息、太多的知识，完全不需要我们去理解、去消化，不需要我们动脑子。这项"看电视"的实验，其实给我们一个重要的启发，那就是我们的头脑如果被塞了太多的信息、太多的东西，就会缺乏运转的空间，就没有了灵性。结合老子讲的"致虚极，守静笃"，我们的头脑、我们的心灵需要做虚静的功夫，排除杂乱无意义的东西，腾出空间。有了适当的空间，人的灵性才能够自由自在地飞舞。

今天有很多朋友已经意识到，为了身体健康，要适当地排空我们的身体。例如，很多现代职业女性，每周会选一天断食。这一天不吃主食，只喝点酸奶，吃一点水果，通过轻断食来排空自己的身体，让自己更健康。其实除了要排空身体，我们还需要适当地排空我们的心灵，排空我们的头脑。所以也有很多的朋友会定期静坐、冥想。静坐、冥想就是在一个安全的、温暖的环境里，听着舒缓的音乐来放松自己，从而达到一种精神和身体松弛的状态，把那些平日里困扰自己的事务暂时放开，让心灵更加澄澈清静。这和《道德经》讲的"致虚极，守静笃"有异曲同工之妙。

以上是本章的第一个重点，由于特别重要，我就讲得多一些。

这一章的第二个重点，是它揭示了"万物都会归根复命"这样一种规律。老子说，世间万事万物纷繁复杂、变幻莫测，乍一看，让人眼花缭乱、头晕目眩。但是，只要我们先做到"致虚极，守静笃"，进入这样一种通达、明澈的奇妙状态，我们就能看穿万物纷纭变化的表象，从而观察到它们共同的规律，那就是：它们都会回归各自的本根，回复它们的本性。

　　什么是回归本根呢？我们可以借庄子之口来回答。庄子的妻子去世了，他的朋友惠施前往悼念，却意外地发现庄子不仅没有悲伤，反而坐在地上，张开两腿，一边敲着盆子，一边唱歌。惠施责怪庄子无情。庄子是这样回答的：妻子刚刚去世的时候，他也很悲痛伤心。后来他想：妻子死了，那是她的形体不在了吗？不是的，她的身体还在那里。原来是她的气息没有了。我们的汉语很传神，说一个人，一口气提上来，他就活过来了，比如对危重的病人，用人参之类的东西吊住他的一口气；反过来，这口气断了，人就死了。因此，我们用"断气"来形容"去世"。庄子说，就妻子的生命来说，这些气息要比肉体更加重要。现在，妻子断气了，这些气到哪里去了呢？原来，它们又回到了天地之间。而从终极来讲，这些气又回归于"大道"了。"大道"就是我们每一个人的根，也是万事万物的根。一个人出生了，长大了，就好比他离开了自己的终极家园，离开了自己的根；当他死了，断气了，就相当于他又回到了家园，回归自己的本根。既然这样，我为什么要伤心难过呢？我应该庆贺妻子回家了啊！

　　庄子这个讲法比较怪异，不过，可以启发我们对"归根复命"的理解。"归根复命"是相对于"大道"来说的。我们感知"大道"，体认"大道"，遵循"大道"，这就是"归根复命"。杨绛先生曾经说过，"花开花谢，潮起潮落，不经意间我们正走向人生的暮年"，这时候我们才发现，"人生最曼妙的风景，竟是内心的淡定与从容"。这句话，可以说道尽了老子"归根复命"的大智慧。

第十七章

在开始这一章的学习之前，我先提两个问题：什么样的政治才是最完美的政治？哪一种领导人才是最理想的领导人？这两个问题，可以说从古到今，一直是人们思索和争论的焦点话题。我们马上要读到的这一章，就记录了老子对这两个问题的回答。而且，老子的答案十分特别，很耐人寻味。

我们先看看这章的原文：

> 太上，下知有之，其次亲而誉之，其次畏之，其次侮之，信不足焉，有不信焉！悠兮，其贵言，功成事遂，百姓皆谓"我自然"。

对这一章，河上公给的标题是"淳风"，意思是淳朴的民风。

老子认为：最好的统治者，或者说最理想、最完美的政治模式，是人民只是知道君主的存在，而丝毫不为其所扰。稍逊色一点儿的统治者，或者说次一等的政治模式，是人民都亲近他，称赞他、歌颂他。再差一点儿的统治者，或者说第三等的政治模式，是人民都畏惧他。最糟糕的统治者，最坏的政治模式，则是人民都蔑视他，瞧不起他，想要反叛他、羞辱他。正因为有些统治者表现得太恶劣了，完全不值得信任，所以才会出现老百姓不信任统治者的情况。由此可见，最高明的统治者悠然自在，很少发号施令；最好的政治模式其实是无为而治。国家治理好了，事情办妥了，老百姓都安居乐业。但是你问老百姓原因，他们并不觉得这是统治者的功劳，而是说"我们本来就是这样的"。这是本章的大意。

春秋战国时社会危机重重，礼崩乐坏，它并不是由经济上的危机造成的，不是什么重大的自然灾害导致粮食减产，导致整个社会没有了物质财富，从而引发危机。不是的。它更多的是由"人祸"造成的。所谓"人祸"，也就是政治上出现了危机，政治治理有了大麻烦。于是，各家各派的思想家都开始思考："什么才是最好的政治？""怎样才能实现最好的政治？""哪一种统治者才可以推行最好的政治？"围绕这些问题，诸子百家各抒己见。

老子没有缺席这场讨论。在本章里面，他列举了四种政治，比较了四种政治模式，给出了"理想政治"的"道家方案"。

为了便于理解，我们不妨换一个顺序，从他所认为的最差的政治开始，一步一步由坏到好，最后到老子心目中的最完美的政治。

老子把最差的、最糟糕的政治，叫作"侮之"。意思是说，由于统治者太不像话了，老百姓心里都鄙视他，瞧不起他，厌恶他，继而都想着要推翻他。老子认为这是最低级的政治模式。

我们可以举个例子。中国人讲政治的反面典型，经常会说到"桀纣"，这个"桀"，就是夏朝的亡国之君夏桀；"纣"是商朝的亡国之君商纣王。传说中夏王朝的最后一位君王夏桀，正是一个坏透了的帝王。夏桀这个人很糟糕，坏君王的所有毛病，他几乎都有：荒淫，奢侈，喜怒无常，亲近小人，疏远贤臣。据说，为了享乐，他专门让人修建了一个大池子，叫"夜宫"，里面装的美酒能够让船漂浮起来，醉死淹死的人不在少数。夏桀带着一大群搜罗来的美女，就住在池子里，一个月都不上朝，政治腐败、民不聊生、众叛亲离。可是夏桀不以为然，他自我感觉特别好，吹嘘自己就是天上的太阳，老百姓是月亮，所以，老百姓都离不开他，都围着他转。没想到，这个说法传出去之后，老百姓编了一首歌谣："时日曷丧，予及汝偕亡！"你这个太阳啊，快快灭亡吧！我这个月亮愿意跟你同归于尽！我宁可自己的命不要了，也要跟你这个太阳同归于尽！从这句话可以看出老百姓对夏桀的憎恶和愤怒。他们宁可牺牲自己的生命，也要结束这糟糕的、荒谬的统治。夏桀无疑是最糟糕的领导者的一个典型。

比这个稍强一点儿的，第三等的政治模式，是"畏之"，老百姓都畏惧他，害怕他。这样的统治往往都采取高压手段，用严刑峻法，使用暴力手段来压制人民。

最典型的是秦始皇。秦王朝也常常被称为"暴秦"王朝，因为秦始皇在建立王朝的时候，采用的是法家的统治政策。法家政策的核心就是严刑峻法，哪怕犯了很轻的罪，也要重重地惩罚，通过这种方式让老百姓服服帖帖，听任摆布。这样一套制度，对老百姓的管理非常严格，非常苛刻。老百姓当然是"胳膊拧不过大腿"，只好顺从了。但是老百姓的顺从，只是表面上的，只是"口服"，而不是"心服"。老百姓对统治者很"畏惧"，但是谈不上"敬重"。有"敬"有"畏"，才能长久。如果只有单纯的畏惧，而没有丝毫尊敬，那么，这种管理是不可能持续下去的。老百姓要么逃亡，一走了之；要么铤而走险，推翻它。因此，秦王朝统一六国，看起来好像非常强大；但是，当陈胜吴广揭竿而起，区区几百人振臂一呼，它却怎么也没办法扑灭。看起来无比强大的秦王朝，就这么垮掉了。这是老子所说的第三等的政治。

这两种糟糕的政治，其实大家都很反感。老子说，人们之所以不喜欢这样的君王，不信任他们，是因为他们倒行逆施，荒唐虚伪，压根儿就不值得信任。正所谓"自作孽，不可活"。

老子的独到之处，是他对第一等和第二等政治模式的看法。我们读《礼记·礼运》篇，很向往其中描绘的"天下大同"的理想状态："大道之行也，天下为公。选贤与能，讲信修睦。故人不独亲其亲，不独子其子，使老有所终，壮有所用，幼有所长，矜、寡、孤、独、废疾者皆有所养……"领袖都是大公无私的，他们亲近贤臣，远离小人；他们讲究诚信，爱民如子，尤其会照顾社会上的弱者。这样的领袖，既有道德，又有才华、能力，可以说德才兼备，把国家管理得井井有条。这就是很多人眼中最理想的统治者,最好的政治。

不过在老子看来,这样的统治者、这样的政治模式,也就是儒家所推崇的圣贤政治,其实只能算作第二等。他不否认儒家圣贤政治的出发点是好的,也承认他们在很多方面能给老百姓带来好处,也因此老百姓才会称赞他们,亲近他们。但是,这些还不是最好的。

最完美的领袖,最好的政治,是老百姓尽管知道有这么个统治者,但压根儿就没感觉到其存在,没觉得自己被管理。他们活得很滋润、很自在,心里觉得,这些都是靠自己做到的,都是出于自己的自然本性。这样的政治模式,就是"无为而治"。

老子为什么会批评儒家的圣贤政治,转而推崇"无为而治"呢?我想原因有以下几个。

第一,老子在第五章讲过了,"圣人不仁,以百姓为刍狗"。而儒家的圣贤统治,它是建立在"仁爱"的基础上的。儒家的这种仁爱,是一种片面的、有私心的爱,表面上是爱护了一些人,实际上却要放弃另外一些人。老子心目中最理想的统治者,那些真正体道、行道的"圣人",他会"以百姓为刍狗",完全顺其自然,尊重老百姓的本性,可以说是真正意义上的一视同仁,没有任何偏心,没有私心杂念在其中。这才是更高明的。

第二,我们在读第十三章时,介绍过杨朱的"贵己重生"思想,他反对"拔一毛以利天下"。很多人出于好心去改造社会,造福社会。但是,好心不一定会办成好事。我们都来"利天下",但对于"哪些东西对天下才是有好处的"这样一个问题,看法不一,我认为天下应该加上这个,你认为天下应该加上那个,我们都坚信自己的做法才是最正确的。结果反而导致天下混乱,老百姓受惊扰。

由此,老子认为,儒家的圣贤政治隐含着危机。关键在于儒家的圣贤,并不是"体认大道、顺应自然"这种意义上的圣贤。他们的所作所为,依然是一种偏离大道的妄为,是违背自然的。他们在解决问题的同时,其实又会不断催生出新的问题。因此，这样的政治模式还不是尽善尽美的，只能居于第二等。

老子认为，最好的政治，是统治者完全没有存在感。天下治理得很好，而统治者又没有存在感，这看上去有些矛盾，其实并不矛盾。当这个统治者，他完全顺应大道自然，完全顺着老百姓的本性来治理，让每一个人都把自己的天真淳朴的本性释放出来，天下肯定会无比和谐；同时，这个领袖的个人功劳却不会显现出来。这才是无为而治的精髓。

第十八章

上一章，老子通过比较四种政治模式，提出了他"无为而治"的政治理想。第十八章，以及紧接着的第十九章，都是在延续这个话题。并且，老子的语气越来越激烈，态度也越来越极端，可以说相当"生猛"！

我们先看看本章的原文：

大道废，有仁义。智慧出，有大伪。六亲不和，有孝慈。国家昏乱，有忠臣。

河上公给这一章起的标题有点绕口，叫"俗薄"，似乎是在讲：民心风俗等越来越肤浅，一点也不淳厚。

如果单看字面意思，老子似乎是在说：大道荒废了，就会有仁义来挽救；社会盛行虚伪了，就会有大智慧来化解；家庭关系出现问题了，可以用孝慈来应对；国家面临危险了，忠诚的大臣就会挺身而出，来保家卫国。照这么理解，这一章很乐观，很"正能量"：出了问题不要紧，办法总比问题多。"仁义""智慧""孝慈""忠臣"就是解决问题、克服困难的法宝。

那么，这种理解正确吗？答案是：不正确。因为这并不是老子的真实想法。他不仅没有歌颂"仁义""孝慈""忠臣"等所谓的正面价值，相反，他还对这些东西做了深刻的反思和尖锐的批评。

因而这一章应该这样来解读：大道被废弃之后，才出现了所谓的仁义；有了聪明智慧，就会有严重的虚伪；家庭陷入了纠纷，孝慈才会彰显；国家陷入了混乱，才会倡导所谓的忠诚。

老子是在追问"仁义""孝慈"等这些人们习以为常的价值观念，它们究竟是怎么来的？它们真的能够解决社会问题吗？

在本章，老子对当时流行的仁义、孝慈等社会价值观念进行了深刻的反省。而通常的价值观念认为，仁义、智慧、孝慈和忠诚都是好的，是正面的。

本章开头的一句是"大道废"，即大道废止了，于是"无道"流行。它表现为虚伪盛行、六亲不和、国家混乱。为了拯救这样一个"无道"的世界，儒家的方案是倡导仁义、智慧、孝慈、忠诚等正面的价值观念。

问题是，这真的有用吗？

不妨以两汉时期"举孝廉"的现象为例。

中国古代最著名的人才选拔制度是科举制度。不过，科举制度是从隋朝才开始的。在这之前，还有一些其他的选拔人才的方法。

两汉时期选拔人才采用的是察举制度，也就是由各个地方推举出具有"孝顺廉洁"等美德的人士，由朝廷授予官职，也叫"举孝廉"。它背后的逻辑是，"忠孝是一体的，所以，求忠臣必于孝子之门"，要在清廉、孝顺的人家挑选人才，服务于国家。这个制度的出发点是好的，也确实吸收了一些德才兼备的一流人才。不过，实行一段时间之后，制度慢慢地就变味了。有一些"聪明"人，费尽心思钻这个制度的漏洞，把自己包装成"清廉""孝顺"的楷模，借以获得飞黄腾达的机会。

例如，当时有一个人叫赵宣，以"孝顺"闻名于乡里。他的父母去世了，根据丧礼，他应该为父母守丧三年。他守丧多长时间呢？二十多年！他把父母安葬了，墓洞也不封口，自己就住在那里，为父母守丧，一直服丧二十多年！他所在的州郡乡里都很敬佩他，要请他出来做官。结果，最后发现，他在这二十年间居然生了五个儿子！朋友们可能不太清楚古代的服丧礼仪。按照规定，服丧期间是不能经商、不能当官的。我们看古人的经历，其中常常会提到"丁忧"。"丁忧"就是孝子为了给父母服丧，必须暂时辞去官职。除此之外，服丧期间，也不允许结婚，不允许夫妻同房。结果赵宣倒好，服丧期间，跟夫人一起生了五个儿子！我们在这里不讨论古代的丧礼是不是符合人情，有没有道理；单从丧礼的规定来看，赵宣的做法显然是阳奉阴违、沽名钓誉。

我们再举一个更加经典的投机的例子。

东汉时期，有一个读书人，名叫许武。他的家境很普通，父母去世又早，他下面还有两个年幼的弟弟。许武很"聪明"，按照今天的说法，他是一个"精致的利己主义者"。他仔细研究了"举孝廉"的制度，发现了这个游戏规则有很大的漏洞。于是，他开始了华丽的表演。首先，作为长兄，他尽职尽责地照顾和教育两个弟弟，教他们读书识字。如果弟弟不听话，他既不打也不骂，而是跑到家族的宗庙牌坊下面跪着做检讨，说自己没本事，教得不好，没能够让弟弟们听话。这样一来，两个弟弟怕被人戳脊梁骨，只好乖乖听话，认真读书。许武的美名传扬出去了，很快，他被推荐为孝廉，当了官。这还只是第一步。接下来，许武又策划了一个行动。两个弟弟稍大一些后，三兄弟要分家产。许武怎么做呢？他把家产分成了三份，但不是平均分的，而是把最好的一份，有好田地、好房子的一份分给自己了，而把剩下的两份不好的分给了两个弟弟。许武做得很过分。再看他的两个弟弟，没有任何怨言，坦然接受了这个不公平的结果。不仅如此，他们还是一如既往，恭敬礼貌地对待这个刻薄的哥哥。这样一来，乡里乡亲看不过去了，纷纷为两个弟弟打抱不平，都说"许武不是个好东西"，称赞他的两个弟弟"品行好"，有涵养。许武的名声臭了，而他的两个弟弟却因此赚了好名声，不久，也被举孝廉，被推举做官了。接着，许武又下了第三步棋。等两个弟弟当上了官，许武才把全族的人聚到一起，哭着道出了自己的苦衷。原来，他故意霸占好家产、刻薄地对待两个弟弟，就是为了反衬出弟弟们的淳厚品行，为他们谋个好名声、好出路。现在，他的心愿达成了，自然不能再霸占家产了。他把自己分得的那一份家产重新分作两份，全部赠给了弟弟们。大家伙儿又都觉得这个当哥哥的真是不错，全心全意为弟弟考虑，于是，许武的名誉也恢复了。就这样，通过精心谋划、几番炒作，一家三兄弟全部举孝廉，当了官！

在汉朝，这样的沽名钓誉的例子很多。那所谓的"孝廉"还有多少价值呢？

老子对人心的复杂，对制度可能有的漏洞，始终有着非常清醒的认识。只要统治者倡导什么，奖励什么，就会有人挖空心思，投其所好。这是老子反对官方倡导"仁义""孝慈"等所谓正面价值的一个原因。

还有另一个原因，那就是在他看来，一个社会大力倡导仁义、智慧、孝慈、忠诚，正说明整个社会缺乏这样的品质。

由此，老子认为，一个健康的、稳定的社会，是不需要人为来倡导这些价值的，不需要刻意去表彰这些典型。社会越是人为地宣传倡导某些价值，其实表明这些价值越是缺乏。

在老子看来，人为地倡导仁义、智慧、孝慈、忠诚这类所谓的正面价值观念，其实是治标不治本的举措，只能从表面上解决问题，不能够从根本上解决问题。这些价值观念并不能够结束这种无道的状态，相反只会掩盖它。仁义礼法这样一些价值观念，其实只是一种不得已的、无可奈何的选择，只是一种临时性的替代方案，并不能真正解决社会的问题。

那怎样才能从根本上解决问题呢？解决问题的关键不在于弘扬仁义、孝慈等价值观念，而是要回到无道之前的大道流行的状态。也就是说，与其扬汤止沸，不如釜底抽薪，从根本上回到大道流行的状态。

从某种意义上来说，大道之所以荒废，也许就在于人们自作聪明，自以为是地追逐一些看似更崇高、更文明、更有意义的价值目标，结果导致人的欲望挣脱了缰绳，人的心灵被外在的名利欲望左右，天生的素朴的本性被扭曲、被遮蔽，从而使人与大道分离，出现了"大道废"的状况。

一旦返回到大道流行的社会，每个人都和善友好，当然不需要再提倡仁义；每个人都淳朴、天真，自然不需要提倡智慧；所有的家庭关系都和睦温馨，显然不需要提倡孝慈；国家政治都清明无为，那么也不需要提倡所谓的忠诚。由此可见，老子的智慧，是一种根源性的智慧。

第十九章

第十九章仍旧延续了前几章的话题，反思和批评当时流行的价值观念，主张"无为而治"。老子在这一章里火力全开，提出了"绝圣弃智""绝仁弃义"这样惊世骇俗的主张。他背后的深刻用意，值得大家细细品味。

> 绝圣弃智，民利百倍；绝仁弃义，民复孝慈；绝巧弃利，盗贼无有。
> 此三者以为文不足，故令有所属：见（xiàn）素抱朴，少私寡欲。

河上公给本章起的标题是"还淳"，意即回归淳朴。

这一章的大意是：废止那些所谓的圣贤，抛弃那些人为倡导的聪明才智，人民反而能获得百倍的好处；摒弃那些刻意宣传的仁和义的主张，人民才能恢复他们本来的孝慈本性；停止追逐技巧和私利，才能够从根本上消灭盗贼。仅有以上三条作为制度原则还不够，还必须让人们的内心有所归属，那就是：展现他们如赤子一样的素朴本性，减少私心，降低欲望。

老子为什么会提出这些看起来很激进的主张呢？要知道，这些主张看上去颇有一点"反文明"的色彩！

为了让大家更容易理解他的背后用意，我先介绍一个很特别的理论。

我读中学的时候，地理课上讲过整个地球上的植物的生长总体上是呈带状分布的。从赤道往两极，纬度越高，吸收太阳的热量越少，温度也就相应降低，于是就出现了热带、亚热带、暖温带一直到寒带等等。而植物的生长受温度和太阳照射影响很大，于是也跟着按照带状来分布。例如，热带对应的是雨林，亚热带主要是常绿林，温带最为常见的是落叶林，到了寒带，几乎没有什么森林了，只有一些苔藓之类的低矮植物。这是地球上的植被分布的主要规律。当然，海拔的高低，还有是否靠海等，这些因素对植物的分布影响也较大。不过，从更广阔的范围看，带状分布是主流。

有人在这个基础上提出了一个理论：人类活动的影响力、破坏力越来越大，其中一个重要的表现，就是已经妨碍、干扰到植物的带状分布。例如，兴建一座特大城市，往往占地几千平方公里，原有的植被几乎都被铲除了，改建成工厂、学校、住宅，还有马路等等，即便是保留了几座公园，里面的植物也面目全非。也就是说，我们今天居住的都市，它们的植物，基本上和最初的带状分布的原生态植物之间没有太大的关系了。这是说人类活动的影响力惊人，对自然环境的改变很大。应该说，这些还属于老生常谈，没有什么新意。这个理论的关键，是它提出了一种假设，那就是：如果人类退出地球，不管是突然灭亡了，还是整体搬迁到其他星球，总之，地球上不再有人类；如果这种情况发生了，那么，只需要五十年时间，地球上的植被就能够恢复成带状分布。换句话说，那些被人类破坏、干扰的植物分布，会慢慢自我修复，重新回到最初的带状分布。我们的街道、马路，会逐渐破损，长出杂草，甚至长出树木；校园和工厂也会被大树和藤蔓湮没。而这些植物呢，它的分布规律依然是当初的样子。

我介绍这个理论，目的不是谴责我们人类的活动，或者说为环保考虑。我注意到这个理论设立了一个很有意思的前提，那就是：大自然本身具有某种神奇的自我修复能力。即使它遭到了一定的破坏，只要停止这种破坏，大自然就能够自我调整，自行修复，慢慢恢复成破坏前的样子。

了解了这个理论或者说这种假设，再来看本章，我们就很容易理解老子的想法了。他实际上是站在一种自然主义的立场上，来看待、反思当时的文明。

这种立场认为，天然的、自然的东西，有它存在的道理，有内在的合理性。那些被人创造出来的东西，相比之下，要差一些。所以，大师们创造的艺术品，它的最高境界是"浑然天成"，是"天然去雕饰"，尽量地淡化它的人工痕迹，最大限度地贴近自然的原貌。就好像中国古代的山水画，或者古代的园林，它们都有一种崇尚自然、回归自然的倾向。这也是中国古典美学的基本精神；从根子上来讲，这正是受到了老子和庄子的影响。

老子以"天然""自然"标准来观察和思考当时的文明。他很不满意，发表了尖锐的批评。

首先是"绝圣弃智"。需要强调的是，这句话里面的"圣"，并不是指道家那些修道、悟道的高人。它实际上是在说儒家所推崇的尧舜禹汤等圣贤。老庄对儒家的这种"德才兼备"的圣贤不太感冒，把他们归为"执着名利""违背大道"这一类人，认为这些所谓的"圣贤"，由于偏离了大道，不符合自然，他们的行为也不可能给老百姓带来真正的好处，相反，还会带来麻烦甚至灾难。所以，老子要把这些所谓的"圣贤"全部废止。这和第三章的"不尚贤"的主张相互呼应。"弃智"就是放弃聪明才智，即不要再耍小聪明了。就好像《红楼梦》里批评王熙凤："机关算尽太聪明，反误了卿卿性命。"王熙凤一辈子争强好胜，费尽心机，热衷于算计，看起来很聪明，但是到头来，反倒害了自己的性命。所以，要舍弃这些小聪明，回到质朴的本性。不光个人如此，治理天下、国家也是一样的道理。

那么"绝圣弃智"，有什么效果呢？效果就是"民利百倍"，老百姓能够获得比原来多上百倍的好处。可能有朋友会问：老子不是不看重"利益""好处"吗？你看，接下来就有一句"绝巧弃利"，要舍弃"利"，那这里为什么又要把"老百姓获得更多好处"当成一个正面的理由呢？这会不会自相矛盾？其实，这并不矛盾。因为老子并不反对出自本性的、朴实的"好处"；他要舍弃的是违背本性的、不自然的"利益"，也就是"私利"。就像对待欲望，老子承认和尊重人们的正常欲望；他批评的是那些违背自然的"淫欲"。所以，一旦做到"绝圣弃智",老百姓就能从那些异化的、扭曲的价值观念中醒悟过来,摆脱出来,回归淳朴的天性,当然就能获得更多的符合本性、符合自然的"利益"。

第二句"绝仁弃义,民复孝慈"里有一个字特别关键,那就是"复"字。"复"就是回复到、回归到本来的样子。联系到刚才讲的那个假设,人类退出地球之后,仅仅五十年时间,地球上被破坏的植物,就会恢复成最初的带状分布,我们会发现,这和老子的说法是同样的逻辑。那就是,只要消除"仁义"等价值观念的干扰和破坏,我们的本性就能恢复,重新回到自然纯真的"孝"和"慈"的状态。这里要补充一句,本章讲的"民复孝慈"与上一章"六亲不和,有孝慈",这两处"孝慈"的含义是不一样的。在上一章里,"孝慈"是家庭关系出现严重危机之后,没办法、不得已,于是人为提倡而出现的,目的是解决家庭问题。它是官方通过教化而成的东西,是外在的、功利化的,也是治标不治本的。而本章的"民复孝慈",这个"孝慈"则是在排除"仁义"这些外在价值规范的影响之后,人们呈现出来的自然天性。老子相信,真正的"孝慈"是出于无为无欲的本性,而不是仁义教化的结果。这个"复"字表明,"孝慈"原本就是我们的天性,只不过后来被掩盖了。现在,消除了种种误导,排除了种种干扰,我们"孝慈"的本性就会自然而然地呈现。

第三句"绝巧弃利,盗贼无有",和前面讲过的"不贵难得之货"是一样的意思。

在讲完这三条之后,老子接着说:这些东西,它们还只是原则性的纲领。这还不够,还需要我们从内心有所感悟。那就是"见素抱朴,少私寡欲"。

"素",本来指的是没有经过漂煮染色的、本色的丝绸,老子用"素"来表示人的本来面目;"朴",指的是没有被剖分、雕琢的天然木材,老子用它来象征人的质朴、纯真的原始状态。合起来,"见素抱朴"就是要人们保持与生俱来的淳朴本性,内心要淳厚无欲,行为要朴素自然。

"少私寡欲",并不是要人无欲、绝欲,实际上老子并不是"苦行僧"。

他不反对正常的、合理的欲求。"少私寡欲"的真正含义，是要人们减少自己的私欲，不要无止境地追逐名利富贵、声色犬马之类的欲望。否则，就会给身心带来巨大的危害，轻则迷失本性，重则危及生命。

而能否做到"见素抱朴，少私寡欲"，关键依旧在于能不能唯道是从，用心感悟大道，在行为上做到自然无为。

第二十章

第二十章的篇幅算是比较大的，里面有不少古老的词语，理解起来有一定的难度。老子在本章描绘了一个看似愚蠢、卓尔不群的体道者的形象，让我们对"大智若愚"这个成语有了更深刻的体会。

绝学无忧。唯之与阿（hē），相去几何？善之与恶，相去若何？人之所畏，不可不畏，荒兮，其未央哉！众人熙熙，如享太牢，如春登台。我独泊兮，其未兆，如婴儿之未孩；儽（lěi）儽（lěi）兮，若无所归！众人皆有余，而我独若遗。我愚人之心也哉，沌（dùn）沌（dùn）兮！俗人昭昭，我独昏昏。俗人察察，我独闷（mèn）闷（mèn）。澹（dàn）兮，其若海，飂（liù）兮，若无止。众人皆有以，而我独顽似鄙。我独异于人，而贵食母。

对于本章，河上公给出的标题是"异俗"，意思是不同于流俗。

这一章的大意是：废弃所谓的"学问"，可以让人不再有纷忧、烦扰。恭恭敬敬的回应与轻慢的呵斥，相差有多少？美善与丑恶，又有多少差别？众人都担忧、畏惧的东西，我也不能不表示有所忧惧。然而，我精神的辽阔深远，却是没有尽头的。众人都成群结队，兴高采烈，好像去参加丰盛的宴席，又像在春日里登上高台，眺望美景。而我却淡泊宁静，无动于衷，就好像一个还不会嬉笑的婴儿。我落落寡欢的样子，仿佛无家可归。众人都想要得到更多，名利富贵，一个都不能少；只有我，什么都不想要，越少越好。我真是有一颗"愚笨"的心啊！混混沌沌的。世人对什么事都要弄得明明白白，唯独我浑浑噩噩；世人对什么事都要搞得清清楚楚，唯独我沉沉闷闷。而我的精神呢，淡泊沉静，就像深沉的大海一样；轻灵飘逸，就像长风一样没有止境。众人都希望有所作为，可以大展拳脚；只有我顽劣而笨拙。为什么唯独我跟别人不一样呢？因为我把"大道"当作母亲一样珍重。

这一章的内容有很强的隐喻色彩，我们逐句梳理一下。对其中关键的地方，再展开来介绍。

第一句是"绝学无忧"。"绝"是断绝、废弃的意思。从字面上看，这一句是说：要断绝学问，废弃知识，这样就可以消除烦恼，没有忧患。所以有人说，老子有一种鲜明的"反智主义"的立场，他对知识、对学问的价值很怀疑，认为这些东西并不能够带给我们真正的好处；相反，还有可能干扰我们的头脑，损害我们的心灵。就像人们的欲望，最初都是一些基本的、质朴的生理性的需求，比如吃饱穿暖。但这些欲望受到知识、技巧的刺激和撩拨之后，就会越来越膨胀，滋生出各种淫欲。为此，老子主张"虚其心，实其腹，弱其志，强其骨"，他要"虚"掉，"弱"掉的"心""志"，就是和知识、学问、过分的欲求等联系在一起的。不仅如此，知识和学问都强调区分、强调差别，然而，老子所遵循的永恒的"大道"则是完整的、混融一体的。因此，妄图通过获得知识和学问的方式来追求"大道"，无异于缘木求鱼，是痴心妄想。这些就是老子反对知识、反对学问的理由。当然，其中不乏偏激、武断的地方，需要我们去甄别、检讨。

至于"唯之与阿"一句，历来意见不一。前面的"唯"字好理解，就是"应答"的声音。听到别人提问，然后马上应答："好的、是的。"比较麻烦的是后面的这个"阿"字。按照恭敬的程度，至少有三种解读：第一种，把"阿"解释成"阿谀奉承"的"阿（ē）"，就是谄媚讨好的意思；第二种，把"阿"字读作"hē",意思是敷衍的回答,就像我们回复微信消息时,打出"呵呵"两个字,有一种不太走心的感觉;第三种解释,还是把"阿"读作"hē",不过是"呵(hē)斥"的意思,就是批评、责骂。不管取哪一种解读,老子在这一句以及接下来的一句里,想要表达的都是一个意思,那就是:很多人看重态度,还有美丑善恶这些评价之间的差别;然而,一旦试着从"大道自然"的角度来看待,我们就会发现,它们之间其实没有什么根本的差别。其差异只是相对的,没必要太在意。

不过,接下来的这一句就有些令人费解了:"人之所畏,不可不畏。"

照理说,既然"恭敬和轻慢""美丑和善恶"它们的差别并没有世人以为的那样悬殊,那么,荣辱得失等众人都很在意、都患得患失的那些东西,我们应该不在意、不担忧才对。那为什么世间的庸俗之人所畏惧、所在意的东西,我也要表示畏惧呢?

其实,这才真正体现了老子智慧的高深。通常,一个人如果产生了"众人皆醉我独醒"的感受,往往会表现出特立独行的一面,很不合群。这样一来,很容易受到别人的排挤和嘲讽,自己也徒增烦恼。老子就不一样了,一方面,他的精神卓然独立,超越于凡俗;但另一方面,他表现得又"和光同尘",不会刻意地显示出自己的高明,自己不同凡响,而是非常谦和,明亮但不耀眼,不吸引别人的关注,更不会刺伤他人的眼睛。将自己和四周的凡俗之人混同在一起。

可以说,老子在心里并不认同世人所患得患失的名利富贵;不过,他也不会刻意去挑战这些,不会到处宣扬:你们的喜好多么低级,你们的担心多么无聊。相反,他会在形式上表现得和众人差不多:你们担心、害怕的宠辱得失,我也一样担心、害怕。当然,这只是形式上的、表面上的。不过,这已经足够了,能够让他不那么显眼,不会遭人嫉恨。

至于在精神方面,体认大道、遵循大道的高人则不会掩饰自己在精神和心灵上的与众不同。世俗的众人热衷于名利享乐,喜欢荣华富贵、喧嚣热闹的生活。他们唯恐自己得到的东西太少，总是费尽心机攫取更多；于是，他们睁大眼睛，锱铢必较。而"我"这样一个"修道"之人呢，我的精神追随大道，就像大海那样深沉，就像长风那样缥缈，当然不会对世俗的名利之类的东西有半点儿兴趣。于是乎，在众人的眼中，我就像一个大傻瓜，懵懵懂懂，浑浑噩噩，总是一副木讷的样子。但是，我真的傻吗？其实只是我更珍视、更在意"大道"，因为它就是我精神上的母亲。

老子的这一番自白，很容易让我们联想到"大智若愚"这个成语。我曾经看过一个精彩的解释：比较低端的"大智若愚"，表现为一种示弱，也就是故意显示出笨拙；明明很有智慧，却非要把自己包装成又笨又蠢的人，这样可以避免成为众矢之的，避免灾祸。而真正高端的"大智若愚"，是因为这个人的智慧太高了，境界太高了，别人都看不懂他，没办法理解他，误以为他很愚蠢。而这个人呢，他也不会在意别人的看法，他不屑于辩解。

可以说，老子的"大智若愚"，把这两个方面都涵盖了。这也给我们一些启发：美国有一部电影，叫《阿甘正传》。主人公阿甘的智商只有75，而正常人智商的下限是90，他还没达标；他不仅头脑迟钝，而且行动也笨拙，什么都学不好，别人老欺负他。但他认准了一条：遇到困难的时候，就拼命地跑吧！他把这一句话做到了极致。结果，在奔跑中，他跑掉了金属支架，跑进了大学的橄榄球队，跑过了越南战场上的枪林弹雨，跑出来一条属于自己的人生之路。可见，真正的智慧，不是光芒万丈的，不会去炫耀自己的才华和技术；真正的智慧，往往朴实无华。

最后，我还想补充一点。在这一章里，老子通过自嘲、自我贬低的方式，展示了体道者的智慧。这个体道者，他在精神上与众人是格格不入的，而且他会有意无意地保持着与众人之间的疏离感：我跟你们是不一样的！

这让我想到了朱自清先生的散文《荷塘月色》里的一句话："热闹是它们的，我什么也没有。"表面上，这是在写树上的知了和水里的青蛙，叫声很大，很喧嚣吵闹；自己呢，很安静，没有什么声响。但是，从这一句话里我却读出了一种孤独的骄傲感。是的，我很平凡，很安静，没有什么引人瞩目的举动，不像很多"成功人士"，可以镇定自若地在镁光灯下挥斥方遒。我跟他们不一样，我没办法融入他们。我只好就这样平凡，就这样安静。而从内心来说，我又何尝不在享受这种平凡和安静呢？

我们从这一句话里可以读出一种淡淡的疏离感：不愿意妥协与沉沦，但又无力抗争，那么，请允许我用这"淡淡的疏离感"保护我的尊严，保护我的骄傲，保护我的孤独吧！

说到"孤独"，很多人把它和"寂寞"混为一谈。不过，"孤独"和"寂寞"是不一样的："孤独"有一种高贵的品质；在"孤独"中，常常可以完成一个人精神上的洗礼，让人更加坚定。而"寂寞"则不同，"寂寞"往往和"欲求"连在一起，它有可能侵蚀一个人的内心；而人为了排遣寂寞，有可能会堕落、沉沦。

"热闹是它们的，我什么也没有"这一句话里流露出了一种"孤独"，一种"骄傲"。而这和老子在本章传递出来的情绪是一样的。

第二十一章

在第二十一章，大家又会碰到一个熟悉的词——"恍惚"。第十四章曾经出现过"惚恍"一词，我结合自己看三维魔画的经历，介绍了我对"恍惚"或者说"惚恍"的理解。当时讲得不透，还留了一些内容，放在第二十一章来讲。这两章可以看作互为姊妹章，不少内容都有联系，能够相互印证。

先看这一章的原文：

孔德之容，惟道是从。道之为物，惟恍惟惚。惚兮恍兮，其中有象；恍兮惚兮，其中有物。窈兮冥兮，其中有精；其精甚真，其中有信。自古及今，其名不去，以阅众甫。吾何以知众甫之状哉？以此。

河上公给本章起的标题叫"虚心"，似乎在说，人只有处在虚心的状态，才能够感知"道"；而"虚心"的秘密，仍然在"恍惚"这个词里。

这一章的大意是：大"德"的品格，表现在它完全遵从"大道"，追随"大道"。"道"这个东西，是恍恍惚惚的，依稀难辨。然而，就是在这恍恍惚惚之中，我们却又能隐隐约约感知它的迹象，又可以朦朦胧胧体察到它的实存。它是那样深远暗昧，却又涵藏着精微。这精微是真实的，是可以验证的。从今天回溯到古代，"道"的名字永远不会消失。凭借它，我们才能够知晓万物的开端。我为什么能够知晓万物最初的样态呢？正是因为"道"啊！

从结构上看，第一句讲了"道"和"德"的关系，其中提到了一个名词——"孔德"。"孔德"就是"大德"。研究文字学的专家发现了一条规律，中国古代的词语里，很多发"ong"这个音的，都有"宏大""恢宏"的意思，就像"洪水"的"洪"，"雄伟"的"雄"；还有这里的"孔"，也是"宏大"的意思。"孔德"就是"宏大的德性"。大德源于大道，完全遵循大道。

最后一句解释我们怎样来了解万物的源头、本性。它的本质，其实就是开头所说的"孔德之容"。"孔德"是我们对"道"的一种运用，或者说是"大道"的一个成果。而中间这些内容，是在说"大道"之所以能够让"孔德"对它言听计从，关键原因在于"大道"的超越性，它所具有的形而上的本体色彩。另外，为什么"惟道是从"就可以有收获？原来，我们是能够追随大道、体认大道的。而这又涉及"恍惚"。因此，"恍惚"同样是这一章的核心。

"孔德"会一心一意地追随大道，听从大道的指引。这其实是一件非常有难度的事情。因为"大道"并不是清晰的、明确的，我们没有办法用眼睛去看，用耳朵去听，也不能用手触摸。

当然，如果要说"道不存在""道是一片虚空，没有任何东西"，老子也坚决反对。他坚信"道"是真实的存在，它依然是一种"有"，所以，老子说"道之为物"。"道"还是一种"物"，只不过是一种特殊的"物"。

"道"这个"物"的特殊之处，就在于"恍惚"。怎样理解"恍惚"呢？我们不妨从两个词语说起，一个是"道体"，另一个是"体道"。这两个词看上去，就是简单地换了"道""体"二字的先后位置，不过它们的意思却很不一样。

"道体"就是"大道的形体""大道的形象"。老子坚信，"大道"是真实存在的，虽说它"不可道""不可名"，然而它并不是空无一物，不是绝对的虚空。"大道"也是有形体的，有自己的形象。麻烦就麻烦在，它的形体、形象，是我们无法用感觉器官来捕捉的，眼睛看不见它，耳朵听不到它，手脚碰不到它。于是，老子就用"恍惚"或者"惚恍"来形容"大道的形体"给我们的感受很朦胧、很模糊、不清晰、不真切，我们更不可能窥见它的全貌。这就是老子在第十四章反复强调的，"大道"难以形容、难以描述。如果说"大道"是永恒的、无限的，我们人类就是短暂的、有限的存在物。用我们短暂、有限的眼光和经验，来观察这个永恒、无限的"大道"，我们就会产生一种"恍惚"感，就像在梦境中，就像雾里看花，再怎么用劲，也没办法看清、看透。所以，从"道体"这个角度来说，无限的大道呈现在我们面前的形象只可能是朦胧的，是恍惚的。对于我们来说，"道""似有而若无"。这既是说"大道"具有超越性，是本体，是最根源的、最崇高的，它和我们的日常经验之间，有着一条无法跨越的鸿沟；同时，这也是在说，我们人在"大道"面前，有一种虚弱、无力的感觉，就像盲人面对大象一样，我们只能感受到它的一个小小的局部。

第十四章的"惚恍"主要还是从"道体""大道的形体给我们的印象"这个角度来讲。

而本章里的"恍惚"，更多的是从"体道"的角度来说。所谓"体道"，就是我们人去感受、去体会"大道"。

说到"体"字，我稍微解释一下：我们中国文化、中国哲学有一个非常重要的特点，那就是：对待真正的智慧，对待高深的学问，我们会用全身心去领悟、去感受；而不是说，我就用一点脑子，用一点聪明劲儿来学习。它必须是要身心合一的，需要全力以赴。有前辈总结说，要将全部生命扑上去，用生命遇见生命，以思想触碰思想，用心灵感知心灵，才会求得真知。故此，中国文化常常会说"身体力行""知行合一"。在探求智慧的过程中，我们的身体、我们的心灵，一个都不能缺席。

所谓"体道"，就是对于这样一个超越的、玄之又玄的"大道"，我们试着用全部生命去触碰，去感悟。那我们会不会瞎子点灯白费蜡呢？会不会做无用功？不会。因为按照老子的理解，尽管人类只是短暂的存在，我们的经验、感受都是有限的；但我们仍然有感悟大道的可能性。原因很简单：人类本来就是由大道诞生的，大道就是我们的根源；我们和"道"之间一直都有微妙的联系。所以，人是有可能"体道""悟道"的。从这个角度来看"恍惚"，它或许就是人接近大道、体悟大道的一个途径。

《庄子》一书里有一个"浑沌开窍"的故事，可以帮助我们理解。这个故事说：从前，南海有一个帝王，名字叫儵（shū）；北海也有一个帝王，名字叫忽。他们有事情要到中央之地会面。中央之地的帝王名字叫浑沌。浑沌人特别好，热情周到地款待了二人。儵和忽很感激浑沌，商量要怎么报答他。他们说："我们每个人都有眼睛、耳朵、鼻子，有七窍，可以用来看，用来听，用来闻。但这位浑沌太可怜了！模模糊糊、朦朦胧胧的一团，没有七窍，没有眼睛、嘴巴，无法享受生活。干脆，就按照我们的标准，帮他开凿七窍吧。"于是，二人每天帮浑沌开凿一窍。七天之后，七窍成，中央之地的帝王浑沌死了。

庄子的这个故事有很深刻的寓意。"浑沌"就是"大道"的代名词。"大道"混融一体，是整全的，不可分割的。如果非要给它开窍，就会伤害它的完整性，就会害死它。老子之所以反对用眼睛看、耳朵听、手触摸这些依凭感官的途径来感知大道，就是因为这些方式都是分割式的、差别性的。用它们来体认浑沌之道，无异于南辕北辙。

"恍惚"却可以避免这个问题。

为什么这样说呢？因为"恍惚"很神奇。眼睛的"恍惚"，视觉意义的"恍惚"，最重要的特征是双眼放松，保持一种散焦的状态；它具有某种模糊性，某种朦胧色彩。在"恍惚"之间，虽说没有看清楚某个对象，但却能够囊括视野中的所有信息，它是一种全景式的观看。

如果把"恍惚"从眼睛进一步延伸到其他感官，最后延伸到我们的精神。我们可以说，精神的"恍惚"，同样表明精神不再专注、不再执着于某一个特定对象，而是冲虚空灵的，是朦胧的、全景式的。它会产生一种奇特的效果，那就是让我们的身心回复到一种整全、混沌的状态。

眼睛的"恍惚"就是消融了视觉的区隔性，消融掉观察物的边界，从而达到一种朦胧、混沌的直觉状态。它保留了人的感知的整全性。精神的"恍惚"，就更了不起了，它舍弃特定的意图和欲念，从而让精神凝聚到浑朴的状态。

我们一旦回到浑朴的、模糊的、朦胧的"恍惚"状态，就可以保留我们身心的整全性，从而让我们作为人这个存在物回复到一种类似于"大道"的混沌状态。于是，我们就能够与大道邂逅，产生共鸣。

此外，我们还发现，眼睛等感觉器官的"恍惚"的状态，保持了一种闭守、浑融的特点。而这些，正好做到了老子说的"天门开阖，能为雌乎"的一种雌弱、柔顺的姿态。可以说，这才是真正的唯道是从。可见，老子又把"恍惚"看作接近大道、体悟大道的一道桥梁。

第二十二章

在这一章里,我们可以感受到道家所独有的人生智慧。尤其在当今这样一个信息爆炸、个性张扬的时代,两千多年前老子提出的很多教导、规劝,一点都没有过时,甚至可以说,更能够带给我们震撼和启迪。

> 曲则全,枉则直,洼则盈,敝则新,少则得,多则惑。是以圣人抱一为天下式。不自见(xiàn),故明;不自是,故彰;不自伐,故有功;不自矜(jīn),故长(cháng)。夫唯不争,故天下莫能与之争。古之所谓"曲则全"者,岂虚言哉?诚全而归之。

河上公给本章起的标题叫"益谦",似乎在提醒人们,别忘了谦虚、谦让带来的好处。

这一章的大意是:委曲,反而能够保全、成就自己;委婉、迂回,反而可以实现目的;低洼,反而最先充盈、填满;破旧,反而可以及时更新;少一些,反而有更多收获;太多了,却会陷入迷惑。所以,修道、体道的圣人,将持守大道作为天下的最高准则。他不自我表现,因此反倒清明;不自以为是,因此反倒彰显;不自我吹嘘,因此反倒成就功业;不妄自尊大,因此反倒长长久久。正因为他不跟人争,所以天下没有人能够和他争。古人所说的"委曲反而可以保全"这些话,怎么会是空话呢?只要照着它做了,的的确确能够保全自己啊。

总体来说，这一章的含义比较清楚，还是在讲谦虚、退让、不争等等，这些行为、品质的可贵，以及它们带来的效果。不过，其中的几句话，由于跟当时流行的价值观念不太一样，所以，具有很鲜明的道家特色。老子生活的时代，社会上流行的价值观念是：大家都希望得到更多，希望更显赫；凡事都要跟人争，而且要想方设法成为竞争的胜利者。

老子对此有不同的看法。

第一，他提出了"曲则全"。"曲"是委曲，"全"是保全。有一个成语叫"委曲求全"，就是从这里来的。当我们遇到了一些问题的时候，很多人会鼓励我们："狭路相逢勇者胜！"要坚韧不拔，勇于迎接挑战。老子的建议很不一样，他说：如果能够忍受委屈，忍受屈辱，反而就可以成就自我，保全自我。

民间过去有"命犯小人"之说。"汉初三杰"之一的韩信，在还没有崛起的时候，有一次就"命犯小人"。有一个泼皮，自己没本事，还见不得别人努力。他看到韩信总是佩带刀剑出行，很有抱负的样子，他又不舒服了，就故意在众人面前奚落韩信："别看你背着把破剑，其实你就是个胆小鬼！你要是不服气，就拿你的剑来砍我啊！你把我砍死了，就证明你真的有勇气！你要是不敢砍的话，就从我的胯下爬过去吧！"面对着这样的羞辱，韩信忍住了怒火，一言不发，趴在地上，从这个泼皮的胯下慢慢爬了过去。满大街的人都笑话韩信，嘲笑他胆小，这就是著名的韩信能忍胯下之辱的故事。恰恰因为他能够隐忍，所以他才成就了日后的一番事业。

同样是"命犯小人"，《水浒传》中的"青面兽"杨志就不一样了。杨志很倒霉，丢了生辰纲，没了前程；贫困潦倒，又不愿意落草为寇，只好在街头卖祖传的宝刀，结果，又碰到了泼皮牛二。这家伙见杨志很迂腐，想要碰瓷，就抓住杨志话里的漏洞："你不是说，你的宝刀'杀人不见血'吗？那你杀个人啊！让大伙儿看看到底刀上会不会沾血？"杨志一再辩解，牛二却步步紧逼，百般刁难："你要是不敢杀人，就证明你的刀是假货，我要没收你的刀。除非，你把我杀了来证明。"最后，杨志实在忍不住了，一刀把这地痞杀了，刀刃上果然滴血不沾。杨志呢，自然也走投无路了，只好到官府自首。

我们来比较一下韩信、杨志这两个人，同样是"犯小人"，遭遇无赖的胡搅蛮缠：韩信可以忍受胯下之辱，因为他还有远大的理想等着实现；而杨志，咽不下这口恶气，最后倒是出了气、过了瘾，但把自己也搭进去了。所以，有时候，"忍让"反而能够成全大局，这就是中国智慧里面的"忍一时风平浪静，退一步海阔天空"。

第二，"枉则直"。有一个成语叫"矫枉过正"，本义是说，一根木材长弯曲了，要把它矫正，结果矫过头了。"枉"就是弯曲。"直"是笔直的意思，这里可以用来指最终的目标。

"枉则直"是说，我们虽要达到某个目标，但并不是说只有横冲直撞这一条路。有时候，我们不能死脑筋一条路走到黑；此路不通，再找另一条路；直路被挡住了，就从旁边迂回过去。就像老子非常看重的"水流"，遇到高山、碰到大石头挡了它前面的道，"水流"会灵活地顺着地势，迂回地绕过阻碍，然后继续向前，最后，照样汇聚到目的地。人们说"九曲黄河有九十九道弯"，这才成全了它东入大海。有些情况下，迂回，绕弯路，也能达到"直"的效果，甚至还要超过它。

我们可以通过一个故事来体会这个道理。

《韩非子》里面讲过这样一个故事：战国时期，有一个叫田驷的家伙，有点缺心眼儿，喜欢惹是生非，经常招惹各国权贵。这一天，他又犯老毛病，招惹了邹国的国君。邹国是个小国家，老被大国欺负。被那些大国欺凌，只好忍了；现在连个小瘪三，居然也敢来欺负我！邹国国君火冒三丈，决定派人干掉这小子。这下田驷才知道害怕，连忙去求一个聪明人，请他帮忙求情，希望能捡条命。这个人就是惠施，他是先秦名家的大学者，也是庄子的好朋友。成语"学富五车"，讲的就是他。

惠施听了田驷的哀求，觉得这家伙有点儿贱，但罪不至死，于是决定帮帮他。不过，惠施知道，邹国国君正在气头上，就这么直接求情，说不定会碰钉子。惠施有了主意后，就去求见邹国国君。见了面后，惠施讲起了故事："如果现在有一个人来见您，却睁着一只眼睛闭着一只眼睛，您会拿他怎么办？"邹国国君一听，心想：闭着一只眼睛来见寡人，那不是蔑视寡人吗？于是回答道："灭了他！"惠施又说："但是现在有一个盲人来见您，两只眼睛都闭着呢，您为什么不灭了他？"邹国国君说："因为他有毛病，没办法不闭眼睛，所以不怪罪他。"惠施借机发挥："田驷这个人，去了东边结果招惹了齐国国君；去了南边又触犯了楚国国君。所以，在惹祸这方面，他简直就是一个睁眼瞎！对于这样一个瞎子，大王您又何必同他一般见识呢？"

惠施的这番话，另有玄机，隐藏了好几层意思。

第一层意思：田驷的确很讨厌；不过呢，他不是专门针对您的。您看，他不也招惹了齐国、楚国这些大国的国君吗？这个理由很有说服力。就好比，我听到有人骂我了，我当然很生气，很恼火；但是，当我知道，他把所有人都骂了，我这个火气似乎就小了不少——至少他不是刻意针对我的。

第二层意思：您看，田驷这个混球，他招惹过齐国国君，但齐国国君派人追杀他了吗？没有。他也得罪过楚国国君，也没见楚国国君要把他干掉啊！现在，他触犯您了，您非要把他杀了，那会不会显得您的肚量、您的胸怀不如齐国和楚国的国君呢？这一下，可以说把邹国国君给劝服了。

最后，惠施又用"睁眼瞎"来比喻田驷，请国君不要和他一般见识。就像人被狗咬了，难道非要回过头咬狗一口才算出气吗？这也给了邹国国君台阶下。

就这么一番话，委婉曲折，话里有话，硬是让邹国国君回心转意，饶了田驷一命。

同样的道理，我们为人处世，当然有自己的底线，有基本的原则；但是在不触碰底线和原则的前提下，适当地转个弯，适当地低一下头，学会委婉一点、灵活一点，比起一味地横冲直撞、直来直往，更容易让人接受一些。

"洼则盈，敝则新"两句好理解：地势低洼的地方，反而最先被流水灌满。越是破旧，就越有希望优先得到更新；正所谓"不破不立"，树上的叶子枯黄落下，新叶才能长出来。

接下来的两句，"少则得，多则惑"，也很值得细细品味。是不是多就意味着好，少就不好呢？恐怕未必。

佛教有一个故事：一位佛法精深的方丈，有一次途经一处偏僻的地方。他不经意间，发现路边的一间茅草房里正佛光普照、大放光明！方丈很震惊：这说明此处住着修佛有成的大德高僧啊！他连忙走进茅草房去拜访这位高人，却发现里面只住着一位普普通通的老婆婆。方丈很奇怪，就请教老婆婆是怎么修行的。老婆婆说："我一个不识字的孤老太婆，哪里会什么修行？只不过是年轻的时候，有人教了我一句'南（nā）无（wú）阿（ē）弥（mí）陀（tuó）佛（fó）'。我闲着没事就经常念，就这么念了三十几年。"

方丈十分钦佩老婆婆的坚持和虔诚，也很惊诧于这六个字的神奇魔力。当然，有一点美中不足的是，有一个字念错了。临走的时候，方丈客气地对老太婆说："老婆婆，您念得很好！就是有一个字念得不对，这个'无（wú）'字，应该念'mó'。"老太婆听了，很不好意思："哎呀！我错了三十多年！幸亏您告诉我了，要不然我还得错下去！"于是，她就按照正确的读音来念——nā mó ē mí tuó fó。

方丈告辞出来，继续赶路。等他回头再看茅草房时，竟然再也看不到先前的佛光普照了。

"大道至简"，很多时候，智慧其实很简单、很朴素。当我们的知识太多了，信息太多了，有时反而与智慧隔得更远。老子是在教我们回归根本，以简驭繁。

第二十三章

我们看新闻的时候,经常会看到各类金融诈骗的报道。其中有一些,明明方式很低劣,一般人们很容易看出其中有问题,可是仍然有不少人上当受骗。这时候,我们就会很困惑:面对这些破绽百出的金融陷阱,为什么有的人能一眼看穿,而有的人却一头扎进去了呢?对于这个疑问,我们从今天要学习的《道德经》的第二十三章,就可以找出部分答案。

> 希言自然。故飘风不终朝(zhāo),骤雨不终日。孰为此者?天地。天地尚不能久,而况于人乎?故从事于道者,道者同于道,德者同于德,失者同于失。同于道者,道亦乐得之;同于德者,德亦乐得之;同于失者,失亦乐得之。信不足焉,有不信焉。

河上公为本章起的标题叫"虚无"。我个人认为这个标题不太贴切,有点文不对题。

为什么这样说呢?我们来看看本章的大意:沉默寡言,才符合大道的自然本性。因此,狂风刮不了一个早晨,暴雨下不了一整天。是谁让它们这样的呢?是天地。天地刮大风、下暴雨,尚且不可能持续长久,更何况人的猛烈的行为呢?所以,遵循大道的人就可以和大道融合为一体;修养德行的人就可以和大德融合为一体。反之,放纵自己、失道失德的人,也会与"无道无德"同流合污。能够与大道相融合的人，可以获得大道的支持；能够与大德相融合的人，可以获得大德的拥戴；而与"无道无德"同流合污的人，当然也会受"无道无德"的指使、摆弄。倘若统治者自己的诚信不足，老百姓当然就不会信任他了。

从字面看，这一章讲了这么几层含义：第一，大道自然的本性是"沉默寡言""无声无迹"的；第二，"飘风""骤雨"是不可能长久的；第三，我们每个人自己的选择，决定了我们最后的境界，决定了我们的成败。问题是，这几层之间有什么关系呢？它们为什么会被放在同一章里？

开头的"希言自然"这一句，是全章的关键句。后面的内容，都是由它展开的。"希言"就是"少说话"。它的具体含义，可以有多种解释。例如，解释成"沉默寡言"，正所谓"大音希声""大道无形"，真正的"道"、真正的"自然"是低调的，是潜藏的，它会含藏自己的种种迹象，而不会四处张扬。也可以把"言"解释成"发号施令""宣布政策"，照这样理解的话，"希言"就是统治者不要频繁发号施令，不要过分扰民，应该无为而治。这两种理解都有道理。

接下来的"飘风""骤雨"，似乎是在讲大自然的天气现象。老子喜欢观察生活，然后从中提炼出、总结出一些规律，甚至是深刻的道理。他发现，在大自然里面，偶尔会出现狂风、暴雨这样一些比较极端、猛烈的天气；然而，狂风暴雨这种极端的天气不会持续太长时间。按照他的说法，"飘风不终朝，骤雨不终日"。"飘风"指"狂风"，"朝"就是朝阳的"朝"，指早上。狂风通常持续时间不长。暴雨也一样，很少持续很久，总是来得快去得也快。

再联系上下文，"飘风""骤雨"其实还是隐喻。从气象来说，它们代表的是那些异常的、极端的情况；如果引申到社会政治领域，"飘风""骤雨"也可以用来比喻残酷、激烈的"暴政"。不管是哪一类，结果都一样，它们都不可能长久。

例如曾经一统天下的秦王朝，尊尚法家，崇拜武力，就像暴风骤雨一样，

第二十三章

短短十年时间就踏平六国，威震寰宇。秦始皇也志得意满，自称"始皇帝"，梦想着秦朝可以存在一世、二世、三世直到万万世。结果，陈胜、吴广起义之后，不到三年时间，秦王朝就土崩瓦解了。这真应了老子所说的"飘风不终朝，骤雨不终日"，激进的、残暴的统治，绝对不可能长久！稍晚于老子的西方哲学家亚里士多德也有同样的感受，他说："暴政是短命的。""暴政"之所以不长久，是因为它违背了天道，违背了人心；它在根基上就是不稳固的，好像建在沙地上的高塔，随时都会倒塌。

而紧接着的两汉王朝，就聪明地吸取了暴秦王朝的教训。

汉王朝的开创者是刘邦。可能很多人以为，既然刘邦建立的汉朝取代了秦朝，那刘邦肯定很反感秦始皇，不喜欢秦王朝的政策。其实，历史不能只看表面。有一些有趣的细节，值得我们关注。例如，秦始皇其实只比刘邦大三岁，他们是同辈；再例如，刘邦第一次见到秦始皇，发出的感叹是："大丈夫当如是耳！"他对秦始皇充满了羡慕、嫉妒、恨！而且，他对秦朝的很多政策并不反感——秦王朝焚书坑儒，颁布了"挟（jiā）书令"，严禁民间藏书，否则灭族。刘邦当了皇帝，延续了这条"挟书令"，不准民间藏书。直到他的儿子上台后，才废除了"挟书令"。而刘邦自己是一个"读书无用论者"，因此后世有诗句调侃他："刘项原来不读书！"刘邦认为乱世争雄，应当以权谋为上。

我们看一个小插曲：刘邦手下大将韩信奉命率军攻下了原来齐国的领地。韩信这个人缺乏安全感，想要趁楚汉胜负未分的时候，多替自己争取一点权利。于是，他就派使者去见刘邦："启禀汉王，我现在打下了齐国，但是齐国这个地方很复杂，不好管理。您能不能封我为'假齐王'，也就是'代理齐王'，方便我管理此地啊？"

刘邦听了，气得火冒三丈：这家伙不是趁火打劫吗？刘邦把桌子一拍，就准备开骂。这时候，一旁的张良踢了他一脚。刘邦立马明白过来：现在不是追究韩信责任的时候，万一和这小子弄僵了，他拥兵自重，甚至干脆投靠项羽，那就麻烦了。可是，这脸色也变了，桌子也拍了，该怎么收场呢？刘邦顺势说:"男子汉大丈夫,做什么'假齐王'?要做就做真齐王!"刘邦下令封韩信为齐王,稳住韩信,最后赢得了天下。这些机变权谋,才是刘邦看重的,一直到他当了皇帝。

刘邦手下一个叫陆贾的大臣很不识趣,老是劝刘邦多读《诗》《书》。刘邦火了,骂道:"老子是骑着战马打下了这个天下,跟《诗》《书》有什么关系?!"陆贾毫不畏惧,说:"您是可以骑着战马打天下,但您还能骑着战马治理天下吗?"接着,他又列举了历史上夫差以及秦王朝的教训:秦王朝之所以迅速完蛋,正是因为它"骑着战马治天下"。假设秦统一后能够调整政策,以《诗》、《书》、仁、义之道治理天下,恐怕您刘邦想取而代之就没那么容易了!一番话把刘邦说得哑口无言。刘邦虽说是个无赖,但很有胸襟,闻过能改。

于是,刘邦和继承者们逐渐放弃了秦朝那一套法家的激进政策,开始转向更加温和的儒家,尤其是黄老道家的休养生息政策。其核心就是老子所说的"无为而治":统治者不要搞各种政令,不要外行干涉内行;要尊重各行各业的规律,顺从老百姓的本性。这也奠定了"强汉"两百多年的基业。

再回到开头提到的问题:面对不高明的金融骗局,为什么还有这么多人上当受骗?

"飘风""骤雨"可以用来形容天降横财,或者说突然出现的一本万利的机会。就拿投资理财来说,一般年回报率有个百分之四、百分之五就不错了,能够超过百分之十就要烧高香了。现在蹦出一条天大的喜讯:本产品的年投资回报率高达百分之八十,翻倍,甚至更多。惊不惊喜?意不意外?然而,老话说:"事出反常必有妖。"我们要先想一想:这样的好事凭什么会落在我的头上?天上掉的馅饼,会不会是陷阱呢?

新闻里经常会提到"庞氏骗局",其实就是我们中国人讲的"空手套白狼""拆东墙补西墙"。这种骗术之所以叫"庞氏骗局",源于一百多年前一个著名的金融诈骗案:一个名叫查尔斯·庞兹的投机商人"发明"了一种快速暴富的方法，他向投资者宣称：有一个超高回报的投资项目，每位投资者将在三个月内得到百分之四十的利润回报。面对巨大利润，人们将信将疑。一些人试着投入了一些资金，结果，三个月后，每个人都顺利地拿回了本金以及百分之四十的利息。这一下，人们都疯狂了，纷纷拿出全部身家，动员亲戚朋友，甚至借高利贷来投资这个项目。实际上，这根本是一个子虚乌有的企业投资，庞兹所做的事情，不过是把新投资者的钱作为快速盈利额付给最初投资的人，以诱使更多的人上当。就这样滚雪球，他成功地在七个月内吸引了三万名投资者，共收到一千五百万美元的投资额。当时的这笔钱，至少相当于今天的五亿美元。一年后，东窗事发，大量投资者血本无归。

其实，只要人们保持起码的理智，有最基本的判断，就知道这样高的回报率是不可能的，除非违法犯罪、风险极大。此类的"超高回报率"的投资，就如同"飘风""骤雨"一样，压根儿不可能持久。

在现实中，人们的选择很不一样。有人修道、悟道，顺从自然，不在意、不理会这些违背自然常态的"飘风""骤雨"。显然，他们也不会蒙受损失。也有人被这些"疾风骤雨"打蒙了，陷了进去，满足于呼风唤雨的假象，贪婪，张扬，最后身心都受到伤害。推及天下的治理，也是一样的。统治者如果迷恋"飘风""骤雨"的威风、派头，推行极端、残暴的统治，就会失掉民心，丢掉江山。这一章，正是老子对我们的告诫。

第二十四章

有一段时间,"刘畊宏的本草纲目健身操"火遍全网。紧跟着,也冒出了不少"刘畊宏男孩""刘畊宏女孩",模仿着跳"毽子操"。不过,很快就带出了这样的新闻:××"刘畊宏女孩"脚扭了,××下不了楼梯了。最严重的一位,跳得卵巢黄体破裂,住进了医院。这当然不是说跳健身操不好,而是提醒我们:小心"用力过猛"!这也是《道德经》第二十四章给我们的忠告。

企者不立,跨者不行,自见(xiàn)者不明,自是者不彰,自伐者无功,自矜者不长(cháng)。其在道也,曰余食赘形,物或恶(wù)之,故有道者不处。

河上公给本章起了一个标题,叫"苦恩"。

这一章的大意比较明确:总想踮起脚来站得更高,反而会站不稳;总想两步并作一步跨得更远,反而会走不远。那些老是自我表现的人,其实不可能显明;老是自以为是的人,当然也不可能彰显;老是自我吹嘘的人,根本无法成就功业;老是妄自尊大的人,也绝不可能长长久久。这样的一些表现,对于大道来说,就好比是吃剩下的饭菜,或者身上长着的瘤子,谁都会厌恶它们。因此,有道的人是不会这样做的。

第二十四章

很显然,这一章还是在批评那种"不自然"的做法。它的侧重点放在过分激进、过度炫耀这些方面。就像我们前面讲到的,反思生活中"用力过猛"的现象。

一开头的两句,就讲得很精彩:"企者不立,跨者不行。""企"就是踮起脚站着。大家知道南极有企鹅,中国人为什么把它们叫"企鹅"呢?因为它们老是站立着。老子说"企者不立",是说一个人为了显得自己更高大,老把他的脚踮着,他是站不了多久的。就像个子不高的朋友照集体合影的时候,短时间没有问题,会悄悄地踮一下脚,照出来好看一点。不过,要是踮脚的时间太长,就不行了,脚也酸了,站也站不稳了。"跨者不行"和它类似,"跨"就是大跨步地走,两步并作一步,看上去走得更快了;但时间一长,就走不动了,反而比不上老老实实、一步步走的。老子总结说:"踮起脚站"和"大跨步地走",这些都是人为的拔高、人为的扩大,是违背自然状态的,因此也不可能长久。

一位女作家讲过她读大学时的一个故事。当时,她宿舍里有一个女孩日语学得很好;但大家发现,这个女孩虽然每天坚持学日语,不过每次都只学习三十分钟。女作家心想:都说"笨鸟先飞",我比你笨,我就先飞吧!你每天学三十分钟,我就每天学两个小时。我不信我的两小时,还比不上你的三十分钟!

女作家下了决心,制订好计划,每天都学习两个小时的日语。第一个星期还好,能够坚持下来。不过,越往后,她发现越难坚持。不是她偷懒,实在是其他功课、其他事务太多,经常打乱她的安排。慢慢地,中断的次数越来越多。最终,女作家宏伟的日语学习计划无疾而终。

再看她的室友,虽说每天只抽出三十分钟学日语,但硬是坚持了下来,四年时间,基本上没有中断。毕业的时候,这位室友因为日语成绩优异,考取了日本的公费留学资格。

女作家感叹道:最重要的路程应该慢慢跑完,而不是刚开始跑太快。跑得过快,用力过猛,提前消耗完所有的耐力、毅力,可能无法到达终点。的确,用跑短跑的方式来跑马拉松，结果不用猜也知道。

我们开头提到"刘畊宏女孩"们跳毽子操受伤，也是如此。本来，适当的运动健身是件好事；不过，有些人不考虑自身的身体素质和运动习惯，一开始就上很大的运动量，显然"用力过猛"，把目标定得过高了。按老子的说法，这也是某种意义上的违背自然，不符合自己的客观情况；当然，也就没有理想的效果。

再举个例子。有的男演员外形条件很优秀，而且有一些书卷气息，可以说，非常适合演琼瑶的偶像剧。很可惜，他一旦演感情戏，就收不住，要么动作夸张、面目狰狞，要么声嘶力竭、大喊大叫。说到底，就是表演的时候"用力过猛"了。

正如日本作家渡边淳一所说："人也罢，花草和其他生物也罢，凡是过度想表现自己，凡是用力过猛的，都会使人扫兴，减弱了其本来所具有的魅力。"

老子进一步追问：人为什么会"用力过猛"？为什么要"踮起脚站立"，要"大跨步地走"呢？很多时候，都是为了更好地突出自己，更快地达到目标。但结果呢，往往欲速则不达，适得其反。这就像人们越刻意地表现自己、突出自己、夸耀自己，反而越有可能损害自身的形象。

"自见者不明"这四句，在前面的第二十二章也出现了，用的是"不自见，故明"这样的表述，措辞有点不同。这也表明老子十分重视这几句话，才会用不同的方式反复讲。"自见、自是、自伐、自矜"，这"四自"是狂妄自大、追慕虚名者的通病，反映出一种好高骛远、急功近利的病态心理。

老子用了一个非常贴切、入木三分的比喻来形容这样的行为，那就是"余食赘形"。"余食"是指吃剩下的食物，也就是残羹冷炙。"赘形"当然不是说臃肿的身材，而是指有些人的身上长出来的一些多余的组织，例如肉瘤、第六根手指。对于我们人来说，这些"余食、赘形"都是没有用的东西；不仅没有用，有时候还会有副作用。

第二十四章

我们都知道，如果已经吃饱了，还剩下一点东西，这时候硬吃下去，很不利于身体健康。"三高"是当今社会的健康杀手，也被叫"富贵病"，有不少都是"吃出来"的。在生活中，我们会形容"爱管闲事""瞎操心"的人是"吃饱了撑的"。荒谬的是，我们自己却在很多时候，"吃得撑起来"。

"赘形"也是一样的。本来健康的身体又长出瘤子、瘖子，不光不美观，还可能有健康隐患，很惹人讨厌。

我们一般人都厌恶、反感"残羹冷炙""肉瘤"之类的。而真正体道、悟道的有道之人，他们对待"自见、自是、自伐、自矜"，对待这些"不自然"的、用力过猛的表现，就像对待"余食、赘形"一样，也是厌恶的、反感的。

最后，我再讲一个寓言，加深读者朋友对用力过猛、贪求太多的警惕。

唐代的大学者柳宗元曾经写过一个寓言故事，叫《蝜蝂传》。

蝜蝂是一种小爬虫，形体比蜗牛要小，自己没有壳。蝜蝂十分贪心，碰到什么东西都觉得好，都想要得到。

有一天，这个小爬虫在路上爬着。突然，前面路边出现了一个空蜗牛壳。小爬虫很高兴："哎呀！太好了！我终于有房子了，可以遮风挡雨！"它赶紧把空蜗牛壳背到背上。它的背很粗糙，还能分泌黏液，可以把很多东西粘在背上。

小爬虫背着蜗牛壳继续爬。今天运气特别好！前面又出现了一个新的蜗牛壳，而且更大、更完整。它没想过要把原来的壳扔掉，换上新壳，而是两个壳一起背——"我有两套房了"！它这一路上，看见这个东西好，那个东西有用，就都往背上背。有人看它背得辛苦，怜悯它，替它拿掉一些。它不领情，回过头去，又捡起来背上。

就这样，越背越多，最后，它什么都来不及享用，累死在路上。

人类很多时候就像这个小爬虫一样。为了保证将来的幸福，我们总希望得到更多：房子、车子、位子……好像占有得越多越好。

老子给我们泼了一盆冷水，他提醒我们，在追求这些东西的时候，先要想一想：它们究竟是我真正需要的呢，还是"看上去很美，其实并不然"的"余食赘形"呢？

第二十五章

前段时间，我要将一位我很尊敬的前辈添加为微信好友。结果在搜索的时候，一下子蹦出了好几个相似的选项。原来，这位前辈的微信名叫"道法自然"；而和他不约而同的，还有好些人。由这件小事，可以看出"道法自然"这句话对国人的影响已经深入骨髓。"道法自然"四个字，就出自《道德经》第二十五章。第二十五章和第一章关系非常密切，算作姊妹章，都是很基础、很关键的章节。据我所知，不少研究《道德经》的专家就是从第二十五章开始来理解这本书的。所以，这也是需要我们高度重视的一章。

> 有物混成，先天地生。寂兮寥兮，独立不改，周行而不殆。可以为天下母。吾不知其名，字之曰道，强为之名曰大。大曰逝，逝曰远，远曰反。故道大，天大，地大，人亦大。域中有四大，而人居其一焉。人法地，地法天，天法道，道法自然。

河上公给本章起的标题叫"象元"，这个标题强调了"大道"是一切事物、一切现象之首、之源、之本，也强调了大道之大。虽说总结得还不够全面，但多少也反映了本章的主题之一。

我们还是先了解这一章的大概意思：在天地诞生之前，就已经有一个浑然一体、混沌未分的存在物了。它没有声音，也没有形体；它是独立存在的，不依赖任何事物；它的本性是完整自足的，不会改变；它周游循环，永远不会衰竭。因此，它可以成为天下万事万物的根源。对于这样一个超然的存在物，我实在是没有办法知晓它的正式名字，只好给它起了一个非正式的小名，叫作"道"；然后，勉强地给它起名为"大"。说它"大"，它又会消逝；消逝到远方，却又返回。所以说，道大、天大、地大，人也大。宇宙间有四种伟大的存在，我们人类就是其中之一。人效法地，地效法天，天效法道，道效法自然。

要仔细品味的话，几乎每一句都蕴含了更为内在的意义。下面，我们就逐句梳理一下。

首先看第一句"有物混成，先天地生"。这里的"有物"指的就是"道"。这句话至少有如下几层含义：第一层，"道"是真实存在的，不是虚空，不是绝对的虚无，它是一种"有"，一种"物"，只不过是我们很难感知、很难描述的"物"罢了；第二层，"道"这样一种存在，它的基本样态是浑然一体的，没有区分，这也就是所谓的"浑沌"状态；第三层，"大道"才是最早的存在，它比天地更古老，在天地诞生之前，它就已经存在了。所以说，天地仍然是有限的，有出生，也有毁灭；唯独"道"，超越天地，无生无灭，亘古永恒。

第二句"寂兮寥兮"，"寂"就是"寂静无声"，"寥"就是"虚廓无形"。表面上，这似乎是说大道无声、无形，其实，并不是它没有声音、没有形状。而是它的声音、形状，远远超出了人的感官范围：于是用眼睛看，看不见它；用耳朵听，听不到它；用手触摸，摸不着它。这仍然是在说，"大道"是无限的存在，人是有限的存在。或者，套用刘慈欣的科幻小说《三体》里的一个说法——"维度"，"大道"是高维度的存在，"人类"则是低维度的存在；低维度的我们，很难看清楚、理解超高维度的"大道"。

接下来一句是"独立不改"。老子有时候用"独立"来形容"大道"，有时候又用"绝对"一词来形容。"绝对"的本义，就是没有东西和它相对。它是独一无二的，没有任何东西和它相近、相似、相同，甚至没有东西有资格做它的敌人。"独立"也有类似的意思；当然，"独立"还强调了"大道"的存在是没有条件的，没有前提的；它不依赖任何东西。不是说"有了哪些条件，道就存在了；缺了哪个条件，道就不存在，或者会换一个方式存在"。不是的，无论其他事物存在或者不存在，都不会影响"大道"的存在，也不会干扰"大道"的性质。它的本性不会改变。

"周行而不殆"这一句，则是讲"大道"不是静止不动的。相反，它会周游流动，循环往复。老子的这个思想开启了后世的气化宇宙论。中国古人喜欢讲"天地絪缊，大化流行"，都是受老子的启发。"不殆"既是说"大道"的运动流行不会停止，也是讲"大道"不会因为周游流动而耗尽能量，导致枯竭、死亡。"道"的运动不会停止，它的生命也不会枯竭，它将永恒地周游循环。

前面这几句都在讲"大道"超越现实、超越万事万物的特质，也就是说，"大道"是本体性的存在，是最早的、最高的、最根本、最超然的存在物。这和第一章可以很好地呼应。

也正是因为"大道"有这样的特质、这样的能力，它才"可以为天下母"，可以为天下的一切事物提供来源、提供根据。大家注意这句话里面的"可以"这个词，它很微妙。一方面，"大道"有资格、有能力来做这件事；另一方面，它并不会刻意地创造万物，为万事万物提供根源。它只不过是在舒展自然的本性，顺带着也为万物的产生和存在提供了源泉。

接下来的几句比较难理解："吾不知其名，字之曰道，强为之名曰大。""吾不知其名"，前面已经讲过了，"大道"是超越语言的，人的语言在道的面前很有限很苍白。所以，我们没有办法用语言来描述"大道"，也不可能用名词、概念来界定它。古人对"名字"很讲究，很认真。在中国的古老观念里，每一个事物都有它对应的恰如其分的名称。于是，给一个东西起名字，必须符合这个东西的特点，要"名副其实"。起错了"名字"，反过来会对这个事物本身造成不好的影响。直到今天,在给孩子起名字的时候,还有不少人会有很多讲究。

面对这样超然、浑然一体的本体之物,老子左右为难。硬要给它起名字的话,肯定会"名不副实"。但如果不起,总不能老是叫它"这个东西""那个东西"吧?于是,老子干脆把"名"和"字"分开。"名"就是"大名",正式的"名称"。我们没有资格和能力,来给"大道"起一个"正式的名称"。"字"就没那么严格了,好比是一个人的小名,即便不太贴切,也无伤大雅。老子就给这个超然的本体起了一个小名,叫作"道"。至于用"道"来做小名的原因,我们在最开始的章节已经解释过了,和"言说"及"道路"这两层意思都有关系。

在起完小名之后,老子有点不死心,又硬撑着给它起了一个更加正式的名字,叫作"大"。"强为之名"就是勉强给它起名字。我们平时讲"×××勉强跑完了一千米",是说他超出了自己的能力范围还尽力来做这件事,不光过程很艰辛,结果也会打折扣。老子给这个"有物混成"的本体起名为"大",也同样超出了他的能力范围,当然也是不准确的。

之所以说它"大",是因为"道"给我们的感觉无处不在。天地够大吧,它比天地还大。并且,它的作用也是无可比拟的。因此,老子用"大"这样一个带有褒义的词来形容、赞美"道"。但老子马上发现,自己所起的名字很蹩脚。因为,一般情况下,"大"的东西都会给我们一种迫近、压抑的感觉,让我们有高山仰止的压迫感。然而,"道"尽管很大,却不会给我们压迫感,它又会消逝,会远离我们。刚说它远离我们,它又返回来。老子用这样自相矛盾的描述告诉我们:任何对于"道"的正面形容,都可能面临矛盾的尴尬处境。例如,我们说"道"很优美的时候,会发现丑陋的东西里面也有"道";我们说"道"很庞大的时候,马上会意识到,哪怕是渺小的尘埃,也少不了"道"。对于这一点,庄子理解得很透彻。而这种左右为难、自相矛盾,恰恰显示了"大道"超然的本体样态。

第二十五章

在老子生活的时代，大家往往会说"天很大""地很大"，也有人会说"君王很强大"，或者"人的力量很伟大"。老子在这三者的基础上，加上了"道很大"，而且把它放在"域中四大"的第一位。落脚到"人"，"人"要怎么做才能真正成就他的伟大呢？老子提出一条宝贵的原则："人法地，地法天，天法道，道法自然。"

这句话可以说脍炙人口，流传非常广。不过，严格说起来，"道法自然"这个提法在逻辑上似乎存在着一些矛盾。如果我们把这里的"自然"理解为一种境界或一种存在的话，人效法地，地效法天，天效法道，道效法自然，这样一来，"自然"就是比"道"更高的一种境界、一种状态、一种存在，因为连"道"都要效法它嘛。那么，"道"就不是最高的，不是一个至高无上的本体，"自然"才是。

怎么解决这个问题呢？学者们提出了两种做法。第一种做法认为，应该这样来解释这句话："人效法地，地效法天，天效法道，道则以自己本来的样子为法则。""自然"就是自己如此，它不是一种独立的境界、独立的存在。"道法自然"，意味着"道"以自己本来的样子为法则。用这样的解释来克服逻辑矛盾。

还有一种做法，就是在标点符号上做文章，把这句话读作："人法地地、法天天、法道道、法自然"，也就是说主语只有一个，那就是人。人效法地之所以为地的原则，效法天之所以为天的原则，效法道之所以为道的原则，而这个原则就是自然。这样就把"自然"虚化了。道之所以为道，根本就在于自然。

这两种做法的共同点是，它们都认为"自然"就是"道"的本性，"自然"不是"道"之外的，不是比"道"更高的一种存在、一种境界、一种状态，自然就是道的本性。"道法自然"就是"道以自己本来的样子，以自己的本性来呈现"。

第二十六章

第二十六章的篇幅不算长，但含义还是很深刻的；其中讲到的一些道理，对今天的人们立身行事，也依旧有十分重要的借鉴意义。

> 重为轻根，静为躁君。是以圣人终日行不离辎重。虽有荣观，燕处超然。奈何万乘之主，而以身轻天下？轻则失根，躁则失君。

河上公为这一章起的标题叫"重德"，强调持重、稳重，反对轻浮、躁动。

本章的大意是："厚重"与"轻率"二者之中，"厚重"才是根本；"沉静"与"躁动"两者相比，"沉静"才是真正的主宰。因此，体悟了这个道理的"圣人"，也就是道家所推崇的修道、悟道之人，他整日在外奔走，不会离开装有粮草辎重的车辆。对他来说，哪怕是面对奢华的环境，身处锦绣高台之上，依然可以保持安静超然的独立姿态。可为什么那些大国的君王，却非要轻率、躁动地治理天下呢？殊不知，"轻率"会失去根本，"躁动"会丢掉主宰啊！

在这一章里，老子提出了两对很重要的概念，一对是"重"和"轻"，另一对是"静"和"躁"。很明显，在这两对概念里面，老子都是赞美前者、批评后者。也就是说，在他看来，"重"与"静"都是好的，"轻"与"躁"

则是不好的。我们已经知道，老子评价"好"与"坏"的基本标准，就是"自然"：凡是符合"自然"的，就是"好"的；否则，就是"坏"的。顺理成章地，"稳重、厚重"，以及"安静、沉静"，它们都符合自然之道。与之相反，"轻浮、轻率"，以及"躁动、浮躁"，则违背了自然之道。这是基本的判断。接下来具体谈谈。

第一句"重为轻根"，与"轻浮、轻率"相比，"厚重、稳重"才是更为根本的，也更加重要。由此，我们很容易联想到古代的一副对联："墙上芦苇，头重脚轻根底浅；山间竹笋，嘴尖皮厚腹中空。"这是形容有些人轻浮、草率，没有深厚的根基，缺乏真才实学，所以，只能够耍耍嘴皮子，人云亦云地看着别人的眼色行事。只有沉潜下来，把根基扎牢、扎深，才能够卓然挺立，有自己的独立见解。而这样的人，往往会给大家留下稳固、厚重的印象。

就拿金庸先生的武侠名著《射雕英雄传》举例，书中有两个人物，正好可以分别看作"轻"和"重"的代表。一个是杨康，聪明机敏，灵动多变，学什么都快；但是仗着自己的聪明劲儿，轻浮跳脱，总想着投机取巧，肆意妄为。另一个是郭靖，质朴木讷，厚道朴实，虽然看着不大聪明，不过，遇到真正重要的大事、难事，他都能咬紧牙关攻克下来，每一步都走得踏踏实实。从结果看，两个人的成就可以说有了天壤之别，很关键的原因，就是一个追逐"轻"，而另一个坚持"重"。

第二句"静为躁君"，在结构上和第一句相似。"静"就是"清静""沉静""宁静"，"躁"则是"急躁""毛躁""躁动不安"。"君"和"臣"相对，如果说"宁静、沉静"是君王，那么"急躁、躁动"就是大臣。前者才是主宰，起到决定性的作用。这一句话也可以理解成，老子希望用"沉静"来克服、压制"急躁、冒失"。

老子的这一思想影响很大，我们就以传统中医为例子。中医认为，一个人要想身体健康，必须先保持心理健康；而要做到这点，一个关键就是"清静养神"。例如《黄帝内经·素问》就说："静则神藏，躁则消亡。""清静"

可以让人的精神得到保养和收藏，而"燥热、躁动"则会导致精神的消亡。历史上，有一个非常著名的中医用清静的方子治病的故事。隋朝的时候，昏君隋炀帝杨广贪恋酒色，骄奢淫逸，肆意妄为。由于他终日进食山珍海味，沉迷酒色，又胡乱进补，把人参、鹿茸当饭吃。结果，隋炀帝的虚火旺盛，令他燥热难耐、心烦意乱。据说，他每天要喝一百多杯冷水，皇宫里，专门有几个人负责给他喂水。即便这样，他还是觉得口渴、难受。宫里的太医想尽各种办法，用了各式各样的药剂，都没有效果。就在大家束手无策的时候，有一位名医想出来一个点子：他让人准备了很多冰块，摆放在隋炀帝的面前；不过，不是给他吃，而是让他从早到晚盯着这些冰块看。渐渐地，有了效果。当隋炀帝觉得口渴的时候，看到这些冰块，他的心就慢慢安静下来，随即口里也生出了不少唾液；而这些唾液，正好是消除心火的关键。就这样，他的怪病好了。这个故事还有另外一个版本：这位名医没有给隋炀帝看冰块，而是让他看一幅画。这幅画的主题是"京都无处不飞雪"，画面上北风席卷，漫天大雪，天地之间，白茫茫一片。隋炀帝看了，只觉得心脾中有一股凉意透出来，就把他的燥热病给治好了。不管是哪一种做法，原理都是一样的，那就是借助一些外在的东西，使隋炀帝回归内心的清静，用清静克服燥热。所以说，这背后潜含的，正是老子的"静为躁君"的思想。

  接下来的一句是"是以圣人终日行不离辎重"。很明显，这里的"辎重"是一种比喻的说法。"辎重"本义是指人们出门在外，用车辆装载的衣物、粮草之类。老子在这里用"辎重"来比喻我们时时刻刻都要依赖的根本，也就是前面所说的"重"和"静"。正如粮草行李对于远行的人来说，是不可或缺的；"稳重、厚重"和"宁静、沉静"，对于修道、悟道之人来说，同样不可或缺，它们是根本，是主宰。换句话说，"修道""悟道"的关键之一，就是要能够守住"厚重"，保持"清静"。

  本章的后半部分，主要是从反面来说的。倘若守不住"厚重"，保不了"清静"，被那些荣华富贵、名利诱惑吸引，就会舍本逐末，变得轻浮、躁动。老子直接批评一些拥有万乘兵车的大国君主，他们舍弃了"厚重""清静"的根本之道，反而用轻率、浮躁的方式去治理天下，难怪会碰得头破血流！由此，有不少学者认为，老子在本章主要是告诫统治者，要学会"守静持重"，不要放纵欲望、轻率浮躁，更不要急功近利、轻举妄动。我想，这不论是对于领导者，还是对于普通人来说，都有一定的借鉴意义。

最后，我再介绍一个管理学的新理论或者说新现象，以加深读者朋友对本章的理解。

熟悉管理理论的朋友都知道，有一个阶段，人们非常推崇有魄力的领袖型管理者，例如20世纪90年代的杰克·韦尔奇，还有微软的创始人比尔·盖茨，以及现在的特斯拉老总马斯克，这类的管理者都具有外向、张扬的性格特点，崇尚冒险，有传奇色彩。

不过，也有越来越多的人意识到，与之不同的"沉静型"的管理者，或许是更好的选项。"沉静型"管理者的特点是：内向、低调、谦虚、坚韧、平和、克制和执着。"沉静型"管理者往往不追求超凡的领袖魅力，他们没想过"我要拯救全世界"，也不愿意待在聚光灯下。他们始终谦逊、克制、不张扬。在行动上，他们更为稳重，沉着。在气质方面，更偏向朴实与沉静。他们似乎更看重根本，更关注怎样长久。

有一位成功的"沉静型"管理者，在讲到自己为什么能受到团队的认同时，说了一个很小却又很重要的做法，那就是：在新的团队里，永远不要第一个发言。虽说你反应快，肯定有意见要表达。但是，如果你先说了，下属很可能会根据你的意见调整自己的发言，迎合你来修订自己的想法，或者干脆不说。作为决策者，他总是最后发言，即使他是某个方向的专家，或者他具有其他人没有的信息优势，他也会等到最后才发言。懂得倾听，懂得权衡各方意见，这正是"沉静型"管理者的可贵品质。

在"沉静型"管理者的身上，我们可以清晰地感受到老子"重为轻根，静为躁君"思想的印记。

第二十七章

第二十七章也是整本书比较难理解的一章。一来，它里面出现了一些我们不怎么熟悉的名词、概念；二来，各个句子之间的联系、逻辑关系，并不是一目了然，需要仔细地品味和推敲。

先来看看这一章的原文：

善行，无辙迹；善言，无瑕谪（zhé）；善数，不用筹策；善闭，无关楗（jiàn）而不可开；善结，无绳约而不可解。是以圣人常善救人，故无弃人；常善救物，故无弃物。是谓袭明。故善人者不善人之师，不善人者善人之资。不贵其师，不爱其资，虽智大迷，是谓要妙。

河上公给本章起的标题，叫"巧用"。

本章的大意是：善于行走的人，不会留下太多的痕迹；善于讲话的人，不会留下很多的瑕疵，或者说不会有很多的过失、漏洞让别人指责；善于计算的人，不用筹策之类的计算工具，就能够算得很好；善于关门、善于防护的人，不需要门闩，就能让别人打不开；善于捆绑的人，即便没有绳索，别人也解不脱。因此，体道、悟道的圣人，善于帮助别人，能够做到人尽其才，所以没有被遗弃的人；圣人也善于利用器物，能够做到物尽其用，所以没有被废弃的物。这就是所谓的含藏不露的明智。善人，也就是能够做到"善行、善言、善数"的得道之人，可以作为不善之人的老师；不善之人，也就是做不到"善言、善行"等的人，尚未悟道的人，可以作为善人的借鉴。倘若现在有人，既不能尊重"善人"这个老师，又无法从"不善人"这个借鉴里面吸取教训，这样的人实在是"大愚若智"，看似聪明，其实糊涂。这真是一个精要而微妙的道理啊！

这一章难就难在，其表面含义之下隐藏了一层更加深刻的道理。

先来看前面的五个短句，分别讲了"善行""善言""善数""善闭""善结"。乍一看，这似乎是用排比的方式描述高超的技艺，但仔细一琢磨，再结合老子的思想倾向，就会发现：原来"善行""善言""善数"，并不是在强调技艺的高超，而是在说"得道之人"的玄妙。说到底，这些言行，之所以被称作"善"，根本原因在于它们的境界，也就是对"大道"的领悟，对"自然"的顺从。正如庄子在"庖丁解牛"的故事里讲到的，庖丁的高明不在于技术的层面，而是"道进乎技"，庖丁已经进入"道"的层面，他对"大道"、对自然之道已经有所感悟了。

我们再结合原文具体看一下。"善行，无辙迹"，一个人善于行走，就不会留下明显的车辙或者脚印。老子为什么要说这句话呢？原来，我们无论是驾车出行，还是走路，要想在地面上留下明显的痕迹，不是一次两次就能做到的，往往需要经常地、反复地在这条道路上走，才会留下印记。而"善行者"，由于他感悟了自然之道，他的行为不再有明显的目的性，也就是说，他不执着，不像普通人那样老是沿着一条路走。这个得道悟道的"善行者"，他会顺其自然，灵活多变地行走，这样，就不会在地上留下特别明显的车辙或者脚印。

"善言，无瑕谪"也是类似的道理。"善言"，不是这个人说话滴水不漏，而是他讲的话顺应自然之道，没有偏执。老子说过，得道之人能够超越美丑、善恶、是非、高下这些相对的价值标准。这样一来，他当然能够跳出家长里短，跳出是非对错，所讲的话也就不再有瑕疵、漏洞，不会有让人指责的地方。

因此，这几句话体现的是"无为"的精神。老子讲"圣人处无为之事，行不言之教"，圣人超越了美丑、善恶、是非、长短等世俗价值的纠缠，以一种顺应自然的方式来说话、做事。他的言谈举止能够与道融合为一体，当然没有造作的痕迹，没有人为的漏洞。老子还说过，"无为而无不为"，正因为做到了遵循大道、自然无为，所以它的效果是"无所不为"。他可以分享"大道"的伟大功能，别人也不可能战胜他。

"善数"，就是"以不数为数"；"善闭"，就是"以不闭为闭"；"善结"，就是"以不结为结"。怎么理解呢？我们可以借用庄子的"藏天下于天下"的说法。庄子说，假设我们把一艘小船藏在山沟里，把一座大山藏在大泽里。以为够安全了；然而半夜里，仍然有大力士把船和山背走了。那怎样藏东西，才是最保险的呢？庄子说："藏天下于天下。"如果把天下藏在天下里，就不会丢失。"天下"代表"大道"，我们一旦顺道而为，就不用再担心有损失了，毕竟，一切都是在天下之内，在大道之中。而顺应大道、"藏天下于天下"的关键，在于"无为"，没有贪婪之心，没有偏执的行为。

因此，前面这几句话的核心在强调"无为""无为而顺自然""无为则无不为"。

接下来的两句："是以圣人常善救人，故无弃人；常善救物，故无弃物。是谓袭明。"感觉有点突兀。其实，这里的"圣人"，就是前面的"善行""善言""善数"等言行的主体，也就是体道、悟道之人。由于圣人超越了美丑善恶、是非长短等等普通人很在意的相对价值，他看穿了这些东西，所以他会跳出世俗、刻板的"有用没用""好与坏""对与错"等价值判断，以一种无为之心、顺自然的态度，来对待所遇到的人或者物。他不会有很强烈的执着，没有偏爱，也没有偏恨，因而不会有成见，没有先入为主的看法，于是可以更客观、更全面、更通透地看待他人和他物。

我们一旦能够客观、全面地看待他人、他物，就会发现：其实每一个人、每一个物，都有优点，也都有缺陷。

我们可以举一个例子来说明这个道理。中国古代有一句民谚，叫"西邻五子食不愁"。西邻公生了五个儿子，不料，其中竟然有三个儿子天生残疾，一生下来就有严重的缺陷。大儿子生下来很健康，性格质朴老实。二儿子也很健康，聪明机灵。可惜，老三一生下来是个盲人，天生看不见；老四生下来是个驼背，腰伸不直；老五是个跛子，走路不利索。照常理，这一家三个残疾儿子，日子应该过得很艰难。结果呢，这家的主人很睿智，懂得根据每个儿子的特点来安排。老大是健康的，很质朴，正好让他务农。过去种地很辛苦，面朝黄土背朝天，老大能吃苦耐劳，种田最合适。老二也是健康人，很聪明，就让他去经商。聪明人在吃苦方面要稍差一点，但是灵活机变，学习能力强，更适合经商。老三是个盲人，那就让他去学算命。以前的人们有一种奇怪的思维，认为一个人眼睛瞎了，心有可能更加明白，所以在算命这个行业里，盲人要比视力健全的人更有权威性。老四天生驼背，就让他去搓麻绳。过去农村人家，一般都会种一点麻，当麻丰收了，就要把它砍下来，剥了皮，来搓麻绳。弯着腰一搓就是一整天，到天黑的时候，腰酸背痛，腰都直不起来了，很受罪。但是老四搓麻绳就没这个问题了，他的背本来就是弯曲的，反而比一般人更适应。老五天生腿脚不好，就安排他去纺线，古代的纺织机是放在矮桌子上的，不需要用脚。老五纺线，跟正常人没什么两样。

就这样，一个在旁人看来很困难的家庭，由于老人家懂得人尽其才，变短处为长处，发挥每个儿子的特长，一家人不愁吃，不愁喝，日子过得很红火。

当然，不是说这个老人就是得道的圣人。但是，从他的安排中，我们可以看到合理性，那就是：不要执着于世俗的"正常、不正常"的观念，不要受日常的"有用、没用"这些标准的束缚。跳出来，用一种更加全面、更加灵活变通的方式，顺着每个人的特点、本性，来规划他们的发展。这就是"无为而顺自然"的一个很好的表现。

上面这个例子讲的是"无弃人"，不要抛弃、不要随便否定别人的价值。

我们再来看"无弃物",也就是不舍弃任何一个事物。这一点,天真的孩子能给我们一些启发。有时候,我们会看到一个小朋友虽然没有玩具,但他不会觉得无聊。他会东看看、西看看,哪怕有一块普普通通的小石头,他也能从中找到乐趣:他可以把这个石头,一路踢来踢去,从家门口一直踢到学校去。他没有成见,没有执着心,即便一块石头,也能玩得不亦乐乎。

圣人在这方面做得更透彻。圣人"常善救人""常善救物",原因还是他的境界使得他超越了"是非对错""美丑善恶""有用无用"这样一些相对价值。老子将这称作"隐藏的睿智"。他不会舍弃别人,不会轻易否定别人存在的价值,而是去帮助别人,教导别人,自然也就可以当这些人的老师。反过来讲,那些不善之人,对于圣人来说,也是一个很重要的借鉴,用来提醒自己。

假设有人"不贵其师,不爱其资",一方面,不尊敬他的老师,不去跟着先进者学习;另一方面,对于后进者不去帮助,也不以他们为借鉴。这样的人,表面上聪明,实际上愚蠢、糊涂。老子把这叫作精要的、玄妙的道理。

第二十八章

我们在前面的章节里提到老子很看重"柔弱"的价值。他认为"上善若水",第一等的"善"就像水一样;还经常用山谷的形象,来比喻"大道"谦虚、包容的特点。第二十八章继续了这个话题。老子在本章更系统地阐述了他的"守雌""守黑""守辱"的主张,并且描述了它们的作用、效果。

知其雄,守其雌,为天下豁。为天下豁:常德不离,复归于婴儿。知其白,守其黑,为天下式。为天下式:常德不忒(tè),复归于无极。知其荣,守其辱,为天下谷。为天下谷:常德乃足,复归于朴。朴散则为器,圣人用之则为官长,故大制不割。

河上公给这一章起的标题,倒是靠谱,叫"反朴",也就是返璞归真的意思。我们做人做事,都要返回本源,回到质朴的状态。而这个状态,在老子看来,就和"雌""黑""辱"这些特点联系在一起。

我们还是先了解这一章的大意:尽管知道刚猛、雄强的力量,却甘愿坚守柔顺、雌弱,就像天下的小溪流一样;正因为愿意像天下的小溪流那样,长久的德性才不会偏离,而能够复归如婴儿一般的天真状态。尽管知道光彩、明亮的好处,却甘愿坚守低调、暗昧,就像天下的马车上供人扶手的横木;正因为愿意像马车上的横木那样低调、不起眼,所以,长久的德性不会出差错,而能够复归原初的无极状态。尽管知道荣耀、显赫的滋味，却甘愿坚守卑下与屈辱，就像天下那包容的山谷一样；正因为愿意像天下的山谷那样，所以，长久的德性才会充足，而能够复归淳朴自然的状态。质朴的大道分散之后，化育了万物；而圣人呢，由于他回归了淳朴自然，采用朴实自然的方式，于是他成了万物百官的首长。这其实告诉我们，高明的治理是不会强调割裂、区分的，而是浑朴一体。

老子提出了三组概念，或者说三对价值，"雄与雌""白与黑""荣与辱"，每一对里的两者都正好相反。其中，前面的三个，也就是"雄""白""荣"，通常大家都认为它们是好的东西，属于正面的价值。例如，我们都希望自己的力量更强大，希望自己的形象更加光辉，希望可以赢得更多的荣誉。现代奥林匹克的精神就是"更高、更快、更强"，而老子所说的"雄""白""荣"，正是属于此类。与这三者相对立的，后面的三个——"雌""黑""辱"，则是人们都不喜欢的。我们都不愿意当龟孙子，不愿意遭受屈辱，被人鄙视。然而，老子一反常态。他虽然没有直接批评"雄""白""荣"这三者，但是，他认为我们更应该坚守"雌""黑""辱"这些价值，或者说人生态度。老子的用意何在呢？这就是这一章最核心的问题。

首先，要注意"知"字："知其雄""知其白""知其荣"，这三个"知"字很重要。这表明，老子对于世俗所看重的"刚强""光辉""荣耀"等价值，其实是心知肚明的。他并不是像鸵鸟那样，把头埋在沙子里，看不到这些东西的作用和好处。相反，他很清楚此类价值的力量。再结合前文讨论过的"愚民主义"的话题，老子的思想究竟有没有愚民主义，也就是愚弄老百姓的色彩？我们发现，他并没有刻意地蒙蔽大家，愚弄老百姓，让大家都看不到"刚强""光辉""荣耀"的好处。他也承认这些东西有价值，只不过与此同时，"刚强""光辉""荣耀"等所谓的"正面价值""积极精神"，还有缺陷，有不足；甚至可以说，这些缺陷和不足的影响，要远远超过它们带来的好处。正是在这种认识的基础上，他才说，即便知道"雄""白""荣"这些东西的好处，也不愿意沉迷于它们，而是要守住它们的对立面，守住"雌""黑""辱"。

顺便说一下，很多人对道家，对老子和庄子，都有这样一种印象：他们主张出世，喜欢隐居在山野之间，融入自然之中。这个印象是对的。不过，千万不要由此引申出：老子和庄子都是现实生活的失意者、失败者，于是他们逃避现实，跑到荒山野岭隐居。全面了解之后，我们就知道：老子和庄子，他们并不是不知晓当时的现实社会，他们绝不是所谓的失败者、失意者。老子、庄子的出世，超脱尘世，恰恰是建立在"入世"的基础之上的。他们对社会，对那一套游戏规则，都很熟悉，也能轻而易举地成为游戏的成功者、获利者。只不过，他们不屑于玩这个游戏。换句话说，老子、庄子对当时社会流行价值的批判，是因为他们不喜欢、不认同这套价值，而不是因为这一套价值不利于他们。这样的批判，往往更有力量。我们就拿"高房价"这个话题来说：如果我没有钱，买不起房子，我来批判"高房价"，这当然也有意义；但是，倘若我是一个有钱人，买豪宅没有任何压力，甚至我就是一个房地产商，靠卖房子赚钱，这个时候，我来反对"高房价"，就更有力量，更有价值了。为什么这样说呢？因为，我反对"高房价"，并不是因为它损害了我个人的利益，而是因为它本身就是不合理的、不正常的。同样的道理，以老子和庄子的绝顶聪明，如果愿意琢磨规则，来玩那一套游戏，成功肯定手到擒来。他们反对的，是这套规则本身，是当时那一套文明自身的弊端。所以，老庄的批评，绝对不是失败者的愤愤不平，也不是失意者的自怨自艾；他们的批评，早就超越了自身的得失。这也是其可贵之处。

其次，与"知"对应的三个"守"字，也有深刻用意。我们在使用"守"这个字的时候，无论"守护""守卫"，要"守"的东西，原本就是属于我们的。比如"守住阵地""守住初心"，这片阵地、这颗初心，它们原本就是我们的，而且是我们的很内在、很重要、很根本的东西。所以，才需要去"守护"它们，保有它们。按照这样的理解，"雌""黑""辱"这些看似不招人喜欢的东西，其实原本就是属于我们的，是我们内在的东西。

当然，并不是说，只要是属于我们内在的东西，就一定要"守"。内在的东西，不一定就是好的、有价值的。之所以放弃"刚强""光辉""荣耀"，而要坚守住"雌弱""暗昧""屈辱"，根本原因在于，后者才是无为的，才符合自然之道；而前者，也就是"刚强""光辉""荣耀"等等，代表的是有为，在老子看来，是违背自然之道的妄为。人如果一味地追求"强大""显赫""风光""名声"，就会宠辱若惊，进退失据；而且，"木秀于林，风必摧之"，过分逞强斗狠，也会给自己招来无妄之灾。"雌弱""屈辱"就不一样了。老子曾经用水来比喻大道，说"水善利万物而不争，处众人之所恶"，水往低处流，甘愿停留在低下、阴暗的角落；他还讲"曲则全"，能够忍受委屈、忍受屈辱，才可以保全自我、成就自我。可见，"雌弱""卑下""屈辱"云云，正是大道的重要特质，是它的自然本性，也是它可大可久的原因。这样一来，我们人类如果也能够守住"雌弱""卑下""屈辱"，就可以渐渐体会大道、顺应自然。

老子又以"小溪""婴儿""山谷"为例，来形象地描绘"守雌""守黑""守辱"。"小溪"就是水流，"山谷"譬喻虚己而包容。"婴儿"的喻象，第十章也出现过，"专气致柔，能婴儿乎"。在老子心目中，婴儿天真质朴，只有自然的欲求，没有异化的烦恼，可以说是大道的完美载体之一。

"雌""黑""辱"等，都属于一种内敛的、收缩的、低调的姿态。这让我联想到最近看到的一档电视访谈节目，被采访的嘉宾是我国著名的古典文学研究专家叶嘉莹先生，她有一个很特别的说法，叫"弱德之美"，正好和我们今天介绍的内容有关。"弱德之美"不是示弱，不是说你软弱就是美。"弱德"并不是软弱无力、怯懦怕事。"弱德"就是你承受，你坚持，你还要有你自己的一种操守，你要完成你自己。所谓"弱德"，包含了逆境中的坚守、热烈中的清醒、躁动中的自持。拥有了"弱德之美"，我们在面对狂风暴雨的时候,或许做不到像一棵大树一样去硬扛,但可以做到像一根芦苇那样,即使随风摇曳,也不会折断,不会失掉根基。叶嘉莹先生感叹,当今社会上许多人以强为德,夫妻、朋友吵架,你凶,我比你还要凶,都以为自己要做一个强者才是好的,提倡争夺和竞争;实际上"弱"才是品德。她说,"我这一生并不顺利,我提倡'弱德之美',但我并不是弱者,我不想从别人那里去争什么,只是把自己持守住了,在任何艰难困苦中都尽到了自己的责任"。

可能,叶先生的"弱德之美"里,还包含了儒家的坚韧自强的品格。不过,它与老子的"居柔、守雌"的思想,也有着异曲同工之妙,可以帮助我们来理解本章。

第二十九章

在这一章里,老子着重从政治治理的角度,对"有为""肆意妄为"的行为做了批评。他对统治者提出了"去甚、去奢、去泰"的忠告,希望建立一种更加温和、更有节制,也更符合自然之道的政治模式。

　　将欲取天下而为之,吾见其不得已。天下神器,不可为也。为者败之,执者失之。故物或行或随;或嘘或吹,或强或羸(léi),或载或隳(huī)。是以圣人去甚,去奢,去泰。

　　这一章的大意是:倘若有人想用"强力作为"的方法来治理天下,我看他是不会成功的。"天下"是一种很神妙的东西,不能用"强作妄为"的方式来对待它;"强作妄为"的人,必定会失败;试图操纵它的人,也注定会失去它。世间的众人,本来就是千差万别的。有的人喜欢在前面走,有的人喜欢在后面跟;有的人是慢性子,不急不躁,有的人则是急性子,做事情风风火火、毛毛躁躁;有的人体格强健,有的人却身体瘦弱;有的人做事稳重,有的人喜欢冒险。所以,得道的圣人,在治理天下、对待众人的时候,会警惕、会去掉那些极端的、奢侈的、过分的举措。

　　总体来看,老子是要提醒天下的管理者、统治者,应该尊重各式各样的人和事,要能包容差异性,顺从人们的自然本性。他重点批评了那种妄自尊大、

第二十九章

一意孤行,强迫他人意愿的极端的、暴力的做法。并且预言:凡是强作妄为人为操纵的企图,都将遭遇失败。

老子的这一洞见凝聚了历史的智慧,对于古人、对于今人,都具有重要的借鉴意义。我打算结合历史上的人物和故事,来谈谈老子在本章所揭示的"无为"以及"中和"的思想。

汉武帝是西汉时期的一代雄主,毛泽东将他和秦始皇放在一起,并称为"秦皇汉武"。说起政治上的"有为",汉武帝无疑是一个典型代表。前些年,很多影视剧都在赞颂汉武大帝。这些作品刻画了他"雄才大略"的一面,却忽略了他的另一面,那就是"好大喜功"。而历史上对于汉武帝的评价,通常是这八个字——"雄才大略""好大喜功",既有褒奖,也有批评。

汉朝经过几十年的休养生息,到汉武帝刘彻即位的时候,国家的实力已经比较厚实了。他也一改西汉初期的战略防御政策,积极进取,征伐四方。他在位的五十多年时间里,南征北战,固然赢得赫赫威名,然而,不仅耗空了西汉开国七十年的积蓄,还使社会经济遭受严重破坏,西汉从此再未能雄起。

当然不是说汉武帝不该作为。老子主张的"无为而治",也不是绝对"正确",更不能僵化地照搬,来反对政治上的一切作为。就拿汉武帝来说,有一些作为显然是必要的。例如,他用"推恩令"化解了诸侯割据的隐患;再例如,他先后启用卫青、霍去病,北击匈奴,一直打到了匈奴腹地的"狼居胥山",从根本上解除了西汉立国几十年来,来自北方匈奴的军事威胁。

不过,汉武帝的问题是"做得太多"。有人统计,汉武帝在位期间,发动了至少二十八场战争。其中,有一些必须打,打得也很漂亮。但也有一些战争不该打,或者至少不该那个时候打。

就以他派兵攻打大宛为例。大宛是西域的一个小国,国家虽小,却有一种著名的特产——天马,也就是汗血宝马,日行千里,非常神骏。汉武帝很想得到汗血宝马,就派使者带了很多黄金,要求换同等重量的天马。大宛国不知道汉朝的厉害,不仅不卖给汉武帝,还把黄金扣下了。这下惹恼了汉武帝,他立即下令，派大军讨伐大宛。他派了谁呢？派了将军李广利。别看李广利的名字跟"飞将军"李广相似，这家伙可是一个十足的草包。只不过他的妹妹李夫人是汉武帝十分宠爱的妃子，靠着裙带关系，他当上了将军。李广利当了将军还不满足，还想要封侯。在汉代，封侯很难，"飞将军"李广打了一辈子仗，也没能封侯。当时，要有灭国之功，也就是能灭掉一个敌国，才有资格封侯。机会来了，大宛得罪了汉武帝，汉武帝让李广利去灭了大宛，一来可以出口气，二来也能让大舅子封侯。汉武帝就给了李广利三万精锐骑兵，讨伐大宛。结果，这位草包将军吃了大败仗，三万人只回来九千人。汉武帝没有惩罚他，反而又给了他十万大军。李广利费了老大的劲，终于把大宛给打下来了，伤亡惨重。收获有多少呢？收获了十几匹天马。代价是损失了十几万匹军马和近十万将士。有人会说，不是把大宛打下来了吗？正好可以控制西域啊！问题是，汉武帝征讨大宛，根本没有周密策划打通西域的方案；他只是心血来潮，没有配套的计划，没有其他的据点，结果没过几年，大宛也丢掉了。而这批天马，也没能够在中原繁殖下后代。

汉武帝发动的攻打大宛的战争，纯粹就是好大喜功，得不偿失。而他做的类似的决定，还不在少数，像封禅泰山等。由于汉武帝过度"有为"，连年征战，封禅求仙，耗得国库空虚，致使税赋徭役繁重，农民大量破产流亡，仅仅关东的流民就超过两百万人。汉武帝晚年被迫下"罪己诏"，向全国老百姓道歉。

汉武帝的教训，在一定程度上印证了老子的观点。治理天下的时候，不要有太强的自我意识，更不要以为自己可以解决所有问题。天底下的事情，往往有它的节奏，有它的规律，这些都是不以人的意志为转移的。因此，妄想凭借主观意愿，用强力手段来蛮干，结果会适得其反。为此，老子主张用"无为而治"来代替"强作妄为"。

接下来，老子用几个排比句强调了人与人的差异。不好说谁对谁错，只能说人跟人是不一样的，老话说"众口难调"，"人上一百，形形色色"。统治者在管理众人的时候，也必须尊重大家的个性和差异，不能按自己的喜好一刀切。

老子给出了他的建议："去甚，去奢，去泰。""甚"指偏激、极端；"奢"就是奢侈、浪费；"泰"的意思是太过分。去掉极端、去掉奢侈、去掉过分，才能够避免有为造作，才能逐渐回归自然无为。

我们还是通过几个例子看看这三"去"。

北宋的王安石变法，是很重要的历史事件。客观地讲，当时的情况已经很严峻了，需要变法；而且，变法的不少条令、内容，也能够对症下药。然而，变法却失败了。为什么呢？很关键的一点与王安石这个人的性格特点，以及他做事、用人的方式有关。

尽管王安石的初心是好的，他希望改变宋朝累积的社会矛盾，他的政敌司马光也承认王安石并不是奸邪之人；但是，王安石的性格太固执了，太偏执了。他有一个著名的绰号，叫"拗相公"。他做事情非常急切，总想着立竿见影，最后往往把事情办砸。

在出任常州知州一官时，他看到当地饱受旱涝灾害，老百姓过得很苦。于是，他打算改造农田水利设施，保障老百姓的生活生产用水。这本来是件大好事，但也是一件费工费力的难事。王安石却想在短时间内办成此事。有官员向他建议：兴修水利功在千秋，但不能一蹴而就；最好是让各个县轮流修，每年修一部分，既能将水利设施完成，又不会过度耗费民力。王安石置之不理，要求所有县立刻同时开工，根本不考虑人力、物力及天气问题。结果这年秋季雨水太多，工期赶得很紧，造成不少民工过于劳累，死在工地上，工程也不得不半途而废。这就是王安石做事情的风格，看起来雷厉风行，效果却不一定理想。

在变法过程中，他独断专行，刚愎自用，排除异己，导致朝中大臣很多与他决裂，包括不少原来的朋友。一些知交故旧，像范缜、司马光等，因为不同意王安石的某些做法，也被逐一赶出朝廷。

特别是司马光，念在与王安石共事多年的交情上，曾三次写信给他，劝他调整策略，温和一点。可惜王安石执迷不悟，逐一反驳，两人最后分道扬镳，终身不再往来。

与此同时，王安石急功近利，滥用亲信，起用了一大批虽然顺从他却阴险狡诈的官员，像吕惠卿、蔡京等等。表面上，这使政策执行更为便利；实际上，却为他的变法失败埋下了祸根。

王安石如果能够从老子这里学会"去甚""去泰"，不那么偏执，不那么激进，变法的结局可能会截然不同。

至于"去奢"，去除奢侈、浪费，大家很容易联想到慈禧太后。据记载，光是她脚上穿的袜子，要用纯白的软绸子，要最能干的绣工花七八天才能绣一双。而无论袜子多么精致，她只穿一次，绝不穿第二次，一年就要花一万多两银子。她一天的生活费用大概是四万两白银。她死后，陪葬的一条被子上就镶嵌了一万两千六百零四颗大珍珠，八十五块红宝石、蓝宝石，两块祖母绿，二百零三块碧玺白玉。仅仅是慈禧棺材里的宝藏的价值，在当时就超过了五千万两白银。

甲午战争失败，当然有很多原因。其中的一个原因，就是这位老佛爷居然把一半的海军军饷给花完了。而她的奢侈，是以整个大清朝为代价的，清王朝都成了她的陪葬品。

凡事都有度，一旦过度，就会遭到惩罚，遭到报应。老子教导我们，要学会节制，不要过分，不要过度。

第三十章

回顾一下历史，战争可以说是人类文明史上最触目惊心的伤疤。有这么一项统计，自从有人类历史以来，地球上发生的、有记载的战争就不下一点五万场，从古到今，有超过三十五亿人死于战争。在人类历史上，没有战争的和平年份只有二百九十二年！

在老子生活的春秋战国时代，战争可以说伴随了每一个人的生活。孟子讲过"春秋无义战"。至于战国时期，连"战国"这个名称，都缘于当时各个强国连年征战。作为时代的智者，老子对战争、暴行，有深刻的反思和批评。第三十章和接下来的第三十一章，都记载了老子对战争的检讨和控诉。

以道佐人主者，不以兵强（qiáng）天下。其事好还。师之所处，荆棘生焉，大军之后，必有凶年。善有果而已，不敢以取强。果而勿矜，果而勿伐，果而勿骄，果而不得已，果而勿强。物壮则老，是谓不道。不道早已。

河上公给这一章起的标题，叫"俭武"，也就是要节制武力，不能滥用战争。这个标题比较贴切。

本章的大意是：用"大道"来辅佐国君的人，他是不会依仗武力来胁迫、威逼天下的。因为他知道，滥用武力，动辄兵戎相见，其后果是很快就会遭到报应。战争的危害实在太大了：军队驻扎过的地方，常常荆棘丛生；大战过后，紧接着必定是灾荒之年。因此，善于用兵的人，达成目的之后马上休兵，而不敢凭借兵力来逞强扬威。达到目的了，也不会矜持；达到目的了，也不会夸耀；达到目的了，也不会骄狂。因为他知道，依靠武力来达成目的，本来就是迫不得已的事。所以，获胜了，他也不会耀武扬威、逞强斗狠。事物一旦发展到雄壮、强盛的阶段，接下来就会走向衰败；因为这是不符合自然之道的。不合于道，当然就会很快消亡。

在《道德经》里，老子有不少忠告都是说给君王、说给最高统治者听的。不过，在本章，他告诫的对象换成了在君王身边辅佐君王的那些大臣，尤其是那些将军。在老子的心目中，最理想的将军，同样应该是感悟大道、遵循大道的人。这样的将军，他在辅佐国君的时候，知道应该顺从大道、顺从自然，明白千万不能仗着自己兵强马壮，老是用暴力、武力来威胁别人，来胁迫其他国家。通过此前学习的章节，我们已经明白：大道本身就是不喜欢争斗的，它谦虚而能包容，柔顺而能变通，低调而不逞强。领悟了大道的将军，自然也不喜欢咄咄逼人，不愿意采用武力来解决争端。而从反面讲，这些大臣、将军明白一个道理：喜欢挑起战争、滥用武力的人，迟早都会遭到战争的反噬，会承受其恶果。这就是所谓的"玩火者必自焚"。因此，真正明智的大臣和将军，往往不会轻言战事，不会动不动就鼓动君王发动战争。

我们可以举《孙子兵法》的作者孙武为例。孙武是春秋晚期人，和老子处于同一时代。孙武不光是一位杰出的军事理论家，还是一名优秀的将领。都说"将军的价值体现在战场上"，照理说，孙武应该欢迎战争吧。但真实情况是，他在《孙子兵法》一开篇就明确提出了"慎战"的原则：在做出战争决策的时候，要格外慎重，要三思而后行，不能草率。他说："兵者，国之大事，死生之地，存亡之道，不可不察也。"战争是国家的大事情，它关系到人民的生死、国家的存亡，不能不仔细地加以考察研究，要慎重再慎重。

孙武很清醒，战争绝非国家之福。不要说今天的核战争能让地球上的所有人毁灭，就算是春秋战国时期，战争的危害也是巨大的。在当时，人口和土地是国家的生存之本；而战争，不仅会导致大量人口伤亡，而且还会使大批的土地荒芜，严重破坏社会经济。

既然战争的后果这么严重，就不要随意发动战争、动用武力。当然，有些极端情况下，不得已只能采用战争形式来解决问题。老子也承认，有些情况下，只能用战争来说话。不过，即便是这样，我们也要清楚：采用武力手段，用战争解决问题，是不得已而为之，是无奈的选择。

孙武也说过，"上兵伐谋"，最好的做法是"不战而屈人之兵"。用兵打仗的法则，没有伤亡破坏，降服敌人全国，这才是上策。打了胜仗，有伤亡破坏，就要差一些。百战百胜，并不能算是最好的；不用出兵，就使得敌人屈服，就能把矛盾解决掉，这才是最好的。

平津战役期间，毛泽东采取和平的方式解放北平，就是运用"上兵伐谋""不战而屈人之兵"的范例。辽沈战役结束后，毛泽东命令刚刚打完大仗的东北野战军结束休整，提前入关，迅速将华北傅作义集团分割包围起来。这一举措让华北敌军措手不及，使傅作义扩充兵力坚守平津、加强防务的计划完全落空。接着，我军攻克张家口、新保安，又用二十九个小时攻克天津，全歼陈长捷部。这又使傅作义西逃无路，南窜不能；如果执迷不悟，继续顽抗，只能以卵击石，自取灭亡。通过营造各种态势，迫使傅作义在我方强大的军事压力与政治攻势下，不得不接受中国共产党提出的八项条件，最终使北平获得和平解放。

可见，战争的目的，不是炫耀武力，更不是逞强斗狠。不得已而发动战争，肯定是要解决具体的问题。只要把这个问题解决掉了，就不要再炫耀武力了。

老子告诫我们，"物壮则老"，任何东西都是有极限的，无论一个人、一支军队，还是一个国家，都不可能无止境地扩张下去。一旦抵达最大边界，达到强横的顶点，就再也不能向前走一步，否则甚至会迅速走向衰落。这就是"物壮则老"，事物只要发展到雄壮、强横的地步，离衰落就不远了。在老子看来,"物壮"违背了自然之道,故"则老"。因为,大道的本性像山谷一样虚静,像水流一样谦让,像婴儿一样淳朴,它会避免自己走向巅峰,走向强大,如此一来,它不会"壮",自然也就不会"老"。这也是大道永恒存在的关键之一。否则,就像"二战"时期的纳粹德国,依仗武力,迷信战争,看似不可一世;然而,很快就土崩瓦解,被扫进了历史的尘埃。

老子对战争、暴力的反思,是很深刻的,哪怕是两千多年后的今天,我们也依然能够从中吸取经验教训。

第三十一章

这一章和上一章关系很密切，也可以算作上一章的姊妹章，延续了上一章反思战争、批评暴力的主题，并且还增加了一个新的视角，那就是从古代礼仪的角度来看待战争，或者说反思战争的伤害。

　　夫唯兵者不祥之器，物或恶（wù）之，故有道者不处。君子居则贵左，用兵则贵右。兵者不祥之器，非君子之器，不得已而用之，恬淡为上。胜而不美。而美之者，是乐杀人。夫乐杀人者，则不可得志于天下矣。吉事尚左，凶事尚右。偏将军居左，上将军居右，言以丧礼处之。杀人之众，以悲哀涖（lì）之，战胜以丧礼处之。

河上公为本章起的标题恰如其分，叫作"偃武"，也就是：刀枪入库、马放南山，让军队都休息吧，不再发动战争了。

这一章的大意是：战争是不吉祥的事情，刀枪弓箭这些也是不吉祥的东西，人们都厌恶它们。因此，有道之人不愿意使用它们。平日里，君子都是把左边当作更为尊贵的位置；只有在用兵打仗的时候，才会把右边看作更为尊贵的位置。战争、武器，这些不吉祥的东西，不是君子应该使用的东西。倘若在万不得已的情况下使用了它们，也应该淡然处之，千万不要扬扬自得。就算打了胜仗，也不要赞美战争、歌颂战争。如果歌颂战争，就意味着这个人以杀人为乐。以杀人为乐的人，将不可能在天下实现他的野心。在古代的礼仪制度中，凡是吉庆的事情，都以左边为贵；凡是凶暴的事情，都以右边为贵。在军队里，偏将军居于左边，而地位更高的上将军则居于右边。这表明，古人是按照凶暴的礼仪来对待军伍之事。原因是，战争一旦爆发，就会造成重大的伤亡，应该怀着悲痛、哀伤的心情来对待它；哪怕是打了胜仗，也要用办丧事的礼仪来处理。

总体上，老子把战争及和它相关的各种兵器，都视作不吉祥的东西。接着，他通过古代礼仪制度的一些规定，比如"吉事尚左，凶事尚右"，军队之中以右为贵这些具体规定判断，古人将战争、兵戈之事，归并到凶险的、不好的一类事情，就好像办丧事那样。可见，古人实际上对战争、对军旅之事有所贬低，有所压制。老子的真实意图是要人们放弃赞美武力、歌颂战争的错误做法，尽量避免战争；实在无法避免，也要怀着沉痛的、悲悯的心来对待它们。这一章体现了老子抑制战争的思想。

下面，我们具体梳理本章的一些重要的文句。

首先是第一句"夫唯兵者不祥之器"，老子旗帜鲜明地把武器看作"不祥之器"，实质上是说，兵戈之事、战争，都是不吉祥的事情。我猜测，在老子生活的时代，有不少人会热烈地讨论战争，甚至歌颂战争。老子讲这句话，就是针对这些人、这类观点有感而发。

"不祥之器""不祥之事"，顾名思义，就是"不吉利的东西""不吉祥的事情"。倒不是说这个东西不可以存在、这件事情不应该发生，而是说，它们的存在、出现，并不是人们希望的，都不是什么好事。举例来讲，我们看到有人家挂白色的灯笼，贴白色的对联，就明白这一家有亲人去世了，在办丧事。白灯笼、白对联，就可以叫作"不祥之器"，它代表的是我们都不愿意看到、不希望发生的事情。老子把战争以及武器比作此类的"不祥之器"，大家都不会喜欢；至于那些得道之人，更是不愿意使用它们。

紧接着，老子从古代礼仪制度中找证据，来说明为什么不应该把战争捧得太高。我们中国自古就是礼仪之邦，礼仪渗透到生活的方方面面。战争、军事活动，也被古人纳入礼仪的范围之内。礼仪的一个核心作用，就是强调差别，例如尊卑贵贱，长幼亲疏等等。

老子敏锐地察觉到日常的礼仪与战争、军事活动中的礼仪，两者之间存在着很大的差别。其中一个表现就是：在日常的礼仪活动中，人们通常将左边的位置看得更尊贵，而右边就要稍差一些。这就是所谓的"贵左"，或者"以左为贵"。例如，一群人就座的时候，会把最尊贵的人安排在左侧。有些诸侯国设有左丞相和右丞相这两个官职，其中，左丞相的地位要高于右丞相。在古人祭祀祖先的太庙里，列祖列宗的神位通常是按照"左昭右穆"的顺序排列，如果父亲为"昭"，儿子就是"穆"；相比较而言，每一组里面，"左昭"要比"右穆"更尊贵一些。当然，后来的一些朝代，"左""右"的尊卑关系也出现了一些变化。有的时期，就把"右"放在"左"的上面，变成了"以右为贵"。好比一个官员因为犯错被贬职了，官衔降低了，这叫作"左迁"，显然，这里的"左"就不如"右"了。

我们暂且不管后世的种种变化，单说先秦时期，尤其是老子生活的时代，最主流的看法还是"以左为贵"。在通常的礼仪活动中，更尊贵的嘉宾，更好的事物，都会位于左边。但是，有一类礼仪场合例外，那就是凶事。例如，办丧事，"右"边反而比"左"边更尊贵、更重要。古人很聪明，用这种很直观的方法，让人们把吉祥的事情和不吉祥的事情区分开来。

然后，老子又发现，在军队里，在战争场合，也是"以右为贵"，"右边"比"左边"更重要、更显赫。当几个将军在一起的时候，在正式的场合，地位低一些的偏将军不管站还是坐，都位于左侧；而地位更高的上将军，就会站或者坐在右侧。显然，这样安排的原因，是古人把战争、兵戎之事划归到凶事，和办丧事属于同一大类。

这里面有两层意思值得我们关注。

第一层，包括老子在内，我们的古人在理解战争行为的时候，反对把战争看作无法无天、肆无忌惮的活动；而是主张把战争行为纳入礼仪制度中。这实际上就是规范它、约束它。我们可以举一个春秋时期的例子。春秋初期，周天子和郑国之间曾经产生矛盾，并且有战争行为。西周灭亡的时候，周平王逃到东边，建立了东周。在这个过程中，郑国出了很大的力。周平王一开始也很依赖郑国的国君。不过，到后来，周平王想要摆脱郑国的操纵，就开始悄悄地把原先给郑国的权力，分了一些给其他诸侯国。郑国的国君不高兴了，双方有了矛盾，甚至发生了战争。然而，这个战争的形式很有意思：根据《左传》记载，某一年某一月，郑国派军队跑到周天子的地盘，把一个地方的小麦给割了；第二年，周天子又在诸侯的帮助下，派兵进入郑国，把一个地方的水稻给抢了。感觉好像小孩子打架。为什么会这样呢？因为战争也要守礼。"礼"有一个重要原则，叫"礼尚往来"，所谓"来而不往非礼也"。正常的礼仪活动强调有来有往。这既包括正面的来往，你投之以桃，我报之以李，你帮了我，我也要帮你；同时也包括反面的来往，例如在战争中，敌对的行为应该遵循"适度""对等"的原则。你来抢我田里的小麦，我就抢你的水稻；你攻我的城，我就围你的邑。打个比方，某人打了我一拳，我就还他一脚，而不是说他打了我一拳，我就一刀捅死他。

春秋初期的战争并不是无节制的，大体还遵循一定的原则和限度，可以用一个成语概括——"不为已甚"！意思是，凡事不要太过分，哪怕是打仗，也要有所顾忌，适当节制；并不是肆无忌惮、穷追猛打。整个战争行为，无论在规模上，还是在形式上，都要守礼，要遵循一定的战争道德、战争伦理。比如：不得使用火攻；围城不得超过三个月，等等。因为使用火攻，造成的伤害太大。《三国演义》里，诸葛亮英年早逝，只活了五十四岁。有一个说法，就是因为他的三把火（火烧博望坡、火烧赤壁、火烧藤甲兵）太过分了，有伤天和，也烧尽了他的阳寿。很多人都知道"新官上任三把火"的说法，但不一定清楚它后续还有一些不良影响。当然，这是迷信的说法。不过也反映了古代对战争的一些限制。至于围城不能超过三个月，是因为一旦围困的时间太长，城里储存的粮食吃完了,就有可能出现"人吃人"的惨剧。

第二层,不宣扬战争,更不要去歌颂它。能避免战争,就尽量避免。实在无法避免,不得已要发动了,也要尽可能把战争纳入礼仪的范围之内,用礼仪制度的一些具体规定来约束战争,减少它的破坏。这正是老子的良苦用心。

老子启发人们,应该跳出只看重战争胜负的狭隘视角,更多地体会战争给人类带来的伤痛,用一种悲悯的博大情怀来对待它、化解它。

第三十二章

　　这一章的字句有些令人费解，历来学术界的看法也不尽相同。我会参考前辈的各种解释，同时结合个人的理解，来推导这一章的含义。

　　需要说明的是，中国古代的很多典籍，像《周易》《尚书》《道德经》《庄子》等，书里有不少的内容，有的是一些段落或者句子，有的可能是若干篇章，我们今天的人不一定能完全弄清楚它们的真正意思。一个原因是，时间上隔得太久了，语言习惯、思维观念、名词概念等等，古今差别太大了，如果缺少中间的过渡环节，的确很难准确理解古人的原意。另外一个原因就是，有一些古代典籍，在漫长的历史中，经过了多次传抄；而每一次传抄，都不排除出现错误的情况，有些是不小心抄错了，还有一些，可能是抄写者特意把自己的理解、自己的看法也掺杂进去。所以，我们今天看到的古代典籍，和它们最初的样子，说不定就有不小的差别。出于主观的、客观的，多方面的原因，并不是所有的古书今天的人们都能读懂。就拿刚才提到的《尚书》《周易》《庄子》，还有《道德经》来说，无论哪一种，如果有人说：我能够完全读懂，没有一句弄错。大家千万不要轻易相信！照我说，能够读懂其中的七到八成，就很难得、很了不起了！

　　这不是泼冷水，而是用客观、冷静的态度看问题。当然，即使碰到不太有把握的内容，也不是完全没有办法去尝试理解。例如，我们可以根据整本书的总体倾向——它主要讲什么，来分析理解局部、细节，往往能有所收获。为什么呢？因为书是一个整体，作者写的各个部分，多半是不会和它的主要宗旨、基本精神唱反调的。我们读《道德经》也一样，碰到比较难理解的章节或者某一句话，可以试着从整本书的基本思想、总体倾向出发，按照这个思路来推导、理解。

我们就用这个方法来读第三十二章。

> 道常无名，朴虽小，天下莫能臣也。侯王若能守之，万物将自宾。天地相合，以降甘露，民莫之令而自均。始制有名。名亦既有，夫亦将知止。知止可以不殆。譬道之在天下，犹川谷之于江海。

河上公为本章起的标题，叫"圣德"，似乎是说：大道质朴自然的本性，正是圣人之德的核心，一旦能够守住它，就能成就圣人的事业。

我们还是先看看这一章的大意，然后再对重点、难点字句做进一步疏解。

大道永远没有名字。从某种角度来说，我们可以用"朴"来形容大道。"朴"虽然细微、弱小，然而，天底下没有任何人能够让它俯首称臣。诸侯、君王如果能够守住"朴"，天下的万物都会归附他、顺从他。天地间的阴阳之气交融，于是降下甘露；没有人命令它，它却会均匀地散布开来。万物初成，便有了各自的名称；既然有了这些名称，也就清楚了它们各自的边界、各自的限度。一旦清楚了边界和限度，不逾越，就可以避免危险。大道存在于天下万物之中，就好像小河小溪汇聚成大江大海一样。这是本章的基本含义。不过，仍然有不少语句需要进一步仔细推敲。

首先是第一句"道常无名"。由之前学过的章节，尤其是第一章和第二十五章，我们已经知道，永恒的大道没有正式的名称，没有什么语言，也没有什么名词概念能够完整地、客观地描述和界定它。所以，"无名"，恰恰是大道的特色，体现了它的超越性和本体色彩。

前面的章节讲"大道无名"的时候，主要是从大道超越了语言、超越了天地等角度来说的。套用庄子的话来说，大道是"至大无外"的。所谓"至大无外"，是说：它比人们经验里面的最大的东西还要大。通常人们会说"天大、地大"，然而，和它相比，天、地还不够大。它才是"最大的"，在它的外面，就没有东西了；或者说，根本就没有"它的外面"这种说法。一切都是在它之内的，包括天和地，都在它的范围之内。

不过，庄子讲完"至大无外"，又加了一句"至小无内"。而这，恰好可以用来解释本章。

我们不妨借用物理学里面的一组概念：宇观、宏观和微观。这组概念被用来区分人们观察世界的尺度。先看"宇观"。"宇观"通常用于描述大质量、大尺度的天体物理现象，例如星团、星系。我们观察银河系，就是站在"宇观"的层次，需要借助天文望远镜来进行。而"微观"正好相反，一般用来描述自然界中的各种微观粒子和微观现象，例如分子、原子、原子核、基本粒子，等等，它们都是肉眼看不见的，需要用到电子显微镜等仪器。至于"宏观"，在这里对应的是处在"宇观"和"微观"之间的维度，更接近我们的生活经验，是人的感觉器官所能感受到的东西。

了解了这三"观"，再来看庄子讲的"至大无外""至小无内"。我们会发现，"至大无外"似乎可以看作超出了"宇观"。天体物理学从"宇观"视角研究的星系、星云、星团等等天体够庞大的了，不过，在老子的眼中，这些都还不够大，因为它们都囊括在大道之内。反过来说，大道的存在超越了"宇观"的层次。当然，这是一种哲学的观点，与科学还不是一回事。同样的道理，"至小无内"，也可以理解成超越了"微观"的层次。古人会说，细如尘埃，尘埃很小；庄子说"秋毫之末"，好像"秋毫之末"是最小的了。今天的人们了解科学，会说"基本粒子很小，像电子、夸克，是最小的"。但是，和大道相比，这些东西还不够小，因为在这些所谓的"最小的东西里面"，同样蕴含有大道。也就是说，哪怕是最微小的粒子，都要比大道大一些。

这样一来，"大道"既是最大的存在，可以包容天地；同时，它也是最小的存在，潜含在最细微的事物之中。这个说法听起来好像有点自相矛盾，不过，本体性的存在本来就是很难以常理来衡量的。

因此，第二句"朴虽小，天下莫能臣也"也就可以解释了。这句话里的"朴"，是大道的一个代名词。"朴虽小"，说的就是大道"至小无内"的特点。老子讲过"朴散则为器"，"器"就是万事万物，它们都来源于质朴的大道；同时，在它们的本性之中，也都有大道的因子。也就是说，无论是万物诞生的过程，还是它们发展变化的各个环节，都离不开大道，都受这质朴之道的主宰。

这句话里的"小"字，除了指"大道""至小无内"的特点，还可以用来强调"大道"基础性的、根本性的作用。"朴"的本义是天然的木材，没有被人为切割、开凿、加工过的木材。老子用"朴"来描述大道，看中的就是它"天然""质朴"的特点。"朴"是最基础的东西，人们制作房屋、家具都会用到天然的木材。尽管最后做成的东西千姿百态，也许复杂，也许精巧；不过，从根子上讲，它们都离不开"朴"，离不开天然的木材。而且，"朴"还有一个值得重视的性质，那就是"自然"。老子讲"道法自然"，"自然"就是大道的本性，它的一个重要的表现——质朴、不起眼，就是不张扬、不炫耀、不逞强。

故而，"朴虽小"，一方面是说"大道无所不在"，哪怕最细微的东西里，也少不了它；另一方面则是说，"朴"代表了"大道"朴实自然、低调内敛的本性。这样的大道，当然没有任何事物、任何权贵能够让它臣服。为君者如果明白这一点，并且照着做，才能成就真正的事业。而这样的君王，正是得道的圣人。

"天地相合"这一句，就是在说明质朴之道是自然无为的，任何人都没有办法左右它。

接下来的"始制有名。名亦既有，夫亦将知止"一句，是本章的难点。我打算借用庄子的相关思想来做出解读。庄子描述浑沌之道产生万物的过程时，说道：先是有一片浑沌的存在，它是混融一体的，里面没有边界；然后，这种浑沌状态被打破，内部出现了各种边界，意味着万物诞生。既称"万物"，就意味着一个东西与另一个东西区分开了，它们之间有了差别、有了边界。边界这边的，是某个事物；边界另一边的，是其他事物。浑沌被打破，就是"朴散则为器"，质朴的大道分化、落实在不同的事物之中。"始制有名"，指万物产生之后有了各自的名称。这些名称对应的是不同的事物，实质上就规定了这些事物的边界和它们的限度。魏晋时期有一个研究庄子的专家，叫郭象。他提出：当一个事物在自己的边界内，在自身的限度之内活动时，它不会碰到障碍，不会受到束缚。一旦超出了自己的边界和限度，它就会感觉到不自由。老子讲的"知止"，可以理解为"停在自身的边界和限度之内"。它的效果，正是平平安安，没有危险。引申到政治治理，君王在管理的时候，如果能够顺应自然之朴，尊重万物的本性，不胡作非为，就不会遭遇凶险。

最后一句，用小河小溪的水流汇聚成大江大海来说明：大道虽然看似细微，却正是它造就了天下万物。

以上，是我对本章的尝试解读。

第三十三章

平日里,我们经常听到一句话:"人贵有自知之明。"意思是说:一个人难能可贵之处,在于他能客观、清醒地了解自己和看待自己,既知道自己的优点、长处,也明白自身的不足和缺陷。这可以说是我们做人、做事的一个很重要的起点。"自知之明",就来源于《道德经》第三十三章。除了"自知之明",这一章还讲述了其他一些至理名言。因此,这也是值得大家细细品味的一章。

先来看看本章的原文:

> 知人者智,自知者明。胜人者有力,自胜者强。知足者富,强行者有志,不失其所者久,死而不亡者寿。

河上公给本章起的标题叫"辩德",意思是:辩说、评论各种德性,看看什么更高明、更可贵。本章的语句,就像一条一条的人生格言、道德箴言,还有对比,让人们在比较和区分中,对可贵、高明的德性有更加深刻的感悟。

这一章的大意是:能够了解别人的人,算得上"智";能够了解自己的人,才算得上"明"。可以战胜别人的人,算得上"有力量";可以战胜自己的人,才算得上"强"。知道满足、懂得适可而止的人,算得上真正富裕。勉力坚守大道、不轻易放弃的人,算得上有志气。不偏离、不丧失自己的根基的人，算得上长久。尽管肉体死亡了，可他遵循的大道不会消散，这样的人算得上长寿。

这一章篇幅不大，接下来，我们就一句一句地解析。

开头的两个短句，"知人者智""自知者明"，构成了第一组对比。

"知人"，就是了解别人，能够看清别人。这可不是一件容易的事！老话说"知人知面不知心"，我们在认识别人、了解别人的时候，会自觉不自觉地受到一些因素的影响和干扰，有时会得出错误的结论。即便孔老夫子这样睿智的人，也难以幸免。孔子有两个学生：一个叫宰予，也就是宰我；另一个叫子羽，也就是澹（tán）台灭明。宰予口才很好，讲起道理来头头是道；子羽长相很丑陋，而且长得很凶。孔子一开始认为，宰予言辞精妙，能说会道，是一个可造之才；而子羽一看就不像什么好人，孔子就对他很戒备。然而，时间久了，孔子才发现自己犯错了：宰予这个学生，在学习的时候老是偷奸耍滑，爱打折扣，他的那点儿好口才全都用在狡辩上了；倒是子羽，看着像坏人，但是淳厚正直，品德高尚，不愧为君子！于是，孔子检讨说："以言取人，失之宰予；以貌取人，失之子羽。"光靠说得好不好听，来判断一个人，我在宰予这里犯了错；仅凭长相来区分好坏，我在子羽这里又犯了错。可见，一个人如果能够客观地了解别人，知道别人的可取之处、不足之处，这样的人可以说是很有眼光，完全算得上"智者"。

能够看清楚别人的"智者"固然厉害，但老子认为，能够看清楚自己的人，就更加了不起。宋代的大诗人苏轼有两句很著名的诗："不识庐山真面目，只缘身在此山中。"很多时候，我们在看待自己的时候，也会存在同样的误区，这就是所谓的"当局者迷，旁观者清"。不仅如此，很多人，包括我在内，还有一个毛病，就是容易放大自己的优点，缩小自己的缺点。可能有的朋友看过日本导演黑泽明执导的一部经典电影《罗生门》，面对一起武士被杀案，几个当事人的描述却完全不一样，让整个案件扑朔迷离。因为每个人都在拼命地美化自己，掩饰自己的罪恶或者过失。他们都选择了最有利于自己的叙述方式。这就是人性里固有的局限。

正因为"认识自己"很难，所以，在古希腊的德尔斐神庙里镌刻着这样一句名言："认识你自己。"这也被看作哲学研究的神圣使命。能够坦然面对最真实的自己，冷静清醒地看待自身的长短得失，这样的人很让人敬佩。他们活得更加明澈、更加通透。

另外，"知晓别人"和"了解自己"这两者，不是彼此独立、互不相干的。一个有自知之明的人，在观察别人的时候，往往会更客观、更公正一些。

我们可以举楚汉战争的两大主角——项羽和刘邦——为例。照常人看，项羽的竞争条件要比刘邦好得多：项羽的家族原本是楚国的名门望族，世世代代在楚国做将军。他起兵之后，得到了家族的大力支持。而且，项羽本人也是盖世英雄，有拔山扛鼎之勇。他在巨鹿与秦军主力决战，九战九胜，大破秦军，震动天下，被称为"西楚霸王"。

再看刘邦，他的家族只不过是县里的一户土财主。刘邦的父亲看到儿子成天游手好闲，只好出钱帮他谋了一个亭长的位置，这是一个乡村基层组织的领导岗位。刘邦起兵之后，也是东拼西凑拉班底。

而最后的结果却是刘邦打败了天之骄子项羽，赢得天下。一个很重要的原因就在于：是不是有自知之明，能不能知人善任。

项羽虽然有很多优点，但是他骄傲自负，狂妄自大，只知自己的长处，看不到自己的短处。原本，韩信、陈平这些一流的人才都是项羽的手下，可项羽不重视他们，他还放言："韩信有什么了不起的？比我差远了！"项羽老拿自己的长处跟别人的短处比，所以，他谁都瞧不起。最后，这些人都离开了他。

而刘邦呢，虽说有不少流氓无赖的习气，但他有两个很大的优点。第一，他很有自知之明，不仅看到了自己的长处，更知道自己的短处。例如，就出谋划策来说，他知道自己不如张良；就治理国家、管理百姓来说，他知道自己比不过萧何；就统率百万大军，打胜仗来说，他知道自己远远不如韩信。既然我在这些方面不如他们，那我就不要"外行干涉内行"，干脆放权给他们好了。所以，刘邦的第二个优点和他的"自知之明"紧密相关，那就是：他看人特别准，而且能够知人善任。会带兵的韩信，他敢放手给兵；善于谋略的张良，他敢放手给权；会管账的萧何，他敢放手给钱。和项羽相比，刘邦才是一个更卓越的领袖，他知道自己的长处是发现不同的人才，把他们放在最合适的位置，再调动他们的积极性。

刘邦不仅有自知之明，还有"识人"之智，善于发现人才，做到人尽其才，为自己所用，最后一举夺得天下。当年，毛泽东读"二十四史"，最欣赏的就是刘邦的用人艺术。

接下来的两句是："胜人者有力，自胜者强。""胜人者"，就是能够打败别人的人。这样的人，身强力壮，难逢敌手，的确很有力量。不过，老子实际上并不欣赏这类人。老想着战胜别人，打遍天下无敌手，这不就是爱慕虚名、炫耀逞强吗？老子把这一类的行为统统称作"有为"，也就是违背自然之道的强作、妄为。

"自胜者"就不一样了。"自胜者"是能够战胜自己的人。按照老子的理解，战胜自我其实就是做减法，消除自己身上那些违背大道、违背自然的东西，例如各种淫欲、各种妄念，包括对声色犬马、名利富贵等东西的迷恋，以及对美丑善恶、是非长短等相对价值的执着。战胜自我的人，才算真正的"强者"。当然，这里的"强"，不是逞强、强壮的意思，而是卓然独立、唯道是从、不同于流俗的意思。

说到这里，我想起了一桩见闻。在我父亲工作的单位，一进大门，原来竖着一座雕塑，象征奋发向上精神的那种抽象的雕塑。结果，过了几年，我再去的时候，原来的雕塑不见了，换成了另一座雕塑。一了解，结果是换领导了。新的领导一上任，就花了七十万元弄了一座新雕塑，似乎这样做，单位就有了新气象，工作就打开了新局面。

"新官上任三把火"的道理，大家都明白。该烧的火，当然要烧，一些陈规陋俗、一些顽疾，显然需要清除。但问题是，也有一些"火"烧得没有必要，没有意义，甚至仅仅是为了和前任不一样，要留下自己的印记。这个时候再来读"自胜者强"，或许会有新的体会。

"知足者富"一句好理解，我就不多说了。

"强行者有志"这句，乍一看，有点不符合老子自然无为的精神。如果把它和"自胜者强"这一句放在一起，理解成：在遵循大道的过程中，能够排除各种干扰，不怕孤独，勉力行道，这样的人才是有志气的人。如此一来，"强行""有志"就不再与大道自然相冲突，反而成为坚守大道的一种可贵品质。老子也说过，大道很容易知晓，很容易遵循，然而，天下却少有人了解它、遵循它。可见，遵道而行既需要智慧，也同样需要勇气。

"不失其所者久"的"所"，是一种象征的说法。它指的是人真正的精神归宿，也就是内在于人的自然之道。很多人忽视了它，偏离了它。只有那些体认到它，并且守住它的人，才能够长长久久。

至于"死而不亡者寿"，似乎是说：尽管人的生命有限度，但大道却是永恒的；人一旦可以体认大道，唯道是从，从某种意义上讲，这个人就能够分享大道的永恒，他的精神生命也将永不磨灭。

人生阅历越丰富的朋友，对本章的体会可能越深刻，甚至会把这一章当作精神的信条、行动的指南。

第三十四章

从内容上看,这一章延续了第三十二章的主题。在第三十二章,老子讲:"道常无名,朴虽小,天下莫能臣也。"这个质朴的"道"虽然细微、弱小,却是天底下一切事物存在的根基,任何人、任何东西都离不开它,更不要说让它俯首称臣了。在本章,老子继续阐释"大道"的普遍性,即它无所不在;以及大道既"小"又"大"的特点,也就是"道"是"大"和"小"的统一。老子不止一次在讲这个道理,说明他很重视这一点。

先看看本章的原文:

大道泛兮,其可左右。万物恃之而生而不辞,功成不名有。衣养万物而不为主,常无欲可名于小;万物归焉而不为主,可名为大。以其终不自为大,故能成其大。

河上公给这一章起的标题有一点拗口,叫"任成"。"任成"的意思是:大道顺任自然,无为不争,反而成就了它的伟大。

本章的大意是:大道广泛流行,遍及左右上下,无所不及。万物均仰赖它而生成长大;它对万物也一视同仁,从不推辞。它成就了万物,却不自以为有功,不去占有那些名誉。它养育了万物,却不把自己看作万物的主宰。大道,完全没有名利等私欲,把自己摆在很低、很不起眼的位置,就此而言,可以称它为"小"。万物都归附于它,它却不自以为主宰,就此而言,可以称它为"大"。正是因为它从始至终都不自命伟大,所以才真正成就了它的伟大。

这一章有两个要点:一个是所谓的"泛道论",也就是大道无处不有、无所不在;另一个是从"大"和"小"这两个看似矛盾的角度,来描述大道的功劳,以及它低调、谦让的品德。

"泛道论"主要体现在第一句"大道泛兮,其可左右"。所谓"泛道论",就是讲:大道普遍地存在于万事万物之中,没有什么东西离得开它;更进一步讲,它是天地间一切人、一切事物之所以诞生、存在并且发展、变化的基础和根源。《道德经》第一章说:"有,名万物之母";第二十五章又说:"可以为天下母",都在讲——永恒的大道,它为所有事物的出现提供了背后的根据。就像山谷里的一枝野花绽放了,它为什么会绽放?我们当然可以从植物学、气象学等科学的角度来解释。不过,倘若按照老子的"泛道论",这枝野花绽放的最根本的原因,应该追寻到永恒的大道这个自然之道。可见,"泛道论"就是用"道"来解释一切事物、一切现象背后最本质的原因。

庄子就很欣赏老子的"泛道论"。在介绍前面的章节时,我曾经提过,庄子在回答东郭先生有关"道在何处"的追问时,他的答案是:"道在蝼蚁之中""道在杂草之中""道在烂砖破瓦之中""道在屎尿之中"。当然,庄子是故意用这些出人意料的答案,来打破世人的思维定式。因为,一般的人要么不相信"道";要么,就把"道"供得高高的,把它和清风、白云这些潇洒又风雅的事物连在一起。庄子反其道而行之,将"道"和杂草、破瓦这些东西联系在一起,甚至把"道"和动物的排泄物这些不洁之物搁在一块儿,就是想告诉人们:大道普遍存在于一切事物之中,不管是美好的东西,还是丑陋污浊的东西,其中都有大道。这就将"泛道论"推向了极致。

由老庄道家提出的"泛道论",对中国文化的影响非常深远。我们可以通过一个禅宗的公案故事来感受一下。公案,就是佛教尤其禅宗里一些禅法高深的前辈祖师留下的一些寓意深刻的言行范例。

从前有一个禅宗和尚,一天逛到一座寺庙,他走进大殿。大殿正中供奉着释迦牟尼像。这个和尚看到佛像,一不磕头,二不念经,而是施施然走上前去,一口痰吐到佛像上。他的这个举动把整个寺庙的和尚都惹火了:"这不是公然亵渎佛祖吗?"大家围上去想要揍他。哪知,这个禅宗和尚不慌不忙,只说了一句话就把大家全镇住了:"你们能告诉我'何处非佛'?"——哪里没有佛?言外之意,在你们这些人看来,佛像是神圣的,不可玷污,因为你们认为只有佛像才有佛性在。但是,在我看来,天地间处处是佛,处处充满佛性,地上有佛,垃圾桶里有佛,甚至这口痰里面也有佛。所以,这口痰吐在地上,吐在垃圾桶里,吞到肚子里,和吐到佛像上,又有什么区别呢?!这就是禅宗的一种境界。正所谓:"青青翠竹,尽是法身;郁郁黄花,无非般若。"禅宗认为,佛法无边,佛性无处不在。

其实,这样的思想在印度佛教里几乎是找不到的,它是中国禅宗的独创。禅宗也是最有中国文化味道的佛教宗派,深受道家、儒家思想的影响。我们从刚才这个"何处非佛"的禅宗公案故事里,能够明显地感受到老庄的"大道无所不在"思想的痕迹,而且在形式上也隐约可以看到庄子的影子。

本章的第二个要点,是"道"既小又大,看似矛盾,实则高明。当然,此处所说的"大",不再强调"道"超越万物、包罗天地的"至大无外"这一面;而是讲它的作用、功劳很大。也就是说,它非常重要,所有东西都离不开它。至于说它"小",主要是想说:"道",它十分低调,不显眼,不张扬。

按照老子的形容,大道很公正,很慷慨,万事万物都要仰赖它才能够存在。而它呢,不会躲避,不会推辞,也没有挑肥拣瘦:不会说喜欢这个,就帮它;讨厌那个,就不管它。"道"一视同仁地对待天下万物。不光这样,"道"还很谦虚,很无私,它养育了万物,功劳这么大,可它不在乎名誉,没想过去当万物的主宰。它养育万物,并不是刻意为之,更不是为了名利之类;它只不过是顺着万物的本性,让万物自然地生成长大。这就是"大道无为"。"无为"是性质,效果则是"无不为"。因此,本章讲的"小",正好可以对应"大道无为";而"大",则对应"无不为"。

老子在本章的结尾做了一句总结:"以其终不自为大,故能成其大。"大道做了这么多,功劳这么大,而它又不居功自傲,不自以为伟大;这反而真正成就了它的伟大。这句话很重要,我们中国人推崇高风亮节,指的就是它。

举一个大家熟知的例子:2018年底,为了迎接中华人民共和国成立七十周年,新成立的退役军人事务部开展退役军人信息登记。在湖北西南一个叫来凤县的小城,信息采集员收到了一个小包裹。打开包裹,他大吃一惊。由此揭开了张富清老人"淡泊名利、深藏功名"的传奇故事。

张富清,1924年出生在陕西汉中一个贫农家庭。1948年,他参加中国人民解放军,开启了自己的英雄之旅。他作战勇猛,沉着机智,历次战斗中都冲锋在前,在枪林弹雨中九死一生,先后荣立一等功三次、二等功一次,被西北野战军记"特等功",两次获得"战斗英雄"荣誉称号。

就是这样一位功勋卓著的英雄,1955年从部队转业后,奔赴湖北最偏远的来凤县工作。在那里,张富清踏实工作,深藏功名。所有战功奖励,从来不对领导和同事述说,甚至对子女也只字不提。当他和家人遇到各种困难的时候,也从不向组织提任何要求。这一瞒就是六十三载!直到2018年底,他的经历才被世人发现。

记者问他:"这么多年,立功的事为什么不让大家知道,连孩子都不告诉呢?"他的回答很朴实:"我有什么资格拿出立功证件去显摆自己?牺牲的战友,他们连向党提要求的机会都没有……我现在吃得、穿得、住得都很好,很满足了。"

张富清老人为中华人民共和国立下汗马功劳,本可以享受荣誉。但他甘愿隐藏功名,低调地度过一生。他的这种深藏功名、不改初心的高风亮节,使这些军功章散发出更加夺目的光辉!他不仅获得"共和国勋章",被评为"时代楷模",他的精神和事迹也将长久地回荡在人们的心中!这也印证了老子所说的"以其终不自为大,故能成其大"。

我的社会交往面不广，但在我接触的人里，那些真正有水平、有地位的人，有涵养、有厚度的人，其实都不喜欢炫耀，不会拿自己的名和利来说事。尽管他的成就很大，但他不会刻意去突出自己的功劳，更不会骄傲自大。这样他也能够做得更大、更加长久！这和老子的思想不谋而合。

第三十五章

第三十五章继续讲"道"的伟大作用;同时,还简单地比较了"无为"和"有为"这两种截然不同的政治治理方式,从而突出"大道无为"的高明和微妙。

执大象,天下往。往而不害,安平泰。乐(yuè)与饵,过客止。道之出口,淡乎其无味,视之不足见,听之不足闻,用之不足既。

河上公为本章起的标题,叫"仁德"。这个标题不太符合老子的本意;它所体现的可能是河上公所处的时代,也就是西汉前期的某种"儒道会通"的倾向。

我们先看看这一章的大意:倘若有人能够执守大道,那么,全天下的人都会来归附他。这么多人归往他,却不会有矛盾冲突,不会相互伤害;相反,大家都能够享受安宁、平和与康泰。音乐和美食足以吸引过路的客人,让他们止步。而大道就不一样了。大道,如果用滋味来形容,可以说是寡淡的,没有什么味道。人们用眼睛去看它,什么也看不到;用耳朵去听它,什么也听不着。然而,当人们使用它的时候,它却怎么也用不完。

这一章的难点或者说让人比较困惑的,是"乐与饵,过客止"这一句话。"乐"是音乐,"饵"是美食,它们和"道"又有什么关系呢?把这一点弄清楚，全章的结构也就明白了。我们来一句一句解析。

首先是"执大象，天下往"。"大象"，顾名思义，就是"最大的形象"。这里的"大象"，指的是"大道"。在老子的哲学里，"道"是最大的存在，天地都被它囊括在内。可见，这个"最大的形象"，只有"道"才配得上。老子经常用"象"来描述"道"。例如："道"是"无状之状，无物之象"，"惚兮恍兮，其中有象"。他还用"大音希声，大象无形"来形容"大道"的超然神妙。

"执大象，天下往"这句话，是说给统治者听的，在阐述有关政治治理的原则。倘若统治者体悟了大道，能够执守永恒的大道，那么，不需要他宣传，天底下的人都会自动到他这里来，都来投奔他、归附他。这样的统治者就是得道的"圣人"，或者"圣王"。

说到"王"字，有必要展开一下。"王"有两种主要的解释思路：一种是从结构来说，"王"字由三横一竖组成，三横分别指"天""地""人"三才，一上一下是天、地，人在中间。而这一竖，贯通了天、地、人。所以，"王"就是贯通天、地、人，连接天、地、人的这样一个关键角色。这是一种理解思路。另一个思路，则是从读音着手。"王"字的读音，和"来往"的"往"字很接近，因此，它可以通假作"往"字，意思是："王者"道德高尚，政治清明，治下的人民安居乐业。于是，在他辖区之外的其他国家的老百姓都很羡慕，都希望成为他的子民，干脆拖家带口不远千里都来归往，来投奔他。显然，老子讲的"天下往"是"王"字的后一种解释。不过，在老子这里，"圣人"或者"圣王"之所以能感召天下的人民，不是因为他品德高尚或者政治能力很强，这些是儒家看重的。在老子、在道家眼中，"天下往"的原因只能是"执大象"或者"执大道"，也就是统治者唯道是从，体认大道，并且能够执守大道。在这个意义上，他成了"大道"的象征，"大道"的代言人。

就"圣人"自己来说，他并没有建功立业的想法。他的一言一行、一举一动，不过是在"无为而顺自然"。即便这样，天下之人依然投奔而来。说到底,这不是"圣人"的魅力,而是"大道"的吸引力。"圣人"体道、守道,与大道相合,自然无为。"无为"方可"无不为",他沾了"大道"的光,分享了"大道"的伟大力量,才吸引大家前来归附。

了解了这一点,下面一句就好理解了:无论归往的人有多少,不管他们有多大的差别,由于吸引他们前来的是自然无为的"大道";而这个"道",没有私心,没有偏见,甚至没有很强的自我意识;它尊重每个人的差别,顺着他们的本性,让他们自然而然地生成长大。这样一来,归往的人们各得其所,各尽所愿,当然就不会相互争斗、彼此伤害了。老子认为,这才是真正的安定、平和、通泰的生活。

顺着这个思路,再来看"乐与饵,过客止"一句。我们读前面的章节,已经感受到老子对欲望有很多反省,他反对追逐"五色""五音""五味"等声色犬马的欲望,担心人们在欲望中迷失自我。这一句话里的"乐"和"饵",就是欲望的代表。动听的音乐、美味的食物,这些东西很吸引人,哪怕是路过的行人,听到了、看到了、闻到了,都会不由自主地止步,希望享受一下。

"过客止"的"止"字,可以和上一句"天下往"的"往"字对应起来看。"往"是从外地过来;而"止",在形式上也是停下来,待在这里。尽管它们在形式上相似,实质却截然不同。

让"过客"停下脚步,靠的是音乐、美食这些外在的诱惑来刺激人们的欲望,迎合人们的需求。这样做,固然能让人暂时留下来。但是,他们的欲望一旦满足了,或者说他们厌倦了这些音乐、美食,还是会离开的。不然,就得不断推出新的东西来诱惑他们。即便靠各种各样新奇的玩意儿,让他们留下来了,这些人实际上也已经被毁掉了,他们都沦为了欲望的奴隶。

"天下往"就不一样了。顺着"美食"的提法,老子也用口味来形容大道,说:"道之出口,淡乎其无味。"有不少书的注释都把"道之出口"解释成"大道用语言来表述",把"出口"看作"出口成章"的"出口",也就是"说出来"。我自己的体会是,这样解释似乎和上下文连接不上,有点突兀。

所以，我倾向于把"出口"解释成"出于道，入于口"，也就是"'道'，它尝起来有什么滋味"。这样解释的好处是，一来可以和上文的"美食"相呼应；二来，也好理解"淡乎其无味"。

"美食"靠色、香、味这些外在的诱惑来吸引人们的关注。因此，它很强调色、香、味的极致化的追求。就好比，我们周末约着亲友外出就餐，一些网红餐馆、酒店往往用它们的就餐环境、菜品设计，尤其是菜品的味道，来抓住食客的味蕾，让大家过足了瘾，吃了还想再吃。

"大道"这一道菜则不同，它的味道太淡了，几乎尝不出什么滋味。那它靠什么吸引人呢？其实，它并不在乎是不是吸引人。它只是按照自己的本性流动，一切都是自然而然的。天底下的人最后跑到它这里来，归往于它，是因为，"大道"触碰到了每个人的本性，大家都发现自己离不开它，少了它就不行！

举一个不太恰当的例子："大道"就好比"空气"，好比"清水"。要说气味，"空气"没什么味道，不像鲜花那样沁人心脾，不像香水那样芬芳扑鼻。要说口味，"清水"很寡淡，比不上美酒的香醇，也比不上可乐的甜爽。然而，如果只能各保留一样，让大家选择，恐怕绝大多数人都会选"空气"和"清水"。毕竟，香水再好闻，美酒再好喝，总不能闻一辈子、喝一辈子吧？而"空气"和"清水"，乍一看，似乎没什么了不起的，很多人平日里都感觉不到它们的存在。然而，若真没有了"空气"，没有了"清水"，我们每个人就都活不下去。它们才是无法被取代的；从根子上讲，谁都离不开它们。

就这一点来看，"淡乎其无味"的"大道"，还的确有点像"空气""清水"，甚至比它们更基础、更根本，也更重要。尽管我们用眼睛看，用耳朵听，包括用手去触摸，都感受不到道的存在；然而，它始终在那里，无时不在、无处不有。当人们顺应它，来使用它的时候，它就像聚宝盆一样，再怎么用也用不完，永远都不会枯竭。

第三十六章

第三十六章同样是整本书里争议比较大的一章。老子曾被批判成腐朽的奴隶主贵族阶级代言人，是隐藏得很深的阴谋家，专门替顽固反动的统治者出谋划策。此类"戴帽子"，虽说有特殊的时代原因，但跟《道德经》里的一些内容也不无关系。这些章节往往比较容易引起歧义，遭到误解。因此，准确理解这一章的含义，对我们正确地定位老子思想的属性，回应一些批评，都有很重要的作用。

这一章的原文如下：

> 将欲歙（xī）之，必固张之；将欲弱之，必固强之；将欲废之，必固兴之；将欲取之，必固与之。是谓微明。柔弱胜刚强。鱼不可脱于渊，国之利器不可以示人。

河上公为本章起的标题，叫"微明"，是直接从原文里面选取的两个字，这个做法很讨巧，但也比较准确。

我们还是先了解本章的大意，再围绕重点、难点部分做进一步解析。

这一章的字面意思是：如果想要它收敛、关闭，就先让它扩大、张开；如果想要削弱它，那就先增强它；如果想要废弃它，就先让它兴盛；如果想要从它那里夺取，那就先给它一些。这是一种隐藏着的很微妙的明智。柔弱要胜过刚强。鱼不可以脱离它赖以生存的深渊；国家的厉害武器，也不要轻易地拿出来炫耀。

有关这一章的解释，我比较认同一位前辈学者——卢育三教授——的解读思路。他提出，这一章其实可以分为"对待敌人的态度"和"对待自己的态度"，要把这两个方面都考虑到。他这个思路比较全面，也更符合老子的思想宗旨。

下面，我们就分别从"对敌""对己"两个方面来解析。

首先，如果针对的对象是敌人，那么，这一章可以看作对待敌人的策略：我们在竞争中，在对抗中，要采用什么样的手段来削弱对手，乃至消灭对手。按照这样的思路，前面这四句应该这样解释：

"将欲歙之"句：想要敌人服软，老实一点，那就先让他"张狂""疯狂扩张"。"将欲弱之"句：想要削弱敌人，那就先"增强"他，让他"强横"起来。"将欲废之"句：想要摧毁敌人，废了他，那就先"推动"他，让他"兴旺"起来。"将欲取之"句：想要从敌人那里拿走东西，那就先给他一些甜头。

也就是说，"歙之""弱之""废之""取之"，是我们想在敌人身上实现的目标。"张之""强之""兴之""与之"，则是为了目标所要采用的手段。

这些手段，看似和目标南辕北辙、完全相反，实则不然；就是这些看上去有利于敌人的举措，反而能够从根子上破坏敌人，让敌人早点儿完蛋。

比如，在战斗中，先故意示弱，故意打败仗，让对手骄狂，得意忘形，丢失了戒备，然后再打他一个猝不及防，这样的战法在历史上屡屡奏效，并且后人专门为此总结了一个成语："骄兵必败。"可以说，这是古今中外众所周知的道理。在古希腊，著名的悲剧作家欧里庇得斯就曾经说过："上帝欲使之灭亡，必先使之疯狂。"我看到有不少文章把这句话算在《圣经》头上，这是不准确的。《圣经》没有这句话，倒是有一句相似的话："骄傲在败坏之先，狂心在跌倒之前。"此外，德国也有一句很相近的谚语："上帝让谁灭亡，总是先让他膨胀。"这和老子的说法就更接近一些了。

再比如"将欲取之，必固与之"：想要从对手那里得到，就先给他一些甜头，这个道理的运用要更广泛一些。老话说"商场如战场"，一些高明的商人，也在商战中活用了这个智慧。

就拿美国黑人化妆品市场来说。20世纪50年代，美国的黑人化妆品市场呈现一支独大的局面，市场份额几乎被佛雷化妆品公司独占。当时，有一个叫乔治·约翰逊的人很有眼光，发现这个市场潜力很大，就成立了一家"约翰逊黑人化妆品公司"。不过，他也明白，凭自己的这点儿力量是无法把佛雷公司击垮的。而且，万一引起了对手的警觉，对手只要动动手指头，就足以让自己的公司完蛋。于是，约翰逊想出了一个点子。他的公司发明了一种很不错的粉质化妆膏，很有市场竞争力。但他们在打广告的时候，不是宣传这款产品有多么好，而是讲："当你用过佛雷公司的化妆品之后，再擦上一点约翰逊公司的粉质膏，你将会收到意想不到的效果。"这不是给对手打广告吗？表面上看是的，但实际上，这个广告一举两得。第一，傍名牌。当时，约翰逊的品牌仍然名不见经传，而佛雷的牌子如雷贯耳，将自己的品牌和著名品牌绑在一起，有利于大家记住。第二，我现在替对手打广告，依附于对手，让对手觉得占了便宜，也就不会对我产生戒备之心，当然也就不会想打压我。这就使约翰逊的公司获得了成长的时间和空间。后来，他们陆续推出一系列新产品，逐渐站稳脚跟，越做越大，最后，将佛雷公司的大部分产品挤出了化妆台，从而独霸美国黑人化妆品市场。

此类的经验教训，或者说箴言，不仅仅是智慧的结晶，还体现了一种辩证的精神。"人无千日好，花无百日红"，没有谁可以长盛不衰；巅峰之后，必定是低谷。老子深深地明白"盛极而衰""物壮则老"的道理。现在，他将辩证的智慧、"盛极而衰"的道理当作武器，用在敌人身上。为了让敌人衰败、灭亡，我为他营造兴盛强大的假象。这时，他离衰亡也就不远了。

这是从第一个角度，也就是"对待敌人"的角度来说的。照这个讲法，老子的确提到了怎么样收拾敌人，打败对手。不过，我们从这里面看不出"为反动奴隶主贵族服务"的色彩，他只不过是揭示了一种客观的规律。至于什么人采纳，对哪些人有好处，并不是题中应有之义。

在老子的哲学里，"大道"固然微妙，我们却很难看到它的踪迹；但"大道"隐微难辨，并不意味着它"阴险狡诈"。

将老子在本章表达的辩证智慧看成为君王服务的"权谋"，也就是所谓"君人南面之术"，这种观点其实受到了韩非子的影响。战国晚期的韩非子很重视《道德经》，对它有很多研究。不过，韩非子是法家的重要理论家，他根据法家的需要，对老子的思想做了一些发挥，当然也可以说是"利用"或者"歪曲"。他把其中"清静无为""道法自然"的内容，转化成权谋之术。我们今天在理解《道德经》的时候，需要把这些附加上去的东西去掉。

再看第二个角度，也就是把这段话针对的对象换成"我们自己"。这样一来，"将欲弱之，必固强之；将欲废之，必固兴之"等等，都是老子对人们的忠告：我们要警惕，要预先做好防范，不要让自己走向"强横"、走向兴盛的顶点。只有这样，才能够避免"削弱""衰败"的结局。

在这方面，我们老百姓感受得最深的依然是"将欲取之，必固与之"这一句。在街上，我们经常看到一些新超市、新药店开业，工作人员会发一些宣传单，尤其是发给老年人，告诉他们可以凭宣传单免费领取多少东西。到了之后，店里的员工又会热情地说，办会员卡，充值多少，就会有什么优惠，等等，很多套路。目的嘛，很简单，要你到它那里消费，花钱买东西。想赚你荷包里的钱，就先给你一些甜头。当然，只要是合法经营，一个愿打一个愿挨，倒也没什么。不过，还有很多非法的，比如各类投资诈骗、网络赌博，还有什么"高薪招聘，但要求先整形的"，再就是"网上刷单，高回报，不过要先交押金的"，等等。这些骗局套路太多了，有些很难识别。不过，它们的起点和终点，这一头一尾都会露出马脚：开头总是"天上掉下来一个轻松赚大钱的好机会",给我们一点好处、一点甜头;而结尾呢,要把我们骗得倾家荡产。骗子们倒是把"将欲取之,必固与之"这句话用得淋漓尽致。

因此,从对待自己的角度看,这一章其实是告诫大家要重视"盛极而衰""物壮则老"的教训,用"虚静"来化解"张扬、膨胀",用"柔弱"来代替"坚强",不要被眼前的蝇头小利诱惑。一旦做到了这些,就能防止自身发展到极端,自然就可以远离衰败和灭亡。

至于最后说"鱼不可脱于渊,国之利器不可以示人",是用这两个例子来说明甘愿持守柔弱、低调才符合自然之道。

第三十七章

我们现在读的《道德经》版本,是据西汉时期的河上公章句,魏晋天才哲学家王弼作注释的版本,也就是所谓通行本。它在结构上可以分成两个部分,"道经"和"德经",也有人把它们叫"道德上经"和"道德下经",意思差不多。我们现在将读到的第三十七章正是"道经"的最后一章。换句话说,之前我们读的内容全部属于"道经"。"道经"包括第一章到第三十七章,这部分内容偏重于讲"道"。从第三十八章开始,直到最后一章第八十一章,都属于"德经",对"德"关注得更多一点。

作为"道经"的收官之作,本章明确阐述了"道""无为而无不为"的特性,而且提出用"无名之朴"来"镇"欲念,含义非常深刻,也很重要。

本章的原文如下:

> 道常无为而无不为。侯王若能守之,万物将自化。化而欲作,吾将镇之以无名之朴。无名之朴,夫亦将无欲。不欲以静,天下将自正。

河上公以"为政"作为本章的标题。"为政"更像一个儒家关注的问题,比如孔子就讲过"为政以德"。不过,河上公说的"为政",其核心是无为。统治者如果能持守"无为而治"的原则,就可以实现理想的政治;哪怕中间出现问题,也能够自行修正和完善。

第三十七章

本章的大意是：大道永远顺应自然，无心作为，然而天底下没有什么事是它做不到的。君王如果体认了大道，能够持守它，那么，万物都将自然地生长养成。倘若万物在自生自长的过程中萌发了贪婪的欲望，我就用"无名之朴"来纠正它们。"无名之朴"可以让万物回复到没有私欲的状态。一旦没有了私欲，万物就可以回归虚静。这样，天下也就自然安定了。

这一章有三个要点需要注意：第一，老子明确提出了"道""无为而无不为"的纲领；第二，他又一次讲到了"侯王若能守之"，以及"侯王""君王"在这个过程中的作用；第三，突出了"无名之朴"的重要性。其中，用"无名之朴"来"镇""欲望"，怎样和"大道无为"协调一致，不产生矛盾，这也是本章的难点。下面，我们就逐一分析。

在本章的开头，老子说道："道常无为而无不为。"其实，类似的话在之前的章节里也出现过，例如，"圣人处无为之事""为无为，则无不治"等等，都讲述了近似的道理。不过，在本章，也就是《道经》的最后一章，表述更明确，我们可以把它看成归纳总结。

从本性上说，"大道无为"。什么是"无为"？"无为"包括两层意思：第一层意思，它没有很强的自我意识，没有明确的目的性，也就是说，它"无心作为"，不会刻意去做什么；第二层意思，它没有胡作非为，不会乱来，而是顺自然而为。可见，"无为"并不是袖手旁观、什么都不做，因为这其实还是一种刻意作为；真正的"无为"是顺着自然的趋势，顺着万物的本性来作为。由于它完全与自然合拍，所作所为已经彻底地融入自然之中，让人看不出人为的痕迹；也没有任何别扭的地方，看上去似乎什么都没做，所以：我们干脆把它叫做"无为"。

我们还是通过一个比喻来理解"大道无为"吧。把天地自然看作一条河流，河水朝着一定的方向按照一定的速度流淌。现在，有人在这条河里游泳。一种情况是，他从河流的一侧游到另一侧，也就是横着游，或者他逆流而上。总之，他游动的方向与河水流动的方向不一样，那么，这个人的行为就很明显,我们很容易注意到水里有人。第二种情况是,他游泳的方向正好和水流的方向完全一致,不过,他游得太慢或者太快了,和水流的速度不一样,这时候,我们仔细看还是能发现水里有人。第三种情况是,这个人在水里保持原地不动,尽管水往下游流,但他待在原地,一动也不动,我们发现,在这个背景下,他依然很醒目,尽管他没有动。上面这三种情况,都是"有为",也就是存在和自然不协调、不一致。再看最后一种情况,这个人在河里游泳,他的方向、速度与河水流动的方向、速度完全一致,而且,他的动作也与浪花、波纹保持协调,我们站在岸上看,几乎注意不到水里面有人,他已经与环境,与自然融为一体了。这,就是"无为"。所以,"无为"实质上是唯道是从,顺自然而为。在第十七章中老子说"太上,不知有之",最高明的统治者乃是得道高人,他奉行"无为而治",所作所为符合大道,浑同自然,老百姓完全感觉不到他的功劳。

如果说"无为"是"大道"的本性,那么,"无不为"就是它的效果和作用。宋明时期的学者喜欢讲"体用",套用这对概念,"无为"是"大道"的"体",也就是它的本体、它的内在实质;"无不为"则是"大道"的功用,是它的外在表现。

"无为而无不为"在整本书里是贯通"道"和"德"的一座桥梁。"道"对应的是本体意义上的"大道",它的本性是"自然无为"。"德",对应的是"大道"对万事万物的影响,也就是万物身上所体现的"道"。万物从"道"那里获得存在的根据,并且在"道"的背景下自然地生发成长,这个过程本身就体现了"大道无不为"的神奇功效。

老子为什么会这么重视"无为"?我的理解是,这既是他从天地自然中感悟出来的深刻智慧;同时,也是他批评社会弊端、解决社会矛盾的武器。老子生活的春秋末期,礼崩乐坏,社会矛盾严重,是地地道道的乱世。有识之士多主张积极有为地干预社会,通过人为努力来化解社会矛盾,形成新的秩序。然而,在老子看来,他们的这些方案不过是"治标不治本",不可能解决根本问题。不光这样,更糟糕的是,他们的做法反而会刺激、滋生出更多新的问题、新的矛盾。正是基于这样的考虑,老子认为,要想从根子上解决问题,必须放弃"积极有为"的做法,实行"无为而治"。因为"无为而治"不仅仅可以收到"无不为"的效果,而且,还不会有副作用,不会造成新的问题。

要想"无为而治",总得有一个"第一责任人"吧?这就要提到"侯王",也就是统治者。于是,老子说:"侯王若能守之,万物将自化。"这句话听着很熟悉,因为在第三十二章老子就讲过类似的话:"侯王若能守之,万物将自宾。"他总把"侯王""君王"挂在嘴边,那是不是他的思想就是为君王、为统治者服务呢?话不能这么说。老子重视"侯王"的作用,第一个原因是,在当时的政治结构里,"君王"占据了很关键的位置,谁也不能忽视他们的作用。老子如果想推行"无为而治",最可行的办法就是启发"君王",让他们体悟大道,然后遵循大道,那么,整个社会就可以自上而下地采取"无为而治"的方式来治理。毕竟,我们不能奢求,更不能强迫两千五百多年前的老子闹革命,来推翻君主统治,让老百姓当家做主。于是,做通"侯王"的工作,就成了最好的选项。

其实,不光老子,我们再看儒家的孔子、孟子,还有法家的韩非子,他们也都采用影响君王的方式来实现他们的政治主张。但这并不表明他们拥护一姓君王的"家天下"。要说法家,或许还有点维护"家天下"的味道,但儒家和道家,其实都没有刻意去维护"君王的家天下"。他们在意的,是借助一些不太糟糕的君王来推行和实现自己的政治理想。这是第一点。第二点:"侯王""君王",他们也不能超然于"大道"之上,他们自己就必须遵循大道、持守大道。否则,别说让万物井井有条了,就算"侯王"本人,也"泥菩萨过江——自身难保"。第三点:持守"大道"的"侯王",他管理天下、对待万物的方式,只能是"无为而治"。他不要刻意去做什么,只需要顺应自然,尊重万物的本性,让万物自己生长变化。

万一,在"无为而治"的过程中出现了状况,又该怎么办?这是老子讲的第三个要点。他说，出状况往往是由万物滋生了种种私心杂念造成的。解决之道就是："镇之以无名之朴。""无名之朴"是大道的代名词，可以解释成"没有形体、没有名字的质朴之道"，它看上去微不足道，却是任何事物都少不了的。"无名之朴"正好能够克制私欲。这句话里的"镇"字，最好不要解释成"镇压"，不是"雷峰塔镇压白蛇"的那种"镇"。最新出土的郭店楚简版本里，"镇"字写作"贞"，"坚贞不屈"的"贞"，而"贞"字经常通假成"正确"的"正"字。所以，这句话里面的"镇"字，如果解释成"纠正""矫正"，可能更符合"无为"的精神。"镇之以无名之朴"，不是说"君王"拿这个"无名之朴"来镇压万物，而是"君王"自我检讨是不是哪些地方做得不好，是不是和大道自然还有不协调、不一致的地方，然后，让自己的言行举谈回归"无名之朴"的状态，给万物一个示范、一个无形的影响，万物就可以自行矫正，返回虚静安宁的状态。这一点，我们后面读第五十七章的时候，还会再展开。

第三十八章

从第三十八章开始,我们进入整本书的后半部分——《德经》。《德经》一共有四十四章,在篇章数量上比《道经》要多一些,《道经》有三十七章。

简单回顾一下:《道经》部分主要讲了以下几点:"道"是超然的本体,它是"无"和"有"的统一,超出了我们的感官经验,也不能用语言来形容。从形象来看,"道"冲虚而包容,像山谷,像玄牝,却又能创造一切;就性质而言,"自然"是它的本性,"无为"是它的表现。倘若想要亲近"大道"、体认"大道",人就必须"致虚极,守静笃",让身心处于恍惚的状态。这样,我们才能够从美丑是非、名利欲望等相对价值中挣脱出来,顺应万物的本性,保全自我的身心,分享"大道"的神奇和伟大的成果。

接下来的《德经》部分关注得更多的是:"大道"怎样落实于万事万物,体现在人身上,影响社会领域。所谓"德",正是"道"在万物,尤其是在人与社会中的呈现。老子讲"道""德",更侧重于用它们来批评现实中"不道""不德"的东西。也就是说,他主要从反面,从批判和纠正的角度来谈。

第三十八章的原文是:

> 上德不德,是以有德;下德不失德,是以无德。上德无为而无以为;下德为之而有以为。上仁为之而无以为;上义为之而有以为;上礼为之而莫之应,则攘(rǎng)臂而仍之。故失道而后德,失德而后仁,失仁而后

义，失义而后礼。夫礼者，忠信之薄而乱之首。前识者，道之华而愚之始。是以，大丈夫处其厚，不居其薄；处其实，不居其华。故去彼取此。

河上公为这一章起的标题叫"论德"，算是比较贴切。

本章的大意是：拥有"上德"的人，并不自以为有德，更不会去炫耀自己的德性，这才是真正的"有德者"。拥有"下德"的人，则时时刻刻以"有德者"自居，生怕别人不知道自己有德性，这样一来，反而算不上"有德"，只能说是"无德"。拥有"上德"的人，顺应自然，无心作为，于是也不会刻意去表现、证明什么。拥有"下德"的人，虽说也能顺其自然，然而总想着有所表现，已经是有意为之了。拥有"上仁"的人，尽管做不到顺自然而为，不过，他没有太多私心，不会刻意去表现他的仁爱。拥有"上义"的人，就又要差一些了，他不光做不到顺应自然而为，而且还有很强的主观意愿，或者说有了私心，刻意表现自己的义气。拥有"上礼"的人，就更糟糕了，他一门心思想有所作为；一旦别人不听从、不响应，他就会挽起袖子、扬起胳膊，强迫别人照着做。由此可见，人们在偏离"大道"之后倡导"德性"来弥补；"德性"丧失之后，又来倡导"仁爱"；"仁爱"也丧失之后，再来倡导"义"；连"义"也丧失了，于是又倡导"礼"。然而，"礼"不过是忠厚诚信等削弱、衰落到极致的表现，是种种祸乱的开端。众人所迷信的"仁""义""礼"这些所谓的"知识"，所谓的"文明规范"，并不是"大道"的实质，充其量不过是"大道"浮华的外表，反倒是愚昧的开端。因此，体道、行道的大丈夫应当立足于忠信质朴的厚实之道，不要满足于"礼"之类的浅薄庸俗的规范；应当守住"大道"的本质，而不应该追逐那些浮华的表象。也就是说，应该知道如何取舍。

这一章的篇幅比较长。我们在理解的时候需要注意三个方面。第一，它比较了"上德"和"下德"，尤其是"无为"和"为之"，以及"无以为"和"有以为"，几乎贯穿了前半段。弄清楚它们的含义，是理解全章的基础。第二,这一章列出了从"上德"到"下德",再到"仁""义""礼"的序列,这就是老子眼中文明每况愈下的堕落过程。第三,老子着重对"礼"进行了批判,认为"礼"伴随着暴力强权,是"忠信之薄而乱之首"。这对于我们反思文明的异化、反思"礼"的弊端,都有启发意义。

本章一开篇对比了两种"德":"上德"和"下德"。只有"上德",才是"真德";"下德",其实是"假德"。为什么这样说呢?因为"上德"明白"德"没办法占有,也不能夸耀,于是它顺其自然,不执着。而"下德"只不过是沾了"德"的边,太执着于"德"的名声,老想着去占有、去炫耀,反而暴露了内心的苍白。

佛教的高僧也常常被称为"大德",我们不妨借佛教禅宗的故事来看看"上德"和"下德"的区别。一天,坦山和尚与另一位出家人冒着大雨赶路。道路很泥泞,时不时出现泥水坑。在路的拐弯处,他们遇到一位美丽的女士,正站在那儿发愁。因为她前面有一个大泥坑,要过去的话,身上的漂亮衣服就全毁了。坦山和尚见状,说了一声:"来吧,姑娘。"就抱着这位女士过了泥坑,到平坦的地方才把她放下,然后继续赶路。同行的出家人很是不解,质问坦山和尚:"我们出家人不近女色,特别是年轻貌美的女子,你怎么能这样做呢?"坦山和尚回答:"你说的是那位女士吗?我早就把她放下了,可你还抱着她呀!"在这个故事里,坦山和尚可谓"上德"之人,他没有执着心,超然洒脱。而同行的这位出家人,对应的是"下德":看似遵守清规戒律,把教条挂在嘴边,但从内心、从境界来说,却看不透、放不下。

"上德"就是"大道之德",是"大道"本性的体现,也就是"无为而无以为"。"无为"是"顺其自然、无心作为",它的对立面是"有为",是"违背自然、强作妄为"。"无以为"指的是"不刻意表现,没有强烈的自我意识,不一定非要怎么样"。与"无以为"对应的是"有以为",也就是"有着强烈的自我意识,一定要如何如何,刻意地表现自己的某个方面"。

"上德"之人体道、悟道,他与大道自然混融一体,当然不会自夸、不会炫耀。"下德"之人并没有真正体认大道，他或许在某些形式上能够合于大道，顺任自然，不过内心已经有了很强的自我意识，希望有所表现。"上德"的层次可以用一个说法来形容，那就是"几于道"，即接近"大道"。而"下德"的层次，对应的是"失道而后德"的状况。

至于"仁""义""礼"，连"下德"都算不上。结合第十八章和第十九章的内容，在老子看来，"仁""义""礼"这些价值规范，不过是在"大道"被废弃的时代，为应对社会问题而提出的一些临时性的替代方案。它们都是些治标不治本的举措，从表面上看好像解决问题了，实际上只是掩盖了问题。更麻烦的是，它们在试图解决问题的同时，又在不断地制造新的问题、新的矛盾。因此，如果仅靠这些价值规范，社会将滑落进越来越糟糕的恶性循环。

在本章，老子把批评的焦点对准了"礼"这一价值原则。一个原因是，相较于"仁义"，"礼"的规定更加形式化，也更刻板。另一个原因也可能是，老子生活的时代，"礼"的异化情况更严重。

我们中国古代被誉为"礼仪之邦"。"华夏"，本义就是"有礼仪之大，服章之美"，也就是在礼乐仪式、衣服华章这些方面有着辉煌的成就。事物都有两面，"礼仪"也一样。它由于看重形式化的规范，有很多具体、细致的规定，在长期的流传过程中，就有了异化的风险，可能脱离最初的真情实感蜕变成一种肤浅的炫耀或者刻板的约束。

老子推崇自然无为，对"礼"的异化现象感受更加真切。他批评说，"礼"之类的外在规定，是社会的忠厚诚信这些质朴的品质被损害、被削弱到岌岌可危时，才冒出来的，所以，它不是一个好的信号；相反，它是种种灾祸、种种乱象的起源。那些主张"礼"的人，口头上讲"礼"，一旦碰到有人不听从他，就原形毕露，挽起袖子、扬起胳膊逼着别人就范。老子用了很形象的语言来揭露"礼"的虚伪和粗暴。尽管老子对"礼"的批判有些过火，但这种批判就像鲁迅先生的精神解剖刀一样，可以帮助我们更好地反思"礼"的异化现象。

  举个例子来说。尊老爱幼是我们提倡的社会美德。不过，有些人把这种美德变成了一种武器、一种蛮不讲理的资格，来逼迫他人。例如，有强壮的老大爷抢座位不成，就坐在人家大姑娘腿上；有大妈要座位不成，就对别人恶语相向，甚至吐口水，大打出手的，也不在少数。我本人主张年轻朋友主动为老弱病残让座，我自己也是这样做的。不过，每个人的情况不同，也许坐在座位上的年轻朋友身体不适，或者工作一天精疲力尽，甚至不排除身有残疾的情况。而"老人"既有行动不便、老态龙钟的，也有身体健康、活力充沛的。考虑到种种具体情况，"年轻人给老年人让座"这样一个"礼貌"的行为，最好是遵循自愿的原则，不要强迫。动不动就冷嘲热讽、破口大骂，乃至于上演全武行，这不叫"讲礼"，这叫"耍流氓"！可见，老子的批评在今天仍然有意义。

第三十九章

第三十九章是整本书里篇幅最大的章节。文字虽多,但内容不算复杂深奥。

昔之得一者:天得一以清,地得一以宁,神得一以灵,谷得一以盈,万物得一以生,侯王得一以为天下贞。其致之也,谓:天无以清,将恐裂;地无以宁,将恐废;神无以灵,将恐歇;谷无以盈,将恐竭;万物无以生,将恐灭;侯王无以贵高,将恐蹶(jué)。故贵以贱为本,高以下为基。是以侯王自称孤、寡、不穀。此非以贱为本邪?非乎?故至誉无誉。是故不欲琭(lù)琭(lù)如玉,珞珞如石。

河上公给这一章起的标题是"法本","法本"也就是"以一为本"。

自古以来,但凡能够得"一"者的表现是:天,因其得"一",而可以清明;地,因其得"一",而可以安宁;神,因其得"一",而可以灵验;五谷,因其得"一",而可以丰盈;万物,因其得"一",而可以生长;侯王,因其得"一",而可以让天下太平。推而言之:天,倘若不能清明,恐怕将崩裂;地,倘若不能安宁,恐怕将荒废;神,倘若不能灵验,恐怕将沉寂;五谷,倘若不能丰盈,恐怕将枯竭;万物,倘若不能生长,恐怕将灭亡;侯王,倘若不能保持高贵,恐怕将被推翻。所以,"贵"以"贱"作为根本,"高"把"下"当作基石。正因为如此,侯王才会自称"孤家""寡人""不穀"。

这难道不是以低贱为根本吗？不是吗？所以说，最高的恰恰不要赞誉。得道者并不希望像美玉那样华丽璀璨，而是愿意像石头那样朴实无华。

这一章有两个要点。第一个要点是，老子一连串用了七个"一"字。"一"就是"道"的代表。老子为什么用"一"这个说法，而不是直接用"道"字？这是我们要弄清楚的，也是理解本章的关键。第二个要点是，贵和贱，高和下，它们之间独特的辩证关系，这正是道家思想独到的地方之一。

我们先看这个"一"。"一"是最基础的数字概念。而我们的古人，很早就有了关于数字的哲学思考。这是一个很能体现早期哲学智慧的话题。

西方的古希腊时期有一位很有名的数学家毕达哥拉斯，同时还是一位哲学家。他提出了一种独特的"数的哲学"，基本观点是"数字是世界的本原"，具体地讲，这个世界来源于数字"一"。

这是什么意思呢？举个例子：假设现在有三个苹果摆在面前，按照大家的经验，"苹果"是最关键、最根本的要素；"三"是数词，"个"是量词，它们都为"苹果"这个名词服务，可以看作附属的东西。这是最常见的看法，它体现了一种唯物主义的认识原则。不过，在毕达哥拉斯眼中，这个事实的意义完全不同："三"这个数字才是其中最重要、最本质的要素；"个"以及"苹果"，都是由"三"派生出来的。"三"不仅能派生出"苹果"，它还能派生出"三只老虎""三间房子""三个火枪手"，等等；换句话说，我们看到的"三个任何东西"，都是由"三"这个数字派生出来的。同样的道理，九百九十九朵玫瑰就是由"九百九十九"这个数字派生出来的；"爱你一万年"，也是由数字"一万"派生出的。一切事物都源于数字。这是第一步。再进一步看，数字"三"、数字"九百九十九"、数字"一万"，乃至于一切数字，又都是由数字"一"发展而来的。所以，我们可以得出结论：这个世界上的一切都来源于数字"一"。这就是毕达哥拉斯的"数的哲学"。

可能有朋友说，这明显是一种唯心主义嘛！的确，这是一种唯心主义的观点，肯定有它的局限性和错误的地方。不过，假如完全不了解这些唯心主义的理论，那我们对唯物主义的真正价值可能也缺乏深入了解，仅仅"知其然"，而不能"知其所以然"。从另一方面来说，毕达哥拉斯的这种带有唯心主义色彩的认识理论，有它的独到之处，可以很好地启发我们思考。

中国古代哲学同样看重数字。《易经》里有很多数字观念，而且还建立起了数的结构，比如：太极生两仪，两仪生四象，四象生八卦，就是由"一"到"二"，由"二"到"四"，由"四"到"八"；另外，还有"六爻""六十四卦""天数""地数"等，整个体系都是奠定在"数"的基础上的。所以，研究《周易》的学问也被称为"象数之学"，"象"是卦象、爻象，"数"就是数字的推演、变化。

有关"数字"的这些哲学思考一致认为"数字"非常重要，它不仅仅是依附在实际物品上面的第二性，甚至第三性、第四性的东西，它本身就是一种客观的、根源性的存在。这一点也得到了今天最新的科学理论，比如理论物理学的印证。有一派观点就认为，数字才是整个宇宙最普遍、最真实的存在，所有的定理、规则全都符合数字的规律；唯一能够和数字相提并论的，是能量。

毫无疑问，"一"是所有数字里面最根本的一个。因此，"一"这个数字也就有了特殊的地位。老子用"一"来代表"大道"，他说"道生一，一生二"，特别是本章，很夸张地连用了七个"一"字。

在老子的哲学里，"大道"太高深了，太玄妙了，不容易直接描述。于是，他经常借一些更具体的事物来象征、代表"大道"。比如"玄牝""山谷""水""婴儿"等等。然而，这些东西都比不上"一"。如果按照距离"大道"远近的顺序排列一下的话，那么，"一"无疑最靠近"大道"，最适合充当"道"的象征物。第一个理由：就像我们刚才介绍的"数的哲学"，"一"是所有数字的起点；而"数字"又普遍蕴含在天地万物之中。就这一点看，它和"道"非常接近。第二个理由："一"是最小的数字。在老子的时代，还没有"小数""负数""零"这些概念，于是，"一"就是最小的数字。跟"成千上万"相比，"一"实在太小，可以说很不起眼。然而，它又是最基础的，谁都离不开。它就像老子所讲的"朴"，既卑微，又伟大，尽管经常被人们忽视，却时时刻刻发挥着作用。第三个理由，也是最重要的理由："一"，它代表了一种混沌未分的状态，类似于中国古代常说的"太极"。在这个"混沌"的状态下，万物还没有分化，甚至连"阴阳"都尚未区分。所以，"一"对应的是"大道"从"无"到"有"的神奇变化的起点，是最初的环节。"无"是"大道"超然的本体状态；"有"，是"大道"落实到天地万物，与世界发生联系的状态。而"混沌"或者"一"，就是中间的一种"临界"状态。正因为是"临界"状态，所以"一"兼容了"无"和"有"的特性，按照佛教的说法，它"非无非有"。说它"非无"，是因为它已经是一种存在了，是真实的"有"；说它"非有"，是因为它并不是任何具体的事物，它依然是看不见、摸不着的。我们还可以把它叫作"大有"。"一"，很神奇，又很灵活，因此，老子喜欢用它来象征"大道"，这比直接用"道"字更合适一些。

紧接着，老子从正面和反面讲了"一"的重要性：天地万物乃至于人间君王都离不开它。如果获得了"一"，万物就能够成就自身；少了它，则活不下去，会很快灭亡。这正是老子讲过的"物壮则老，是谓不道。不道早已"的道理，偏离"一"，意味着偏离"大道"。偏离了"大道"，当然不可能长久。"不道早已"的"已"字，在这里是"死亡、终结"的意思。

在本章的后半段，老子提出"贵以贱为本，高以下为基"，这是后半部分的核心，也是很能体现老子思想特色的论点。问题是：这两句话跟前面反复讲到的"一"，又有什么关系呢？

原来，这句话里的"贱"和"基"，说的就是"一"。"一"很重要，不过，它并不用自我标榜、自我炫耀的方式来突出自己的重要。它不会说"我是老大、我是第一"。"一"不是"大"，"第一"的本义也不是最高、最尊贵，而是开端、起点。

"一"就像老子经常讲的"朴"。"朴虽小，天下莫能臣也。""一"或者"朴",一方面细微、质朴,低调而不起眼;但另一方面,"一"和"朴"却是最根本的,是天地万物的基础和起点,谁都离不开它们。明白了这个道理的侯王,那些体道、得道的君王,给自己的称呼往往是"孤家、寡人、不穀",尽是些不好听、不吉利的字眼。一来,是告诫自己要谦虚,不能自满;二来,更是时刻提醒自己:不要忘了根基,不要忽视那看似低微的、不起眼的"一"。这才是长治久安的关键。所以说,"最高的荣誉"恰恰是不求名誉,甘愿卑微。最后,老子用"玉"和"石"做对比;"美玉"代表高贵、华丽、显赫,"石头"则代表低贱、卑微、朴实无华。然而,后者才是基础和根本,更能体现"一"或者"朴"的秉性。这样解读,我们就可以把全章的内容贯通起来。

第四十章

在中国文化里,有一些古老的词语,一些古老的说法,尽管流传下来了,它们的含义,甚至它们的褒贬色彩,却已经发生了很大的变化。比如孔子讲的"三思而后行",由贬义词变成了褒义词;再比如庄子讲的"朝三暮四",在今天经常与"朝秦暮楚"相混。老子所讲的"有生于无"被改造成"无中生有"这个成语,和诬陷、造谣这些阴谋连在一起。这实在很冤枉,因为"有生于无"原本是一种十分深刻、有价值的哲学创造。它就来自《道德经》第四十章。

第四十章短小精悍:

反者道之动,弱者道之用。天下万物生于有,有生于无。

河上公给本章起的标题叫"去用","用"字还好解释,"去"字就有些费解了。

本章的大意是:返回、复归,是大道的运动法则;保持柔弱,是大道的作用原则。天底下的一切事物都源自"有",而"有",则源自"无"。

这是《道德经》里篇幅最短的一章,只有二十一个字。不过,应了今天人们常说的那句话:"字越少,事越大。"论重要性,本章至少能排进前十位。因为这一章讲了两个特别重大的哲学问题,一个是"大道"的运动法则、作用特点；另一个是万事万物和大道的关系，或者说"有"与"无"的关系，也就是"有生于无"。

先看第一句"反者道之动"，"动"就是运动变化。老子认为，大道并非静止不动，而是"周行而不殆"，不断流动变化。"反者道之动"正是描述"道"的运动变化规律。

关于这一句话，过去有一种说法，认为这是在强调对立转化，是一种辩证的思维，是辩证法。按照这个思路，"反者道之动"的意思是：事物发展到了极致，会向它的相反方向发展运动。这种解释是把"反"字理解成"相反"，因为老子也很重视"物极必反""物壮则老"。如此一来，"反者道之动"，就有点类似列宁的那句名言："真理只要向前一步，哪怕是一小步，就会成为谬误。"

不过，这种理解很可能不符合老子的本意。

老子当然有事物发展变化，以及矛盾相互依存、对立转化的思想。例如我们非常熟悉的"祸兮福之所倚，福兮祸之所伏"就是《道德经》里的名言：祸与福是相互依存、相互转化的。

又如《道德经》第二章，老子强调世间的很多事物相互依存，很多价值相互对应，例如美丑、善恶、高矮、长短、胖瘦等等，都是相对的。我们在学习第二章的时候特别强调过：老子虽说也看到了世间的很多价值、很多属性具有相对性，但他的结论并不是"事物是相对的，或者说事物一定要向相反的方向发展变化"。他的落脚点是："圣人处无为之事，行不言之教"，要跳出相对价值的循环，以一种无为、不言的方式来对待它。也就是说，老子的辩证思想不同于大家熟悉的辩证法。

回到"反者道之动"。很多人把"反"字理解为相反，事物向相反的方向发展变化，是道的运动规律。这其实并不是老子想要强调的。

"反者道之动"的"反"字，更好的解释是通"返"，"返回"的"返"。所谓"反者道之动"，就是：事物都要回到它的起点，都要返回到初始的状态，这是大道的运动法则。为什么这样解释呢？我们可以结合第三十章讲到的"物壮则老"——事物达到了雄壮的顶点，就会走向衰老，还有老子提炼的思想"物极必反"，事物发展到了极端，就会走向反面。比如抛物线，一旦上升到了顶点，就会走下坡路。老子发现了这个现象，但是老子并不认为这是规律，相反，他认为这恰恰是违背自然之道的结果。道是永恒的，万事万物效法"道"，也应该追求长久，避免衰亡。

那怎样做，才能避免走向衰亡呢？老子给出的答案就是：让事物不要走到极端，不要走到最强壮的顶点。一旦事物表现出向强壮的顶点发展的趋势，就要有意识地收缩，懂得返回，"返"就是回到起点，回到像婴儿那样的状态。为此，老子强调柔弱，强调无为。因为柔弱相对于刚强来说，就是"返"；无为相对于有为来说，也是"返"。老子讲"反者道之动"，是说"道"的运动变化规律是回归柔弱、无为的状态，回归事物的起点。这样就能避免到达刚强的极端、雄壮的顶点，从而避免衰败灭亡的结局。

第二句接着讲"弱者道之用"，"弱"和"反"是对应的。返回最初的样态，回归起点，同时也就意味着居柔守雌、保持柔弱的状态，这样才不会违背"道"的自然本性，才能发挥大道的功用。

因而，"反者道之动，弱者道之用"这两句话应该解释为：收缩自我，返回起点，这正是"大道"运动变化的根本法则；相应地，保持柔弱，避免走向强盛，才是充分发挥大道的作用。

接下来讲后半段："天下万物生于有，有生于无。"

我们之前听到的都是"万物生于道"，或者"道是一切事物的总根源"，为什么这里又说"天下万物生于有，有生于无"？原来，老子是在讲"道生万物"的具体过程。不过，他在本章讲得还不够详细，在稍后的第四十二章，老子把这个过程和其中的环节描述得更加清楚。本章的后半段可以看作第四十二章的前言：主要是在"万物"和"道"之间补上了两个环节，一个是"有"，一个是"无"。

通过第一章、第二十五章我们已经有一个初步印象："道"是"无"和"有"的统一；或者说，我们可以从"无"和"有"这两个角度来理解"大道"。

所谓"无"，主要在讲"大道"是一个超然的本体，它无形无声无味，超越了语言，因而难以名状；它也超越了日常经验，所以无法把握。不得已，老子只好用"无"来勉强称呼它。

所谓"有"，不是任何具体的事物，比如这座山，那片海。"有"，主要在讲"大道"是"没有具体形状的形状，没有任何实物的物象"，或者说是一团混沌，是万事万物的总根源。

怎么理解"万物生于有"呢？"有"就是上一章所说的"一"，是万物的开端，这种"有"仍旧是混沌未分的，就像第二十五章说的"有物混成"。"万物"正是从这个混沌的状态中分化出来的。借用庄子的说法，"浑沌"被打破，它的内部出现了分化，有了差异，有了边界，于是，一个事物就与另一个事物区分开来，万物由此产生。

最难理解的是"有生于无"。魏晋时期有个叫裴頠的思想家，对此就很不理解。他认为："无"既然是"无"，那就意味着"什么都没有"；既然"什么都没有"，那又怎么可能产生出"有"？裴頠的这个疑问很有代表性。关键就在于，他没有真正抓住"无"的本质，也没有弄清楚"生"字的意思。

"无"之所以能生"有"，最根本的原因就是这个"无"并不是"真正的无"，它不是绝对的虚无。套用小说《三体》里面讲的"维度"的概念：如果说，我们生活的这个世界，我们能够看到、感知到的万事万物属于某个维度的话，那么，本体性的"大道"的存在属于最高的维度，比我们熟知的这个世界不知道要高出多少。这就意味着，生活在我们这个世界的人在仰望"大道"时，不可能看清全貌。在机缘巧合下，能够惊鸿一瞥，就已经很庆幸了。

当我们发现，用这个世界的所有词汇、所有经验，都没办法描绘它时，采用反向的、否定的方式或许是一个不错的选择：我不说它是什么，只说它不是什么——它不是大的，也不是小的；它不是美的，也不是丑的；它不是胖的，也不是瘦的，等等。用一系列否定的形容消除我们对它的偏见，对它的误解。由此，我们也许可以慢慢接近它的真相。而最彻底的否定式的描述无过乎把它称作"无"。所以，"无"不是"真正的无"，不是"绝对的虚无"。

这里的"有"就是"一"，指的是宇宙天地之初原始未分的混沌状态。追溯这个状态的源头，就是"道之无"的这一面，也就是"道"作为本体的这一面，它为"混沌之有"的出现提供了依据。

这一章里的"生"字，不同于"母亲生孩子"的"生"，它不是"诞生"的意思，而是更接近于"化生"。也就是说，"道"并不是直接产生万物，而是赋予万物本性，为它们提供了存在的根据和理由，那就是"自然"。万物，包括我们人类，因此而可以依着本性"自然"地生发成长。

这也意味着"无"生"有"、"有"生"万物"的过程中，前者对后者绝没有刻意地控制，不会以主宰者自居。一切都顺其自然，无意作为。因此，"返回起点""柔弱虚静"才是整个过程的主色调。这样，本章的前后两部分就可以衔接为一体了。

第四十一章

第四十一章贡献了两个非常著名的成语：大器晚成、大音希声。老子在这一章里面用了好些看起来自相矛盾的表述来展示"大道"的独特性。正因为"大道"超凡脱俗，与人们久已习惯的常识完全不一样，很多人看不懂它，甚至会嘲笑它。

我们先看看这一章的原文，再做进一步的解读：

上士闻道，勤而行之；中士闻道，若存若亡；下士闻道，大笑之——不笑不足以为道！故建言有之：明道若昧，进道若退，夷道若纇（lèi），上德若谷，大白若辱，广德若不足，建德若偷，质真若渝，大方无隅，大器晚成，大音希声，大象无形。道隐无名。夫唯道，善贷且成。

河上公给本章起的标题叫"同异"，"相同"的"同"，"差异"的"异"；似乎是要强调，"大道"和我们常见的事物不一样，与我们熟知的道理也有很大的差异。

这一章的大意是："上士"听闻了大道，会勤奋地实行它；"中士"听闻了大道，会将信将疑；"下士"听闻了大道，觉得它荒谬、空洞，会嘲笑它——如果不被嘲笑，反而没有资格成为"大道"！所以，古语有言：光明的"道"，却好似暗昧；前进的"道"，却好似后退；平坦的"道"，却好似崎岖。"夷道若纇"的"纇",是崎岖不平的意思。这是说"道"。再来说"德":崇高的"德",却好似凹陷的山谷;纯洁的"白",却好似承受着屈辱;广大的"德",却好似有缺陷和不足;刚健的"德",却好似懒散懈怠;纯真的品质,却好似游离善变;最大的方正,却好似没有棱角;最尊贵的器物,却要到最后才完成;最大的声音,却好似寂静无声;最大的形象,却看不见行迹。"大道"隐微,而不彰显它的名声。唯有"大道",可以供给万物,并且让它们成就自身。

接下来,我们梳理一下本章的重点、难点。

首先,老子列举了三种人,也就是"上士""中士""下士",比较了他们在听闻大道之后的不同表现。一方面告诉我们应该如何取舍,要学习哪些,又要警惕哪些;另一方面,通过不同人的反应,也可以反过来呈现"大道"的一些特质。

"上士"对应的是上等材质的人,也就是最有悟性、天分最高的那一类人。这样的人一旦听说了"大道",立刻就会有所感悟,并且落实在行动上,努力地践行"大道"。既然有人"听闻大道",当然就要有人"讲述大道",这个人就是"圣人",是已经得道的高人,是先行者。他会采取种种方式,把自己的得道体验以及对大道的理解传递给其他人。"上士"听了他的讲述,心有所感,付诸行动。这也表明,"道"不光是一种理论,更是一种实践的智慧,能够落实而且应该落实在生命的实践过程中。这正是王阳明所说的"知行合一"。其实,"道"这个字眼本身就给了我们一些提示。"道"有两大来源,一是"言说""说话",另外,就是"道路"。《说文解字》讲:"道,所行道也。""道",就是供行走的道路。换句话说,"道路",是用来行走的。只有走过了,才知道它能不能走得通。同样的道理,"大道"的智慧,只有努力践行了,才能明白它是"真道"还是"伪道",也才能完全理解它的价值。老子用"道"这个字眼来称呼永恒的本体之物,其中就暗含了"践行""修行"的意味。

"中士"对应的是中等材质的人，我们大多数人都属于此类。这样的人听说了"大道"，他的表现是有些迟疑，有些犹豫。他将信将疑，有时候似乎能隐约感受到"大道"的存在，于是想采取行动；有时候又对它置若罔闻，完全没有感觉。尤其当我们沉溺于各种的欲望之中，或者特别偏执、张扬的时候，就更加迟钝了，很难感悟到它，更不要说努力来践行它了。

　　"下士"对应的是下等材质的人。下等，并不是说他不聪明，他可能非常聪明，能言善辩，只不过他更热衷于名利富贵这些东西，要么就很偏激，"怼天怼地怼空气"，看谁都不顺眼。当听闻"大道"，这样的人第一感觉是："不对啊！怎么这么空洞！这么怪异！"于是，他会嘲笑说："这是什么玩意儿啊！"老子的评价很有意思："下士"嘲笑才对！他们不嘲笑，又怎么能叫"大道"？老子这么说，可能有几个原因：第一，就像我们经常听到的，"真理往往掌握在少数人手里"，"大道"是最高的智慧，玄妙深奥，对很多人来说，注定无缘，哪怕摆在他面前，他也看不懂，因为境界差距太大。就像庄子说的，"井蛙不可以语于海""夏虫不可以语于冰"，说了也白搭。

　　"愚公移山"的故事里有这样一个角色——住在河曲的智叟，也就是"聪明人"。他看到愚公一家都在那挖山，就嘲笑说："你们简直太愚蠢了！就凭你们，也挖得了这两座大山？"没想到愚公说："哪怕我死了，还有子孙，子孙又有子孙。我的子子孙孙无穷无尽，而这两座山却不会再增高变大。只要我们坚持挖，还怕挖不平吗？"说得智叟哑口无言。

　　在我们身边，也时不时会冒出这样的"聪明人"：别人在辛苦做事，他不仅不做，还在一旁说风凉话，嘲笑这个，嘲笑那个。

　　德国哲学家黑格尔讲过，他注意到很多人对"哲学"有一种奇怪的态度或者说奇怪的逻辑：对待其他学科、其他知识，如果他们懂，就说懂，如果不懂，就会说"我不太清楚"。例如"蜻蜓有多少种类？""马为什么站着睡觉？"对于这类的知识，他们都会抱有客观的态度。然而，在面对"哲学"的时候，他们的态度就不同了，第一句他们会说："我不懂哲学。"这句话很平常，每个人的时间精力有限，兴趣爱好各不相同，"不懂哲学"很正常。不过，讲完这句话，他们马上会加上第二句："连我这样的人都不懂哲学，可见哲学没什么用！"黑格尔说，这实际上是把"自己的无知"当作一个证据来证明"哲学没有用"，并且对"哲学"百般嘲讽。这是一种很荒谬的逻辑。它不光表现在人们对待"哲学"上，也表现在其他一些地方。黑格尔的洞见，在今天仍然没有过时。

能够当"上士"最好，但"上士"靠天分，可遇不可求。对于我们大家来说，怎么样做好"中士"，千万别当"下士"，恐怕更有现实意义。

"下士"之所以嘲笑"大道"，还跟"大道"的特点有关。老子说"正言若反"，"大道"和人们想象的也截然不同。按照世俗的逻辑，既然"大道"那么崇高，那么重要，它就应该高高在上，享受至高无上的荣誉，拥有最纯洁、最光鲜的外表，让众生顶礼膜拜。用一个不一定恰当的比喻来说，"大道"就好比基督教里面的上帝，全知全善全能。

然而，在老子的笔下，"大道"太卑微了、太低调了，与我们的常识、与我们的想象差距太大。乍一听，感觉很荒谬、很空洞。也难怪"下士"听了之后，会忍不住嘲笑它。

老子这是在启发我们反思那些常识。常识，不一定都是对的。孔子的学生有若，曾经和鲁国的国君有过一番对话。鲁哀公抱怨说："唉！今年收成不好，闹饥荒，我这个国君也缺钱用了！"有若建议："您何不降低税收，把原来的百分之二十的税率下降到百分之十？"鲁哀公觉得很荒谬："就算按原来的百分之二十来收税，我都觉得太少了；你现在让我再降低到百分之十收税，那不就更少了？"有若回答说："降低税率后，老百姓才能富足一些。老百姓富足了，国君怎么会不富足呢？反之，老百姓都贫穷了，你这个国君又怎么可能富足呢？"有若这是在宣传儒家的仁政主张。我们发现，这段对话里，也有"正言若反"的道理：国君减税，乍一看，好像收入减少了，更困窘了，但通过减税让老百姓的负担变轻了，大家能缓过气来，逐渐丰衣足食。最后，国家富强了，国君自然也就富裕了。所以，这是我们中国人特有的、古老的一种辩证智慧。

我一直认为，这种博大、深沉的智慧，是我们中国文化里面最可宝贵的东西，值得今天的人们传承和发扬。

第四十二章

第四十二章是被人们经常引用的一章，地位十分重要。因为在这一章里，老子完整地提出了一种独特的宇宙生成模型。早期的人类，不像我们今天有这么多信息，懂这么多知识；不过，这并不代表他们智商不高。恰恰相反，简单的生活内容及有些神秘色彩的思想氛围，使我们的祖先在仰望星空的时候，会不断迸发出一些天才的想象，结出很多睿智的思想果实。

就拿"宇宙天地万物是如何产生的"这个话题来说，且不论盘古开天辟地、女娲抟土造人这类的神话故事，单说带有哲学意味的天才构想，中国的古人就至少提供了三种模型。

第一种模型是《易经》贡献的，它提出：太极生两仪，两仪生四象，四象生八卦。八卦两两相合，衍生出六十四卦。以此来模拟天地万物的产生和变化。

第二种模型也非常古老，它以"五行"为核心，把天地间的所有东西都收到"金""木""水""火""土"这"五行"的结构中。有一点需要我们注意，"五行"的排列并不是正五边形。"五行"的位置应该是"东南西北中"，具体地说，东面为木，南面为火，西面为金，北面为水，土居于中央。五行相生相克，构成了一个万物生灭、消长的循环。不少人听说过"左青龙，右白虎，前朱雀，后玄武"这"四象"，也叫"四神兽"，它们和"五行"的关系很密切。

第三种模型，是《道德经》讲到的模型，也就是本章所说的"道生一，一生二，二生三，三生万物"，勾勒出一个以"道"为开端，以"万物"为终点的宇宙图景，很值得重视。

按照惯例，我们还是先了解这一章的原文，然后介绍大意，最后疏解重点、难点。

本章的原文如下：

> 道生一，一生二，二生三，三生万物。万物负阴而抱阳，冲气以为和。人之所恶，唯孤、寡、不穀，而王公以为称。故，物或损之而益，或益之而损。人之所教，我亦教之：强梁者不得其死。吾将以为教父。

河上公给本章起的标题叫"道化"，强调了世间万物都是由"道"演化而来。

本章的大意是："大道"衍生出混沌的"一"，"一"分化出"阴"和"阳"这两种气，"阴"和"阳"交融互动，产生出第三种状态"和"。最后，由第三种状态演化出天地间的万事万物。万物都背负着"阴"，怀抱着"阳"。"阴""阳"二气激荡交融，于是有了"和"的状态。通常，人们所厌恶的，不希望降临在自己身上的，就是"孤""寡""不穀"这些不吉利的情况。然而，君王却把这些作为自己的称号。所以说，对于一种事物，有时候消减了，反而会增多；有时候增加了，反倒会损耗。前人教导我的道理，我也拿来教导其他人，那就是：强横粗暴的人将不得好死。我把这句话看作宝贵的教训。

从整体上看，这一章讲了两方面内容：第一方面就是"道生万物"这么一种宇宙论的模型；第二方面是"损益转化"的辩证智慧。这两部分的内容比较独立，它们之间的关系不是很密切。因此，有不少学者都认为：它们原本不属于同一章；后半部分，是其他章节的内容，只不过被错误地掺杂进本章。不过，这个看法不一定站得住脚：因为，不仅河上公、王弼传下来的通行本把这两部分放在同一章里，就连马王堆汉墓帛书的版本，也是一样的安排。所以，最好还是尊重文本，将前后两个部分合起来看。或许可以这样理解前后部分的关系：前一部分是用抽象的语言概括了"道产生万物"的过程和实质，也解答了"万物之德是怎么来的"这一问题；后一部分，则用比较形象的语言讲了"德"所具有的"损益转化"的辩证特质，这可以看作"德"的实践和教训。总体上，本章是一个由上到下的结构。

接下来，我们解析本章的第一个难点："道生一，一生二，二生三，三生万物。"

在学习第一章的时候，我说过采用"无"和"有"的双层结构，来理解"大道"。

回到本章。"道生一"这句话里的"道"，对应的正是"道之无"的一面，也就是"大道"作为超然的本体性的存在。而"一"对应的则是"道之有"的另一面。"一"，既是一切具体事物的开端，本身又是混融一体、未曾分化的，也可以用"混沌"来描述它。

"一生二"，说的是宇宙天地之初原始、混沌的状态，进一步产生出阴阳两种气。"二"指的就是"阴和阳"。

"二生三"，并不是生出三个东西，而是生出第三种状态。这种状态就是"阴阳和合"的状态，阴气、阳气相互调和激荡，产生出"和气"。万物就是从"调和之气"的状态中产生出来的。

正因为这样，万物都是既有阴又有阳，"万物负阴而抱阳，冲气以为和"，都是在阴阳二气调和冲荡过程中，由"和"产生出来的。这就具体解释了第四十章讲的"天下万物生于有，有生于无"的过程。从"道之无"到"道之有"，再到"一""二""三"万物的各个阶段，就是"道生万物"的过程。

这个话题太抽象，不容易理解，我们借助中国哲学里的一些概念来详细说明这个过程。

一个概念是"无极",另一个概念是"太极"。北宋有一位思想家周敦颐,《爱莲说》的作者,还是宋明理学的开创者之一。周敦颐有一个很著名的说法,在后世影响很大,就是"无极而太极,太极本无极"。他用"无极"来形容宇宙万物整体存在的绝对性,也就是超然物外的特点;又用"太极"这个词来形容宇宙万物存在的整体性,也就是融贯一体的特点。从逻辑上说,先有"无极",然后才有"太极";不过,就实质内容看,"太极"就是"无极",它们是同一个事物的两个方面。

受这个说法的启发,我们不妨把"道生一"这句话里面的"道"看作"无极",把"一"看作"太极"。"道生一",意思是"超越的本体性的道"落实下来,衍生出"最初的有"。这就相当于,超然绝对的"无极",衍生出"包容一切,但又混融一体"的"太极"。还有人试着用"道生一"来解释理论物理学的"大爆炸理论",这种中西古今的跨界也经常能碰撞出耀眼的火花。

相应地,"一生二"这句话可以理解为:"太极"生"两仪"。两仪就是一阴一阳。

关键是"二生三",有学者把"三"解释成三个事物,比如"天""地""人"。但这种解释有些牵强。不如把"三"解释成第三个事物。也许你对太极图有点印象,太极图也叫"阴阳双鱼图",因为画面上"阴"和"阳"这两大要素一白一黑,交融互动,就好像两条鱼相互追逐。我要特别提醒大家关注一下这两条鱼的眼睛:白鱼的眼睛是黑色的,黑鱼的眼睛是白色的。这意味着"阴"和"阳"已经达到了调和的状态,"阴中有阳","阳中有阴"。这个状态,正是"和",也就是"二生三"这句话中的"三"。所以,"三"指的是这种阴阳互动调和的微妙状态。

"三生万物"就好理解了:天下的一切事物都是从"阴阳调和"的状态和过程中演化出来的。因此,万事万物都少不了阴阳,且既有"阴",又有"阳"。这一点也得到了传统中医理论的印证。按照中医的说法,我们每个人,不论男女,都是"阴阳"的融合体,既有"阴",也有"阳"。例如,我们身体的体表为阳,体内为阴;背部为阳,腹部为阴。再拿五脏来说,位于上部的心、肺属阳,位于下部的肝、脾、肾属阴。不光我们人类,万物也一样,都是阴阳的结合体。有的事物某一方面要强盛一些,好比月亮,古人把它看作"阴的极致",但这不是说,它没有另一面,它里面照样有"阳"的要素。

再看后半段。其中值得重视的,是老子归纳出的一条辩证原理:"物或损之而益,或益之而损。""加"和"减","得"与"失",往往相互依存,不断转化。中国人讲,"吃亏是福",这倒不一定是自我安慰、自我麻醉,有时候,退一步,甘愿吃一点亏,反而能够获得更多。从反面看,太贪心,太霸道,事事争先,处处沾光,结果也可能两手空空。

在本章结尾,老子很正式地告诫人们:"强梁者不得其死。"那些横行霸道、蛮横嚣张的家伙,往往不得好死。

老子讲损益的辩证转化,讲"强梁者不得其死"的教训,都是在规劝当时的统治者,要谦逊,要无为。这也是君王之"德"的重要内涵。

第四十三章

第四十三章的原文是：

　　天下之至柔，驰骋天下之至坚。无有入无间，吾是以知无为之有益。不言之教，无为之益，天下希及之。

　　河上公为这一章起的标题叫"遍用"，"遍用"的意思是说：柔弱、无为正是大道的特性，它的作用遍及天地万物。

　　本章的大意是：天下最柔弱的东西，却可以在天下最坚硬的事物中自由穿行。这最柔弱的东西无形无迹，仿佛不存在，却能够穿透没有缝隙的实体。我因此知道了"无为"的价值。无须用语言来表达的教导，不刻意作为的好处，天底下几乎没有什么能够赶得上它。

　　很明显，这一章仍旧是在讲"柔弱胜坚强"的智慧，讲"无为"的价值。这是老子非常看重的，他在不少章节，都表达了类似的观点。在本章里讲得更集中。

　　先看第一句话："天下之至柔，驰骋天下之至坚。""天下之至坚"好理解，指天底下最坚硬的东西，比方说坚硬的花岗岩。什么是"天下之至柔"呢？我们很容易联想到"水"。的确，在人们熟悉的东西里，"水"是最柔软的。古人讲"柔情似水"，就是用"水"来形容爱情的美好，温柔缠绵。

"水"没有固定的形态,看起来也非常温和,却可以自由地纵横于天地之间。哪怕是再刚猛、再坚硬的东西,在它的面前也无可奈何。且不论洪水肆虐、海浪滔天的凶猛威力,单说我们日常经验中细微、典型的例子。一个例子是"水滴石穿",过去人们住平房,屋檐上的雨水常滴落于地面,哪怕是青石板铺就的地面都会留下一个个明显的小坑。我们如果没有工具,要在青石板地面上弄出坑,也不是件容易的事;然而,不起眼的水滴日复一日地滴下来,却能在坚硬的石板上留下明显的印记,的确让人惊叹。另一个例子是小河、小溪里的鹅卵石,它们原本是山间的坚硬石块,棱角锐利。不过,在流水的洗刷下,在彼此的碰撞中,它们渐渐被磨掉了棱角,一个个变得圆润光滑。"水",完美地诠释了"柔弱"的伟大力量。

古书记载过一个与老子有关的"舌头和牙齿"的故事。这个故事有好几个不同的版本,我向大家介绍的是汉代的刘向在《说苑》这本书里的讲法:老子的老师常枞(cōng)得了重病,加之年龄太大,不久于人世。这一天,老子前去看望老师,问道:"先生病得很重啊!请问您还有什么宝贵的教导要传给我们这些学生的?"老子师徒都是高人,很洒脱,即便面对死亡,也不像寻常人那般悲伤哭泣,他们更看重智慧的传承。常枞很有意思,他张口让老子看,然后问道:"我的舌头还在吗?"老子说:"还在。"常枞又问:"那我的牙齿还在吗?"老子回答:"牙齿不在了。"常枞说:"你从中明白了什么道理?"看来老先生也喜欢采用启发式教学。老子很有悟性,说道:"您的舌头能够保全下来,莫非是因为它足够柔软?而您的牙齿都掉光了,莫非是因为它们太过刚强了?"常枞很欣慰:"对啊!你明白了这一点,天底下的道理我就都说完了,我没什么可以再教你们的了。"舌头因为柔弱,得以保全自己;牙齿因为强硬,却落得个全军覆没的下场。这个故事用一种非常形象生动的方式揭示出道家的一个宗旨:柔弱胜刚强。有人会说,这不就是"以柔克刚"吗?既对,也不对。因为,"以柔克刚"的"克"字,斗争性太强,有点争强斗狠的意味;不如"柔弱胜刚强"的"胜"字,它不是"战胜""打败"的意思,而是"好过""胜过"的意思:"柔弱"要胜过"刚强"。这不是在跟别人竞争,而是自己在体会,自己在做选择。

接下来,我们看第二句:"无有入无间,吾是以知无为之有益。""无有"就是"似乎没有,仿佛不存在"。听到这里,大家也许联想到了前文介绍的"朴"或者"道之无"的一面。"大道无形",似有若无;"水"也具备了相似的特点,所以老子认为"水接近于道"。恰恰因为"大道"无形,它才能无所不在。那些紧密完整的物品,看上去没有一丝一毫缝隙;然而,它无法阻止"大道"渗入其中。这也就是我们前面说过的"大道至小无内",它内在于一切事物。

"无有入无间"在形式上,有点接近庄子在"庖丁解牛"故事里说到的"以无厚入有间":庖丁技艺高超,能够用一把解牛刀轻松自如地把一整头牛解开。按照庖丁的说法:解牛刀没有什么厚度,牛的身体里面却有很多缝隙、空间,用没有厚度的刀刃,切入有缝隙的骨节,当然会游刃有余了。庄子认为,庖丁解牛的关键不在于技术,而是他已经体悟大道,没有执着,不会勉强,能够顺其自然,这就是"无为"。尽管两个讲法,一个是"无间",一个是"有间",侧重点不太一样,但"体道而任自然"是它们的共同点。

还是以"水"为例,"无有入无间"可以这么理解:作为"大道"的象征物,"水"没有固定形状,甚至没有颜色;同时,它没有争强好胜之心,也没有强烈的执着,一定要打败谁,一定要占据什么位置。"水"不会刻意表现自己,它随遇而安,保持柔弱的状态。此外,"水"滋养了万物,一切生命都少不了"水"。现在,我们问一个问题:"水"是怎么进入万物、进入生命的体内的?原来,它不是用强迫的方法逼着对方灌下去。它是用一种"润物细无声"的方式,顺着万物的本性,迎合着万物的需求,自自然然地进入万事万物之中。也就是说,"水"自始至终采用的是一种"无为"的方式;或者,更准确地说,它没有采取任何方式,只是顺其自然罢了。从这个过程里,我们能够清晰地感受到"无为"的神奇作用。由此,老子从"柔弱胜坚强"的道理中,一步步引导出"无为"的主题。

再以武术为例吧。我是一个传统武侠小说迷，一直很喜欢金庸先生小说里的一句话："他强由他强，清风拂山岗。他横任他横，明月照大江。"这是他写的《倚天屠龙记》里的《九阳真经》的口诀。当然，《九阴真经》《九阳真经》都是金庸先生编出来的，不过，金庸先生有很深厚的传统文化素养，他的这句话，就颇有道家的神韵。

从字面看，"他强任他强，清风拂山岗"，对手攻势很强，我该怎么办？我只当他的一招一式是清风，而自己化作山岗；清风拂来，我自岿然不动。"他横任他横，明月照大江"，对手很是蛮横，气势汹汹，我只当他是明月，而自己化作大江。明月照映，我自奔流不息。当然，这不是"闭上眼睛，当对手不存在"，不是"自我麻醉的精神胜利法"。这句话的关键，在于两个字：随顺。随着对方的攻势，顺着他的刀枪拳脚的势头，暂时收缩、避让，而不是硬碰硬。"随顺"只是第一步；第二步，是当对手招式用老了，势头衰竭，再轻轻一带，就可以将其完全化解。

我不懂武术，不过，照我说，《九阳真经》的这句口诀体现的正是道家的"太极"的精神。在太极拳的《打手歌》里有这么一句，"任他巨力来打我，牵动四两拨千斤"，也就是人们熟知的"四两拨千斤"。它强调的也是顺势借力，以巧胜拙，以弱胜强，以小力胜大力。对手的攻势刚猛，那就先顺着他的势头，用巧劲化解，再轻轻一拨，就能改变对方攻势的方向。当然，我这都是一些很外行的猜想。

那这些与"柔弱"和"无为"有什么关系呢？太极拳主张以柔克刚，习惯于后发制人，都可以看作抱守"柔弱"的姿态，以低调、无为的方式来化解矛盾。另外，我还想强调一点："柔弱"或者说"无为"，绝不是被迫无奈的妥协，而是一种饱含着生机与活力的大智慧。

最后，老子说："不言之教，无为之益，天下希及之。""不言之教"也是"无为"的表现，这在第二章已经说过了。老子感叹，"无为"的好处这么多，谁都比不了；可惜，愿意遵照执行的人，却少之又少。或许，老子是在规劝当时的统治者，也就是那些侯王，应该秉持柔弱，用"无言之教"代替"有言之教"，用"无为"取代"有为"。这，才是天下之福。

第四十四章

第四十四章蕴含了很深刻的人生智慧，可以看作道家为我们开出的药方、立下的箴言，值得细心体会。

> 名与身孰亲？身与货孰多？得与亡孰病？是故甚爱必大费，多藏必厚亡。知足不辱，知止不殆，可以长久。

河上公认为本章的主旨是为人们的取舍、为人们的行动，给出极其有价值的戒律、规劝。因此，他给这一章起的标题叫"立戒"。

本章的大意是：对于人来说，名誉和生命，哪一个更加亲近？生命和财富，哪一个更重要？获得名利却丢掉性命与不要名利而保全性命，这两者相比，哪一个更有害？所以，过度地热爱，追求某个东西，必定会付出很多；太多地收藏宝物，必定会丧失很多。只有知道满足的人，才能避免受辱；只有懂得适可而止的人，才能避免危险：这样的人，方能保全长久。

从文字来看，这一章的含义比较浅显易懂。而如果从价值取舍来说，它则和我们的生理本能之间，还是有不少冲突、抵触的地方。也就是说，"听上去很容易，做起来却很难"。

孔子在解释为什么要著述《春秋》时，讲了一句话："我欲载之空言，不如见之于行事之深切著明也。"意思是：我本来是想讲一些抽象的道理；不过，我发现这样做，不如把这些道理融贯到具体的历史事件里来讲；因为后者更加深刻、明确，也更形象、生动。对于我们今天要读的这一章，用一些生动、具体的事例来揭示，可能会让大家对其中所蕴含的道理感受得更真切、更鲜活。

一开篇，老子连续提了三个问题："名与身孰亲？身与货孰多？得与亡孰病？""名"，是"名誉""名声"；"货"，是"货物"，代表"财富"；"身"，则是我们的"身体"，代表"生命"。这三个问题可以归结为一点：怎样来权衡"名利"和"生命"的重要性？孰轻孰重？

"名利"对于人们的重要性不言而喻。中国有句老话："人生在世，吃穿二事。"其实，也可以把它改成"人生在世，名利二字"。

当然，"名利"本身不是坏东西。很多时候，好的"名声"及"荣誉"都可以转化成我们克服困难、不断前进的动力；坏的"名声"也可以用来谴责、鞭挞那些"缺德的家伙"。而且，为了维护"好的名誉"，人们也会自觉地审视自己的言行，约束自我。面对"利益""财富"，也是同样的道理。我们生活在世界上，少不了柴米油盐酱醋茶，需要吃饭穿衣、养家糊口，这些都离不开物质财富。就像有人总结的："男人没钱，不能养家；女人没钱，不能自立。老人没钱，晚年凄凉；孩子没钱，心里自卑。"又如先哲所言，"欲望推动了历史的进步"，为了满足欲望，追逐财富，人类一次次地突破自我，有了各种发明创造，还有了大航海和地理大发现。这背后都有"财富"的推动。

不过，凡事都有两面。道家习惯于冷眼旁观世事变幻，因此，老子敏锐地察觉到"名利"与"生命"之间经常会出现冲突，发生矛盾。

先拿"名"来说。古今中外，贪慕虚名、沽名钓誉的人，可谓绵延不绝。我们举一个例子。

唐代著名诗人宋之问写过《渡汉江》一诗："岭外音书断，经冬复历春。近乡情更怯，不敢问来人。"尤其后两句，道出了游子归乡时的复杂心情，非常传神。可就是这样一位著名的诗人，却为了虚名，不惜杀害自己的外甥来窃取他的诗句，最后，落得个"身败名裂"的下场。原来，宋之问有一个外甥，叫刘希夷，是一位年轻诗人，颇有才华。当时，宋之问是诗坛前辈，声名远扬。这一天，外甥刘希夷带着自己写的新诗到舅舅家请求指点。宋之问读到诗中的"年年岁岁花相似，岁岁年年人不同"，不禁大为赞叹。这的确是妙手偶得的佳句。宋之问越看越喜欢，不禁起了占为己有之心。他深知这两句诗能让自己的名声"更上一层楼"。于是，他拿出长辈的架势逼着外甥把这两句诗让给他，也就是说，以"宋之问"的名义发表。一开始，刘希夷碍于亲戚的情面，只得答应。不过，很快他就后悔了：毕竟，这么绝妙的诗句，说不定就是"千古绝唱"，自己将来很可能再也创作不出这等水准的诗句了。于是，刘希夷反悔了，不肯把这两句诗转让给舅舅。当天晚上，宋之问翻来覆去睡不着，念叨着这两句诗，恶从心头起，命令家奴用装满泥土的袋子压在外甥身上，一层层加上去，最后把外甥活活压死。当时刘希夷还不到三十岁。然而，"天底下没有不透风的墙"，最后，东窗事发，宋之问锒铛入狱。他先是被判决流放，由于罪行太恶劣，后来被皇帝追加处罚，勒令他自杀。天下人听说了都拍手称快，就连稍晚的大诗人刘禹锡也说：宋之问该死，这是上天给他的报应。

像宋之问这样的著名诗人，原本有大好前途，最终因为贪慕虚名，不择手段，为窃取名句杀害自己的外甥，为世人所不齿。这无疑是一个"以身殉名"，也就是"舍身以求名"的典型例子。

"以身殉财"或"拿命来换钱"的例子就更多了。古人讲："人为财死，鸟为食亡。""鸟为食亡"，还可以说是为了基本的生存需求而拼命。而人呢，就算没有这笔财富，他也能活下去。也就是说，这笔财富对他来说只不过是"身外之物"，并不影响生存。在这种情况下，人为了这"身外之物"，不惜铤而走险，丢掉性命，当然连鸟都不如！

前些年有一部热播的反腐大剧《人民的名义》，对贪腐类人物的刻画可谓入木三分。剧中一个人物叫赵德汉。他的官职不高，不过是一个处长，权力却很大，负责某个重要的项目处，很多人都求到他。赵德汉看上去憨厚老实，生活朴素，穿一两百块钱的衣服，骑自行车上下班。可是，当办案人员打开他藏现金的别墅时，他们惊呆了：他竟然贪污了二点三亿元现金！按照赵德汉的说法，他们家祖祖辈辈都是农民，穷怕了；好不容易通过自己的奋斗当上了"位不高、权却重"的处长，受不了诱惑，贪污了巨额财富。可是，他又害怕自己花多了钱被人发现，所以，贪污了一屋子钱，却一分钱都没花。他只是时不时来这个别墅，看着满屋子的钱，就感觉非常安心。很显然，他已经上瘾了，病得不轻。

这样的人，并不少见。我们身边的人，甚至我们自己，在某种程度上，又何尝不是在以生命为代价来换取"名利富贵"？我曾经看过一个说法：想要让人们看透这些，放下对名利的执着，最好的地方不是寺庙，不是教堂，而是医院。身处医院，尤其是重病区，看着那些痛苦挣扎、奄奄一息的病人，我们的心灵会受到强烈的冲击。的确，与健康的身体和正常的生命相比，那些财富、名利又算得了什么呢？

这就涉及"得"与"亡"。有的书把"得"解释成"获得名利"，把"亡"解释成"失掉生命"。我个人不太赞同这样的解释。因为照这样讲，"得"和"失"是一样的，是因果关系，那又何来比较呢？所以，我把"得"理解成"获得名利而丢掉了性命"，把"亡"理解成"不要名利而保全了性命"。这样，两者才有差别，才能够比较。

接下来的两句很重要，"是故甚爱必大费，多藏必厚亡"。"甚爱"和"多藏"意思相近，都指"过分喜爱""过度追求"，然后"大量收藏"。举个例子来说，现在，有不少年轻朋友喜欢购买运动鞋，不惜花大价钱买限量款、签名款。本来，运动鞋款式很吸引人，作为个人爱好购买收藏一些，无可厚非。然而，要是太过度了，超出了自己的经济能力，靠贷款，甚至不择手段来满足心愿，那就适得其反了。所以，这两句话里的关键词是"甚"和"多"，也就是"过分""过度"。

由此，我们发现，老子其实并不是反对一切的"名"和"利"。实际上，打着"反对一切名利"旗号的人,要么是狂热的宗教徒,要么是伪君子,再不然就是"吃不到葡萄,说葡萄酸"的家伙。老子不是这样的人。他反对的是"过度""过分"地追逐名利。因为,这就是在追求"淫欲",到头来,只会伤害到我们的身心。

最后的"知足不辱,知止不殆,可以长久"这几句,比较好理解:能够管住自己的欲望,珍惜当下,知道满足,懂得何时适可而止的人,他的行为举止贴合大道的要求,顺应自然的本性,可以做到"无为而无不为",长久地保全自己当然不在话下。

第四十五章

　　大成若缺，其用不弊。大盈若冲，其用不穷。大直若屈，大巧若拙，大辩若讷。躁胜寒，静胜热。清静为天下正。

　　河上公为本章起的标题叫"洪德"。在古汉语里，"洪"字有"大"的意思，比如《尚书》中有一篇著名的文献，名字叫《洪范》，"洪范"的意思是"伟大的法则"。可见，"洪德"就是"伟大的德性"。

　　本章的大意是：最完满的东西，却好似有所欠缺，而它的作用不会减弱。最充实的东西，却好似空虚，而它的功用不会穷尽。最正直的人，却好似有些弯曲。最灵巧的人，却好似有些笨拙。最能言善辩的人，却好似有点木讷。快速奔走能够驱走寒意，安然宁静能够克服炎热。清静无为，可以作为天下的正道常则。

　　在这一章，老子接连用了五个"大"字来讲"大道"以及"上德"的特性。其中，最耐人寻味的是他深刻地阐述了"不完美"的价值。

　　通常，人们都喜欢"完美"的事物，在形容绝世美人的时候，会说："增之一分，则太长；减之一分，则太短；敷粉，则太白；施朱，则太赤。"总之，就是强调"恰当好处""完美无缺"。一块美玉，要洁白无瑕；一个圣人，要尽善尽美；就连许愿，都要十全十美。

　　老子却又唱反调了。"大道"已经是最高的存在了，可是，老子在形容

"大道"时，却有意识地强调它"不圆满""不完美"的一面。这和西方的基督教截然不同。基督教在描述上帝的时候，说"全知全能全善"。老子就不一样了，按他的说法，"大道""若缺""若冲""若屈""若拙""若讷"，总之，欠着一点，不那么完美。

这几个"若"字值得细细品味。"若"，就是"仿佛""似乎"，"看上去"。"大道"看上去有缺陷，似乎很空虚，仿佛不够直，瞧着还有些笨拙、有些木讷。然而，这只不过是"看上去"的样子罢了。至于它究竟什么样子，却很难说。毕竟，我们看不到它的全貌。无论"大道"本身"圆满不圆满""完美不完美"，它都绝不会刻意炫耀自身的伟大；它更愿意低调地掩饰自己的光芒，表现出质朴、笨拙的一面。这就是人们所说的"藏拙"。

一般意义上的"藏拙"，多半出于谦虚，再就是遮掩短处，正所谓"献丑不如藏拙"。就像有些朋友有"社交恐惧"，在公众的注视下会很不自在，手脚都不知道往哪里放，于是尽量避免自己成为众人瞩目的焦点。这种"藏拙"不失为一种明智的做法。

不过，老子在本章所讲的"藏拙"，就不只是明智了，它更是一种大智慧。

一则，高下、尊卑都会辩证转化。"大道"看似有瑕疵、有残缺，好像不那么完美。可恰恰是这"残缺"，这"空虚"，才能最终成就"大道"的"圆满"和"充实"，让它发挥出神奇的作用。

二则，既然"圆满""完美"，那当然是处于最好的状态。然而，这意味着已经攀上了巅峰，已经达到了顶点；接下来自然就是走下坡路，逐渐衰落、破败，乃至灭亡。我已经不止一次说过，道家讲求的是"长久之道"。要想"长久"，靠"长盛不衰"显然是不可能的。毕竟，"人无千日好，花无百日红"，高潮过后，注定是低谷。既然做不到"长盛不衰"，那我们不妨换一个思路：有没有可能做到"不盛""不衰"呢？换句话说，不求圆满，拒绝完美，避免自己走上巅峰、达到最高点，这样就与衰败、灭亡之间，始终保持着安全的距离，便可长久。这恐怕才是老子讲"藏拙"的真实意图，这也是他从

"大道"那里领悟的深刻智慧。

在这一点上，晚清的曾国藩可以说是老子的知音。曾国藩为自己的书斋起名"求阙斋"，乞求残缺。为什么取这个名字呢？他在一封家信中写道："平日最好昔人'花未全开月未圆'七字，以为惜福之道、保泰之法，莫精于此。"常人都爱"花开月圆"，曾国藩却另有感悟：鲜花盛开之后，面临的就是凋谢；月亮圆满之后，必然是月缺。所以，完满、周全只是短暂的，一旦到了极致，就会转向亏损、残缺。他还对骄傲自满有高度的警惕。他经常引用先秦哲人管子的一句话："斗斛满则人概之，人满则天概之。"意思是说：在用斗斛这些工具称量粮食的时候，如果太满了，就会有人把它刮平；而一旦我们为人处世自满，飘起来了，上天就会来把我们"刮平"。也就是说，我们会受到上天的惩罚。所以，做人做事，不仅要谦虚谨慎，更要学会保持某种不圆满的状态，留一些缺憾，留一点瑕疵，这才是长久之道。他将自己的书斋命名为"求阙斋"，正是时刻提醒自己，要恪守这种"追求不完美"的价值观。历史上，曾国藩能够在复杂的局势下得善终，靠的正是这种豁达的智慧。

的确，"不完美的价值"，是一个值得在今天好好讨论的话题。"不完美"还有价值吗？不是应该"万无一失""精益求精"吗？必须承认，在很多领域需要严谨、细致的态度，要努力做到万无一失。例如，我们的载人航天工程就必须把每一个细节都想到、做好，容不得一丝一毫的差错。很多科学研究领域都是这样的，要力求完美。

但是，也有另一些领域，它没有唯一的标准答案，或者说标准答案并不能代表一切。这时，必要的"容错率"就显得很合理了。

我在上大学的时候发现了一个很奇怪的现象：当时国外的一些很著名的考试，比如托福、GRE（留学研究生入学考试）等入学申请考试，有一些非常厉害的人能得到满分。然而，那些拿到满分的考生，并不一定一题都没做错。他也可能错了两三道小题，却照样拿了满分。我一开始很不理解，后来，看了解释规则，才恍然大悟：原来，这类考试更看重的是考生的能力等级；它们会认为错了0至4道小题的都属于最高档次的优秀学生，都判满分，而不再细分"谁一个都没错""谁错了两题"。这就是考试中的"容错率"。所谓容错率，简单说：就是允许错误出现的范围和概率，是一种必要的模糊性，有点类似于大家熟悉的"误差"的概念。不过，后来考试竞争更加激烈，在新的考法中这种模糊性变淡了。另外，它也不适用于中国的高考，因为我们的考生基数太大了，尖子生太多了，而顶级的优质资源又很有限，所以，只能采用更精确的判分方式。

可这依然能给我们一些启示：在过去，大家一直在追求考试中的完美，要百分之百正确。但是，从能力来讲，错了一两个小题的考生与一题没错的考生，真的有很大的差别吗？试卷的知识点、临场的状态等偶然性的因素，都在发生影响。换一套卷子，或许他们的名次就会有变化。我们当然尊重每一场重要考试的结果。不过，如果非要将这种带有"临时性的""偶然性"的成绩，永远绝对化，会不会也有一些不妥？我们中国人在读书方面，有很强烈的"状元情结"，下意识地觉得"状元"要比第二名、第三名厉害，更不要说和第十名、第二十名相比了。然而，有一项研究表明：根据长远的发展成就统计，一个群体里面发展最好、成就最高的往往不是第一名，甚至不是前三名，而是排名数字在总人数百分之十左右的人。这样的人或许在能力上不完美，有不少瑕疵；但这些反倒让他们对自己有更清醒的认识，每一步走得也更加踏实。

今天，我们都在声讨各种"内卷"的情况。我以为，打破一些领域的"状元情结"，容许"不完美"，甚至欣赏"不完美"，或许是解决问题的一种途径。

再来看"大直若屈，大巧若拙，大辩若讷"这三句。"大直若屈"，最正直的人，并不是时时刻刻绷着脸，老拿规矩来教训人。他其实非常随和，通情达理，懂得变通。

"大巧若拙"，真正有大智慧的技艺高超的人，不会觉得自己"高人一等"，更不屑于和别人攀比。他已经过了炫耀才华、展示花哨技艺的阶段，转而化繁为简、返璞归真，给旁人的感觉是质朴、天真，甚至有点儿笨拙。

"大辩若讷"，最高明的论辩者绝不滔滔不绝、喋喋不休。其实，与"会说话"相比，"不说废话"可能更重要。当别人口若悬河地大讲特讲那些毫无意义的空话、假话、废话时，他选择沉默。

本章最后论述了"躁"与"寒"及"静"与"热"之间的关系，落脚点是"清静为天下正"，这与第二十六章很相近。这几句可以看作对前面内容的总结：要想做到"守拙""木讷"，亲近"大道"，关键正是"致虚极，守静笃"，能"清静无为"。有一首禅诗写得好："人人避暑走如狂，独有禅师不出房。不是禅师无热恼，只缘心静自然凉。"

第四十六章

第四十六章言简意赅，含义丰富：

> 天下有道，却走马以粪。天下无道，戎马生于郊。祸莫大于不知足，咎莫大于欲得。故知足之足，常足矣。

河上公给本章起的标题中规中矩，就叫"俭欲"，意思是减少欲望、节制欲望。

这一章的大意是：当天下有道时，原先的那些战马会退役，用来耕田种地；而当天下无道的时候，连怀孕的母马都被拉上战场，甚至在战场附近生下小马驹。没有什么灾祸比不知足更大的了；没有什么罪过，比贪得无厌更严重的了。所以，满足于"知足"，方能获得永久的满足。

大体上，这一章讲了两个主题：一个是批评战争；另一个是继续反省欲望，强调"知足"的价值。这两个主题都很重大。我是这样理解它们之间的关系的：因为"不知足"，于是不断折腾，到处争抢，不惜发动战争，这对应的是"天下无道"的状况；反之，"知足"则会顺应自然，不胡作非为，不巧取豪夺，更不愿意挑起战争了，这对应的是"天下有道"的状况。可见，这一章里的"知足"主要是讲给掌权者听的，老子在规劝他们要懂得知足。

我们先看"反战"的主题。战争贯穿了整个春秋战国时期，是当时政治生活的主线。先秦诸子百家，除了兵家和法家可能对战争有所维护，其余各大学派基本上都持"反战"的立场。

比如墨家的墨子，就提出了著名的"非攻"的主张来谴责战争。墨子举例说，倘若有一个人翻墙进入别人家的果园盗窃桃子、李子，人们听说了会批评他，为政者知道了会惩罚他，因为他的行为是自私的、不正义的；接下来，当这个人偷盗别人家的鸡犬、牛马，甚至滥杀无辜时，人们会因为他的罪行越来越深重，对他的谴责和惩罚也相应地越来越严厉。但是，当这个人为了一己私利，发动战争去攻伐别人的国家，掠夺别人的土地、财富、人口，反倒没人谴责他、处罚他，甚至大家反过来歌颂他、赞赏他，称他的做法为"义"举。这算得上明白"义"与"不义"的真正区别吗？在墨子看来，统治者为满足私欲所发动的兼并战争，在性质上与偷盗他人的财物、伤害他人的性命一样都是不正义的，是需要谴责的。并且，发动侵略战争在不正义的程度上要远远超过偷盗财物、滥杀无辜，人们应该更尖锐、更猛烈地抨击、反对和惩罚这样的恶行。墨子在讲道理的时候，很注意运用逻辑思维。

儒家的孟子，曾这样描述战争的残酷场面："争地以战，杀人盈野；争城以战，杀人盈城。"为争夺土地而发动的战争，死伤的将士可以铺满原野；为抢占城池而发动的战争，死伤的将士可以堆满城池。简直是触目惊心！

老子也反对战争。不过，他不是从正面来讲战争多么不好，而是选取了一个细节，从侧面来揭示战争的残酷与荒谬。他说，天下无道的时候，那些君王喜欢炫耀武力，总想着去争夺财物，于是动辄发动战争。由于战争太频繁了，规模很大，持续时间又长，以至于连已经怀孕的母马也不得不被拉上战场，甚至有母马在战场上产下小马驹的情形。老子就是通过这样一个现象，勾勒出战争的畸形画面。我们由这一点可以直观、真切地感受到战争给社会生产和人们的生活带来的沉重压力和巨大破坏。老子把这看作"天下无道"的一个表现。他所说的"天下无道"，并不是统治者昏庸残暴导致天下黑暗的意思。"无道"，就是"大道"被忽视、被抛弃。换句话说，从上到下，都不再遵循大道，而是肆意妄为。

和"天下无道"相对的，是"天下有道"，整个社会自上而下都亲近大道，唯道是从。它表现出来的就是"刀枪入库，马放南山"，把军队都解散了，让马在南山自由地晒太阳。老子做得更彻底，干脆让这些马去耕田种地。"却走马以粪"，就是遣散战马，让它们像牛一样去犁田耕地。懂行的人都知道，马一旦用来耕田，就再也没办法上战场了。不过，这又有什么关系呢？反正，再也没有战争了，不需要它们上战场了。

本章的后半段继续了"反省欲望"这个主题。老子说："祸莫大于不知足，咎莫大于欲得。"他发现，大到国家，小到个人，各种灾祸纷争很多都源自"不知足"。因为不知足，没有的，想要得到；已经得到了，还要更多；已经更多了，却又抱怨"为什么不是最多"。凭什么别人比我多？最后无止境地追求下去。

对这个问题，老子的解决方案是：要学会"知足"，要懂得适可而止。这不仅因为它能让我们减少麻烦，避免灾祸；更重要的是，从根子上讲，"知足""适可而止"恰恰是体认大道、顺应自然的要求。它战胜了执着心、好胜心，不再刻意为之，不再强求什么，而是顺其自然，保持内心的平静安宁。

中国有两句民谚，"饭吃七分饱，事让三分利"，正好体现了道家这种"知足"的智慧。所谓"饭吃七分饱"，是说：我们在吃饭的时候，不一定要吃得肚子圆滚滚的；只吃个七八分饱，可能会更好。

也并不是说，所有人都只能吃七八分饱。成长发育期的青少年、运动员、解放军战士、干重体力活儿的朋友，消耗多，当然要吃"十分饱"。不过，对于我们今天的很多人来说，温饱问题早就解决了；反倒是由于饮食结构的问题，加之工作压力太大，经常伏案工作，锻炼又不够，更多是营养过剩的烦恼。这时，吃个七八分饱就够了。当时可能觉得还欠了一点；不过，坚持下来，身体就会越来越轻盈，更有活力。

再说"事让三分利"。追求利益的最大化，可以说是人的一种本能。而

"事让三分利"则是让我们在面对好处时，要学会分享，适当地让一些利，把部分好处分给其他人。表面上看，我们得到的东西好像变少了。但正因为让利，我们所获得的才能真正被自己掌握，才能长久。一碰到好处，总想着独吞、独占、独拿，到头来却可能什么都得不到。

清代大才子纪晓岚的老师陈伯崖先生曾经写过一副对联：上联是"事能知足心常泰"，下联是"人到无求品自高"。我们一辈子做人做事，总会遇到一些新鲜的诱惑，可能是人，也可能是物。在面对这些诱惑的时候，如果我们懂得知足，对自己已经拥有的知道珍惜，懂得欣赏，同时，明白并不是所有美好的东西都一定要和我发生联系；这样，我们就可以淡然地面对诱惑，保持身心的从容自在。一个人，没有那些乱七八糟的欲求，才能保持人格的独立。正所谓"无欲则刚"。有时候，我会听到身边有朋友抱怨，自己在生活中"像狗一样"，要不断地摇尾乞怜。我以为，在抱怨自己"像狗一样"地生活之前，不妨反省一下自己有没有"像狗一样"的欲望。你如果不在意这根肉骨头，当然就不用摇尾乞怜了。尊严，只能是自己给的。

第四十七章

古人讲"行千里路,读万卷书",人不光要从书本里获得知识,还要去各地游历,亲身观察,体会不同地方的文化。这就是我们常讲的"增加阅历,增长见识"。我们还把拒绝这样做的,称之为"坐井观天""闭门造车"。然而,老子却主张我们应该"闭门观天",反对用眼睛、用耳朵去观察、发现。他为什么要提出这种违反常识的观点?背后有哪些用意?第四十七章可以帮我们找到这些问题的答案。

不出户,知天下。不窥牖(yǒu),见天道。其出弥远,其知弥少。是以圣人不行而知,不见(jiàn)而明,不为而成。

河上公给本章起的标题叫"鉴远"。"鉴"是古代的镜子,可以照见东西。"鉴远"就是能够观察到、洞彻到远方。

这一章的大概意思是:不出房门,便可以知晓天下;不望窗外,就能够窥见天道。向外探求得越远,对大道的真知灼见反而越少。所以,体道、行道的圣人,无须出行,即可感知天下;无须察看,即可明晓真意;无须作为,即可获得成就。

这一章给人的第一印象就是"神秘",仿佛有一个远古的大神,比千里眼、顺风耳还要厉害,不用去听、去看,便能够察天观地,对一切明察秋毫。

要说，这个印象也对也不对。说它不对，是因为老子并不提倡那种神神道道的法术、咒语，也不要人们去崇拜哪个神灵。说它对，是因为老子的这一套可以算作"神秘主义"的学说。

什么是"神秘主义"呢？"神秘主义"有很多种类，我这里介绍其中的一种。这种"神秘主义"的目标是探求一些终极的学问，例如人的生命的奥秘、宇宙的真相等等。这样说来，不是跟科学、哲学差不多吗？表面上是有些相似。不过，"神秘主义"最大的特点就是它对于知识，对于人的理智，包括对我们的感官经验，始终抱有一种怀疑的态度。它认为仅仅凭这些东西，不可能找到生命、精神和宇宙的终极奥秘。于是，它提出，我们应该更加看重"直觉"和"精神体悟"，也就是从外部世界返回到内心。例如，"神秘主义"的一个概念来源，是希腊语的动词"闭上"，意思是"闭上眼睛"。这一来表明对眼睛等感官经验无法让人们获得真知的失望；二来，"闭上肉体的眼睛"，意味着"睁开心灵的眼睛"。"心灵的眼睛"才可以帮助我们排除各种干扰，揭示出精神生命和宇宙的最高秘密。很显然，老子的一些主张与这种"神秘主义"学说有很多相通之处。这倒不是说"谁影响了谁"。"神秘主义"不是一个学派，而是不同地方、不同时期的一些思想者，不约而同地思考这些问题，从各自角度丰富、发展了这一思想倾向。

了解了这个背景，我们再来看老子讲的"不出户，知天下。不窥牖，见天道"。首先，他的目标很清楚，就是要"知天下""见天道"。不过，根据我们已经读过的内容，不难发现，老子对知识、对学问持有一种怀疑或者说贬低的态度。因此，本章所说的"知天下"，肯定不是"知道天下发生了哪些事情"这类知识性的东西；更何况，与"知天下"相比，更重要的目的是"见天道"。其次，他给出的实现目标的途径和方式居然是"足不出户"，"目不视窗外"，也就是：把自己关在房子里，门窗紧闭。似乎这样，就能达到"知天下""见天道"的目的。今天科技发达，互联网、电台、电视都普及了，倒是可以做到"足不出户"便能知晓天下之事。然而，老子生活的时代，显然做不到这一点。有些人硬要把老子的话看作"天才的预测",只能说这些人在哗众取宠!

老子的真实意图是,让人返回到自己的内心,在"致虚极,守静笃"的奇妙状态下,体察心灵,凝聚精神。在依稀、恍惚之间,心灵和精神化成一道桥梁,让人有机会窥见"大道",感悟"大道"。而一旦"体道""悟道","知晓天下"当然轻而易举了。在老子看来,这个过程超越了经验和知识,乃是一种真切的直观体验,是一种强烈的生命感悟。这颇有点佛教"顿悟"的意味。

这带来了两个后果。第一,增加了吸引力。这种玄妙的神秘色彩很容易激发人们的好奇心,从而有兴趣了解它,尝试它。似乎这样就能为自己平添几分超凡脱俗的韵味。第二个后果,则不太美妙:我们都知道,"顿悟"式的直觉体验在现实中极为罕见,是"可遇不可求"的。很多人终其一生都不曾有过此类的感受;就算是出家修行的僧人,遵循得道高僧的指引进行修炼,也很难到达"顿悟"。按照传统的说法,它更多是靠慧根,靠悟性,靠机缘,靠这些无法保证也不可复制的因素。那么,对于普通人来说,它还有意义吗?这是一个疑问。

其实,这也是传统中国哲学所面临的困扰。不少研究西方哲学的朋友固然承认中国文化有特点、有魅力;然而,他们经常会问一个问题:中国哲学里的很多说法,像孟子讲的"恻隐之心"、老庄的"体道",还有王阳明的"龙场悟道"等等,它们具有普遍性吗?所谓"普遍性",就是说:每一个人或者说大多数人,按照他们提供的方式来做,最终都能够达到相似的效果。西方哲学非常看重"普遍性",认为这是逻辑性的保证,表明它在知识体系方面,每一个环节都真实有效,可以用理性来验证。问题是,中国哲学中的很多讲法带有强烈的神秘色彩,具有鲜明的个性化特征,其他人很难感受到并产生共鸣。换言之,我们的知识和理性在这个过程中并不能发挥主导的作用。由此,很多人质疑中国哲学的价值,认为它只不过是少数人自鸣得意的玄想罢了。

这是一个重大的哲学问题，我没有能力回答。我只能从个人的感受简单谈一点。

举个例子。宋代的心学大家陆九渊在十三岁的时候，读书读到了"宇宙"两个字。古人把"宇"解释为"四方上下"，也就是空间；把"宙"解释为"往古来今"，也就是时间。我们一般人读了，会把这些看作很了不起的知识。陆九渊却由此领悟了一个道理："宇宙内事乃己分内事，己分内事乃宇宙内事。"宇宙里发生的事情和我个人分内的事情密切相关，融为一体。他进而得出结论："宇宙便是吾心，吾心即是宇宙。"

可能有人会说，陆九渊太狂妄了！不过，我们最好是先弄清楚他这样讲的理由，再来评价。陆九渊想表达的是：我的个体价值和宇宙的整体秩序之间，其实有着微妙而重要的联系。因为，个体的本心和宇宙之理本来就是合一的，内在的道德秩序和外在的宇宙秩序也是贯通一体的。对他来说，这更多意味着，"我这一个体"应当承担起顶天立地的义务，而非享受高高在上的特权。

陆九渊这一说法源自生命强烈的融通感，自己和宇宙天地融为一体，我的精神和天地的精神贯通一气。

为了便于理解，我们不妨借助心理学中的"巅峰体验"概念。著名的人本主义心理学家马斯洛在与一些成功人士交谈时注意到，他们经常提到生命中曾有过的特殊经历，那就是"感受到一种发自心灵深处的战栗、欣喜、满足、超然的情绪体验"，"我"仿佛与自己所处的环境、时空高度融合，找到了自己在时空中的位置以及生命存在的价值。马斯洛把这种感受称为"高峰体验"或者"巅峰体验"。那种愉悦虽然短暂，持续时间往往从几秒到几分钟不等，但是极为真实和深刻，足以改变人的一生。

一位有过"巅峰体验"的女士，曾这样描述整个过程："有一段时间，我特别忙碌，生活像乱了套似的，一切都不顺，身心交瘁。丈夫和孩子拉我去风景区游玩，我去了。当他们兴致勃勃地爬山的时候，我就坐在山脚下一片树林中等待。我放松自己，躺在草地上，初秋的阳光从枝叶间洒下来，我长久地凝视着身边的一草一木，突然有了一种很不一样的感觉，身体变得很轻，像浮在空气中，内心深处有一种涌动。我开始分不清它是一种喜悦还是一种痛苦，但后来，我有了一种很强的满足感，内心似乎听到一种召唤，有了一种使命感，生命的意义一下变得清晰可见，疲惫和烦恼一瞬间蒸发了，我又变得生机勃勃。在以后的生活与事业中，我充满了灵性、直觉和献身精神。"

中国哲学里的很多直觉、体悟的内容，包括老庄的体道、恍惚，禅宗的顿悟等等，都可以看作某种"巅峰体验"。虽然只是一刹那的"顿悟"，但足以穿透迷雾，洞见真相。在老子这里，它表现为"个体的生命"与"永恒的大道"融合为一体，进而窥见宇宙天地的奥秘。

剩下的问题就简单了。"其出弥远，其知弥少"，老子之所以反对"出"，是因为"出"意味着向外求索——用眼睛看，用耳朵听，用鼻子闻，用手脚触碰。这样做会有两重风险：第一重风险是"盲人摸象"。我们用感觉器官来探求世界，所得到的知识和经验永远是局部的、片段的，甚至是自相矛盾的。依靠这些，显然不可能获得完整的、正确的答案。第二个风险是，当我们过度依赖眼睛、耳朵这些感官时，与感官相伴随的欲望就会冒出来，像追逐"五色""五音""五味"之类的欲望将干扰我们的心灵；此外，还会滋生出争强好胜、顽固执着等偏执的心态。这些会导致我们造作有为，偏离大道自然。因此，老子要压制、化解它们。

至于如何评价老子的这一观点，说实话，超出了我的能力范围。

第四十八章

不时会听到身边有朋友念叨:"该给生活做做减法了!"还有不少人在宣传"断舍离"。这些说法、这些观念,并不是在给人们灌"心灵鸡汤";它们的背后其实蕴藏有十分深刻的哲理。如果要追溯其源头,多半会追溯到我们现在要学习的《道德经》第四十八章。这也是整本书里面最重要的章节之一,这一章的原文如下:

> 为学日益,为道日损。损之又损,以至于无为。无为而无不为。取天下常以无事,及其有事,不足以取天下。

河上公给这一章起的标题叫"忘知","忘知"的意思是:只有忘掉知识,才能接近大道,做到无为。

本章的大意是:求学的方法,是每一天增加。求道的方法,则是每一天减少。减少又减少,终于达到"无为"的境地。一旦能"无心作为",那就没有什么做不到的了。治理天下,必须长久地保持清静无为;如果频繁变动、刻意作为,就不配治理天下。

这一章的关键在"为学日益,为道日损"这八个字。弄清楚它们的意思,不光能明白这一章的含义,就连整本《道德经》的奥秘,至少也能领悟一小半。

先简单介绍一下"为学"和"为道"。"为学"就是从事"学习",追求学识。从老子已有的表述中,我们能够看出,他对于"知识"、对于"学习"有某种警惕性,持贬低的态度,也就是说,"为学"在他这里,算不上好事。而"为道",即对"道"的体认和追求,很显然是正面的,也是老子非常看重的。

那么,"为学日益"和"为道日损"这两句话之间究竟是什么关系呢?这就要用到简单的语法分析了。第一种可能的关系是:"为学日益",则"为道日损",前后两句是因果关系。"为学日益"是原因,它导致的结果是"为道日损"。意思是:学得越多,对"道"的伤害越大。第二种可能的关系是:"为学日益",而"为道日损",前后两句是并列的关系,表示某种对比。如果单看这八个字,两种逻辑关系都能成立。不过,再结合后面的"损之又损,以至于无为",就要排除掉第一种可能性。因为倘若"为学日益"会导致"为道日损"的话,"损"就是对"大道"的伤害;然而,"损之又损",伤害再伤害,居然可以达到"无为"的状态!而"无为"可是"呈现大道"的理想状态。显然自相矛盾。通过这种归谬法,就排除掉了第一种可能性,因此,"为学日益"和"为道日损"不是因果关系。正确的解读应该是"为学日益",而"为道日损",两者是并列关系,形成一组对比,前者不好,后者才好。

接下来,我们再具体分析"为学日益","益"的是什么;"为道日损","损"的又是什么。

不少学者提出,这里的"益"和"损"都省略了一个共同的宾语,那就是"欲望"。补充完整之后,这两句话是说:"为学",会让我们的欲望越来越多;"为道",则会让我们的欲望越来越少。按照这个思路,老子在这里比较了两种生活方式,一种是"为学",一种是"为道"。"为学",是我们大家非常熟悉、非常习惯的一种生活方式。那就是围绕着知识,围绕着技术,围绕着名和利,所展开的学习和竞争。这种生活方式能够带给我们很多,例如财富、名望、各种享受。但是老子注意到，"为学"的这种生活方式伴随着一个危机，那就是"日益"：不好的情感、不好的欲望会越来越多，越来越膨胀，甚至有可能失控。

因此，老子提出了另一种生活方式——"为道"。所谓"为道"，就是遵循"自然之道"来生活。凡是符合道的，我就保留；凡是违背道的，我就把它减损掉。久而久之，不好的欲望、不好的情感就会越来越少。到了最后，我们没有任何不好的情感，没有任何不好的欲望，就能做到无为；而一旦做到无为，就能无所不为。

很明显，这一解读思路将焦点集中在了"欲望"上：先从反面讲了"向外探求、追逐名利"的恶果；然后，从正面讲了"遵循大道，减损欲望"带来的好处。

老子对"欲望"的反思和佛教的开创者释迦牟尼有些不谋而合。释迦牟尼在建立佛教的时候，思考了一个问题：为什么"人生皆苦"？为什么现实世界总是充满了苦难？常言道，"人生不如意，十有八九"，也就是说，十件事情里面，只有一两件算好事。释迦牟尼有了一个发现，那就是：我们总是处在"渴求"之中，欲求总得不到满足。一个人，有很重要的欲望没有得到满足，他因此很痛苦，这我们容易理解。经过艰苦的努力，加上一点好运气，他的欲望被满足了，照理说，他应该不再痛苦了吧？事实却并非如此。因为这个"已经被满足了的欲望"对他来说，似乎已经没那么重要了；很快有新的欲望冒出来，他又陷入新一轮"欲求不满"的状况之中。如此一来，"欲求不满"就好像轮回一样，永无尽头。他的痛苦，自然也就没有彻底解脱之日。有那么一句话："得不到的，永远是最好的。"反过来讲，"最好的东西，我们永远都得不到"，于是，我们永远处在"欲求不满"的痛苦煎熬之中。这样的人生，当然充斥着"苦难"。这是佛教对"欲望"的反思，很深刻。

可以说，道家和佛教在对待"欲望"这个问题时，有共同之处，它们都主张管控欲望，节制欲望，不能让欲望泛滥从而干扰人们的心灵。

这种古老的智慧，在今天尤其重要。我听过一个讲座，主讲是中国台湾的一位教授。他说："现在是一个消费的资本主义时代。""资本主义"，就是"资本"能够呼风唤雨的社会。而"消费的资本主义"，就是在资本的操纵和诱导下，人们的生活方式转变为以"消费"为中心。我怎么证明我的价值？很简单，"买买买"，大到豪宅、名车，小到口红、发卡，隔三岔五，在网上下单买一些有用或者看似有用的东西。当收到一大堆快递包裹的那一刻，人生价值、存在的意义，似乎都有了着落。这就是"消费的资本主义"。

评价"消费的资本主义"，不是我的任务。我关注的是，在这个过程里"我"和"我的欲望"之间的关系。只有当我购买的东西真正服务于我的生活时，"我"才是"我的欲望"的主人。倘若我买一堆东西，仅仅是因为我很享受"购买"的滋味，很享受拆包裹的过程，那"我的欲望"就反过来成了"我"的主人。

幸而有不少人已经开始反省，在努力挣脱"消费主义"的牢笼。近些年很流行的"极简主义"和"断舍离"就是其中的代表。

"极简主义"最开始是一种艺术风格，后来逐渐发展成生活方式。它的基本精神是：除非必要，否则不要。在生活中，只保留那些真正不可或缺的物品；转而把时间和生命花费在更有意义、更有价值的事情上面。

"断舍离"是"极简主义"在日本的一个分支，它起源于"整理收纳物品"的观念。日本的一位杂物管理专家山下英子发现，通过整理物品，我们可以更好地了解自己，甚至改变自己。于是，她提出"断舍离"的说法。"断"，是断绝不需要的东西；"舍"，是舍弃多余的废物；"离"，是脱离对物品的执着。在整理物品的过程中，我们必须重新审视哪些是真正喜欢、真正需要的，哪些是可有可无的，哪些是完全没有意义的。在这个过程中，我们也在整理自己的生活：我究竟喜欢什么，不喜欢什么？在意什么，不在意什么？

进一步拓展，我们还可以把"损"和"益"看作两种抽象的方法。

"益"，是做加法，要不断地获得；"损"，是做减法，要不断地削减。通常，我们更习惯在生命中做加法，自强不息，拼搏奋斗。老子和庄子则更看重做减法。减掉的，不仅仅是过分的欲望，还包括其他不自然、不正常的东西。

就好比社交网络。很多朋友痴迷于社交网络，刷短视频，晒朋友圈，忙得不亦乐乎。社交网络有它的独特魅力和价值，给我们提供了便利的、多姿多彩的展示空间。不过，必须承认，其中也夹杂着大量的无效社交及虚假的"存在感"。富兰克林曾经说过："对所有人以诚相待，同多数人和睦相处，和少数人常来常往，只跟一个人亲密无间。"毕竟孤独感，永远不可能靠嘈杂的喧嚣声来填补。

原本我们以为，人生是一个不断得到的过程，获得越多就越快乐；后来，我们才发现，人生或许更应该是一个学会舍弃的过程。舍弃掉那不重要的百分之九十，保留重要的百分之十，才能真正品味出生活的意义。

就"体悟大道"而言，"损"这一方法的意义在于："我"和"大道"之间原本有着不小的隔阂，这就是"我"身上"不道""不自然"的地方；"损之又损"，正是减损掉那些"不道""不自然"的方面，这也意味着，"我"与"大道"之间，隔阂越来越少，最后彻底消融，我与大道融合为一体。这时候，我的言谈举止与大道自然再也没有一丝一毫冲突、抵触的地方，所表现出来的，就是"无为"。

第四十九章

道家的"圣人",会怎样对待老百姓呢?当然不是把百姓当作猪狗一样去欺压,去奴役。我们在前文也解释过,"圣人以百姓为刍狗",是顺其自然的意思。而第四十九章对这个问题做了进一步的解答:

圣人无常心,以百姓心为心。善者吾善之,不善者吾亦善之,德善。信者吾信之,不信者吾亦信之,德信。圣人在天下,歙(xī)歙(xī)为天下浑其心。百姓皆注其耳目,圣人皆孩之。

河上公为本章起的标题叫"任德",意思是:圣人顺应百姓之心,成就他们的德性。

这一章的大意是:圣人没有自己的主观成见,而是以百姓的心为心。善良的人,我待之以善意;不善良的人,我也待之以善意。这样一来,人人都会向善。诚信的人,我报之以信任;不诚信的人,我也报之以信任。这样一来,人人都会守信。圣人治理天下,会收敛、关闭自己的意愿,使天下人的心回归于浑朴、淳厚。老百姓都喜欢用耳朵、眼睛来观察和区分看到的东西,圣人则引导他们回到孩童一般的天真质朴状态。

这一章的难点,一个是"圣人无常心"该怎么理解;另一个是,老子为什么不区分"善"与"不善",以及"信"与"不信",而是一视同仁地对待?

下面我们就具体分析。

首先是"圣人无常心"。对于这句话，我们千万不要望文生义，以为"圣人"老是三心二意变来变去的，没定性。"常心"，指的是"固定的主观意图"或者"顽固的私心"。"圣人无常心"，是说：体悟大道的圣人，没有强烈的自我意识和主观意图，没有私心杂欲；他不顽固，不固执，不偏激，不会有明确的、固定的目标或要求，也从不刻意强求什么。"无常心"的根源，是"虚心"。"圣人"的心冲虚而空灵，虚怀若谷，能涵容一切。

接下来是"以百姓心为心"。请注意，老子并没有说"以百姓之欲为欲"，不是老百姓想要什么，就给他们什么。因为，老百姓想要的东西，他们的欲望，他们的需求，并不都是合适的；所以，不可能，也不应该完全满足。对于老百姓的"欲望"，老子没有一味纵容。"百姓心"，是老百姓内心深处的真正需求，是他们的本性。按照老子的讲法，就是"实其腹""强其骨"，还有"饮食男女"等最基本、最正常的需求。这些需求之所以是"基本的""正常的"，一个很重要的原因就在于它们是源于生命本性的自然的东西。老子尊重这样的"百姓心"。"以百姓心为心"，就是把百姓的这些基本需要、基本愿望当作统治者自身的需求和愿望，然后助其一一实现。至于那些超出了正常需求的内容，比如名利富贵、声色犬马，老子将它们视为"淫欲"，过度、过分的欲望。

在这一点上，儒家和道家有明显的差别。

儒家所言的"圣人"尧舜禹汤、文武周公，都是德才兼备的高人，他们都有强烈的使命感，要"教化天下"，用自己掌握的真理来影响老百姓，潜移默化地改变他们。《论语》里有一句话，体现了儒家的"教化"观念："君子之德风，小人之德草；草上之风，必偃。""君子"指的是理想的统治者，是儒家所认可的圣贤。"小人"不是品行败坏的人，而是指地位比较低下的普通老百姓。"君子"的德性就好比是"风"，"老百姓"的德性好比是"草"，"风"往哪个方向吹，"草"就会往哪个方向倒。言外之意，圣贤、君子提供好的榜样、好的导向，老百姓就会照着做，也变得仁爱、和善。

　　道家所言的"圣人"就不一样了，他们像闲云野鹤一般自由自在，从来不把治理天下放在心上，更没有一套"教化"的方案。对于"治天下"，他们的态度是：无心作为，无意干涉，听之任之，顺其自然。也就是"清静无为"。这样的"圣人"，当然不会有"常心"，不会刻意强求什么。

　　再往下的两句话是最难理解的："善者吾善之，不善者吾亦善之，德善。信者吾信之，不信者吾亦信之，德信。"另外，老子还讲过"报怨以德"。那这是不是说：老子是个"老好人"，不管别人怎么样，我都无条件地对他好？

　　我们如果认为是，就很可能误解老子了。或许，我们可以结合前文的内容来理解这两句话。第二章有，"天下皆知美之为美，斯恶矣；皆知善之为善，斯不善矣"；第二十章有，"唯之与阿，相去几何？善之与恶，相去若何？"我们发现，老子对于世俗常见的"美丑""善恶"之类的价值标准，并不以为然。"美"与"丑"，"善"与"不善"，"诚信"与"不诚信"，等等，这些只不过是相对而言的。

　　前些年，广西玉林有一个节日，叫"狗肉节"，人们在这一天专门吃狗肉。后来引起了很多争议，逐渐取消了。在"吃狗肉"这个问题上，大家的态度分化得比较明显。一些爱狗的人，会很受不了，他们说"狗是我们人类的朋友"，甚至将狗看作家庭中的一员，别说吃它了，哪怕有一点伤害，都不应该！不过，也有不少人对狗没有特别的感情，在他们眼中，狗只存在着"好吃、不好吃""爱吃、不爱吃"的差别，谈不上忍不忍心。我们不讨论谁对谁错，单说"善"与"不善"：第一类人，认为自己是"善良"的，对狗有同情心，杀狗、吃狗的人很残忍，是"不善良的"；第二类人则会说，我们才是"善良"的，你们没看到那么多"恶狗伤人"的事件吗？人就是人，狗就是狗，非要把狗当成亲人，那是"伪善"，是矫情。通过这个例子，我们可以看出，有时候，"善"与"不善"的评价，是因为我们看问题的角度不同，所处的立场不同。就好比网上喜欢争论的："农历的小年应该是腊月二十三，还是腊月二十四？""吃豆腐脑，究竟应该放糖，还是放盐？"争得很热闹，但谈不上谁对谁错。

"诚信"与"不诚信"的标准也是一样的。可能大家会说：当然是"诚信"好了，"不诚信"绝对是缺点！不过，如果再加上一些具体的、特殊的场景呢？假设革命战争年代，一名地下党员被敌人抓住了，面对敌人的拷问，他是不是也应该保持"诚信"，把自己知道的一五一十都说出来呢？又或者，医院产科的医生，在给孕妇做B超时，被问道："是男孩，还是女孩？"医生说："看不清楚。"那他算"不诚信"吗？他应该被指责吗？

老子之所以不区分"善良"与"不善"，"诚信"与"不诚信"，一概报之以"善意"，报之以"信任"，是因为，这里的"善"或者"不善"，"信"或者"不信"，都是相对意义上的。倘若站在更高的境界来看，这样的区分可能就没有必要。就好比，人们认为"西施美""东施丑"，这是从人的角度而言。从大道的角度看，她们都是大道自然的产物，无所谓美丑。当然，也就没有必要区别对待。

那这会不会导致"是非不分"，甚至"包容罪恶"呢？我认为不会。因为老子针对的是那些具有相对性的价值标准。至于"违背自然的过错""十恶不赦的罪行"，他恐怕也是不会原谅的。在我们的日常语言中，"好坏""对错""善恶"的差别，其实需要进一步辨析。就拿杀人来说，希特勒灭绝人性，搞大屠杀，这是一种"恶"；战场上，一方的士兵用枪炮杀死另一方的士兵，这也是一种"恶"。但要细分，这两种"恶"还是有不一样的地方。所以，老子的讲法，固然有"调和矛盾""不谴是非"的一面；不过，他也有自己的底线，有自己的标准，那就是"大道"，是"自然"。

把前面这几句话结合起来看，"善"与"不善"，"信"与"不信"，都可以看作"百姓心"的体现。也就是说，老百姓的想法和感受多种多样，就像"公说公有理，婆说婆有理"。"圣人无常心"，还包括了这么一层意思："圣人"对美丑、善恶、"诚信、不诚信"等，没有一个既定的立场，或者说成见。他会尊重老百姓的想法，顺应他们的本性。

　　"圣人"固然不会强迫老百姓怎么做；但"圣人"自己还是会按照大道自然的标准来指导自身的行为。虚己无心，"以善意""以信任"来对待各式各样的人，这是"圣人"的做法，我们也可以把这看作对大道、对自然的某种示范，一个好的榜样。久而久之，老百姓受到感染，受到启发，会发现：自己原先执着的那些"是、非""善、恶"，其实很可笑；我们凭借眼睛、耳朵这些感官所获得的知识、观念，它们的意义也很有限。于是，老百姓也学着做减法，把主观的成见、刻意的作为都减掉，从而回归孩童一般的天真、浑朴的状态。这时，我们会发现，自己距离大道已经不再遥远了。

第五十章

曹操曹孟德在《短歌行》一诗中曾写下了这样的名句："对酒当歌，人生几何？譬如朝露，去日苦多。"他在感叹生命的短暂。生命是宝贵的，一个原因就在于，它是有限的，没有人可以长生不老。不过有没有更好的选择来延长生命的长度，提升它的质量？《道德经》第五十章就讨论了这个问题。

出生入死。生之徒十有三，死之徒十有三，人之生，动之死地亦十有三。夫何故？以其生生之厚。盖闻善摄生者，陆行不遇兕（sì）虎，入军不被甲兵。兕（sì）无所投其角，虎无所措其爪，兵无所容其刃。夫何故？以其无死地。

河上公给本章起的标题是"贵生"，含义一目了然：要珍惜生命，善待生命。

从出生来到这个世间为开始，到咽气去世为结束，这就是人的一生。这其中，可以做到寿终正寝的人，大约占了十成中的三成。不幸短命夭折的人，同样占了十成中的三成。原本能够寿终正寝，却因为行为不当、自取灭亡的人，又占了十成中的三成。为什么会这样呢？因为他们对自己生命的照顾、奉养太过度了！剩余的这一成，大概就是传说中的"善于养生"的人吧？他们在大地上活动，却不会遭遇犀牛、老虎这样的猛兽；他们在战场上，也不会被兵器伤害。对他们来说，犀牛没有机会用尖角来顶，老虎没有机会用利爪来抓，兵刃也没有机会施展出来。这是什么原因呢？因为他们没有让自己陷入危险的境地。这是本章的大概意思。

老子在这一章里讲到了四种人，比较了他们的寿命。

第一种人，是人们常说的有福之人，比较顺利，能够寿终正寝。所谓"寿终正寝"，就是没病没灾，年纪大了，自然死亡。老子把这叫作"生之徒"，大约占了十分之三。不少学者把"生之徒"解释成"长寿"，我不太赞同。因为如果"生之徒"算"长寿"的话，那后面的"善摄生者"，那些善于养生的人，他们难道不长寿吗？又怎么显示出两者的差别？所以，我倾向于把"生之徒"理解成"正常死亡"，不仅天生的体质不错，而且把预期的寿命都活足了，最后油尽灯枯，无疾而终。这样的人，寿命当然也算比较长的，只是和"真正擅长养生"的人相比，还有不少的差距。

第二种人，是天生的短命之人，一生下来，体质就不好，很容易夭折。我看到过一个数据，古代小儿的夭折率高达百分之四十二点八。这个数据不一定可信。不过，在过去，生孩子就像过一道鬼门关，大人、小孩都面临很大的风险。而在成长过程中，各种疾病，如天花、麻疹、伤寒等等，都是很要命的。体质差、营养不良的小儿，确实有相当比例的人长不大，中途夭折。老子把这类人叫作"死之徒"，他们也占了约十分之三。

前面这两类人，老子只是简单介绍了一下。他把关注的重点放在第三、第四这两类人上面。

第三类人，论先天的体质，论运气，原本和第一类人差不多，都算正常，有机会顺顺利利地过完一生。实际的结果却是，这类人均惨遭横祸，不能善终。这样的人同样占了约十分之三。老子分析了其中的原因，得出的结论是：因为他们"生生之厚"——这些人看似很珍惜生命，很照顾自己，不过，路走歪了，方式用错了，最后自作自受，反而自取灭亡。

明明是"生生之厚"，为什么反倒让他们"搬起石头砸自己的脚"，落得个不能善终的下场？这是本章的一个难点。

下面分三种情况谈谈"生生之厚"。

第一种情况，比较极端一点，就是主张"人生苦短"，要及时行乐。拿先秦时期的杨朱为例。"拔一毛以利天下，不为也"，让我拔一根汗毛来帮助天下，我也不干。当然，他看重的是内外之别，汗毛是属于我的生命的、内在的东西，天下却是外在的东西，不能因小失大。杨朱的思想学说也被称作"为我重生"，专注自我，看重生命。但他对生命的理解，属于非主流：人最宝贵的东西就是生命；而人的一生看着很长，真正开心快乐的时光却没有多少。假设我能活一百岁，应该算很长寿的了，可是，把幼年的无知时光和老年的昏聩岁月去掉，再把睡觉的时间、生病的时间、忧愁烦恼的时间，一一减掉，最后剩下来的健康、清醒，可以用来享乐的时光，恐怕只有十几年。因此，要格外珍惜这点儿时光，做自己想做的事情，过自己想要的生活。在杨朱看来，豪华的房子、华丽的衣服、美味的食物，还有绝色美人，这些东西才是生命中最重要的。所以，只有抓紧时间，拼命享受，及时行乐，才对得起短暂而宝贵的生命。这就是杨朱的奇怪逻辑，他也被批评为"极端的享乐主义者"。老子不赞同这个做法。因为放纵欲望、"及时行乐"，表面上看没有白白活一场；但实质上，它严重地伤害了身体，败坏了心性，是对生命的巨大戕害。

第二种情况，比较常见，表现为：搭上身体健康去赚钱，豁出命来爬得更高。似乎有钱、有地位了，就能保障将来的生活。本来，必要的物质财富、必要的社会承认，我们每一个人都需要。问题是，有些人做得太过分了。"生生之厚"的"厚"，就是做得太过头的意思。古往今来，有数不清的人，不惜损害身体，以生命为代价来赚取钱财富贵。比如陪酒喝得吐血，熬夜丢掉性命。他们最初的目的，不过是日后过得好，将来有保障；结果，事与愿违，反倒让自己的人生提前落幕。

第三种情况，我们今天的人，尤其是老年朋友，可能更熟悉一些，那就是：早也养生，晚也养生，没承想，养出了一堆毛病。

现在生活条件好了，衣食无忧，大家都希望活得久一点，生命有质量，于是，不少人自觉地"管住嘴，迈开腿"。这本来是好习惯，怕就怕做过了头。例如，有的朋友听说吃黑木耳对身体有好处，能够降低血液黏度；于是，买一大堆放在家里，炒菜吃，凉拌吃，炖汤吃，每餐都少不了，结果导致消化不良，皮肤过敏，甚至有内出血的。再比如，这些年炒得比较热的铁皮石斛，它本身是一味很好的养阴滋补的中药，还有一定的降低血糖、提高免疫力的功效。但有的人，不管自己的体质如何，吃了再说。后果是，每天拉肚子，有气无力。

现实生活中，经常有老年朋友遭遇高价保健品的陷阱，还有各种"包治百病"的神药的诈骗，正是被利用了"养生过于迫切"的心理。

再说"迈开腿"，适当活动有益身心健康。不过，也有不少人每天走几万步，又是平地爬行，又是开合跳，运动量超过了极限，导致膝关节磨损，走路都没办法走了。这都是养生、锻炼过度的表现。

我再举一个相关的例子。大家可能还有点印象：前段时间，在欧洲一些地区流行一种不明原因的儿童肝炎，很严重，有不少儿童需要移植肝脏，甚至还有相当数量的死亡病例。有的研究说，这是由腺病毒引起的。奇怪的是，以前也有腺病毒引发的儿童传染病，但都没这么凶险，现在这个病情为什么变得这么严重呢？我注意到一种解释：近两年来，由于新型冠状病毒大流行，很多儿童被迫待在家里，不能到学校，到各种公共场合。这反倒让他们的免疫力严重下降。因为在学校，以及其他公共场合，环境里面多多少少会有一些病菌，小朋友们也偶尔被感染，有点头疼脑热，生个小病。这些看起来不太好的状况，其实帮助小朋友们锻炼了身体的免疫系统。当免疫系统足够顽强时，即便碰到什么腺病毒或者肝炎病毒，也不会有危及生命的严重后果。现在恰恰是家庭这样一个过于干净的环境，看似保护了小朋友，但同时也削弱了他们的免疫力和抵抗力。

"不干不净，吃了没病"这样的老话不一定对。但是，过度防护，过度灭菌，同样有可能削弱我们的抵抗力。

最后，我们看第四种人，"善摄生者"，也就是那些善于养生的人。这也是老子真正推崇的人，是得道、悟道的高人。

猛地一看，这些"善摄生者"好像挺神秘的，不怕犀牛，不怕老虎，甚至连战场上的刀枪弓箭也伤不了他分毫。这当然不是说他们会什么奇怪的法术，或者练了金钟罩、铁布衫之类的刀枪不入的神功。

从根上来讲，"善于养生的人"之所以不会遇到生命危险，源于他们对大道有所感悟，遵循大道表现出来的规律。首先，他们自重自爱，珍惜生命，绝不会为了获得财富、名声之类而去铤而走险。这样一来，他们在行动的时候，就会远离那些危机四伏的凶险之地。哪怕上了战场，他们明晓化解矛盾的方法，知道如何"不战而屈人之兵"，自然也就不会被伤害到。其次，他们生性平和，谦让包容，既不争强好胜，也不争权夺利，与其他人没有什么矛盾冲突，也就不会遭到别人的打击陷害。最关键的，是他们的言谈举止柔顺自然，冲淡无为，贴合于大道，可以分享大道"无为而无不为"的妙用。这样的人，才是真正的"长寿"者，也是我们向之学习的楷模。

第五十一章

我们中国人有一个很强烈的观念,那就是"不忘本"。往小了说,知道对生我养我的父母感恩,对帮助过我的人心存感激;往大了讲,不能背叛自己的祖国,不能数典忘祖。这些都是我们做人的"根本"。在老子这里,"不忘本"还有一层更深的含义,那就是:对我们最初的源头,对"大道",对"上德",要心存敬意,懂得敬畏。这集中体现在第五十一章:

> 道生之,德畜之,物形之,势成之。是以万物莫不尊道而贵德。道之尊,德之贵,夫莫之命而常自然。故道生之,德畜之;长之育之,亭之毒之,养之覆之。生而不有,为而不恃,长而不宰,是谓玄德。

河上公给本章起的标题叫"养德",意思是:要用心感悟"大道"在养育万物过程中发挥的伟大作用,以及它体现出来的崇高品德。

这一章的大意是:"大道"生成了万物,"上德"涵养了万物,万物以各种形态呈现出来,周围的环境促使万物成长。因此,万物没有不尊崇"大道"、珍视"上德"的。"大道"之所以被尊崇,"上德"之所以被珍视,是因为它们从来不干涉万物的生长,而是顺其自然。"大道"生成万物,"上德"涵养万物,使它们生长、发育,使它们成熟、结果,受到滋养和保护。而"大道"自己呢,生成了万物,却不据为己有;帮助了万物,却不自以为有功；引导了万物，却不把自己看作"主宰"。这就是高深、悠远的"德性"。

在这一章里面，老子详细地描述了万物由道产生之后的一系列的成长过程。与第四十二章"道生一，一生二，二生三"的宏观视野不太一样，本章更多是从万物自身的角度来观察、来感受。在这个过程中，万物体会到"大道"的伟大、深远的品德：它生养万物、保护万物，同时又尊重万物的本性，不干涉万物的成长。因此，万物对大道有一种自发的尊崇和景仰。这也可以看作一种寻根意识。

本章最值得重视的，是老子提出的一种道家所独有的"不干涉"的智慧。老子说，万物尊崇"大道"、珍视"上德"的主要原因，不仅仅是其有巨大的功劳，更是因为其"莫之命而常自然"。"命"，就是命令、要求。"大道""上德"为万物的产生提供了依据，还辅助万物成长的各个阶段。照这样讲，其原本是有资格、有权利对万物下命令，提出各种具体的要求的。然而，其没有这样做。当万物产生之后，"大道""上德"的做法是，不干涉万物的成长，尊重它们的独立性，让它们自由自在地发展变化。这就是"大道"的不干涉的智慧。它是道家思想的精华，可以给我们很多启示；大到国家治理，小到团队管理，甚至是处理家庭关系，协调人际关系，都能够从中汲取营养。

我们通过几个例子来说明。

汉武帝是一代雄主，不过要追溯起来，汉武帝能够大展拳脚，还要感谢他的祖辈父辈的"休养生息"。汉朝刚建立的时候，国力是很虚弱的。秦末农民战争，再加上楚汉战争造成的伤害特别严重。据统计，秦朝完成天下一统的时候，全国人口大约有三千万，到汉朝建立，只剩下不到一千三百万人。而且经济状况恶劣，老百姓缺衣少食，整个社会元气大伤。西汉初期的几代统治者很清醒，坚定地执行黄老道家的"休养生息，无为而治"的统治政策。所谓"休养生息"，就是朝廷不扰民、不劳民，减轻人民负担，不刻意干涉底层百姓发展经济，借以让老百姓恢复元气，让国家恢复活力。可见，"休养生息"的关

第五十一章

键,就是"不干涉":你不要去教有经验的农民应该如何种田;不要去教熟练的工匠应该怎么冶炼。总之,不要外行领导内行,而是"把专业的事情,交给专业的人去做"。这也是道家"无为而治"的一种表现。

"休养生息"政策背后的道理是,社会及广大的老百姓,天生具有一种自我修复、自我发展的能力。在大灾大难之后,社会很脆弱,人民很贫困,所以,为政者必须放弃自己的一些主观的想法,不要过多去干涉人们生产生活,让老百姓缓过气来,让国家恢复元气。就像生了一场大病之后,不能用猛药,只能徐徐图之,一点一点固本培元。

汉代的"休养生息"政策取得了显著的成效:人口明显增加,财富迅速积累,国家也渐渐强盛起来,出现了著名的"文景之治"。这是一个正面的例子。

接下来,看一个"胡乱干涉"的反面例子。1932年,大学者胡适第一次与蒋介石会面。胡适给蒋介石带了一份礼物,是一本书,名叫《淮南子》。为什么要给蒋介石送这本书呢,胡适有自己的深刻用意。因为《淮南子》这本书的基本宗旨正是老子的"无为而治"思想。胡适发现,蒋介石管得太多太细,什么事都要插手。他希望借这本书让蒋介石学会"无为而治",该放手的地方要会放手。按照胡适自己的说法,就是希望蒋介石懂得"为政之大体,明定权限,而不'侵官',不越权"。可惜,蒋介石无法理解胡适的用心,依旧我行我素。

就拿军队打仗来说,蒋介石对谁都不放心,老要插手,干涉前方将领的指挥。他最喜欢做的一件事情,就是越级指挥。

淞沪会战期间,张治中将军任第九集团军司令,正在前线指挥部队浴血奋战。紧要关头,却发现手下的十八军不见了,张治中急得跳脚,一番联络之后,才弄清楚,原来十八军被蒋介石调走了,放在他认为更重要的地方。而张治中这个战役指挥官,却一直被蒙在鼓里,非常被动。

在长沙会战时,薛岳将军的天炉战法布置得好好的,没想到蒋介石一个电话直接打给薛岳下面的部队,要求他们按照自己的命令调整。这下子,把薛岳的部署全打乱了。薛岳焦头烂额，也无法补救，最后丢掉了长沙。薛岳一气之下，把部队撤到了江西，说："干脆跑远一点，他老蒋的电话就打不通了！"

形成鲜明对比的是，那些蒋介石没有越级指挥的战斗，反而能打好。比如台儿庄战役，李宗仁对蒋介石的毛病心知肚明，事先特意恳请他不要越级指挥。蒋介石很罕见地做到了，结果仗反而打赢了。

在管理学中，有一个原则："上级只能越级检查，不能越级指挥；下级只能越级投诉，不能越级请示。"一个成熟的组织，一个优秀的团队，成员应该是各司其职，分工协作。在起步阶段，人手有限，领导者事必躬亲，这可以理解。但是，当事业发展了，规模扩大了，领导者如果还是碰到什么事都亲力亲为：一来，不利于其他人发挥积极性、主动性；二来，领导自己也可能被湮没在繁杂的琐事中，抓不住重点。

另外，我们今天的很多家长，也可以从老子的"不干涉"的智慧中学到和子女相处的道理，做到优雅地放手。《中国青年报》曾经刊载过一篇文章：有一位父亲，很舍不得女儿到外地上大学，专门跑过去陪读了一个多月。回家后，还是不适应，有如下症状："敏感脆弱，看到大街上走过的父女就闪泪花；时常发呆，无论居家还是会友总是心不在焉；手机寸步不离，总盼着接到女儿的电话，但是电话真的来了又不知道说些什么，'吃得怎样、睡得好不好'问了一遍又一遍。"看着让人心酸，我想他们父女的感情一定很好。

然而，父母对子女的爱，不仅仅是关心和照顾，还包括尊重子女的独立性，该放手的时候要放手。英国心理学家西尔维亚说过："世上所有的爱都以聚合为最终目的，只有一种爱以分离为目的，那就是父母对孩子的爱。"父母对子女的完整的爱，既是一种保护，也是一种剥离。恰当的时候，逐渐放手；让子女有能力在社会上立足，去尝试他们想要的生活，去感受属于他们自己的酸甜苦辣，这难道不是父母的心愿吗？

再来看"大道"对待万物的方式，既养育和保护它们，又尊重它们的独立性，不干涉它们的成长；一方面默默付出，另一方面又不据为己有，不以主宰者自居。这和我们的父母何其相似！所以，为人父、为人母，我们可以从"大道"那里学会如何放手；而为人子、为人女，我们在感恩父母的同时，别忘了给"大道"献上一份敬意。

第五十二章

"大道"和"万物"之间的关系，是老子深入思考、反复论述的一个主题。从"大道"的角度来讲，它是天底下一切事物的源头，是万事万物存在的根据，它就像是所有具体东西的"母亲"。从万物，包括我们人类的角度来说，万物，包括我们，是"大道"的子女。因此，我们要知晓、尊重"大道母亲"，还要努力效仿它、回归它。在《道德经》第五十二章，老子给出了这样的提醒。这一章相当有难度。我以为，难就难在它里面可能包含了一些道家特有的身体修行、精神感悟的方法技巧，这些都是今天的我们比较陌生的。

天下有始，以为天下母。既得其母，以知其子。既知其子，复守其母，没（mò）身不殆。塞其兑，闭其门，终身不勤。开其兑，济其事，终身不救。见小曰明，守柔曰强。用其光，复归其明，无遗（yí）身殃，是为习常。

河上公给这一章起的标题叫"归元"。在古汉语里，"元"字有"首要的""开端的""根本的"的意思，这和老子心目中的"大道"有相通的地方。"归元"，就是回归本源、合于大道。

本章的大意是：天底下的所有事物都有一个共同的初始、本源，这就是"大道"。从这个意义上讲，作为万物之本源的"大道"，可以看作是天下万物的"母亲"，万物都由它产生。既然知晓了"大道"这样一个"母亲"，就可以顺着认识那些由它产生的万事万物。而从万物的角度来说，既然知道了自己乃是由"大道"产生的，就应该回过头来重新持守、遵循"大道母亲"。这样的话，就一辈子都不会遇到危险。塞上孔窍，关上门户，终身没有劳苦之事。反之，打开孔窍，追逐事功，终身疲于奔命，无可救药。能够体察微小，才叫真正的"明"；能够持守住柔弱，才叫真正的"强"。用自身所蕴含的"大道"的光芒反过来照见"细微"之"明"，不给自己带来灾祸、麻烦，这就叫作"承袭了永恒的大道"。

在这一章里老子主要表达了两层含义：第一层，是用"母亲"和"子女"来形容"大道"与"万物"的关系；第二层，通过对比强调了"塞其兑，闭其门"的重要性，它代表了一种独特的"体道"的智慧。

首先，老子用人们熟悉的"母亲"与"子女"这对形象来比喻"大道"与"万物"之间的关系。

"天下有始"就是讲，天底下的一切事物，包括天地本身，都有它们的开端，它们不是永恒的。在天地以及万物产生之前就已经存在的东西，只能是大道。因此，"天下有始"指的就是"大道"。这个"大道"，为天下所有事物的产生和出现提供了依据，提供了最终的根源。从这个意义上讲，它"可以为天下母"，可以看作"天地万物的母亲"。这一点我们在前面的章节已经提到过。

"既得其母，以知其子"，这是从顺着的方向讲的，由大道生养万物的角度看，既然知晓"大道"是万物之母，那么，由其母可以知其子，就可以由此了解万物。"既知其子，复守其母"，则是从反方向来讲的，万物，包括我们人类，倘若明白了自身的地位，再来追溯自己的源头，可以一直追溯到大道母亲那里。

与一般意义上"母子"相比，大道和万物的关系要更紧密一些。这表现在，万物不光要尊重大道，不背叛它，还要努力遵循大道，回归大道。这样做的效果是，一辈子都不会遇到凶险，不会遇到灾难。其潜台词是，如果我们没有做到"复守其母"，没有能够遵循大道，那么，在成长的过程中就有可能遇到各种危险，甚至惨遭横祸。

怎么样才能"复守其母"、回归大道呢？老子给出的答案是："塞其兑，闭其门。""兑"，本义是孔窍，也就是我们的眼睛、鼻子、嘴巴、耳朵等天生的孔窍。第十章把它们叫作"天门"，天然的门户，是我们与外界环境接触、交流信息的通道。"闭其门"的"门"，既可以解释为"天门"，跟"兑"一样，指眼睛、耳朵等；也可以解释成"房门"和"窗户"。就像第四十七章讲的"不出户，知天下。不窥牖，见天道"，要关上门窗。

之前，我简单地提过，老子体悟大道具有一种神秘主义的色彩，不仅要关闭房屋的门窗，更要关闭身体的门窗，也就是眼睛、耳朵等。这一章又强调要"塞其兑，闭其门"，有学者认为，老子的目的是要摒除欲望，不让欲望干扰我们感悟大道。

老子的这些说法，有没有可能带有身体修行的含义？或者说，这里面会不会包含了老子对于身心的某种发现？

庄子在介绍"齐物论"的时候，比较了两个很相近的概念，"吾"和"我"。"吾"不就是"我"吗？但是，庄子非常看重二者的差别，他说，"齐物"的关键就在于"吾丧我"，"吾"把"我"给化解掉了。弄清"吾"和"我"的差别，可以帮助我们更好地理解老子讲的"塞其兑，闭其门"。

我不懂任何身体修行方法。不过，我发现一个现象或许和这些有相通之处。不知道大家是否有过这样的经历：我们在睡觉的时候，尤其是夏天睡午觉，睡了很长时间然后自然醒。在这个过程中，自己仿佛从很深的地方慢慢浮起来。有一个短暂的阶段，我听不到任何声音，眼睛也是闭着的。更奇特的是，这个时候，我其实并不知道自己是谁，什么名字、身份，有哪些经历，有什么喜悦或者烦恼，统统不知道，甚至连"人"的概念都没有。我只是一个单纯的、纯粹的"存在者"，没有任何附加上去的"标签"。再往后，我能够听到外界的声音了，可以睁开眼睛看，也意识到：原来我叫×××，我有个什么身份，现在正在什么地方，目前的处境是什么样子。于是这些"标签"、这些"附加物"，就和"我"融在一起了。这是我有过的一种睡醒的体验，不知道朋友们有没有类似的感受。

我以为，在最开始的那个阶段，看不见、听不到，也不知道自己是谁、有什么经历，这种单纯的"存在感"大致可以对应庄子说的"吾"。而后来，能看见，能听到，也想起了自己的姓名、身份、处境，这个状态大致对应了庄子所说的"我"。这一点好理解，什么时候开始"我"是"我"呢？那就是，"我"具有了"自我"的意识，"我"发现"我"和"你"与"其他人"是不一样的，"我"有"我"的利益，有"我"的喜好，等等。于是附加上一大堆的"标签"，就好像有些人的名片上密密麻麻地印着各种显赫的、令人惊叹的"头衔"。

而庄子讲"吾丧我"的意思是：通过逐渐消除、剥离那些外在的、附属的东西，比如身份、地位、爱好之类，进而化解掉"人与人"的差别，最终消融掉"人和物"的差别，让自己不仅在他人面前，甚至在万物面前，都不再有特殊性和优越感。这样，"我"就不再是"我"了，"我"只不过是"万物之一"；那些附加在我身上的"标签"都没有了，"我"又回到了一个简简单单的"存在物"的状态：这时候，"我"就成了"吾"。很显然，在老庄的哲学里，这种"吾"的状态与"大道"更加接近，更能够产生共鸣。

为什么要强调"塞其兑，闭其门"呢？除了之前讲过的神秘主义的体悟，我们也可以从刚才介绍的"睡醒初体验"中得到一些线索。在刚睡醒的片刻，我不光思维、意识没有恢复过来，就连我的身体也没有真正清醒过来。眼睛当然是闭着的；嘴巴和鼻子虽说没有关闭，但是，只有自然的气息出入。那些"闻气味""说话"之类的功能，都被舍弃了。比较复杂的是耳朵：最初的片刻，我们的耳朵听不到外界的声音；到后来，耳朵能听到声响了，尽管我还没有完全醒过来。我们的睡眠可以分为两种形式，"浅层睡眠"和"深层睡眠"。我有一个猜测：在"浅层睡眠"阶段，耳朵并没有关闭，这时，我们还能听到外界的一些声响。大家可能有这样的经验：有时候，我已经睡着了，但还能听到真实环境里的一些声音，我甚至会把某些声音转化成梦境中的内容。我认为，这一般都发生在"浅层睡眠"阶段。而一旦进入"深层睡眠"，我们往往会变得"充耳不闻"，一般的说话声、窗外的汽车声等等，都听不到了。这就是所谓的"睡熟了"。我猜想，这或许与我们的"颅压"或者说脑袋里面的气压的变化有关。在熟睡的状态下，由于呼吸的频率以及身体的放松程度等的影响，我们脑袋里的气压会有细微的变化，和外界不完全一致；相应地，耳朵里面的鼓膜向外突出，或者向内凹陷。总之，耳朵暂时听不到外界的声响。

通过这些带有猜测意味的介绍，我们大致可以说："塞其兑，闭其门"是老子体悟大道的方式，它和人刚睡醒的某种状态有相似之处。在此类的状态下，眼睛、耳朵等感官往往处于收缩、关闭的状态。这样做的好处，一是让我们摆脱与感官紧密相连的种种欲望，避免片面和偏执；二是帮助我们从狭隘的"我"的身份标签中超脱出来，回归到"吾"这样一种纯粹的"存在"状态。这或许就是一种体道的经验吧。

我们一旦对"大道"有了某种体认，就会唤醒自己身上的"道性"，自然能够"知天下""见天道"，可以洞悉种种微小的征兆，避免灾祸。

由此我认为，老子、庄子的一些讲法，可能反映出他们对人的身体和精神的秘密，有某种发现和启示。

第五十三章

这一章中的一些思想、说法，具有很大的现实意义。尤其是在我们面对很多条道路，不知道该怎么选择的时候，读一读本章，说不定就会有收获。

　　使我介然有知，行于大道，唯施是畏。大道甚夷，而人好径。朝（cháo）甚除，田甚芜，仓甚虚；服文采，带利剑，厌饮食，财货有余，是谓盗夸。非道也哉！

河上公给本章起的标题叫"益证"，从字面意思看，似乎是"增加证据"。他或许想从反面来控诉那些背叛大道、残酷剥削的统治者。

这一章的大意是：假使我略微有一点感悟，我一定会行走在大道之上；我唯一担心的，是一不小心走上邪路。大道其实很平坦，然而人们更喜欢往歧途上走。君主、侯王也是这般德行：朝政腐败不堪，田地荒芜殆尽，仓库空空荡荡；而他们呢，一个个身穿着锦绣的华服，佩带着锋利的宝剑，享用着美味佳肴，搜刮了惊人的财富。这哪里是君王啊！简直就是强盗头子！他们完全背叛了大道。

总体上看，这一章讲了两层含义：第一层是说，我们应该遵循大道，沿着大道走，然而，现实中却有很多人偏偏往小路、往所谓的"捷径"上跑；第二层接着第一层，讲如果那些统治者、那些君王偏离大道，走上邪路，会造成什么样的后果。老子从这个角度批评了当时的残酷剥削现象。

本章开篇说道："使我介然有知，行于大道，唯施是畏。""介然"，意思是"稍微""略微"；"知"不是"知识""学问"。老子对"学问""知识"等并不是很认同，把它们看作"小聪明"，是相对的、片面的东西，会妨碍我们体悟大道。因此，这句话里面的"知"，应该指真正的"智慧""灵觉"或者"感悟"，是一种能够通往大道的东西。可以这样来解释：倘若我没有被那些名利富贵，那些知识欲望左右，依然还保留了些许天真、灵觉，那我一定会被"大道"吸引，行走于大道之上。在这里，老子把至上的本体、最高的真理，比喻成一条"大道"。其实，这也是"道"这个概念的一个重要来源。前文介绍过，"道"有两大来源，一个是"言说""说话"，另一个就是"道路"。后者表明，这个本体之道是可以让人遵循的，能够在它上面行走。

老子接着强调，当我行走在大道之上时，要小心提防，不要误入歧途、走上邪路。因为摆在我们面前的，不是只有"大道"这一条路，而是有很多条不同的大路、小路。尽管这条"大道"很平坦，但很多人对它不感兴趣。我猜，一个原因就是这条"大道"太平淡了，看着很无趣。第三十五章讲过，"道之出口，淡乎其无味"，"大道"不光滋味寡淡，像白开水一样；它的形象，恐怕也是平平无奇的。另外一个原因是行走在"大道"上，意味着要放弃很多东西，名利富贵等等都要割舍掉。这让很多人无法接受。于是，他们舍弃"大道"，改而走其他的更有吸引力、更舒适的道路，要么就走捷径。

"捷径"是一个很有意思的词：有时，它能引导我们更快地抵达目的地；有时，它又会让我们偏离目标，甚至陷入困境，这就是所谓"欲速则不达"。老子对于后者感受更深，所以，他对所谓的"捷径"格外警惕。

不光老子的时代，即便是我们今天的人，在面对多条道路的时候，也更倾向于选择那些看似更便捷、更近的小路，不愿走大道。

然而，所谓的"捷径"，有很大的可能性是一些走不通、走不远、走不稳的路。有时候，我们回过头来看，会发现：最初的那些"捷径"貌似在抄近道，其实是在绕远路；相反，那些大路看着好远，却往往更容易到达终点。英国哲学家培根说过："人生如同道路，最近的捷径通常是最坏的路。"

"走捷径"可能源于我们好逸恶劳的本性。然而，在很多情况下，并没有什么"捷径"可走，只能老老实实一步一个脚印地走。

就拿当今十分普遍的拖延症来说，面对几项工作，只会挑其中最容易的也可能是最不重要的一项来做；那些真正重要的、有难度的工作，会尽量往后排，越拖越久。虽然已经着手重要的工作了，但只要有其他事情，就会抛下手头的工作，忙别的事情。到最后，我们发现，原来那些真正重要的事情再怎么也绕不过去。

说到这里，我想起曾国藩讲的一句话："天道忌巧。"上天之道，忌讳投机取巧，而应该质朴、踏实。

由这一点，我们进一步展开，谈一个很有现实意义的问题："走捷径"与"规则意识"。"大道"本身就有"规律""规则"的含义。当然，"大道"对应的"规则"，要更加内在、更为根本。我们这里讲的"规则"，是通行于社会的一般的、普通的规则。老话说："没有规矩，不成方圆。"现代社会，我们作为公民，更应看重"规则意识"。不过，培养"规则意识"仍然面临着很艰巨的挑战。总有不少人，在应该遵守规则的场合，老在琢磨着怎么去找漏洞，怎么抄近道。

就以"行人闯红灯"为例。有媒体报道，在我国一个省会城市，某一个十字路口，"1小时之内，有多达600人闯红灯"，信号灯可以说形同虚设。而一项社会公德调查结果显示，有超过半数的被调查者"有时"甚至"经常"闯红灯。

还有一个相似的例子。有个司机讲他在红绿灯前如何"迅捷"地"抢点"启动，说："你们只会看前面的红灯有没有变成绿灯，而我就会看侧面的绿灯有没有变成红灯！"原来，左右两侧的"绿灯变红灯"，要比前方的"红灯变绿灯"快那么一点点。据专家检测，这种"聪明"的操作可以让人快0.3秒启动汽车。然而，根据国外的资料统计，高达18%的交通事故正是在这快出的0.3秒中发生的！这一下，"聪明反被聪明误"！

我们在面对选择的时候，当然可以避开那些不必要的弯路；不过，该走的路，还是一步都不能少的。总想着"不付出"或者"尽量少付出"，甚至幻想不劳而获，天底下没有这么好的事！这是老子给我们的忠告。

在本章的后半段，老子专门针对统治者、王侯这一群体做了深刻的批判。他们占据了特殊的地位，拥有巨大的权力，他们一旦偏离大道、走上邪路，所造成的破坏将是惊人的。这些统治者、王侯，放纵欲望，为所欲为，只想着攫取财富，享受奢侈荒淫的生活；而这些恰恰建立在对百姓残酷剥削、拼命压榨的基础之上。所以，老子毫不客气地将这样的统治者称作"强盗头子"，可谓是道出了老百姓的心声。

第五十四章

说起儒家经典《大学》里面的"八德目",很多人虽说不一定清楚前面的"格致诚正",也就是"格物、致知、诚意、正心"这四条;但对后面的"修齐治平","修身、齐家、治国、平天下",都能脱口而出。这是儒家最有代表性的"修养"结构。其实,道家也有类似的说法。那么,与儒家相比,道家的"修养论"有什么不同?它的精髓是什么?在第五十四章,可以找到这个问题的答案。

善建者不拔,善抱者不脱,子孙以祭祀不辍(chuò)。修之于身,其德乃真;修之于家,其德乃余;修之于乡,其德乃长(zhǎng);修之于国,其德乃丰;修之于天下,其德乃普。故以身观身,以家观家,以乡观乡,以国观国,以天下观天下。吾何以知天下然哉?以此。

河上公给这一章起的标题叫"修观"。这两个字都是从原文里摘出来的,意思是:修身养德,以观天下。

本章的大概意思是:善于建德的人,旁人无法拔除他;善于抱道的人,不会脱落;如果子孙能够传承他的体悟,那么世世代代的祭祀香火都不会断绝。拿这样的感悟来修养身心,他的德性会纯真无杂;拿来协调家庭,他的德性会绰绰有余;拿来管理一乡,他的德性会备受尊崇;拿来治理国家,他的德性会更加丰厚；拿来安顿天下，他的德性会被普遍认同。所以，顺着身心的本性来观照身心，顺着家庭的本性来观照家庭，顺着乡里的本性来观照乡里，顺着国家的本性来观照国家，顺着天下的本性来观照天下。我是怎么知道天下的真相的？就是用这样的方式啊！

从结构上看，这一章的后面部分是用排比的方式层层推进。而开头的"善建者不拔，善抱者不脱"这两句，是推论的起点，也是理解本章的关键。下面，我着重解析这两句。

对这两句，我大致有两种解读的思路。

第一种思路，是一种较为表层的解释，接近字面意思。照这种思路，"善建者不拔"，善于建立，善于打基础，就不容易被拔除。好比一棵树，根基扎得很深，很难拔走；一根桩子被打进土里，打得又深又牢，没办法拔走。"善抱者不脱"，就是搂抱得很紧，没办法挣脱。"善建"是把"基础"打牢固，"善抱"是把"根本"守得紧。这两句话都是在形容扎根扎得牢，非常稳固，拔不走；保护得很紧密，拽不脱。引申一下，也可以说态度很坚定，很坚决，毫不动摇。

"善建者""善抱者"都与"大道"有关。对大道的体认和坚守，态度很坚定，修行很虔诚，就不容易被外在的东西打断，不会被各种诱惑吸引，就能够长期地坚守下去。这是从态度来说的。而从效果上讲，如果修道有成，他的内心就会很稳固，根基很深厚，不会被干扰、破坏。过去的家长批评浪荡子老在外面混，会说"人叫不走，鬼叫飞跑"，那些地痞流氓一喊，他就跟着跑了。当一个人内心空虚，意志不坚定，根基扎得不牢，没有稳固的支撑，他就容易被一些诱惑给吸引、带偏。当他的内心很坚定，很充实，有主宰，有厚实的根基，他就不容易被外在的东西影响和干扰。这有点像儒家讲的"三军可夺帅也，匹夫不可夺志也"，一个普通人有了坚定的意志，旁人就很难让他屈服。不过，两者还是有很大差别：儒家看重的是意志、志向的作用；而道家呢，则淡化"意志"的作用，将原因归结为"体道而任自然"。"不拔""不脱",可以理解为：由于体认大道,顺应自然,于是根基很牢固,道心笃诚,很难被欲望、执念之类的东西动摇、破坏。

我们再看第二种思路,这是一种更深层次的解释。根据老子的一贯立场,这两句话里的关键词"建"和"抱",应该不是刻意的行为。

或许这样解释更符合原意：真正的"善建",是以"不建"为"建",故不可拔；真正的"善抱",是以"不抱"为"抱",故不可脱。当我们不去建立什么,自然也就无所谓"拔除"了；当我们不去抱紧任何东西,没有任何执着,显然也就无所谓"挣脱""夺走"了。这样的解释,听着有点玄乎,它体现的其实还是老子的无为思想。"善建者"和"善抱者",无疑是"体道""悟道"的高人。他们的言谈举止超越了具体的目的,超越了世俗的得失,不刻意强求什么,没有说"我一定要得到什么,一定要抓牢什么",而是清虚冲淡,顺其自然,超然物外。这样一来,他们反倒没有任何东西可以被"拔除"、被"夺走"。

以庄子所说的"藏天下于天下"为例。如果我们特别在意哪个稀罕玩意儿,把它视若珍宝,非要藏在一个安全的地方,这时,我们就发现,藏在哪里都不保险,依然有被偷走的危险。藏在大山深处,藏在沼泽里,万一被迷路的人碰到了,或者发生地震、洪水,也就找不着了。那该藏在哪里呢？庄子的答案是："藏天下于天下。"什么叫"藏天下于天下"呢？"天下"本来就是"天下"的,所以就是让"天下"回归"天下"；不要把"天下"看成是我的,别想着去占有它。并不是说这个东西一定要为我所拥有、为我所掌握,才是好的。扔掉我的执着心,减掉我的占有欲,将财宝不看作财宝,把"天下"还给"天下",这才是顺应本性的做法,这就是"无为",是"任自然"。

为了让大家更容易明白,我再介绍一个"楚王失弓"的故事。据《吕氏春秋》记载,春秋时期,楚国的国君楚共王,有一次带着手下到云梦泽打猎。古代的云梦泽,大概在今天的江汉平原一带,那里地势低洼,湖泊众多,是飞禽走兽的乐园。楚共王在打猎的时候,发生了一点意外：他不小心把随身携带的一张宝弓给弄丢了，这张弓可是楚国王室的一件宝物，也是楚共王的心爱之物。手下将士听说了，打算仔细搜寻楚共王到过的每一处地方，找回宝弓。楚共王把他们叫住了，说："算了，不用找了，'楚人失之，楚人得之'。"什么意思呢？我楚共王是楚国人，我在云梦泽这个地方遗失了宝弓；而云梦泽在我们楚国境内，将来捡到这张弓的人，多半还是我们楚国人。所以呢，一个楚国人丢了这张弓，另一个楚国人捡到了这张弓。宝弓依旧在我们楚国，只不过是从一个人手里到了另一个人手里。那又有什么关系呢？大家都很钦佩楚共王的洒脱与豁达。

有意思的是，后来中国传统文化的三大主脉——儒家、道家和佛教，都对这个故事很感兴趣，并且借题发挥，讲自己的主张。

儒家的典籍《孔子家语》，在简单介绍故事的梗概后，补充说：孔老夫子听说了这件事，一面感叹楚共王了不起，不介意让楚国的一个陌生人得到自己的宝弓，哪怕他是平民老百姓；但另一面，又评价楚共王还可以做得更好一些，不如回答"人失之，人得之"，没必要强调非得是楚人捡到。儒家主张以人为本、仁爱天下，不管他是哪个诸侯国的人，只要有人捡到宝弓就行，何必介意他是哪国人。

道家则连着儒家一起批评，借老子的口说：楚共王的回答还可以再少两个"人"字，只用说："失之，得之。"原来，道家比儒家走得更远，崇尚自然主义，人和万物一样，都是自然的一部分。既然如此，又何必要强调是"人"得到还是失去呢？联系到前面讲的"藏天下于天下"，不管这张宝弓在楚共王手上，还是在其他人手上，又或者遗落在荒郊野外，从此无人问津，它不都还是在"天下"吗？至于具体在哪里，又有多大区别呢？这是道家的立场。

佛教的高僧莲池大师在《竹窗随笔》里面也提到这个故事。他对楚共王、儒家、道家这三者的表述都不满意，追问："何人？何弓？何失？何得？"佛教主张万法皆空，一切都是幻象，不仅不要执着"得与失"，甚至连"人"、连"宝弓"，也要一并"空"掉，把这一切彻底放下。

在我看来，佛教走得可能有点过头，道家的方案就很完善了。"失之，得之"，"失去"就是"得到"，当我们站在更高的角度看，"得"与"失"没有必要区分得太细。

道家这种通透的智慧，还可以用来处理家庭关系。在家庭中，亲人之间，有时候难免也会有分歧，会拌嘴，会争论。如果是涉及一些大是大非的问题，例如是不是爱国，有没有人性，以及会不会违法犯罪，这个时候，当然需要争一个是非对错。不过，倘若只是一些细枝末节的问题，偶尔拌个嘴，活跃一下家庭气氛未尝不可，但一定要分一个胜负，辩一个对错，甚至不惜伤感情，我觉得就没有必要了。套用道家的逻辑，都是一家人，站在家庭共同体的高度来看，不管是老公赢老婆输，还是老婆赢老公输，这输赢不都还是在自家范围内吗？又有多大区别呢？毕竟，亲人之间并不是所有事情都要讲一个对错，争一个输赢的。

"善建者不拔，善抱者不脱"，正是因为他们"不建""不抱"，不刻意建立功业，不执着掌握名利，不占有任何东西，也就没有东西可以失去。子孙后代如果继承这种"无为"的精神，就能逢凶化吉，延续下去，家族的香火祭祀自然不会断绝。

老子把这种"洒脱""无为"的精神，看作道家修身养德的精髓所在。它的功效，能够由小到大、由近及远，遍及天下。但究其实质，依然在于放弃自我的私心杂欲，不强作妄为，而是顺着事物的本性去观照它们、对待它们。

第五十五章

刚刚出生的婴儿，身体很娇嫩，很弱小，实际上，他却蕴含着很强大、很神奇的力量。有研究说，新出生不满二十四个小时的小宝宝能够用小手抓住大人的手指，让自己全身吊起来，就像成年人拉单杠一样；也能抓着大人的手，迈着步子往前走几步；更神奇的是，他还能够潜水，在水里面游泳，而不会呛水。这些都是他们刚出生时具有的本能，可惜很快就会消退。

老子当然不懂这些了。不过，他同样意识到婴儿身上的可贵之处。因此，他把"婴儿"也看成最能体现"大道"特点的存在之一，就像水、山谷一样。第五十五章就集中展示了老子对婴儿的赞美。

先看看这一章的原文：

含德之厚，比于赤子。毒虫不螫（shì），猛兽不据，攫（jué）鸟不搏。骨弱筋柔而握固。未知牝牡之合而朘（zuī）作，精之至也。终日号而不嗄（shà），和之至也。知和曰常，知常曰明。益生曰祥。心使气曰强。物壮则老，谓之不道，不道早已。

这一章里面有不少生字生词，是古汉语中的字词，现在不怎么用了。

河上公为本章起的标题叫"玄符"。他是想说，婴儿身上的很多特征恰好体现了"大道"的玄妙神通。

第五十五章

　　这一章的大概意思是：蓄养德性深厚到极致的人，就好像初生的婴儿。婴儿真是神奇啊！毒虫不会刺他，野兽不会抓他，猛禽不会扑他。婴儿的筋骨柔弱，小拳头却能握得很紧。他还不懂男女交合之事，但他的小生殖器却能自然地勃起，这是因为他精气充足啊！他整天号哭，嗓子却不会嘶哑，这是他体内的阴阳之气调和浑朴的缘故啊！懂得阴阳二气调和浑朴的道理，叫作"常"，能够守"常"，叫作"明"。相反，贪生纵欲，就会遭殃；让心志欲念来耗损精气，就是"逞强"。不管是人，还是物，一旦过于强盛，便会转向衰败，我们称之为"不合于道"。不合于道，将早早地灭亡。

　　大体上，这一章的逻辑是体道、悟道之人，要蓄养德性。这有一个标准，就是要像出生的婴儿那样。"赤子"，指刚出生的小宝宝，由于他浑身偏红色，所以把他称作"赤子"，这里的"赤"并不是"赤身裸体"的意思。为什么要像刚出生的婴儿呢？因为婴儿有很多神奇的表现。

　　第一个神奇之处就是"毒虫不螫，猛兽不据，攫鸟不搏"，那些凶狠的毒蛇猛兽，都不会伤害到他。有一种解释说，这是因为婴儿不到危险的地方去，自然也就不会遭遇这些伤害。要说的话，这也只能算是父母的功劳，把他照顾、保护得很好，并不是婴儿自己的神奇力量。因此，这三句话最好解释为：婴儿天真浑朴，他的德性和大道自然协调一致，连毒蛇猛兽都不会对他起歹意，去伤害他。

　　大家可能会问：真有这么玄乎吗？我们不妨用一个现代的例子来做说明。也许有朋友对一组图片有印象：在大草原上，一个几岁大的外国小女孩和狮子、豹子、鸵鸟、大象甚至蟒蛇，依偎在一起，亲密无间。那个小女孩叫蒂皮（Tippi），是法国人，被称为"和野兽一起长大的女孩"。她的父母是自由生态摄影师，因为工作，常年待在非洲。蒂皮跟着父母一起，在非洲纳米比亚的大草原度过了童年。在那里，她与狮子、豹子、大象等野生动物一起玩耍，和动物们相处得非常自在。她会用眼睛和心去与动物沟通。由于从小就与各种动物亲密相处，她并不认为动物十分凶猛，也不觉得有什么可怕。在她的眼中，野兽就是她的好朋友、她的伙伴；这片草原就是她和它们的娱乐场所，也是她和它们共同的家园。而这些动物呢，居然真的没有伤害她。在她的整个童年，只出现过两次小的意外，一次是被一只猕猴咬了鼻子，另外一次是被一只狒狒拉扯了头发。除此之外，蒂皮和动物们相处得非常和谐。我们看到了一个人类的小女孩与各种野生动物和睦相处，很温馨，也让人震撼。这似乎印证了老子的话：婴儿的内心天真淳朴，行为自然真诚；他无心伤害动物，动物也不把他视作敌人和猎物。

婴儿的第二个神奇之处是他的筋骨虽然很柔软，可是他的小拳头却可以紧紧地握着，一直握很长时间。换作是大人，如果握拳握久了，手会酸，会抽筋。婴儿却没有这样的问题。老子发现了婴儿的这种独特的生理现象，认为原因恰恰在于婴儿"骨筋很弱柔"。

再就是，那些男婴还没有性欲，然而，他们的小生殖器却可以长久地勃起。这也是老子的发现。他给出的解释是：这是因为婴儿的精气最为饱满充足。古人认为，我们一生下来，就有精气神；婴儿的精气神最完整，最充足。等长大了，他们由于追逐各种欲望，精气神会逐渐损耗。因而，在某种意义上，修养身心就要像婴儿一样，舍弃各种欲望，保守我们的精气神。

婴儿的最后一个神奇之处表现在：尽管他成天号哭，饿了哭，冷了哭，孤单了哭，大便、小便了也哭，然而，就算这样哭了一整天，他的嗓子也不会嘶哑。不像成年人，哭一天的话，嗓子早嘶哑了。老子说，婴儿之所以有这样的特殊本领，是因为他做到了"和"。第四十二章讲"万物负阴而抱阳，冲气以为和。""和"就是阴阳二气调匀平衡的状态。一个健康的新生儿，哭声要响亮，这表明他的生命力旺盛；具体来说，就是他体内的阴阳之气很均匀，很协调。按中医的说法，嗓子嘶哑的一个原因就是口干，没有分泌唾液，而口干舌燥，属于肾阴虚，是阴阳不平衡的一种表现。反过来说，婴儿的体内阴阳平衡，不会出现肾阴虚的情况；所以，哪怕哭上一天，也不会口干舌燥，嗓子当然也不会嘶哑了。

第五十五章

这是老子总结出来的婴儿的种种神奇表现，很有启发性。两千年后的今天，我们同样惊叹于婴儿、儿童的特殊本能。英国著名诗人托马斯曾经写过一首诗，题目叫《孩子们的歌》，就说到了孩子们的世界的奇妙魅力。

孩子的世界独特而神奇，他不像成年人那样，有什么社交需求，有什么成功的压力。他的世界是单纯的，能够吃饱睡好就会很开心；他也不知道贪婪，吃饱了就不会再要。

孩子的世界充斥着无数的可能性，没有那么多条条框框，没有那么多"必须""一定"。有一本哲学启蒙书——《苏菲的世界》，想必不少朋友读过。书中有这样一个细节：

一天早上，几岁大的小同正和爸爸、妈妈在厨房里吃早餐。妈妈站起身来，走到水槽边忙着什么。就在这时，爸爸的身体离开凳子，飞了起来，一直飘到天花板。小同看着这一幕，觉得有点吃惊，毕竟这是他第一次看到爸爸在飞。不过，这也没什么大不了的。毕竟，爸爸做过的奇妙的事太多了，就像他早上会用一个很滑稽的机器刮胡子，或者把头伸进汽车的引擎盖里。于是，小同只是简单地说了句："爸爸在飞。"然而，妈妈听到后回头看到这一幕，吓得把果酱罐子掉在地上，然后开始尖叫。小同和妈妈的反应为什么完全不一样呢？因为在妈妈的经验里，人是不能飞的。然而，在小同的世界里，却没有这样的常识或者说定论，那么，"爸爸飞一阵子，又有什么关系呢？"

从这个故事里，我们也可以发现儿童世界的一些奇妙之处。对于成年人来说理所当然的"规定""结论""常识"，在他们的世界里都是没有意义的。没有什么不可能，也没有什么好大惊小怪的。

老子很羡慕婴儿、儿童的世界。于是，一方面，他提出"专气致柔"一类的修炼方法，让我们的身体回复到类似于婴儿的柔弱状态。另一方面，也是更重要的，要让我们的精神回归婴儿的浑朴天真。

这当然不是说，我们要像婴儿那样，靠别人照顾、喂养。而是说，消除过分的欲望，舍弃种种偏执，使整个身心回到类似婴儿般的自然无为的状态。

或许可以以魏晋时期"竹林七贤"之一的阮籍为例。阮籍深受道家影响，崇尚自然真致。《世说新语》里记载了一则"阮籍醉酒"的故事。阮籍酷爱喝酒，一次，他家隔壁搬来了一户邻居，男主人是商人，经常不在家；女主人年轻貌美。当然，这不重要。重要的是，她与阮籍有相同的嗜好，那就是喝酒！阮籍很高兴，经常串门去找她喝酒。一喝痛快了，女主人醉卧床上；阮籍也"哐"的一声躺在她旁边，睡着了。时间一长，风言风语传出去了，男主人以为自己被戴了"绿帽子"，于是，暗中窥视。结果他发现，这两位每次都是一见面就喝，喝高了，女主人躺床上睡着了，阮籍躺边上睡着了。再然后，阮籍睡醒了，揉揉眼，回家了。阮籍这样的行为，看似惊世骇俗，实则纯真无邪，就像小孩子一样，率性而为，简单而真诚。这也可以看作魏晋名士对老子精神的某种发展吧。

老子认为，以婴儿的身心作为榜样来修养我们的德性，这才是均衡长久之道。那些贪求享受、放纵欲望，不惜损耗精气的做法，都是强作妄为，违背了"大道"自然，只会自取灭亡。

老子的这一独特思想对后世的道教产生了不小的影响。当然其中也有一些神秘甚至荒诞的内容，需要我们辩证地对待。

第五十六章

"沉默是金"这四个字，源自苏格兰哲学家托马斯·卡莱尔，他的完整说法为："雄辩是银，沉默是金。"口若悬河、能言善辩，固然很厉害；懂得何时保持沉默，则更加难得，更为可贵。老子对这个道理，领悟得尤其深刻。我们从马上要学习的第五十六章中便可以领略到他对"沉默"的感悟。

> 知者不言，言者不知。塞其兑，闭其门，挫其锐，解其纷，和其光，同其尘，是谓玄同。故不可得而亲，不可得而疏；不可得而利，不可得而害；不可得而贵，不可得而贱。故为天下贵。

河上公直接从原文中，摘取"玄同"两个字，作为全章的标题，可谓既讨巧、又聪明的做法。

这一章的大意是：真正有智慧的人，往往沉默寡言，不喜欢讲太多话；那些夸夸其谈的人，并没有真正的智慧。塞上孔窍，关上门户，挫掉锋芒，超越纷争，含蓄光芒，混同于俗尘，这就是玄妙同一的状态。一旦达到这样的状态，他便不会特别亲近谁，也不会特别疏远谁；不会特别帮助谁，也不会特别伤害谁；不会特别尊敬谁，也不会特别鄙视谁。于是，他能被天下所有事物尊崇。

可能有朋友已经注意到了，这一章有不少内容是重复的，在之前学过的章节里出现过。如"塞其兑,闭其门"这两句,见于第五十二章;"挫其锐,解其纷,和其光,同其尘"这四个短句,见于第四章。我不太赞同把这些内容看作"错简"。有些学者认为,出现重复,是因为原始的竹简、木简在后人解读的时候,被放错了位置;人们抄录竹简、木简时将错就错,导致这些内容重复出现。我觉得这有点武断。在没有出土新的、更权威的资料之前,我倾向于把这些重复出现的文句看作作者有意为之。换句话说,老子对自己创作的一些字句特别满意,觉得它们可以用在不同的地方;尽管在前面的章节已经用过了,在后面合适的地方也不妨再用一次。所以,这一章的内容,最好还是把它们理解成一个完整的、有自身条理的整体。当然,对于这些在之前章节已经出现的文句,也可以参考原来的注解。

本章最关键,也最能够给人们启发的,是开头的这两句:"知者不言,言者不知。"

"知者不言,言者不知"中的"知",存在两种解释的可能性。第一种,把它理解成"知道""明白";第二种,解释为"智慧"的"智"。其实,这两个解释有相通的地方。

先说第一种。"知者不言,言者不知",真正懂的人是不会多说的,反复讲的人其实并不是真懂。老子创作《道德经》,这个行为本身就有点自相矛盾。因为根据《道德经》的内容来讲,知道的人、真正懂的人是不说的,也不喜欢多写文章。然而在形式上,老子偏偏又言说了,又写了五千字的《道德经》。因此,《道德经》的产生本身就体现了道家的"知道"和"言说"之间的悖论。

那么,究竟"知道"了什么,以至于要保持缄默,不多说话呢?显然,在这里,"知"的对象、"知"的内容,不可能是一般的"知识""学问""技术"等等;它只能是与"大道"这个本体有关的,是人们对"大道"的感知和体悟。也就是说,一旦对这个本体之道有了某种了解、感悟,就会觉得语言苍白无力,说话也索然无味。因为本体之道早就超越了语言的层次,是"不可言说者"，是没办法讲的。再精致的话语，也不可能准确把握和传递大道的精髓；而且，说得越多，偏得越远。于是，干脆闭嘴，保持沉默。这时，我们发现"知者"也就是"智者"——知晓大道、了解大道的人，才是真正的"有智慧的人"。那些貌似满腹经纶、说起话来头头是道的家伙，根本没有智慧，最多是有点"小聪明"罢了。如此一来，"知"和"智"这两种解释就可以贯通，融为一体。

"知者不言，言者不知"给我们的最重要的启示，是沉默的价值。真正有大智慧的人，往往不喜欢多说话；他知道"此时无声胜有声"，有些时候，沉默才是最好的选择。印度诗人泰戈尔也说过："杯中的水是亮闪闪的，海里的水是黑沉沉的；小道理可用文字说清楚，大道理却只有伟大的沉默。"可见，这是中外智者的共识。

老子是在面对本体之道时，保持沉默不言。其实，这种沉默的智慧，还可以推广运用到很多方面。

俗话说："满罐子水不响，半罐子叮当响。"当水灌满罐子时，再怎么摇晃，也没什么响声；如果只有半罐子水，你稍微一摇晃，它就会发出很大的响声。古人由这个常识引申出一个道理：一个人，倘若真正有水平、有内涵，往往不会大讲特讲、自吹自擂；反倒是那些半吊子，逢人就讲，到处吹嘘，生怕人家不知道自己厉害。

尤其是如今的网络时代，很多人都乐于发表意见。不管碰到任何事，尽管对来龙去脉一无所知，却不妨碍他激扬文字、品头论足。每当这个时候，慧律法师说过的一句话就显得格外有价值："当你要开口说话时，你所说的话必须比你的沉默更有价值才行。"话虽不长，道理却够我们品一辈子。就像海明威所说："我们花了两年学会说话，却要花上六十年来学会闭嘴。"大多数人，哪怕是活到七老八十，也未必明白"沉默是金"的道理。

朱柏庐《治家格言》告诉我们："处世戒多言，言多必失。"《三国演义》里有一个很有特点的人物，叫杨修。这个人很聪明，最后，却给自己招来了杀身之祸。最典型的有两个故事。第一个故事讲：曹操生性多疑，总担心别人趁他睡着的时候暗害他。于是，曹操故意对身边的人说："我有一个怪毛病，在睡梦中会拿刀杀人。所以，你们千万别靠近我的床。"一天，曹操在睡午觉，身上盖的被子滑落到地上了。一个侍从看见，连忙捡起来给曹操盖上。曹操一下子蹦起来，拔出宝剑，把侍从杀了，然后又躺在床上接着睡。等他醒了，他"后悔"道："唉！都怪我这梦中杀人的毛病啊！"身边的人都以为曹操真的会在梦中杀人。唯独杨修看穿了："不是曹丞相在睡梦中，是你们这些人在睡梦中啊！"这话说得很透彻，不过，也让曹操恼怒不已。第二个故事：曹操和刘备在汉中会战，曹军受挫，前进不能，收兵又不甘心。这天晚上，手下问曹操："请问主公，我军今晚的口令是什么？"曹操随口说出"鸡肋"二字。杨修得知后，立刻让大家收拾行李，准备回家。大家忙问原因，杨修说："丞相的口令已经说得很清楚了！鸡肋鸡肋，食之无味，弃之可惜；最终嘛，还是要丢掉。汉中就是这块鸡肋，我们马上就要撤军了。"果然，没多久曹操就下令撤军。得知这些人早就做好了回家的准备，曹操一问，就问出了杨修的这番话。曹操羡慕嫉妒恨，找了个借口就把杨修给杀了。可见，杨修坏就坏在他那张嘴上。老话说："看破不说破。"可惜，杨修做不到。

这时候再看"知者不言"，有大智慧的人，往往知道什么时候该缄默不语。那么，少说话，约束自己，学会闭嘴，会不会让我们变得更聪明、更有智慧呢？我的答案是肯定的。习惯沉默，善于沉默，能够让人在宁静中磨炼自己，有充足的时间去进行深度思考。这样，少说话，尤其是少说废话，反而更能赢得他人的尊重。

从做减法的角度来说，我们之所以不完美，甚至有点糟糕，有时并不是因为我们说得太少、做得太少，而是因为我们说了很多不该说的话，或者没有意义的话，做了很多不该做的事，或者徒劳无功的事。一个人一生中，如果能把错话、废话尽量减掉，他肯定能变成一个更有魅力、更成功的人。

另外，从"大道"的视角来讲，"言"，也就是夸夸其谈，代表了一种

"有为"的态度。很多时候，一个人话太多，急于表达自己，是源于内心的浮躁，缺乏定力，或者自以为了不起。他会按捺不住冲动，一定要说出来，要发表他的高见。而"无言""沉默"，则代表了一种"自然""无为"的态度。

老子接着讲"塞其兑，闭其门，挫其锐，解其纷，和其光，同其尘"，不再依仗耳聪目明，不再追逐声色犬马，不再彰显所谓的个性，不再执着于无聊的纷争，放弃自我炫耀，甘愿回归平淡。这些做法有一个共同点，那就是：不逞强、不偏执，超越有为和造作，复归无为和自然。这叫作"玄同"，照庄子的讲法，就是"以道观之，物无贵贱"。这样的人，遵从"大道"，"以百姓为刍狗"，没有分别心，不偏爱谁，也不偏恨谁，尊重老百姓的本性，任由他们自然地发展。于是，天下人都由衷地敬重他。

第五十七章

老百姓为什么会越来越贫困？国家为什么会越来越混乱？罪犯为什么会越来越多？面对这些不正常的社会现象，老子做了严肃的思考，并且给出了解决方案。这就是《道德经》第五十七章的内容。这一章的主旨很清楚，那就是"无为而治"。

以正治国，以奇（qí）用兵，以无事取天下。吾何以知其然哉？以此。天下多忌讳，而民弥贫；民多利器，国家滋昏；人多伎巧，奇物滋起；法令滋彰，盗贼多有。故圣人云：我无为而民自化，我好静而民自正，我无事而民自富，我无欲而民自朴。

河上公为本章起的标题，叫"淳风"。唐代有两个著名的风水大师，一个叫袁天罡，另一个就叫李淳风，他名字里的"淳风"两个字，正好和本章的标题一样，不知道有没有什么渊源。河上公起这个标题，是想说：本章从反面、正面论述了只有统治者"无为而治"，才能让民风回归淳朴的道理。

用政令法度，或许可以管辖一个国家；用奇谋诡计，或许可以打赢一场战争；但是，只有采用"无为"的方式，才能治理好天下。我是怎么知晓这个道理的呢？正是根据以下这些：当天下的戒律禁令太过苛刻细密时，人民就会越来越贫困；当君王用来对付老百姓的权谋、手段种类越繁多时，国家就会越发混乱；当君王炫耀、鼓吹那些巧诈的东西时，各种淫邪之事就会层出不穷；当国家的法令过于森严时，强盗、小偷之类的罪犯就会不断涌现。因此，得道的圣人说：我做到了无为，人民就能自我化育；我做到了爱好虚静，人民就能自行修正；我做到了不生事端，人民就能自立富足；我做到了恬淡无欲，人民就能自然淳朴。这是本章的大概意思。

理解这一章的第一个难点，是开头这三句话："以正治国，以奇用兵，以无事取天下。"它们之间有什么样的逻辑关系呢？很多人把它们解释成并列的、排比的关系，都看成正面的、好的。照这样讲，"以正治国"，就是按照清静、端正之道治理国家，和"以无事取天下"差不多，都是讲"无为而治"。中间这句"以奇用兵"，则是说"用兵打仗和治理天下不太一样，它看重的是出奇制胜、诡变莫测"。我不太赞同这种理解思路。

一个原因是，"以奇用兵"很难讲通。《孙子兵法》是比较看重出奇制胜的，主张"奇正结合"，正面和侧翼相结合，常规战法和新奇招数相结合。不过，老子对战争持批评、否定的态度。他显然不会认同阴谋诡计的做法。所以，"以奇用兵"很可能不是他要提倡的，恰恰是他要批评的对象，属于与"无为"相对立的"有为"的做法。连带着，第一句"以正治国"可能也不是老子所主张的。"正"不能解释成"清静无为的正道"，否则，"以正治国"和"以无事取天下"就完全重复了，没有必要。我认为，"以正治国"的"正"，通"政治"的"政"，指"政令""法度"。"以正治国"，是用政令法度来治理国家，就好比儒家的"礼乐刑政""道德教化"。在老子看来，这最多只能算第二等的政治。第一等的、最好的政治，是"以无事取天下"，是真正的"无为而治"。

至于"以正治国""以奇用兵"，两者看似不同，实则都是"有为"而治，是不完美的。老子把它们列出来，当作参照物，作为对比，目的是突出"以无事取天下"的高明。

这样解释的另外一个好处，是下文列出的几个反面典型，可以和"以正治国、以奇用兵"为代表的有为政策对应起来；而结尾的正面经验，正好呼应"以无事取天下"的无为而治。因此，我倾向于这种解读思路。

老子又从反面和正面分别罗列了四种情况，作为失败的教训和成功的经验，来论证"有为政治"的弊端，以及"无为而治"的好处。

"天下多忌讳，而民弥贫"是说，如果执政的君王设置了太多的禁令，老百姓就会无所适从，得不到自然的发展。"忌讳"，指各种禁令，这也不让做，那也不让做。统治者如果设置了太多的条条框框，束缚住老百姓的手脚，就会导致人民越来越穷困。例如，周厉王非常贪婪，要跟老百姓争夺利益。于是，他颁布了很多禁令，不允许老百姓上山砍柴打猎，也不准他们到江河湖泊中打鱼。谁要是胆敢违反，就重重地惩罚他。这样一来，老百姓连肚子都填不饱。

"民多利器，国家滋昏"这一句，也有不少争议。我的看法是：本章的反面典型和正面例子，都是针对统治者、针对那些君王而言的。套用一个说法，这些行为的"责任主体"不是平民老百姓，而是统治阶层，是王侯将相。"民多利器"这句话里的"民"字，在很多传抄本中写作"人"字。我们今天说"人民"，好像"人"和"民"差不多。但在古汉语里面，"人"和"民"很多时候代表的对象不同。"民"一般说的都是老百姓，"黎民百姓"。而"人"，有可能指"人主"，指统治者。"利器"，是统治者管控老百姓的手段、权谋。如果君王依仗各种权谋计策来对待老百姓，那么上行下效，老百姓也会跟着耍心眼儿、找漏洞，国家就会更加混乱。

"人多伎巧，奇物滋起"一句里的"人"同样指统治者。它的意思和第三章的"不贵难得之货，使民不为盗"，以及第十九章的"绝巧弃利，盗贼无有"，是差不多的，都是说：倘若统治者不追逐奇珍异宝，不提倡精奇巧诈，老百姓也就不会趋之若鹜，导致奇技淫巧之物层出不穷。

"法令滋彰，盗贼多有"，是批评当时的统治阶层制定的法令过于细密，过于严苛，致使老百姓动不动就触犯刑律，遭受惩罚，最后好像罪犯越来越多了。

以上四条是从反面揭示的教训，它们的共同点在于"有为而治"。老子认为，"有为"是一切祸乱的源头。从根本上讲，"有为"与"大道自然"相背离。当时的统治者往往打着"有为"的旗号，用武力、刑罚、权势等作为维护政权和私利的手段，横征暴敛，残害民众，不仅造成人民的极度贫困，而且还压抑和扭曲了人民的自然本性。

为此，老子提出，统治者应该奉行"无为而治"，并且从四个方面做了说明。"无为而治"的重要表现，是"无事"。所谓"无事"，指不要没事找事，不要随心所欲、异想天开、横生枝节。说得通俗一点，就是不要"瞎折腾"。前面提到的君王设置各种禁令，搞各种权谋手段，采用严苛的法律，这些都是"有为"，是"瞎折腾"，也是老子坚决反对的。

老子的这一主张，在今天仍具有重要的启发意义。在这一方面，我们的一些地方政府有不少教训。

据新闻报道，广西某地的一段三四百米长的人行道，在不到一年的时间里，被先后开挖六次，就像"拉链"一样：一会儿铺通信线路，一会儿改造水管，一会儿又是别的什么，每一项都要对道路"开膛破肚"。刚弄好，把路面还原，又来一项，再开挖。这种就是缺乏统筹协调，结果是不仅浪费国家资源，而且让当地居民苦不堪言。

再例如，东北某地盛产玉米，每年玉米丰收后，农民都要焚烧玉米秆，造成空气污染。于是，地方政府提出"保卫蓝天"的口号，鼓励吸引投资，建设了一个发电厂，使用玉米秆发电，既保卫了蓝天又增加电力供应，可谓"一举两得"。但没过几年，政府又提出要"保卫黑土地"，要求农民把玉米秆打碎埋在地下，导致发电厂没有了材料，办不下去了。而实际情况是，东北冬天太冷，打碎的玉米秆埋在地下根本就无法腐败发酵，第二年挖出来还是玉米秆。后来，当地政府又提出要吸引投资建一个水力发电项目，但是投资者都怕了，万一过两年又要"保卫山林"，不让使用水资源了，那不又鸡飞蛋打了吗？

　　有人把这一类的决策规划生动地概括为"四拍"：上级"一拍脑袋"决定了；下级"一拍胸脯"开干了；干着干着，"一拍大腿"，发现事情坏了；如果无人问责，大家"一拍屁股"，算了。

　　此类"瞎折腾"唯一的作用就是诠释了什么叫"劳民伤财"！这时，再来看老子的"无为而治"。当然，我们并不是说"无为而治"就是最好的，而是说，它就像一剂清醒药，提醒决策者在拍板的时候应该尊重规律，实事求是，避免"瞎折腾"。因为"无为而治"背后的精神，是唯道是从，是尊重大道，也可以引申为"尊重自然规律"。

第五十八章

读书的时候，我们都学过"塞翁失马"的故事，从而明白了一个道理："获得"不一定是好事，"失去"也不一定是坏事。"祸兮福之所倚，福兮祸之所伏。"坏事里蕴含了转机；好事，也暗含着危机。这两句名言正是出自第五十八章。

其政闷（mèn）闷（mèn），其民淳淳。其政察察，其民缺缺。祸兮，福之所倚；福兮，祸之所伏。孰知其极？其无正。正复为奇（qí），善复为妖。人之迷，其日固久。是以圣人方而不割，廉而不刿（guì），直而不肆，光而不耀。

河上公给本章起的标题叫"顺化"。他大概是想说："祸"与"福"会相互转化，那么，怎样逢凶化吉？又怎样避免乐极生悲呢？关键就是要"顺道而为"，不走极端。

这一章的大意是：倘若统治者为政有些木讷迟钝，有些疏漏糊涂，老百姓反而会淳朴敦厚。倘若统治者为政十分精明细致，对什么都明察秋毫，老百姓反而会狡黠、奸诈。灾祸之类的事物，可能有幸福依傍在它旁边；幸福之类的事物，也可能有灾祸潜伏在它里面。谁能知道这祸福转化的终点呢？没有一个绝对的"正常"或者"好事"。原本的"正常"可以变成"不正常"，原本的"好事"可以变成"坏事"。人们对此的迷惑，可以说由来已久。因此，得道的圣人，方正而不会割伤别人，有棱角而不会刺伤别人，直率而不会冲撞别人，光亮而不刺眼。

从总体上看，这一章讲述了祸福相依、相互转化的辩证智慧。不过，需要指出的是，老子在这里主要还是从统治者为政的角度来讲的，目的仍在于倡导"无为而治"。

本章一开始，老子就比较了两种为政的形式。

第一种为政的形式叫"其政闷闷"。"闷闷"，指懵懵懂懂，不甚分明。第二十章，老子曾说过："俗人察察，我独闷闷。""闷闷"的管理方式，给人的印象是有些迟钝、木讷，有点糊里糊涂，很多事情都不是很通晓，很多方面都没有觉察到，很多地方都没有管理好。然而，就是这种看似漏洞百出的为政方式，产生的效果却非常好，老百姓都很淳朴，很厚道。

第二种为政的形式正好相反，那就是"其政察察"。所谓"察察"，指明察秋毫，一清二楚。我们一般把"明察秋毫"当作褒义词使用，但在这里，"察察"却是一个贬义词。这样的管理方式看上去很精明，对什么事情都明明白白，对一切都了如指掌，方方面面都管到了。不过，就是这种看着很不错的为政方式，老子却对它提出了批评，认为它会导致老百姓奸邪狡诈。你统治者管得太细太严，在高压之下，老百姓就会想方设法找管理的漏洞，偷奸耍滑。

方式和结果，之所以出现这样大的反差，关键仍然在"自然"二字。第一种为政形式，貌似糊涂、不清醒，实则符合自然，顺应人民的本性，乃是"无为而治"；第二种为政形式，表面上清明细致，却过于细密、苛刻，干涉过多，不符合自然，属于"有为而治"。

说到这里，我们很容易联想到两句话：一句是"难得糊涂"；另一句是"水至清则无鱼，人至察则无徒"。

"难得糊涂"源自明代的大才子郑板桥。他说："难得糊涂。聪明难，糊涂难，由聪明而转入糊涂更难。"对这句话，不能做庸俗的理解，以为这是让我们对那些乌七八糟的东西睁一只眼闭一只眼，得过且过。"难得糊涂"是告诉我们，不要事事都表现得精明，要学会抓大放小，能想得开，放得下，从鸡毛蒜皮的琐事中超脱出来。有人总结得好：人这辈子想要幸福，既不能太精明，也不能太傻。太精明了让人防备，有可能"聪明反被聪明误"；太傻了让人糊弄，"被人卖了还帮着数钱"。最好的做法是"难得糊涂"，这种介于"精明"与"傻"之间的状态才叫智慧。小到个人、家庭，大到国家、天下，都是这个道理。

"水至清则无鱼，人至察则无徒"，是说：如果河里的水过于清澈，连藻类、水草都难以生存，那当然就不会有鱼了。它缺乏食物养分，鱼也活不下去了。同样的道理，一个人倘若过于精明，凡事都很苛刻，容不得别人犯一点错，这样的人不会有朋友，因为没有人愿意跟他交往。

这是在告诫人们：为人处世，不要过分苛求，不要强求事事争先、处处完美，要懂得宽以待人，把握好分寸，对小事不必较真，对大事不要迁怒。

汉武帝时期，有一个著名的文人叫东方朔。他用"水至清则无鱼，人至察则无徒"这两句话来劝谏汉武帝。东方朔指出，皇帝头上戴的冠冕，前面装饰有一排珠帘，它的作用是挡住视线。皇帝虽然统管天下，但不要事事都计较，不能对臣下过于严苛；有这排珠帘遮挡，皇帝对臣下的一些小过错，无须看得太清楚，对那些不太重要的事情"睁一只眼闭一只眼"，看见了当没看见。这样，才能调动大臣的工作热情，保持融洽的君臣关系，维持江山社稷稳定。他的话，可以作为老子观点的一个佐证。

接着，老子总结出一个深刻的道理："祸兮，福之所倚；福兮，祸之所伏。"看似漏洞百出的为政形式，却可以产生良好的效果；看似精明能干的为政形式，结局反而大为不妙。因此，坏事之中，未尝没有好事依存其间；好事之中，未尝没有坏事潜含其中。

这个道理将辩证智慧阐发得淋漓尽致，在众多方面都能给人们启示。

举个例子：在美国的阿拉斯加，原来狼很多，鹿也很多，狼以捕食鹿为生。

当地政府为了保护鹿群，就大规模捕杀狼群。这对鹿群是好事吧？没想到狼杀光了，鹿也活不下去了。为什么呢？因为没有了天敌，鹿群繁衍得越来越多，那些老弱病残都活下来了。这下子，鹿把草吃光了，没有充足的食物，鹿群都危险了。最后，当地政府只好把狼群重新放回去，鹿群才又正常繁衍起来。

再举个例子：我们生病不是好事，不光身体难受，而且还特别费钱，更不要说有的病还会要命。不过，如果有人因为身体生了病，开始注意到健康的重要性，有意识地进行节制，不再胡吃海喝，不再熬夜，转而在营养、睡眠、锻炼等各个方面做调整，这样一来，原本的坏事有可能变成好事。

老子的这个"祸福相依"、辩证转化的道理，在当今这样一个大变动时代，尤其值得重视。

"祸福相依"的关键，是告诫人们：在顺境中，不要得意忘形；在逆境中，不要悲观绝望。李嘉诚有一次说到他的成功秘诀："在好的时候，不要看得太好；在坏的时候，不要看得太坏。"也就是说，在行情大涨，大家都觉得非常乐观的时候，你要有危机意识——没准很快就会变差；反过来，在行情惨淡，大家都很悲观绝望的时候，你要有乐观精神，因为很可能曙光就会来临。

有一个成语叫"否极泰来"。"否"和"泰"是《周易》中的两个卦。"否"的卦象是"天地不交流，万物不畅通"，因此闭塞不通，是不好的卦。"泰"的卦象正好相反，"天地交流，万物亨通"，是个很吉利的卦。"否极泰来"的意思是："否"到极点会转化到"泰"，"泰"到极点也会转化到"否"。换言之，逆境达到极点，就会向顺境转化；坏运气到了头，好运气就快来了。

"孰知其极？其无正"这句话的意思是说，看到祸福相互依存、彼此转化，人们都希望找到祸福转化的终点，希望"只有福，没有祸"。然而，没有这种绝对的"福"、绝对的"正常"。那些你习以为常的东西，可能会变成"不正常"；你所喜爱的好的事物，也会变成"不好的东西"。"好花不常开"，这让人们感到又沮丧又困惑。

老子的解决方案是："无为而顺自然。"圣人之所以能够做到"方正而不割伤别人，有棱角而不会刺伤别人，直率而不会冲撞别人，光亮而不刺眼"，并不是因为他们掌握了什么特殊的技巧，而是因为他们体悟并奉行大道。大道"大方无隅"，最大的方正没有边角，当然不会割伤别人；大道"大廉无棱"，最大的棱角是没有尖刺的，当然不会刺伤别人；大道"大直若屈"，最大的正直却似有些弯曲，当然不会冲撞到别人；大道"和其光"，光明而含蓄，当然不会让人觉得刺眼。说到底，这些神奇的表现，都源自大道虚静、柔弱、谦逊、包容的自然本性。圣人唯道是从，无为而无不为，所以有此表现。

更重要的是，像圣人这样，一旦做到柔顺、谦让，就可以逢凶化吉、遇难成祥，避免乐极生悲，避免灾祸和灭亡的结局。这和"反者道之动，弱者道之用"是一样的道理。

第五十九章

"非淡泊无以明志，非宁静无以致远"，很多人都喜欢这两句话，并且把它当作座右铭。这两句话出自诸葛亮写给儿子的一封信，后人称作《诫子书》。信中写道："夫君子之行，静以修身，俭以养德。"接着写道"非淡泊无以明志，非宁静无以致远"。细细品味的话，前面的"静以修身，俭以养德"这八个字，其价值丝毫不亚于后面的"非淡泊无以明志，非宁静无以致远"。尤其是"俭以养德"，节制、检点有助于培养品性，已经成为中华传统道德修养的一个重要方面。它的源头之一，正是《道德经》的第五十九章：

> 治人、事天，莫若啬。夫唯啬，是谓早服。早服谓之重积德；重积德则无不克；无不克则莫知其极；莫知其极，可以有国；有国之母，可以长久。是谓深根、固柢，长生、久视之道。

河上公为这一章起的标题很简单，就叫"守道"，守住这个可长可久的"长生久视"之道。而其中的关键，就在于"啬"字。

治理人民，保养天性，没有比"啬"，也就是"爱惜、节省"更好的办法了。唯有爱惜精力、节省耗用，方可提早做好准备。提早做好准备，意味着不断积累德性；不断地积累德性，就没有什么不能胜任的；没有什么不能胜任，意味着他的德性的力量深不可测；德性的力量深不可测，就可以担负治理国家的重任。那"爱惜精力、节省耗用"而不断积累起来的深厚德性，正好比治理国家的"母亲"和"根本"；为政者一旦掌握了它，就能做到长治久安。这是"加深根基、牢固基础"，长生而久存的道理。

理解这一章的重点和难点，在于第一句中的"啬"字。一说到"啬"，我们立刻会联想到"吝啬"这个词。"吝啬"是"小气、抠门"的意思，节俭、节省过了头，变成了一毛不拔的"铁公鸡"。不过，"啬"跟"吝啬"不太一样。"啬"的意思是"节省，爱惜，不浪费"。它本身是一个褒义词，或者说，至少是中性词。

老子说："治人、事天，莫若啬。"首先是"治人"。为什么要用"啬"来治理人民呢？它的第一层含义，是"节省民力"：不要频繁地役使老百姓做这做那，又是兴修宫殿，又是建造园林，让老百姓疲于奔命。因此，"啬"的一个表现是"节省老百姓的力量"，不随意浪费。这一点，不光道家，就连儒家、墨家也有类似的观点。"啬"的第二层含义，则是道家独有的，那就是"无为而治"，不折腾。"治理人民"，要顺其自然，无心作为，不能过度显示君王自己的主观意愿，要"以百姓心为心"。这时，"啬"表现为君王压制自我意识，不扰民。

什么是"事天"过程中的"啬"呢？这有一些争议。有学者说，"事天"指侍奉上天。问题是，老子从来都没有把"天"摆在最高的位置，更谈不上对"天"有什么敬畏和信仰了。把"事天"说成是"侍奉上天"，不符合老子的思想。非要"侍奉"的话，也应该是"大道"；把它解释成"侍奉大道"、遵循大道，还差不多。我倾向于把"事天"解读为"保养天性"。在老子这里，人的"天性"恰恰是"体悟大道""遵循大道"之后表现出来的东西，"天性"和"道"之间是相通的。

我们在"保养天性"的时候，也要以"啬"为原则。一方面，要节省、节俭，不能铺张浪费。它背后潜含的意思是，人要节制、减损自己的欲望和想法，千万不要当"欲望"的奴隶，不要成为"胡思乱想"的牺牲品。另一方面,"啬"还有专门的养生的含义,表现为"减少精气神的不必要损耗"。古人有"惜福养生"的说法:上天赐予每个人的"福分"都有限定,好比给了你满满一谷仓的粮食,如果你爱惜粮食,节省着用,就够用一辈子。但是,如果你挥霍浪费,吃一半,糟蹋一半,那这些粮食最多只够你用半辈子。人的"精气神"也是一样。刚出生的时候,每个正常人的精气神都是完整的、充足的。在成长过程中,有的人收敛身心,节制嗜欲,不贪婪奢求,不胡作非为,甚至于像婴儿那样质朴天真,他的"精气神"的损耗就很少,即便年龄很大了,也能"骨弱筋柔",生机勃勃。也有一些人放纵欲望,有可能年纪轻轻,"精气神"就已经损耗得差不多了,就像广告词说的:"感觉身体被掏空了。"

可见,"啬"的内涵很丰富,既包括物质上的节俭,也包括精神上的爱惜、养护和积蓄。我曾读过一篇文章,其中说道:"在吃喝上节俭,可以养护脾胃;在嗜好上节俭,可以集中精力;在应酬上节俭,可以养生安神;在思虑上节俭,可以少生烦恼;在欲望上节俭,可以清心养德。"这段话,完整地揭示了"啬"的作用。

我们再通过两个例子,做进一步说明。

"文景之治"的开创者汉文帝刘恒是高祖刘邦的第四个儿子,性格低调,谨慎,沉稳,生活勤俭朴素。在他即位的二十三年里,宫殿、园林、服饰、车驾等等,都没有增加。但凡有对百姓不利的事情,他就予以废止。有一次,汉文帝打算建造一座露台。他召来工匠计算成本,发现造价要花百金,也就是一百斤黄铜。汉文帝说:"这一百斤黄铜,已经相当于十户中等人家的全部家当,这事不能干!"他就放弃了建造露台的计划。相传,他还经常穿草鞋上朝,龙袍穿破了都要打上补丁。汉文帝不仅自己节俭朴素,也要求身边的人厉行节约。慎夫人是他很宠爱的妃子,但汉文帝要求慎夫人的衣服长度不得拖地,以免造成不必要的浪费;另外,她的帷帐、衣服也不能纹花绣。可以说,汉文帝是一个"抠门"的皇帝,但也是一个值得尊敬的皇帝。

我们再看一个例子。在中国近代史上,江苏南通出了一个响当当的人物——张謇（jiǎn）。他是近代著名的实业家、教育家和社会活动家，一生创办了二十多家企业和三百七十多所学校。张謇是南通名副其实的"首富"，但他给自己的称号却是"啬翁"。"啬翁"不就是"抠门老头儿"吗？的确，张謇的生活非常"抠门"。尽管生意兴隆，日进斗金，但他始终保持节省、俭朴的习惯。据说，他穿的长衫有几件穿了三四十年之久，新一点的也穿了十年八年。袜子、袄子破了，总是加补丁，要补到没法儿再补了，才换一件新的。每天饭菜，不过一荤一素一汤。如果没有客人，向来不杀鸡鸭。张謇写信用的信封，都是废物利用制作的。他常说："需要花钱的地方，花在别人身上的钱，哪怕一千一万，都不要眨眼；而自己用的，自家消耗的，连一个钱都得想想，都得节约。"

张謇以节俭自律，自号"啬翁"，正是受老子的"治人、事天，莫若啬"的启发，物质上节俭，精神上珍惜。

"夫唯啬，是谓早服。""早服"，通常解释为"早做准备"。郭店楚墓竹简本就把"早服"写作"早备"。为什么说"啬"，就是"早做准备"呢？因为老子有忧患意识，他知道"好的事情"发展着发展着，就有可能变成"坏事"，正所谓"物极必反""物壮则老"。"啬"符合低调、收缩、柔弱、谦让的"无为"之道。力行啬，一来，可以避免事情发展到极端、走向灭亡；二来，即便碰到一些突发的、不好的状况，也能够及时地应对。这正是"有备无患"。

老子认为，"爱惜精力、节省消耗"能够帮助我们蓄养德性。这就是"俭以养德"。这样的人，对物质的欲求往往不会太强，颇有些清心寡欲，不会为了私欲做一些不该做的事，更不会透支生命。长此以往，他的德性会不断积累、养成，与大道越来越吻合。由他来治理国家，是最合适的，他会采用无为而治；效果呢，无论是他自己，还是整个天下，都能够扎牢根基，厚养德性，做到劫劫长存，生生不息。

第六十章

古代的哲人非常善于从生活的方方面面中感悟深刻的哲理。而这些哲理，由于融入了衣食住行等人们耳熟能详的元素，也变得格外鲜活，更能深入人心。商朝初期有一个贤明的丞相，叫伊尹。他的父亲是个家用奴隶厨师，擅长烹调。伊尹从父亲那里学到了精湛的厨艺。后来，伊尹辅佐商汤打败夏桀，推翻夏王朝。他把从厨艺中领悟的道理运用到政治领域，劝谏商汤说：制作美食的关键在于将不同的食材、不同的调料，恰到好处地调和在一起；同样，君王治理好国家的关键是懂得调和，善于把握火候，从而营造一种和谐的政治。老子更是一位精通"由烹饪讲哲理"的大思想家。人们所熟知的"治大国若烹小鲜"这句名言就出自《道德经》第六十章。

治大国若烹小鲜。以道莅（lì）天下，其鬼不神。非其鬼不神，其神不伤人。非其神不伤人，圣人亦不伤人。夫两不相伤，故德交归焉。

本章的大意是：治理大国，好比烹煮小鱼。如果用"大道"来治理天下，鬼怪之类的东西便不会发挥作用；倒也不是说鬼怪完全不起作用，而是说它们所起的作用伤害不到人；不仅鬼怪的作用伤害不到人，圣人也不会妨害到人。鬼怪和圣人两者都不伤害人的原因，正在于"以道莅天下"，"上德"汇归到人民这里了。

第六十章

这一章的重点很清楚，就是"治大国若烹小鲜"。而难点则是后面有关"鬼神"的内容。

"治大国若烹小鲜"，这是一句千古流传的政治格言，从古到今，无数的政坛英杰重复着这句话，并试图把它运用到实践中。

治理大国的道理，就像厨师烹煮小鱼一样。在烹煮小鱼的时候，一个高明的厨师是不会过多翻动的，因为小鱼的身体太小了，如果我们用锅铲翻来翻去的话，这个鱼就破碎了，就会不完整。因此，一个高明的厨师在烹煮小鱼的时候，会顺其自然，不过多干扰，这样才能够在保持鱼的完整的基础上把它烹煮熟。也有人说，这句话是在讲：烹煮小鱼，要注意火候，太早则不熟，太晚就会煳。不过，综合老子的思想，"注意烹煮的火候"，恐怕还不是老子关注的重点。从"无为而治"的角度看，"烹小鲜"的关键应该是"顺其自然"，不过多翻动。

治理国家的道理和烹煮小鱼是一样的。统治者不能过多地干扰人民，不要"瞎折腾"。另外呢，政策也不要变来变去，今天一个政令，明天一个法度，朝令夕改，这样只会让人民疲惫不堪，最终导致天下混乱。从某种意义上讲，"天下""国家"和"小鱼"一样，都很脆弱，经不起反复折腾。统治者太过"有为"，不尊重社会发展的规律，不顺从老百姓朴素自然的本性，老是一厢情愿地发号施令；要么就事无巨细什么都管，管得太宽，管得太细，管得太勤。这都不利于国家的稳定，不利于老百姓休养生息。

西汉前期的相国曹参，就聪明地采用了"烹小鲜"的方式来治理国家，值得我们借鉴。

曹参的前任是"汉初三杰"之一的萧何。萧何去世之后，曹参继任西汉王朝的相国。曹参这个相国当得很简单：所有事情，一律按照前任萧相国定下的规矩办，什么都不改动。当时的皇帝是刘邦的儿子、年轻的汉惠帝刘盈。汉惠帝心里有点不踏实："这老家伙百事不管，整天喝酒，一问他，就说'照老规矩办'！他是不是瞧不起寡人，在敷衍我啊？"后来，曹参找了个机会，向汉惠帝吐露心声：你汉惠帝，论英明，恐怕还比不上你的父亲高祖刘邦；我这个相国，论才干，也远远不如前任相国萧何。既然我俩比不上他俩，那么，高祖皇帝和萧相国平定天下，用心制定的一套规章，肯定比我们瞎琢磨出来的东西更加高明、更加正确。所以，我们只要按照他们的规定办，就行了。这就是著名的"萧规曹随"。

曹参压下了"新官上任三把火"的冲动，不在意自己有没有存在感、政策有没有"我曹参"的特色，而是沿用前任的那些行之有效的制度、政策，一来保持了这些政策的连续性，减少内耗，二来也为老百姓休养生息营造了宽松、自如的环境。乍看上去，曹参好像没做什么事，可这比做任何事都更明智、更正确。

当然，"烹小鲜"并不是一味放手，啥事都不管。否则的话，小鱼也不可能烹煮好。"烹小鲜"的高明之处在于该动的时候要动，不该动的时候千万别动。一句话，要顺其自然。

我们再通过一个例子来说明：汉宣帝的时候有一位丞相，名字叫丙吉。一天，他外出巡视，结果在半路上碰到一件事。一群村民聚众械斗，还有一个人被打死了。要是搁别的大官，肯定会停下来，好好查一查，看看谁是谁非。没想到，丙吉却对此不加理会，催促手下继续赶路。又走了一阵子，丙吉突然让手下停步。原来，他看见路边有一头耕牛正在不停地大口喘气。丙吉命令手下去找当地的老百姓详细了解一下，有没有其他耕牛存在类似的情况。

丙吉身边的随从很是不解，找了个机会请教丙吉："请问大人，为什么先前发生人命关天的大事，您不去理会？而现在，一头牛喘气，您却郑重其事呢？"

丙吉回答说："村民打架斗殴，出了人命，自会有地方官吏来管。他们更熟悉双方，更了解情况。如果我非要去过问，那不就是越俎代庖了吗？只会让地方官吏左右为难。倒是耕牛喘气这件事，不能麻痹大意。要知道，现在天气不热，这头牛却在大口喘气，不排除发生瘟疫的可能。这个情况更严重，而地方官员一般不会注意；我碰到了，当然要调查清楚。"

丙吉知道什么时候应该"有所为"，什么时候"有所不为"。他的做法很值得我们今天的管理者借鉴。

接下来，我们看后面的一段有关"鬼神"的内容。老子在讲这些之前，先定了一个调子："以道莅天下"。它与开篇的"治大国若烹小鲜"是什么关系呢？原来，用"烹小鲜"的方式来治理大国，就是唯道是从，遵循大道。因此，"以道莅天下"，正是由"治大国若烹小鲜"提炼出来的，是以"自然无为之道"来对待天下。

明白了这个背景，我们就可以对接下来的语句做一些推测了。为什么说"推测"呢？因为这几句话，它的语言环境，以及当时的宗教信仰等，我们都不清楚。仅凭这几句话，不足以形成定论，只能说是大致推测一下。

"其鬼不神"这一句里的"鬼"，跟今天的含义差不多，都是指鬼怪之类的神秘存在。不过，"其鬼不神"的"神"字，却不是指"神仙""神灵"，而是"灵验""有效"的意思。合起来，"其鬼不神"是说：即便有鬼怪存在，它们也不太灵验，发挥不了什么作用。紧接着的一句是"非其鬼不神，其神不伤人"，这句话修订了前面的说法。前面说，"鬼怪不灵验了，不起作用了"；但更准确地说，不是鬼怪不起作用了，而是鬼怪所发挥的作用不会伤害到人了。

为什么这么说呢？原来，人们相信鬼神，通常多半是在他们有需要或者说有困难、有弱点的时候。从正面看，过去人们求神拜佛，是因为有一些很重要的事情，靠自身的力量很难解决，例如考状元、生儿子等等，自己没有把握，于是想借助超自然的神佛的力量。而从反面看，什么人最怕鬼？那些心神不宁、做过缺德事的人最怕鬼。俗话说："平生不做亏心事，半夜不怕鬼敲门。"照过去的讲法，鬼怪之所以会招惹谁，是因为这个人做了伤天害理的事情，理亏心虚，或者说缺乏堂堂正正的阳刚之气，才被鬼怪趁虚而入。而鬼怪发挥的作用，一般都是破坏性的，是害人的，叫"作祟"。

现在"以道莅天下",人们都遵循自然无为之道,没有过多的欲望,没有乱七八糟的思虑,一个个质朴、坦荡,内心充实。这样一来,鬼怪之类的东西就没有用武之地了,没办法再害人了。林则徐说过:"存心不善,风水无益,父母不孝,奉神无益。"一个人如果居心险恶,那么再好的风水宝地也帮不了他;如果不孝敬父母,那么再怎么求神拜佛也没有用。这是从反面说的。从正面看,一个人为人处事堂堂正正,胸襟坦荡,道德上没有亏欠,他当然不怕鬼怪了。而老子说的"道",还要高过这个层次。

到这里,我们可以简单总结一下:在中国的商朝和西周时期,崇拜鬼神的现象还十分普遍,这从甲骨文的卜辞就可以看出来。不过,到了春秋晚期,老子和孔子相继出现。老子和孔子对待鬼神的态度当然有差别,但有一点是共同的:他们都不再把鬼神当作信仰的对象。尽管他们没有否定鬼神的存在,然而,"敬鬼神而远之",他们很少讲鬼神;即便偶尔提到鬼神,也尽量淡化它们的神秘色彩。他们更看重的是"人"的世界,"人"的力量。这就是"百家争鸣"的人文主义传统。受这个传统的馈赠,我们中国文化中,没有那种偏执的、极端的宗教意识,而是具有无比的包容性。

第六十一章

无论是古代还是今天,世界上总是大国、小国并存。那么,不同的国家之间,尤其是强大的国家和弱小的国家之间,应该怎样相处呢?早在两千五百多年前,老子对这个问题就有了睿智、独特的思考。

> 大国者下流,天下之交,天下之牝。牝常以静胜牡,以静为下。故大国以下小国,则取小国。小国以下大国,则取大国。故或下以取,或下而取。大国不过欲兼畜人,小国不过欲入事人。夫两者各得所欲,大者宜为下。

河上公给这一章起的标题叫"谦德",这个标题很贴切,抓住了本章的核心。

大国要像那些大江大河的下游一样,让天下的小河小溪都汇流到它那里。因为它处在地势更低的地方,更加平静、包容而柔顺。雌性的动物常常凭借它们的安静平和,而胜过那些雄性的动物。因为安静平和,正是甘愿居于雌弱谦下。因此,大国若是能以谦逊的姿态对待小国,就可以取得小国的信任;小国若是能以谦逊的态度来对待大国,就可以取得大国的包容。所以,大国、小国交往,有时是大国因为谦让而赢得小国的信任,有时则是小国因为谦让而赢得大国的包容。大国无非是想要得到小国的认可和支持,小国无非是想要得到大国的包容与保护。通过"谦让",两者的愿望都获得了满足。这其中,大国尤其应该谦下忍让。

在本章,老子主要讨论了当时的一个非常现实的问题:不同国家,尤其是实力相差悬殊的国家之间,应当怎么样相处?商朝的时候已有为数众多的诸侯国。《史记》里面记载:周武王讨伐商纣王,当时来参加会盟的就有八百个诸侯。西周前期,又分封了一批诸侯国。到了春秋战国时代,大国开始疯狂兼并小国,最猛的要数南方的楚国,先后灭了六七十个小国。当时,有的小国只有我们今天几个乡镇大小,还不到一个县的面积。而大国呢,动辄"地方千里,带甲百万",东西向、南北向都有上千里。老子那个时代,战争的主要原因就是大国想要吞并小国。

老子坚决反对战争。因此,他对当时的国与国之间的矛盾、纷争有很尖锐的批评。要说对待"国家"的态度,《道德经》第八十章讲的"小国寡民"可能最有代表性。"小国寡民"就是把"大国拆分成很多小国",让它们打不起来。在本章,他并没有直接否定大国的存在,而是在"大国小国并存"的现实状况下,提出了一种国与国交往的原则。用一个字来概括,那就是"下",也就是要"谦下忍让"。

"谦虚",可以说是我们中国文化的一个基本特色。就拿《易经》举例。《易经》的最初面目正是用来占卜预测的,也就是俗话说的"算命"。《易经》一共有六十四卦,当我们占得了某一卦,我们肯定特别想知道这一卦是好是坏,是吉是凶。其实,这个问题很难有明确的答案。因为,几乎所有的卦都是既有吉又有凶的。《易经》从"吉、凶、悔、吝"这四个方面来预测事情的发展走向,麻烦就麻烦在,几乎所有的事情都没有定论。比如,《乾卦》的第三爻是这样说的:"君子终日乾乾,夕惕若厉,无咎。"什么意思呢?倘若有才有德的君子,白天勤奋努力,到了夜晚,仍然保持警惕。那么,即便他处境艰难,也不会有灾难。它没有用非常肯定的说法,而是讲"如果怎样,就会有什么结果"。换句话说,倘若君子不能做到"白天勤奋,夜晚警惕",那么,一旦遇到状况，他就可能有灾难。这是《易经》常见的预测形式，它会给出不止一种可能性，关键还是要看当事人的选择和努力。如此一来，我们很难说《易经》的哪一卦是吉卦，哪一卦是凶卦，因为基本上都是吉凶混杂的。请注意，我用了"基本上"这个说法。原因是，在这六十四卦里面，有一个特例，它是纯粹的吉卦，六条爻辞，全部都是吉利的。这一卦，正是"谦卦"，"谦虚之卦"。其他的六十三卦，都是吉凶掺杂，只有"谦卦"，只有吉没有凶。

《易经》的这个独特现象，体现了我们中国人的特有智慧。在任何情况下，"谦虚"总是没有坏处的：顺利的时候、获胜的时候，做到"谦虚"，不仅能够给对手、旁观者留下"有风度"的印象，还能让自己保持头脑清醒，不至于得意忘形、乐极生悲；而处在困境中，保持谦虚的姿态，能让自己冷静地总结教训，稳固基础，等待转机，也让别人觉得这个人有胸襟，输得起。

古人比试武功，比试弓箭，获胜的一方，会两手抱拳，谦虚地说："承让！承让！"或者"侥幸！侥幸！"以表示自己赢得很偶然，是对手谦让了。而失败的一方，同样一抱拳，说："佩服！佩服！"双方都很客气，很谦虚，即便有输赢、有火气，这么一谦让，也就能够不伤和气，甚至"不打不相识"，原来的对手变为好朋友了。

在本章，老子把着眼点放在大国和小国的相处之道上。他不满当时大国欺凌小国、小国背叛大国的状况，提出：无论大国还是小国，都应该保持谦让。就大国来说，如果做到这一点，就能赢得小国的尊重，小国自然会信任它，甚至追随它；就小国来说，如果能做到谦逊，不让大国心生芥蒂，大国就愿意帮助它、保护它。这是从实际效果来说的。

从根本道理上讲，"谦下、退让"恰恰是由"大道""柔顺、安静"的本性所决定的。因此，无论大国或者小国，能够做到"谦让"，就表明它们守住了虚静，遵循了大道。

请注意，"大国不过欲兼畜人，小国不过欲入事人"这两句，并不是说：大国都希望能兼并小国，小国都指望能找一个好的大国投靠。老子其实很反对

"大国兼并小国",而是主张不同大小的国家和睦相处。其中的关键,就在于"谦虚、礼让";而占主导的一方,显然是大国、强国。因此,大国更需要率先做到"谦让"。

中国作为负责任的大国,在处理国际关系时,坚定地遵循和平共处五项原则,国与国,无论大小和强弱,一律平等:互相尊重主权和领土完整、互不侵犯、互不干涉内政、平等互利、和平共处。在对待相对弱小的国家时,中国始终以谦让、尊重的态度发展睦邻友好关系。作为大国,中国做到了谦虚、礼让,赢得了众多小国的尊敬和信赖。这也在某种程度上,践行了老子的观点。

推广到人与人的交往。现实中,有的人地位高,有的人地位低。一旦出现了矛盾、纠纷,尤其考验地位高的一方。不少朋友都听说过"六尺巷"的故事:清朝康熙年间,安徽桐城人张英在朝中任文华殿大学士兼礼部尚书,位高权重。一次,张英在桐城的家人在扩建房屋的时候,因为一堵墙的位置与邻居吴家发生了争执。双方各不相让,都要求将墙修到对方家的一侧。张英的家人很恼火,心想我们家有人在朝廷当大官,你们居然敢跟我们斗!于是张家人快马加鞭,飞书京城,让张英出面给下面的官员打招呼,好"摆平"吴家。不料,张英得知此事后,没有去打这个"招呼",而是写了一首诗,让人带给家里的人。这首诗写的是:"一纸书来只为墙,让他三尺又何妨。长城万里今犹在,不见当年秦始皇。"诗句之间洋溢着宽厚豁达之情,毫无逞强斗狠的意思。张英家人看到信,主动将墙向自己家一侧退了三尺。邻居吴家见状,深受感动,也跟着往自家一侧退出三尺。于是,两家的院墙之间形成了一条六尺宽的巷子。这就是"六尺巷"的来历。它象征着谦让、包容的良好家风。后来张英的儿子张廷玉也位极人臣,当了内阁首辅。父子两宰相,传为一时佳话。

可见,大到国家交往,小到邻里相处,"谦让"这种美德都必不可少。我们的生活中如果多一点"谦让",肯定会更加和谐、更加美好!

第六十二章

一百年前，德国的历史学家斯宾格勒出版了一本书，名字叫《西方的没落》。在书中，他指出：西方文化已度过了"文化"的创造阶段，进入到反省和物质享受的阶段，其未来走向，只能是无可挽回的没落。斯宾格勒还提出：每一种重要的文化，都有它独特的基本象征，例如：希腊、罗马文化的象征是"有形的个体"；阿拉伯文化的象征是"洞穴感"；西方文化的象征是"无穷空间"；而我们中国文化最典型的象征，就是不可名状的"道"。应该说，斯宾格勒对中国文化的领悟和概括是比较准确、深刻的。

大体上，中国文化是一种以"道"为核心的文化。我们中国文化的三大渊源，儒、释、道——儒家、佛教、道家，都非常看重"道"。

儒家的孔子讲："朝闻道，夕死可矣。"如果早上知晓了大道，哪怕当天晚上死去，也不觉得遗憾了。儒家的经典《中庸》说："道也者，不可须臾离也，可离非道也。""道"是不可以片刻离开的，如果可以离开，那就不是"道"了。

佛教也重视"道"，近现代的天台宗高僧，倓（tán）虚法师提出："不愁无庙，只愁无道。"不怕自己没有庙，就怕自己没有道。

道家就更不用说了，老子、庄子均把"道"作为思想体系的核心，连整个学派都以"道"作为名称。

当然，各家各派所讲的"道"，在内涵和侧重点上有所不同。不过，笼统地看，中国文化可以说是一种"道文化"，始终在探索大道、感悟大道、践行大道。

《道德经》第六十二章，就直观地呈现了老子对"道"的推崇和赞美。

> 道者，万物之奥，善人之宝，不善人之所保。美言可以市尊，美行可以加人。人之不善，何弃之有？故立天子，置三公，虽有拱璧，以先驷马，不如坐进此道。古之所以贵此道者何？不曰：求以得，有罪以免邪？故为天下贵。

河上公给这一章起的标题叫"为道"，含义有点模糊，大概是想说：与其高官厚禄、金玉满堂，不如修道、行道。

大道，是深藏在万物之中的主宰者。对于"善人"来说，它是无价之宝；对于"不善的人"来说，它是唯一可以保全自己的倚仗。大道无比包容：华美的言辞当然不合于道，但是大道仍然承认这些言辞能够为人们换取他人的尊重；华美的行为，也不符合道，但是大道同样承认这些行为能够帮人们获得他人的推崇。大道连"美言""美行"都没有完全否定，那么对于所谓的"不善之人"，又怎么会彻底放弃呢？因此，当天子即位、设置三公的时候，人们与其争相进献拱璧和车马，还不如单纯地将"大道"作为献礼。为什么古人会这么重视大道？难道不是因为，一旦拥有了它，有求必有所得，有罪过也一定能免受惩罚吗？所以，大道才被全天下的人看重。这是本章的大概意思。

这一章的主要内容，是从正面和反面来讲"大道"的重要与可贵。所谓正面，是就"善人"来说的，"大道"能给"善人"带来吉祥和收获；所谓"反面"，是就"不善之人"来说的，"大道"没有舍弃他们，能拯救这些"不善之人"，使他们免受惩罚。这一章里有几句话特别费解，从古至今争论不休，也影响到对全章内容的理解。因此，这一章也是《道德经》全部八十一章中，最难解释的章节之一。我只能勉为其难，尝试着推导一下。

首先看"道者,万物之奥"。"奥"字的本义是房屋的西南角,而古代房屋的西南角,往往是最幽深的地方。由此引申出了第一种解释,"奥"指"隐藏着的""难以窥见的",例如"深奥"的"奥"。古人还有一种奇特的观念,认为一套房屋不同的地方对应有不同的神灵。在房屋的西南角,也就是"奥"这个地方,对应的是整套房屋的主神,并由此引申出第二种解释,把"奥"看作"主宰"。在这句话里,老子把"道"比喻作"房屋西南角"的"奥",正是看中了这两层含义:一方面,"大道"无所不在,潜含于万事万物之中,又不显痕迹,"幽深难辨";另一方面,万物均仰赖"大道"才得以产生和发展,大道是万事万物存在的最后根据,可以把它看作万物的主宰,尽管它不会以此自居。因而,我把这一句解释为:"大道,是深藏在万物之中的主宰者。"

接着,老子说"道"是"善人之宝,不善人之所保"。需要强调的是,这里的"善"或者"不善",并不是"善良与否"的意思,它不是以世俗的善恶为标准的。"善"与"不善",只能是就大道而言:对"大道"有所体认,愿意追随"大道"的人,就是"善人"。因为他的言谈举止很朴实、天真,自然而无心作为,毫无造作痕迹,这对他自己、对旁人、对环境,都只有好处,所以称他为"善人"。也有一种人,对"大道"毫无感受,所作所为经常违背大道,凭主观意愿肆意妄为,这无论是对他个人,对其他人,还是对整个环境而言,都是一种破坏,所以称他为"不善人"。

"大道"是"善人之宝"很容易理解,体道之人唯道是从,把"道"看作至高无上的宝藏。但"大道"还是"不善人之所保",这句就不太容易理解了;这一句中的"保"字,通常解释为"赖以幸免的保障"或"得以保全的依靠"。"不善之人"尽管不信奉"大道",但客观上,"大道"却是这些人拯救自我、赖以幸免于难的唯一出路。在第二十七章,老子曾经说过:"圣人常善救人,故无弃人;常善救物,故无弃物。""圣人"的背后正是"大道"。"大道"宽广而包容,不会随意放弃任何人和物。即便是"不善之人",一旦幡然醒悟，他也依旧可以凭借"此道"而获得拯救。

为了更形象地阐释这个说法，我们不妨借用佛教禅宗的一个故事。

一天，小和尚和师父展开了一场对话。小和尚问道："师父，您说'无论好人、坏人，都可以超度'，我不理解。既然是坏人，就已经失去了人的本性，又怎么算是人呢？那为什么还要度化他？"

师父没有直接回答，而是拿起笔，在纸上写了一个"我"字，不过是反着写的，左右颠倒。

接着，师父问："这是什么？"

小和尚回答："这是一个'我'字，但是写反了！"

"写反了的''我'字算不算字？"师父追问。

"不算！"小和尚很干脆地说。

"既然不算，你为什么说它是个'我'字？"

"算！"小和尚立刻改口。

"既然算是一个字，你为什么说它反了呢？"

小和尚愣住了，不知道该怎么回答。

师父说道："正字是字，反字也是字，你说它是'我'字，又认得出那是写反了的'我'字，主要是因为，你的心里认得真正的'我'字；如果你原本就不识字，就算我写反了，你也无法分辨。甚至于，如果有人先教了你一个写反的'我'字，然后再遇到正写的'我'字，你倒要说后面的字写反了！同样的道理，好人是人，坏人也是人；最重要的，是要识得人的本性。这样的话，当你遇到坏人、恶人的时候，一眼就能看出他的'本性'依旧是'人'，再努力唤起他的'本真本性'。这样便不难度化了。"

这个故事讲的是禅宗对"佛性"的看法。禅宗认为：一切众生，皆有佛性；无论是好人，还是坏人，甚至畜生、恶鬼，在他们的本性之中，都有佛性。他们一旦"识得本心"，领悟自身的佛性，就能立刻成佛，这就是"见性成佛"。

我们讲这个故事，是因为它和老子的思想有相近之处。"大道"就好比"佛性"，它无处不在，无时不有；它是"万物之奥"，无论好人、坏人，善人、恶人，都潜藏有"大道"。我们也可以把它叫作"道心"或者"道性"。"不善之人"虽说对"大道"缺乏感悟，也经常违背大道、胡作非为，但要论起他的本心本性，依旧有"道心""道性"。这些"不善之人"虽然舍弃了"大道"，然而"大道"却不会抛弃他，而是会给他提供一线生机、一条出路。

庄子说过："其嗜欲深者，其天机浅。"一个人，如果嗜好、欲望太多太强，就会沉迷其中，贪婪无度，身心被嗜好和欲望蒙蔽，他本来的"天机""道心"也会被磨蚀、消融。本章讲的"不善之人"，正是那些嗜好、欲求太过强盛的人。倘若让他们就此放纵下去，只能是"身死道消"，不得善终。现在呢，"大道"给了他们止损、改过的机会。它启示这些"不善之人"，要学会做"减法"，放下执念，减少欲求，约束行为；一旦做到，"不善之人"就能保全自己，即使之前犯下罪过，也可以"浪子回头"，获得解脱。

最让人头疼的是"美言可以市尊，美行可以加人。人之不善，何弃之有？"这两句，围绕它们不光争论激烈，而且每一种解释都很难自圆其说。我有两个不成熟的分析思路。第一，把"何弃之有"的主语看作"大道"，换言之，"大道"不会舍弃"不善之人"。那么，前面的一句就是做铺垫：大道能容忍"美言""美行"这些花里胡哨的东西，当然也能容忍"不善之人"。第二种思路，把"何弃之有"的主语看作"不善之人"："不善之人"没有舍弃"美言""美行"，因为"好听的话"能为他换来别人的尊重，"好看的行为"能帮他赢得别人的推崇；而"大道"的价值，要比"美言""美行"不知道高出多少倍，"不善之人"又怎么能舍弃"大道"呢？老实说，究竟选哪一个，我也没有把握。

第六十三章

通常，我们形容一个人宽容大度、不计前嫌，会说他"以德报怨"。这是中国的古人传下来的格言。若要问道：这究竟是哪一家、哪一派提出来的？恐怕不少人会认为是儒家。因为传统儒家给人的印象，是十分的温文尔雅、仁爱友善，似乎他们更应该"以德报怨"；而且，《论语》中确实也提到这四个字。但是，《论语》中有"以德报怨"，并不代表孔子就赞同它。相反，孔子并不认同"以德报怨"。真正主张"以德报怨"的，是道家的老子，这就是《道德经》第六十三章的主张。

这一章的原文如下：

> 为无为，事无事，味无味。大小多少，报怨以德。图难于其易，为大于其细。天下难事，必作于易；天下大事，必作于细。是以圣人终不为大，故能成其大。夫轻诺必寡信，多易必多难。是以圣人犹难之，故终无难矣。

河上公为这一章起的标题叫"恩始"，他大概是想说，"恩德"的关键在于"细小"处和"最初的阶段"。

本章的大意是：把"无为"当成"作为"，把"无事"当成"做事"，把"无味"当成"有滋味"。大的事物都源于细小的东西，多的状态都起于少

第六十三章

的状态。用"德"来回报他人所施与的仇怨。对付困难，要先从容易的地方着手；做大事，要先从细微之处开始。天下所有的难事，都是从容易发展而来的；天下所有的大事，也都是由细微的东西积攒而成的。所以，真正体道、得道的圣人，并不会自以为大，也不会好高骛远，因此能够成就"大的事业"。许诺很轻率，必定会缺乏信用；把事情看得太容易，必定会遭遇各种困难、挫折。所以，圣人总是把事情看得很艰难，因而终究不会有困难。

这一章蕴含了很多深刻的哲理，像"图难于其易，为大于其细"，又如"轻诺必寡信"等，都可以成为我们终身奉行的道理。从主题来看，这一章和接下来的第六十四章，主要讲"大与小""多与少""难与易"的辩证智慧。不过，在本章，老子又冒出来一句"报怨以德"。单独的这一句话很好理解，难就难在，它和本章其他内容之间到底是什么关系？怎样解释，才不显得突兀？下面我们具体解析。

开篇的"为无为，事无事，味无味"三句奠定了本章的基调，那就是：体道、悟道者，遵道而行，应该采取的态度和做法，具体来说，是不追求那些彰显自我存在的作为，不热衷于那些冠冕堂皇、声势浩大的事业，不沉湎于那些刺激味蕾、让人垂涎三尺的滋味，而是"以'无为'为'为'""以'无事'为'事'""以'无味'为'味'"。联系后面的内容，我们发现，这三句是想要说明"细微""弱小""平淡"的作用。后文多次讲到，"大源于小""多出于少""难始于易"，相应地，"无为""无事""无味"对应的正是那些"细小的""平淡的"，看起来微不足道的东西；然而，恰恰是它们决定了"大事""难事"的成败。

接下来的一句，"大小多少，报怨以德"，非常重要。

《论语》里也提到"以德报怨"，只不过，这是孔子批评的对象。原文是这样的："或曰：'以德报怨，何如？'子曰：'何以报德？以直报怨，以德报德。'"有人问孔子："请问先生，用恩德来回报别人的怨恨，可以吗？"孔子回答："那你又拿什么来回报别人的恩德呢？所以啊，应该用对等的方式

301

来回报别人的怨恨，用恩德来回报别人的恩德。"我看到有的解释说"以直报怨"，是用正直来回报他人的怨恨。这不太准确。"直"的本义是内心很顺畅，如"理直气壮"。在这句话里，"直"的意思是，按照对等的原则予以回报。粗俗一点儿讲，别人打了我一拳，我就还击他一拳；而不是别人打我一拳，我就捅他一刀。"以直报怨"是说：他人对我不友好、伤害了我，我应该还击；只不过，我还击的程度是比照着受到伤害的程度来进行的。这在古代是比较常见的做法。《圣经》的《旧约全书》就说过："以牙还牙，以眼还眼，以手还手，以脚还脚。"对待恶人，对方使用什么手段，我就用什么手段进行回击。

孔子的态度很合理——别人对我好，我以恩德回报；别人对我不好，我还是用恩德回报：那这样一来，又怎么显示出差别呢？对那些友善待我的人，是不是不太公平？因此，友善对待我的人，我当然要以友善待之。但是那些对我不好、伤害我的人，我就不要以友善待之了，而是果断予以还击。不过要注意，我还击的力度应该遵循对等的原则，给予对方同等的打击。

而说到"以德报怨"，或者"报怨以德"，很多人的第一印象是"这太迂腐了"，难道别人欺负到头上了，我也要一味忍让、笑脸相迎吗？那不是太窝囊了？！

老子主张"报怨以德"，难道他真的像有些人说的，提倡一种软弱、退让的"龟孙子兵法"吗？当然不是。

老子倡导"报怨以德"，大概有这么几个原因。

第一个原因，道家对世间的矛盾纷争持有一种超然的立场。在老子看来，善与恶、美和丑、是非对错，等等，往往是相对的。"公说公有理，婆说婆有理"，面对一件事情，很多人都是站在自己的角度，根据自己的利益，来选择态度的。这就导致他的看法、他的结论，不一定客观和全面，就像那群摸大象的盲人，以为自己的感觉才是正确答案，别人都错了。顽固的人，甚至以此来反对、攻击跟他意见不一的人，导致了人与人之间的矛盾和怨恨。老子认为，

第六十三章

这些分歧以及由此而来的怨恨，没有什么道理，也没有什么意义。与其针锋相对，争一个你死我活，不如跳出来，和光同尘，淡然面对。不论对象如何，我始终坚守宽和之德。这是第一个原因，体现了"大道"超然物外、不谴是非的洒脱。

第二个原因，则更现实一些。结合上文的"大小多少"，大的事物都起源于细小，多的事物都来自稀少。同样，"天大的仇恨"，往往也源自一些细微的不满和反感。在第七十九章，老子说："和大怨，必有余怨。"用调和的办法来处理大的怨恨，必定还会有余下的怨恨无法消除。可见，不能等这个怨恨发展成大的怨恨再来处理；而应该在它们还很细微的时候，就早点儿化解。而化解怨恨，靠"以直报怨"，靠针锋相对，显然是不行的。老话讲"冤冤相报何时了"，你打我一拳，我还你一拳；你踢我一脚，我还你一脚。就算能做到对等回报，双方的火气也会越来越大，怨恨也会越来越多。打着打着，说不定就成了死对头。老子认为，这得不偿失。不如"报怨以德"，用恩德来回报别人的怨恨，破除"冤冤相报"的恶性循环，从根子上化解彼此的仇怨。这样一来，就不至于闹到你死我活、不共戴天的地步。

举个例子：有一位中国女士漂洋过海到美国发展，在美国的一个集贸市场里摆摊。由于她既聪明又肯干，她的摊位生意特别好，比其他摊位好太多了。这一下，引起了其他摊贩的嫉妒。这些人明着不说，背地里却有意无意把自家摊位的垃圾扫到这位中国女士的摊位前。她看到了，没说什么，只是宽厚地笑了笑，默默地把垃圾都清扫到自己摊位旁的角落。隔壁摊位的主人是一个墨西哥人，观察了好几天，发现中国摊主始终泰然处之，于是忍不住问道："大家都把垃圾扫到你这里，你为什么不生气？"中国摊主笑着说："在我们那里，过年的时候都会把垃圾往家里扫，垃圾越多就代表赚的钱越多。现在每天都有人送钱到我这里，我怎么舍得拒绝呢？高兴还来不及，我怎么会生气？"从此以后，那些垃圾再也没有出现在她的摊位前。面对他人的恶意挑衅，无论是扫回去、破口大骂，还是向管理人员投诉，都不可能根本改变受排挤的状况。而这位女同胞懂得"和气生财",巧妙地运用"以德报怨"的智慧,不仅宽恕了别人,而且赢得了他人的敬重,化解了矛盾。

"图难于其易,为大于其细。天下难事,必作于易;天下大事,必作于细。"从承接上文的角度来说,可以把"小的怨恨"看作"易"和"细"。我们用宽容的德性,能很轻松、很彻底地化解这些"小怨",这也意味着,将未来可能有的大仇恨、大麻烦提前消除了。从开启下文的角度来说,道家的"圣人"从来不会自认为伟大,也不会老想着做出什么丰功伟绩。他只是顺从本心,顺其自然,做一些简单的、微不足道的小事。例如,不干涉老百姓的生产劳动,让大家过上吃饱穿暖、朴实而平淡的生活。他的所作所为甚至看不出什么痕迹,很多人都感觉不到他的存在。正因为这样,他的功勋、他的事业才合于大道,因而是永恒的、伟大的,这就是"无为而无不为"。

"轻诺必寡信,多易必多难"这两句至理名言,对所有人都同样适用。不过,在本章,老子主要还是说给统治者听的。主政一方的君王要注意,不要轻易许诺,到处画饼。因为,诺言容易许下,但兑现起来就没那么轻松了。但凡喜欢随意许诺的人,基本上都兑现不了诺言,当然就缺少信用了。同样,一个人总是眼高手低,看着什么都觉得简单,都是小菜一碟;一旦真要做了,这也不行,那也不会。

圣人明白这些教训,于是,他做事情从不好高骛远,而是踏踏实实,一步一个脚印,哪怕小事,也慎重对待、认真准备。结果当然一帆风顺、功德圆满。

第六十四章

我们每做一件事情,总希望能够"善始善终",有头有尾。可真实情况呢,要么开头开得不好,容易半途而废;要么结尾不够顺利,容易虎头蛇尾。怎样才可以做到"善始善终"?不妨听听老子的教导。

其安易持,其未兆易谋;其脆易泮(pàn),其微易散。为之于未有,治之于未乱。合抱之木,生于毫末;九层之台,起于累土;千里之行,始于足下。为者败之,执者失之。是以圣人无为,故无败;无执,故无失。民之从事,常于几成而败之。慎终如始,则无败事。是以圣人欲不欲,不贵难得之货;学不学,复众人之所过,以辅万物之自然,而不敢为。

河上公给这一章起的标题叫"守微",意思是守住细微。

一件事情,总是在安稳平和的时候,容易掌控;在还没有露出征兆的时候,容易谋划;在脆弱的时候,容易破开;在细微的时候,容易消散。在事变还没有发生的时候,就应该采取行动;在动乱还没有兴起的时候,就应该预先整治。双臂合抱的大树,是由细小的萌芽逐渐长成的;九层的高台,是从第一筐泥土起,慢慢垒成的;千里远的行程,是从脚下的第一步开始出发的。刻意作为的人,注定会失败;勉强把持的人,注定会丧失。所以得道的圣人不刻意作为,因而不会失败;不勉强把持,因而不会丧失。人们做事情,经常在快要完成的时候，却意外失败。倘若能够像"慎重地对待开始"那样，"慎重地对待结束"，就不会功亏一篑了。所以圣人只欲求那些常人没兴趣的东西，而不看重常人眼中的奇珍异宝；圣人只学习那些常人不想学的东西，从而补救人们犯下的过失，辅助万物的自然发展，而不加干涉。

这一章和上一章一样，体现了老子独特而深刻的辩证智慧。他格外看重事情的一头一尾，怎么开始，以及怎么结束。这些不光影响到一件事情的成功、失败，更重要的是，它们还是"大道"的内在要求，代表了自然无为的精神。接下来，我们具体解析。

开头这几句，"其安易持，其未兆易谋；其脆易泮，其微易散"，尽管角度不同，但它们都是在讲，我们对待不好的事情，对待麻烦、困难甚至动乱，应未雨绸缪，防患于未然。"其安易持"是说，事情尚处于安稳的状态，容易处置和应对。言外之意，一旦事情发展到不安稳的阶段，比较紧急、比较混乱了，再来处置就不那么容易了。"其未兆易谋"是说，一件事情的征兆还没有完全显露出来，这个时候来谋划是比较容易的。等到它完全显露了，已经成气候了，再想谋划、改变，难度就大多了。"其脆易泮"的"泮"，是"破开"的意思，这一句和接下来的"其微易散"，都是讲：当困难或者麻烦还很弱小、很细微的时候，容易化解，容易消除。一旦它们发展壮大，就很难彻底解决了。

因此，这几句都是针对一些不好的事情来说的。对那些不好的变化，不好的征兆，如果能提前发现，在它们刚刚有一点苗头，还非常细小、微弱的时候，就防微杜渐，着手应对，往往能起到事半功倍的效果。

"扁鹊三兄弟的医术"，正好可以说明这个道理。

《史记》里面记载，一天，魏国的国君魏文侯见到神医扁鹊。扁鹊出身于医学世家，他还有两位兄长，三兄弟都是医生。魏文侯就问扁鹊："请问你们三兄弟里面，谁的医术最高明啊？"扁鹊回答说："我们三兄弟里面，大哥的医术最厉害，其次是二哥，我的医术最差，是垫底的。"魏文侯不大相信，因为大家都知道扁鹊是神医,却没怎么听说过他两位兄长的名声。他这是在客气、谦让吧?

但随后,扁鹊讲了一大段话,引人深思。他说:"为什么说我大哥的医术最好呢?因为他给人治病,总是在别人病情还没有发作、还没有冒头的时候,就把别人给治好了。这个时候,病人的病情还没有什么征兆,看着没毛病,其实已经有隐患了。我大哥能一眼看出来,并且及时地给出调理的方案,让这个人的病根本没有机会真正地发作出来。不过,这样一来,别人就觉得他压根儿没有治过病,好像只懂得调养、养生,结果他的名气最小。我二哥比大哥稍差一点,他要等到别人的病情已经有一些表现了,但还不太严重的时候,才能看出来,然后把病给治好了。也就是说,当病人的病还比较轻,还没有发展成为严重疾病的时候,我二哥已经把它治好了。结果,人们说他只会治小病,他名气比大哥强一点,但也强不到哪里去。"

扁鹊最后讲到自己:"其实我的医术在三兄弟里是最差的。我既不能在疾病还没有冒头、还在潜伏阶段时就及时发现它,也做不到当病情还很轻微的时候及时地应对它,我只能等别人的病情已经很明显、很严重的时候,才能够发现,然后来治疗它。讽刺的是,这反倒为我赢得了盛名,说我能够治大病,能够起死回生。实际上,按照我的方式来治病,表面上看把大病治好了,然而这个病人已经元气大伤。因为我只能用虎狼之药来治重病,副作用非常大。再看我二哥,当别人病情还很轻微的时候,他就把病治好了,显然对病人的元气的伤害是比较小的。我大哥就更厉害了:当一个人的病情还没有显露的时候,他就能及早发现,及时调理,从根子上把这个人的'未病'给化解了。这对人的元气的伤害是最小的。"

扁鹊的这番话,反映了传统中医一个很高深的理论,"不治已病治未病"。中医追求的是:治疗的不是已经冒出来的病,而是治疗尚未生出来的病,提前预防、提前化解疾病。

扁鹊的说法,可以帮助我们理解本章的前面几句话:对坏的事情,要及早发现，提前预防，防微杜渐，防患于未然。

接下来几句，大家很熟悉："合抱之木，生于毫末；九层之台，起于累土；千里之行，始于足下。"这是从正面来说的，好的事情、好的事业，都是从细小发展到壮大的。这就是自然规律。因此，体道、悟道的圣人不会老盯着那些大事，老是想做些丰功伟绩。相反，圣人会从细微处着手，落实于小事。他明白"大生于小、多起于少"的道理，尊重事物的发展趋势，于是顺其自然，把关注点放在细小、细微的事情上，表现出来就是"无为"。

我举一个自己成长过程中的感受为例。我在读大学的时候，有过这样的阶段：看不到自己有什么收获、有什么进步，感觉很茫然，对自己做的事情会产生怀疑和动摇。这有点儿像今天所说的"虚无感""无意义感"，心里发虚，看不到成功的希望，于是会焦虑，严重的甚至会抑郁。这个时候，我就想起了两句话：一句是荀子说的"吾尝终日而思矣，不如须臾之所学也"，与其成天胡思乱想，不如踏踏实实学一点东西；另一句就是老子讲的"千里之行，始于足下"。我虽然不知道千里之外的风景，也不确定自己能不能达到千里之外的目标，但"始于足下"这句话我还是懂的，现在就开始做，哪怕只做一点点。

我想，既然这段时间比较空虚、比较茫然，那不如利用这个时间来抄抄古书。一个人觉得茫然、空虚，往往不是意味着他的时间不够多，反而恰恰是有过多的时间，但他不知道用这段时间干什么。我是从事中国传统文化的学习和研究的，一些传统文化的基本典籍我或早或迟都会用到。现在不是空虚吗？那我就用一个小时，把一千七百多字的《大学》抄一遍。如果时间还充足，那就明天抄写五千字的《道德经》，后天抄六千字的《六祖坛经》，下个星期抄《论语》。一笔一画，逐字逐句，工工整整地抄写一遍。这个过程不怎么需要动脑筋，没有什么创造性，但又踏踏实实做了一点有意义的事情。慢慢地，我就体会到它的好处了。第一个好处，当然是帮助我对这些重要的古籍有更加全面、更加深刻的熟悉和理解。第二个好处更重要，就是当我努力这样做的时候，我内心意识到，自己在做一件虽然很小然而有意义的事；它是向着目标迈出的一步，是有价值的。抄着抄着，我的心里就有了底，很快地度过了彷徨的情绪低潮期。动起来，迈出第一步，总比躺着胡思乱想要好。

最后，本章还讲到一个重要观点，"慎终如始"。老子发现，很多事情都是快要成功的时候，却失败了。就好比从外地开车回家，前面的几百公里都开得好好的，因为他注意力很集中，很专注，开车很谨慎。结果快到家了，看到熟悉的环境、熟悉的路段，一下子放松了，想查一下手机，打个电话。这个时候，如果突然蹿出来一只小动物，或者冲过来一辆电动车，就有可能弄得我们手忙脚乱，甚至出事故。所以，有人专门告诫，要警惕"最后一公里"。这就是"慎终如始"的意思。中国人讲"行百里者半九十"，我走一百里路，当我走到九十里的时候，最后虽然只剩十里，按路程来说只有十分之一，但它的难度可能要占整个难度的一半，需要全力应对。

第六十五章

人们常说"大智若愚",真正有大智慧的人,他表现出来的,并不一定是机智灵活、聪明过人的形象,反倒往往有些迟钝、愚笨。其实,跟"大智若愚"形成对照的,还有一句"大愚若智",那些看上去聪明伶俐、整天卖弄的人,有可能什么都不懂。这正是我们的古人总结出来的有关"智"和"愚",也就是"聪明"和"愚笨"的辩证智慧。不过,这也让我们产生了困惑:小到个人修养,大到国家治理,究竟是应该"聪明"呢,还是应该"愚笨"?对这个问题,老子给出了自己的答案。

> 古之善为道者,非以明民,将以愚之。民之难治,以其智多。故以智治国,国之贼;不以智治国,国之福。知此两者亦稽(jī)式。常知稽式,是谓玄德。玄德深矣,远矣,与物反矣。然后乃至大顺。

河上公为这一章起的标题叫"淳德"。这个标题比较贴切,点出了治理国家的关键在于让老百姓回归淳厚的德性。

本章的大意是:从前那些善于行道的人,也就是得道的圣人,他不是用"道"来教人们变得精明,而是用"道"来引导人们回归淳朴。老百姓之所以很难管理,往往是因为他们的心思太花巧、想法太复杂。所以,统治者如果用智谋巧诈来治理国家,将是国家的灾难。相反,统治者如果不用智谋巧诈来治理国家，这才是国家的福气。知晓这两种治理方式的差别和得失，就算是明白了治国的法则。能够长久地守住这个法则，就叫"玄德"。"玄德"深奥而久远，它和世俗的看法正好相反。遵照"玄德"，国家的治理就能够达到和顺无比的境地。

从我们已经读过的六十多章来看，虽说缺乏完整意义上的条理性，每一章和上下章节之间，并没有十分紧密的联系，但前前后后的一些章节之间，却不乏关系密切的内容，很多是从不同角度来分析、讨论同一个主题。我把这些有内在共同性的章节，称作"姊妹章"。本章与我们最开始学习的第三章，正是这样的"姊妹章"。它们关注的就是"聪明"和"愚笨"的问题。

这两章里的一些内容，表述得有些极端，如第三章讲"常使民无知无欲"，本章更是说"非以明民，将以愚之。民之难治，以其智多"。这些话给人的第一印象，是老子非常反对智慧，像是主张"愚民主义"，愚弄老百姓。而现代文明强调要开启明智，要让老百姓有知识、有文化、有理性，能够自我管理。因此，曾经有学者批评老子，说他是腐朽的奴隶主贵族的代言人，帮助当时的统治者来糊弄老百姓，奴役人民。

这样的看法，是对老子思想的严重误解。我在第三章，已经初步解释过了，老子的这一系列主张，并不是"愚民主义"。在本章，我再进一步说明。

所谓"愚民主义"，就是统治者通过让人民变得愚昧来实现对他们的管治和奴役。它的一个根本特征是"上智下愚"，也就是说，在上位的统治者并不愚昧；不仅不愚昧，相反，他们聪明得很。他们会想方设法让普通老百姓变得愚昧、迟钝；这样一来，就方便他们来糊弄、操纵老百姓。最终的目的，当然是满足统治阶层的一己私利了。这是人们通常讲的"愚民主义"或者"愚民政策"。

再来看老子的主张，我们发现它在很多方面跟愚民主义有明显差别，尽管在形式上有相近的地方。第一个差别，是"愚的范围"，也就是"哪些人愚笨"。按照老子的说法，应该是"上下皆愚"，不管是在上的统治者，还是在下的平民老百姓，大家一起"愚笨"。甚至说，作为领导的统治者，还要率先"愚笨"，先做好示范，引领大家共同"愚笨"。这和"愚民主义"的"上智下愚"截然不同。与此相关的第二个差别，是"愚的目的"。在"愚民主义"中，"愚"的目的，是让老百姓更听话，更好骗一些，最好是像猪狗一样，任统治者欺凌、宰割。这样，统治者才可以更好地满足他们的私欲。在老子这里，"愚"的目的并不是满足少数人的私欲，而是让整个社会自上而下地回归天然的质朴状态，从根本上消除各种矛盾和纷争。第三个差别，是"愚"的内涵不同。在"愚民主义"中，"愚"的内涵是让老百姓愚蠢、麻木，像木偶一样听任摆布。而老子心目中的"愚"，则是"大道"在人们身上的体现，是一种天真、淳朴、单纯的状态。魏晋时期的天才哲学家王弼解释得非常好，"明谓多见巧诈，蔽其朴也"，"明"就是自吹自擂、自我炫耀，就是喜欢用阴谋诡计、狡猾奸诈，这些东西看着很机变灵活，然而会遮蔽我们的质朴本性。与此形成鲜明对照，"愚谓无知守真，任自然也"，"愚"的实质是放弃智谋，保守天真，让人们回归婴儿一般的淳朴、自然的状态。很显然，这才是符合"大道"的做法。

接下来，我们着重分析"故以智治国，国之贼"这一句。这和人们的常识完全相反，也就是"与物反矣"。

老子的理由是：如果统治者"以智治国"，喜欢用花巧的计谋、繁杂的制度等来治理国家，那么，"上之所好，下必甚之"，在上位的统治者喜欢什么、看重什么，在下位的老百姓要么投其所好、跟着做，要么挖空心思、找规则的漏洞，总之是耍心眼儿。久而久之，老百姓会看重小聪明，看重狡诈的东西，他们的淳朴本性会被伤害，会变得不择手段、热衷钻营、强作妄为，偏离甚至背叛大道，最终万劫不复。所以说，这是国家的灾难。

对这一点，我想结合自己在大学里面的一个感受来聊一下。

同学们在读大学的过程中会有一些机会，例如拿奖学金，或者推免保送读研究生。相应地，学校或者院系就会出台各种制度、各种规则。像我所在的哲学院和国学院，是典型的文科院系，它的评奖规则、推免规则会列出很多指标。最核心的指标是专业课成绩，你在上一学年或者前三年的所有必修课、专业课拿了多少分，平均绩点是多少，把它们折合百分比。第二个指标，是社会贡献。你帮学校、院系做了哪些服务工作，例如办个晚会，组织个什么活动，就会有相应的加分。这些往往是学生干部以及活动积极分子才有。第三个指标，就是科研奖励。你在哪一级的刊物上发表了多少篇学术文章，按不同档次来加分。

制定这些规则，当然是希望学生能够全面发展，提升综合素质，各方面的能力都能展现出来。应该说这个出发点是好的。然而，这些规则设置得太精巧太复杂了，结果，在执行的过程中常会出现一些问题。

首先说专业课。既然只有一部分课程的成绩算进来，那其他课程混一混就可以了。即使是专业课、必修课，大家也会挑选那些给分比较宽松的老师的课。甚至于，还有学生提前给老师发信息，说自己打算申请出国留学，有绩点方面的要求，恳请老师高抬贵手。

再说社会贡献。有的学生会打听清楚哪些活动是加分的，哪些活动不加分，然后挑加分最多的活动参加，不加分的活动几乎无人问津。

最头疼的是科研加分。除了文学，很多文科专业的本科生基本上还不具备独立从事科研活动、撰写学术论文的能力，当然也不排除少数好苗子，能力超常。按照规则，科研加分占的比例很大，于是，一些学生为了拿奖学金或者为了能够成功推免，会绞尽脑汁发表论文。倒不是说他们的科研做得多么好，而是说，他很善于找规则的漏洞。既然没有答辩审核，我也可以找"枪手"来代写论文。然后，专门找那些以赚钱为目的的刊物投稿。正规的学术刊物不太愿意砸自己的招牌，不会随便发表不合格的文章。然而，也有少数刊物为了赢利，推出所谓"增刊"，甚至"旬刊"。什么是"旬刊"呢？一般的刊物都是一个月或者两个月出版一期；"旬刊"则是一个月出三期，每十天出一期。不仅出得频繁，而且又厚又密。我曾经翻过一本旬刊，厚厚的两百多页，每一页的字密密麻麻，用小五号甚至六号字，一页就是一篇文章，一期刊物可以发表两百多篇文章。而收费也不便宜，动辄上千块。仍然有不少学生花钱在这些水货刊物上面发文章。

学校和院系出台各种评奖和保送规则，本来是想鼓励学生投身科研，服务社会，希望能挑出更有培养前景的好苗子。可惜，这些制度、规则推出后，总会有同学投其所好，打各种各样的擦边球，千方百计让自己成为规则的获益者。我们今天批评"精致的利己主义者"，其实也要检讨"精致的利己主义者"大量出现的一个重要的原因，那就是我们今天的很多规则过于精巧，过于细密。它会刺激人们寻找规则漏洞，不择手段地包装自己，从而滋生"精致的利己主义"。

据我所知，后来不少文科院系都修改了评奖和推免的规则，不再强调华而不实的科研成绩，除非学生能够在非常正规的学术刊物上发表文章。院系还会组织专家，让学生就发表的文章进行答辩。

我举的这个例子不一定完全合适；不过，它从一个很细微的角度说明了"上之所好，下必甚焉"，领导者如果过分看重那些精巧、花哨的东西，大家就会趋之若鹜，用花巧的方式来应对。老子认为，这对人的本性，对社会的和谐，都是有害的。所以，他坚决反对，并且提倡"返璞归真"、朴实自然的管理方式，也就是无为而治。

第六十六章

近些年,"内卷"和"躺平"成为网络上人们高频率使用的一对词语。如果说"内卷"源于过度的竞争,那么,"躺平"则是放弃了竞争。它们是围绕"争"这个字眼而滋生的两种处境或者态度。老子可能要算"躺平派"的祖师爷!他就很不喜欢争,在五千字的《道德经》里,他前前后后说了八次"不争"。这其中很有代表性的,就有我们马上要读到的第六十六章:

> 江海所以能为百谷王者,以其善下之,故能为百谷王。是以圣人欲上民,必以言下之;欲先民,必以身后之。是以圣人处上而民不重(zhòng),处前而民不害。是以天下乐推而不厌。以其不争,故天下莫能与之争。

河上公为这一章起的标题叫"后己","把自己摆在后面"的意思,其中就蕴含了"不争"的色彩。

大江大海之所以能成为溪流、小河争相奔赴、归往的目标,是因为它们甘愿处在地势低下的地方;水总是往低处流的,最终让大江大海能够收纳百川。所以,体道、行道的圣人,他要想治理人民,就必须在言辞上谦逊,让自己处于民众之下;他要想引导人民,就必须把自己摆在民众之后。如此一来,圣人治理人民,而大家不觉得受到压迫;圣人引导人民,而大家不觉得受到妨碍。

因此，天下的民众乐于拥戴圣人，而不会厌弃他。正因为圣人不跟人争，所以天下没有人能够和他争。这是本章的大概意思。

总体上，这一章还是在讲一个老的主题，谦让和不争。尽管老子反复地讲，我们也都懂它的意思；但是，明白它的重要性，不代表我们能做到。所以，有必要反复地体会和感悟。

老子很善于从身边的自然现象，从生活的常识里面，感悟出深刻的道理。本章一开篇，他从"百川归海"的自然现象入手，延续了对"水"的重视。"上善若水"，"水"可以看作"大道"的象征物。大江大海是"水之大者"，它们之所以能成就自身的"大"，是因为它们汇聚了众多的小溪小河。然而，大江大海并不是用强迫的方式命令那些小溪小河汇入自己，它们不是用这种居高临下的方式。相反，大江大海是自己处在更低下的地方，地势更低的地方。因为，水的本性是"往低处流"，从地势高的地方流向低下的地方。大江大海甘愿居于低下之处，恰恰是顺应了"水"的本性，尊重了小河小溪的自由。于是，大家心甘情愿地奔向它们。请注意，这一句话里的"王"字，取的是它的一个本义，即"投奔、归往"的意思。

老子从这样一个自然现象中，体会出一种很独特的政治智慧：作为统治者，要想成为伟大的王者，让老百姓心甘情愿投奔你，千万不能采取逼迫、强迫的方式，而应该向大江大海学习，甘愿把自己摆放在卑微、低下的位置。你要在言辞上做到谦卑、恭敬，甘居人下；你还要在行动上，在处理利益的时候，做到退让、舍弃，甘居人后。倘若能够做到这些，就算你已经在管理、领导人民，他们也不会觉得不自在，没有被压迫感，没有受妨害感，当然也就不会厌恶你，更不会想着去推翻你。很明显，这一章是说给执政的君王听的。

老子为什么要告诫君王，应该"甘居人下""甘居人后"呢？这是因为，一个人做到谦卑，是很难的；而让高高在上的君王做到谦卑，就更难了。君王一生下来，就享受荣华富贵，自觉高人一等。再拿学识来说，他会有优越感，认为"我是先知先觉的人"，天生具有特权。说得好听一点，"我有义务帮助、启发那些后知后觉的百姓"；说得难听一点，"我有权力要求和命令这些后知后觉的民众"。于是，在管理国家、治理人民的时候，他总是拿自己的感受、拿自己的标准来衡量和要求别人。他会把他的主观意愿，乃至于杂念、淫欲之类，强加在人民头上。

很显然，这是一种糟糕的、强作妄为的政治，是背道而驰的。老子对此极力批判。

老子希望统治者不要自以为是，不要觉得自己高人一等，不要把自己的主观意志凌驾于民众之上，用强迫的方式来管理人民；而应该像大江大海那样，"甘居人下""甘居人后"，把自己摆在更低微、更谦卑的地位，以百姓心为心，尊重老百姓的本性。这时，他的德性对民众就会有一种吸引力，大家自然而然地都想亲近他，这种过程是水到渠成的，没有一点点勉强。

还有一点很重要，那就是老子所说的"谦下""退让"并不是一种计谋和手段，不是一种临时的策略，达到目的之后，就弃之不用、故态复萌。圣人之所以能够做到谦让、低调，是因为他体会到这才符合"大道"的本性，这才是顺应"大道"的做法；因此，他会安于这样做，一直保持谦让、甘居人下的人生态度。

这也要求统治者战胜自己的好胜心，战胜自己的执着心、分别心等。每个人都习惯站在自己的立场，根据自己的利益、自己的喜好看待、处理很多问题。然而，立场往往是多元的，不同人的利益和喜好也有很大差别。于是，"公说公有理，婆说婆有理"，人与人之间会出现很多分歧和争论。道家主张超越这些世俗的区别和纷争。从大道的高度看，大家争来争去的是非、对错、美丑、善恶，其实都是相对的，不值得争吵。所以，老子规劝执政的君王们，不要执着于主观意愿，不要沉迷于这些纷争；而是跳出来，学会"不争"。"争斗"的实质是不顾事物的本性，仅凭个人的意愿，勉强地去做，这就是"有为"，也就是强作妄为。"不争"则是无为，不去强作妄为。用"不争"的方式来治理国家，正是无为而治。

在本章，老子讲的"不争"主要是告诫统治者的，是一种政治智慧。"不争"的智慧，还可以引申、运用到个人修养中。

举个例子。晚清名人、湖广总督张之洞，敢作敢为，很有见识。不过，他的长相实在令人难以恭维，不光不帅，还身材矮小，一副"穷苦相"。当时，有一个商人对他很不满，就故意找了一个画家，画了一幅画，名字叫《三矮奇闻》，描绘了湖北当地的三个矮子，一个是湖北布政使瞿廷韶，一个是巡警道使冯绍祝，第三个就是湖广总督张之洞。商人还把这幅画拿出来展览，轰动武昌城，人们议论纷纷。这可是明目张胆的挑衅和羞辱啊！大家都在等张之洞的雷霆报复。不料，张之洞得知后，自己出钱买下了这幅画，还仔细地看了看，然后对身边的人说："这种可笑的事情，实在不值得我花心思去处理呀！就这样算了吧，你们也不要去追究了。"张之洞的举动，让人们佩服不已，再也没有人诋毁、羞辱他了。

张之洞还总结出为人处世的"三不争"："一不与俗人争利，二不与文人争名，三不与无谓之人争闲气。"

老子说，懂得不争的人，天下没有人能够和他争。言外之意，"不争"也是一种"争"，不过是顺应"大道"自然的"争"，是一种最高明的"争"。电视剧《雍正王朝》里，四皇子胤禛向他的智囊邬先生请教。邬先生给他讲了一个故事：从前，一个家财万贯的老爷生了好些个儿子。老爷年岁大了，要在这些儿子里挑一个财产的主要继承人。于是，儿子们一拥而上，争得不可开交，颜面尽失。只有一个儿子，没有参与争夺，而是把老爷交代给他的每一件事情都做得踏实稳妥。最后，老爷看明白了，挑了这个不争的儿子做继承人。可见，很多时候，争来争去有可能竹篮子打水一场空；不争，反而是正确、明智的做法。

唐代的两位高僧寒山大师与拾得大师，曾经有过一番很精彩的对话。寒山问拾得："世间谤我、欺我、辱我、笑我、轻我、贱我、恶我、骗我，如何处置乎？"拾得回答："只要忍他、让他、由他、避他、耐他、敬他、不要理他，再待几年你且看他。"人活一世，难免有被误解、受质疑的时候。看淡一点，笑骂由人，何妨洒脱地做人？

可能有朋友会问了："一味地退让、不争，怎么洒脱得起来？"对此，唐朝的另一位高僧布袋和尚有独到的看法。一次，布袋和尚观看农夫插秧，心有所感，写了一首诗："手把青秧插满田，低头便见水中天。心地清净方为道，退步原来是向前。"过去，南方农村种植水稻，农民在水田里插秧，总是从田地的一头开始，一边倒退着走，一边插秧。等他退到无路可退之时，这一垄水稻秧就已经插好了。这就是倒退与不争的智慧。

杨绛先生深得这种不争的智慧。她回忆自己年轻时候，有一次和钱锺书先生乘坐轮船出国。路上，为了一个法文的读音，两人互不相让，大吵一架，说了不少伤害彼此感情的话。虽然，最后一位同船的外国人证明杨绛先生是对的，但她自己却觉得失去了很多，很不开心。就像美剧《辛普森一家》里一句台词说的："亲爱的，你如果太好胜，就永远都不会快乐的。"从此，杨绛先生学会了"不争"，她借着翻译一首英国的诗歌道出了自己的心声："我和谁都不争，和谁争我都不屑。"

通过学习，我们发现老子所说的"退让""不争"，并不是真正的"躺平"，什么都撒手不管；而是用一种遵循大道、符合自然的方式，来应对纷争和烦扰。这正是道家独有的智慧。

第六十七章

两千多年前的老子给后人留下了"三样宝贝";倘若我们能够掌握它,从国家来说,就能做到国泰民安;从个人来说,也能做到福泽绵长。这可以说是真正的"吉祥三宝"。它就出自《道德经》第六十七章:

> 天下皆谓我道大,似不肖。夫唯大,故似不肖。若肖,久矣其细也夫!我有三宝,持而保之:一曰慈,二曰俭,三曰不敢为天下先。慈,故能勇;俭,故能广;不敢为天下先,故能成器长(zhǎng)。今舍慈且勇,舍俭且广,舍后且先,死矣!夫慈,以战则胜,以守则固。天将救之,以慈卫之。

本章的大意是:天下之人都说我所讲的"道"太过宏大、玄虚了,跟任何具体的事物都不像。正因为"道"伟大而超拔,才不像人们熟知的任何东西。如果像的话,它早就渺小、有限了。我有三件珍宝,片刻不离,终生保有。第一件珍宝是"慈悲",第二件珍宝是"节俭",第三件珍宝是"不敢居于天下人之先"。有了"慈悲",因此能够勇敢;有了"节俭",因此能够宽广;有了"不敢居于天下人之先",因此能够成为万物的首长。现在有人舍弃了"慈悲"这件珍宝,而追求勇敢;舍弃了"节俭"这件珍宝,而追求宽广;舍弃了"不敢居于天下人之先"这件珍宝,而追求抢先,结果只能是自取灭亡!尤其是"慈悲"这个珍宝，用于战争就能获得胜利，用于防守就能固若金汤。上天要是想拯救谁，就会用"慈悲"来保卫他。

从整体上看，这一章讲了两个主题：第一个是"大道不像任何事物"；第二个就是"三宝"。下面我们具体解析。

本章一开始描述了世人的抱怨：你讲的这个"道"太宏大了，太虚无了，简直是"空洞无物"，不知所云！你看，它跟我们知道的任何东西都不像啊！老子回应说："不像就对了！要是像的话，它就没有资格成其为'道'。"这就是我们前面学过的"与物反矣"，"大道"和我们的常识、我们的感受正好相反。人们习惯于认知那些具体的事物，像山川河流、花鸟鱼虫等等。这些事物都具备形状、色彩、声音、大小、轻重等各种属性，可以被我们了解和区分。不过，这些方法在"大道"的面前都失效了。因为"大道"没有固定的形状、色彩、声音，也没有大小、轻重等属性，它超出了我们的认知范围，跟我们熟知的任何东西都不同。老子这是在强调"大道"的超越性。我们在学习第一章、第二十五章的时候已经说过，"大道"是超凡脱俗的形而上本体，是一切事物存在的总根源、总依据。也可以说，跟各种具体的东西相比，"道"存在于另一个维度，一个更高的维度。既然如此，它当然不像人熟知的任何事物。

接下来，老子郑重地提出了他所珍视的"三宝"。那么，"三宝"和前一个主题又有什么关系呢？老子为什么要把它们放在同一章？原来，"大道"固然宏大、玄远，超出了我们的常识，也不像任何具体的东西；但它并不是跟我们完全无关的，只要人们用心感悟大道，用生命追随大道，就能察觉到它的痕迹，甚至领悟它的法则。因此，"三宝"与其说是我无比珍视的宝贝，不如说是"大道"馈赠给人们的珍贵礼物。这样就把本章的两个主题贯穿起来了。

"三宝"是本章的重点。我们分别谈谈。

首先是"慈"。一看到"慈"，大家就容易想到"慈母手中线，游子身上衣"，想到"慈爱""慈祥"。老子视作珍宝的"慈"，不光有"慈爱"这一面，还包括一种悲悯的情怀和博大的包容心。但老子也说过："圣人不仁，以百姓为刍狗。"这不是有点矛盾吗？其实不矛盾。"圣人不仁"，是说"圣人无所谓仁慈、仁爱"，或者说"圣人超越了一般意义上的仁慈和仁爱"。

"仁爱"是儒家的主张。孔子在倡导仁爱的时候，设了一个前提，那就是"亲疏有别""内外有别"。简单说，我对我的父母、对我的妻儿、对我的兄弟姐妹的爱，要比对普通的亲属朋友强烈一些；而我对普通亲属朋友的爱，又比对陌生人要强烈一些。因此，儒家的仁爱是有等级，有先后，有轻重缓急的。当然，最终还是要由内而外、由亲及疏，把爱的情感一层一层地推广出去，让所有人都能够分享。但不管怎么说，儒家的仁爱还是强调了差别，至少在起点上是有差别的，终点上可能达到共同分享。

老子不满足这种有差别的仁爱，所以，他倡导"慈"，也就是一视同仁地关爱所有人。拿"东施效颦"来说：通常我们用这个成语来形容"丑人多作怪"。然而，在老子这里，"东施效颦"不应该被嘲笑。为什么呢？因为无论东施还是西施，她们都是大道的产物，都是自然的结果，没有高低、贵贱、美丑、善恶的差别。就像两块石头、两棵树，你能说哪块石头高贵，哪块石头低贱吗？你能说哪棵树好看，哪棵树丑陋吗？这都是站在人的角度的一种偏见。站在大道自然的角度看，实在是没有必要喜爱前者、厌恶后者。"慈"就是平等地看待一切的事物，关爱它们。不过，"慈"的这种关爱更多表现为尊重它们的本性，不干涉它们的自然成长，也就是第六十四章讲的圣人"以辅万物之自然，而不敢为。"

很显然，"慈"是没有私心的，不会掺杂一丝一毫的主观意愿和私心杂念。它的无私，它博大的悲悯心，使得它能够保护万物，成就万物。它可以说具备了一种"大勇"——博大的勇敢。

第二宝是"俭"。"俭"等同于第五十九章"治人、事天，莫若啬"中的"啬"，都是节制、收缩、俭朴的意思。做到"俭"或者"啬"，减少精神上的不必要的损耗；节制欲望，消除掉种种淫欲；同时节省财用，不浪费财富。

久而久之，我们的精神会越来越厚实宽广，财富也会积攒得越来越多。

最后一宝是"不敢为天下先"。从字面上看，"不敢为天下先"就是不要争先，不要把自己放在天下之人的前面。不过，有人把"不敢为天下先"绝对化了，做了机械的理解，说成：碰到任何事情都要藏在最不起眼的角落里，躲在最后面。由此批评它是一种懦弱的、退缩的、庸俗的、没有志气的人生态度。

对此，我是这么理解的：老子说的"不敢为天下先"，当然不是要我们冲在最前面，事事都争先；但它也不是让我们落在最后面，躲在最最不起眼的角落里。不妨通过一个例子来说明："木秀于林，风必摧之"。有一片树林，其他的树木都长得差不多高；结果，有一棵树非要从树丛中蹿出来，长得更高，明显地冒出头来。那么，大风来了，就可能把它吹弯吹倒，打雷也可能把它给劈了。这是强调"枪打出头鸟"，如果太喜欢出风头，太彰显自我了，就有可能招致惩罚。不过我们换一个角度来想，如果别的树木都长这么高，我非要比周围的树木矮上一截儿，别的树都长五米高，我非要只长三米高、两米高，我好像是没出头，不招风吹雷劈了。但是，我缺乏必要的阳光雨露，显然也没办法长好，没法活下去。

因此，"不敢为天下先"，其实是一种矫枉过正的说法。所谓"矫枉过正"是指，一棵树长歪了，要想让它成为有用的木材，我们就要把它矫正，朝相反的方向矫正；但是在矫正的过程中，有可能矫过头了，树本来是往左边歪的，矫过了头，变成朝右边歪了。

再看原来的目标呢，其实是希望"矫枉归正"，回归于正。老子讲"不敢为天下先"，是针对当时人们争先恐后，极力彰显自我，过度"有为"所造成的种种问题而提出的方案。他认为争先恐后的做法违背了大道"不争而善胜"的本性，是有害的。所以，他要矫正这一错误。结果用力过猛，矫过了头，给人感觉好像是要大家躲在最后，当缩头乌龟。我们来客观地还原老子的本意，恐怕他是希望既不要"为天下先"，也不要"为天下后"，而是跟天下保持同拍同步，以百姓心为心，既不要冲在最前面，也不要躲在最后面。就像我刚才提到的树林，我既不要比其他树木更高，也不要明显地矮于它们，而是跟它们长得差不多高。这就是"顺其自然"。它的背后潜含着"尊重自然""尊重规律"的精神。

从这一点看，老子讲的"不敢为天下先"，和我们今天所倡导的"敢为人先"的时代精神之间，不一定是相互对立的，而有可能是一种有意义的提醒和补充。改革开放当然要有"敢为天下先"的勇气；但是，勇于尝试、开拓创新，绝不等于蛮干、胡来，不能只凭领导的脑子一热来做决策，也不能仅靠大家的满腔热情来强行推动。"敢为天下先"应该是建立在冷静思考、科学决策的基础之上；它的背后同样包含了对自然、对规律的尊重。而这和老子的初衷，有不谋而合之处。

第六十八章

小时候我们喜欢听评书,像《三国演义》《隋唐演义》《杨家将》《岳家将》,听得如痴如醉。当时,小伙伴们最热衷于谈论的,就是"谁才是最勇猛无敌的第一名将"。有的说,吕布悍勇无双,一人独挑刘关张;也有人说,关羽忠义盖世,过五关,斩六将,千里走单骑,他才是最厉害的;还有的举出李元霸、杨七郎,以及岳家将中的杨再兴、陆文龙,说他们都毫不逊色。的确,这些武将个个武艺超群,能征善战,百万军中取上将首级,犹如探囊取物。不过,对"什么样的人,才是最勇敢的将领、最善战的将军、最能夺得胜利的统帅",老子却有着完全不一样的看法,这体现在我们现在要学习的第六十八章:

> 善为士者不武;善战者不怒;善胜敌者不与;善用人者为之下。是谓不争之德,是谓用人之力,是谓配天,古之极。

河上公直接从原文中,选取了"配天"这两个字,作为本章的标题,意思是"匹配天道"。可惜他没有讲清楚,究竟是什么东西匹配天道。

当然,也不怪河上公讲得不清楚,这一章的确比较难懂。我个人的感受是,本章的难度至少能排进前十。我看过不少注本和解释,都不能让人完全满意。老实说,我自己也没有太大的把握,只能结合我对老子思想的理解,试着推导一下。

善于统率士兵的将领，不会逞能，不喜欢耀武扬威；善于指挥作战的将军，不会意气用事，让愤怒的情绪干扰自己；善于赢得胜利的统帅，不会轻易与对手交战；善于运用人才的领导，甘愿处在低下的位置。这就叫"不争"的品德，也可以叫"擅长使用他人的力量"，或者叫"匹配天道的做法"。它是亘古永存的终极法则。这是本章的字面意思。

这一章主要是用当时人们非常熟悉的战争主题，来进一步阐发老子的"不争"的主张。我猜测，这一章之所以难理解，是因为它其实包含了一明一暗两个层次。很多人解读的时候，只注意到表面的、比较明显的层次，而忽略了隐藏在内的更深一层的含义。于是，得出来的结论，与老子的其他主张，以及他的基本精神之间，不是很一致，甚至有些矛盾。

接下来，我就试着从一明一暗两个层次入手来解析本章。

比较明显的，同时也是居于表层的层次，是从侧重于技术、策略、手段这个角度来理解的。

"善为士者不武"这句话里面的"士"，不是指普通士兵，而是指率领士兵的将领或者说低级军官，就好比现代军队里的排长、连长、营长，一部分士兵由他们具体管辖。一个优秀的基层军官，不会时刻炫耀武力，不喜欢逞强斗狠。一个原因是他懂得沉默的力量，知道弓箭"引而不发"的时候，才是最有威慑力的；另一个原因，是为了掩饰自己的实力，不要让对手察觉，最好能让敌人麻痹大意，这样我方才有机会攻其不备。

"善战者"，地位更高一些，不再是管一部分士兵的低级军官，而是指挥一支军队或者一队人马的将军。"善战者不怒"是说，负责一场战斗、统摄一方战场的将军，其最高明的做法是不轻易发怒，不受不良情绪的影响。说到这里，就要提一下我们古代的一部军事宝典《孙子兵法》。《孙子兵法》只有六千多字，比《道德经》多一点，也算短小精悍。但它里面包含的战争智慧，就太丰富了，用"一字千金"来形容，都有点委屈它。《孙子兵法》讲道："主不可以怒而兴师，将不可以愠而致战。"国家的君主不可以因为一时的愤

第六十八章

怒就轻易发动战争；指挥作战的将军也不要因为一时的不痛快、怨愤，而决定出兵作战。

我们可以以《三国演义》为例来说明。在三国之中，刘备集团由盛而衰的转折点，大概是关羽败走麦城，死于东吴之手。这导致了一系列的连锁反应：张飞由于太愤怒又犯了老毛病，鞭打、逼迫下属，被手下的人给杀了；刘备伤心、愤怒至极，一定要拖着重病的身体发兵攻打东吴，给关羽报仇。这就是典型的"怒而兴师"，诸葛亮怎么劝阻都没有用。后来，出兵不顺利，刘备在白帝城病死。诸葛亮马上停止讨伐东吴，转而重新和东吴结盟。这倒不是说诸葛亮对刘备、关羽等人的感情不深，他也恨东吴，不过，他更明白：当时的态势，仍然是北方的曹魏最强大，最明智的做法还是"联吴抗曹"。所以，他只能压制自己的情绪，选择对蜀国最有利的战略。

这一次，诸葛亮做到了"为将者，不要受愤怒情绪支配"；到下一次，诸葛亮的对手司马懿做到了这一点，于是诸葛亮吃了苦头。

诸葛亮六出祁山，统领蜀国大军进攻曹魏。他的对手是司马懿。见蜀军气势汹汹，老奸巨猾的司马懿决定采用"乌龟壳战术"，坚守不出。诸葛亮拖不起啊，便使出了一招：派使者给司马懿送去一份礼物，一条女士用的头巾和一身女士穿的孝衣。意思是：你司马懿好歹也算曹魏大将，手下兵多将广；我来都来了，你却龟缩一团，不敢在战场上与我一决雌雄。我看你简直就像一个胆小的女人，而且还是一个死了老公，为丈夫守孝的女人。如果你再不出战，那就请穿上我送你的衣服吧！顺便说一句，在中国古代女性的社会地位比较低下，这是我们在了解传统文化的时候需要反思和检讨的。诸葛亮用这种方式来羞辱司马懿，想激怒对手，逼着对方出战。

收到这份礼物，司马懿和他手下的骄兵悍将不禁勃然大怒。可没一会儿，司马懿就冷静下来了：这可是诸葛老儿的奸计！我要是恼羞成怒，愤然出兵，岂不正好中了他的奸计？要知道，蜀军骁勇善战，人多势众，不好对付。不过，蜀军最大的问题就是后勤粮草，而我军的后备供给充足。我只要拖住诸葛亮，跟他耗着，蜀军的粮草就有可能跟不上，最终将不战自溃。

司马懿不在乎脸面，即使下面的军官喊打喊杀，他也岿然不动。他甚至还穿上诸葛亮送的女人衣服转了三圈。这真应了今天的一句俏皮话："只要我不觉得尴尬，那么尴尬的就是别人了。"就这样，司马懿挡住了诸葛亮的攻势，硬是把他给耗死了。

以上这两个例子，很好地解释了"善战者不怒"的道理。

接下来一句是"善胜敌者不与"。"与"就是和对手交战。真正擅长取胜的统帅，不会轻易与对手开战。《孙子兵法》里有一句话，可谓如雷贯耳，那就是"不战而屈人之兵"。孙武说，常胜将军，百战百胜，够厉害的吧！但这还不算最好的。最高明的将军是不用交战就让对手屈服，让对方不战而降。因此，最好的用兵策略，是以谋略胜敌，造成一种态势，让对方知道大势已去，乖乖投降。次一等的，是用外交手段扩大我方的盟友，分化对手的阵营，战国时期的"合纵""连横"就属于此类。更差一等的，是在战场上杀个你死我活。最被动的，则是硬着头皮去攻打对手的城池。"善胜敌者不与"类似于"不战而屈人之兵"，用"谋略"或者"外交"手段，营造有利于我方的态势，逼迫对手屈服、让步。

"善用人者为之下"就比较好理解了，前文介绍过，老子建议领导者要向大江大海学习，心甘情愿地把自己摆在低下的位置，尊敬人才，客气地对待人才，礼贤下士。人才感觉自己受到重视，才有可能全心全意地做事。

以上，都是从技术、策略，以及功利的效果来说的。也不能说它不对；但是，如果仅此而已的话，老子的哲学就退变成一种谋略之学，像鬼谷子、像纵横家那样，用各种阴谋或者阳谋来帮助人们获得胜利。这当然也有价值，不过，它的价值很有限；而且也算不上是一种哲学智慧。

由此我认为，老子讲的这几点背后其实还有更深层的含义。如果说前面讲的层次可以称作"技术"和"策略"的层次，那么，这个更深的层次就是"道"的层次，是和"大道"的自然无为的本性相一致的层次。

从这个角度看，为什么"善为士者不武"，一个优秀的将领为什么不喜欢炫耀武力呢？是因为他意识到，靠武力解决不了问题。很多时候，用武力、用暴力的手段来处理问题，看似把矛盾解决了，但可能又会刺激、滋生出更多的问题。所以，武力是有局限性的，不能够迷信它。

再看"善战者不怒"。人之所以产生愤怒等负面情绪，有可能是因为我们执着于那些相对的是非、对错、美丑、善恶，像困在泥盆里的蟋蟀，心里充满怒火，眼里只有对手，才会做无意义的困兽之斗。一旦体悟大道，就会超越这些相对的是是非非，用淡然的态度面对挑衅和纷争，当然就不会动怒了。

体道、行道的人明白一个道理：并不是把眼前的敌人干掉了，我就获得了胜利。真正的胜利是超越纷争，从根本上化解矛盾；这只有通过"自然""无为"的方式，才能够做到。靠武装暴力，靠在肉体上消灭敌人，都无济于事。

在"道"的层次上的"不争"，才是真正的"不争之德"，它不是为了获得某个效果、达到某个目的而采用一个临时的忍让策略；它是一种发自内心的对大道的顺从，对自然的效仿。

第六十九章

成语是中国文化的一个特色，古人特别喜欢用简短而又有韵味的成语来描述现象，讲述道理。《道德经》是成语的重要来源，像我们马上要学习的第六十九章就出了两条成语，"得寸进尺"和"哀兵必胜"。不过，我们发现，一些成语在后世的流传过程中，慢慢地跟它们最初的意思有了区别，甚至截然相反。这恐怕是我们在读这些源头古籍时，需要注意的。

先看看这一章的原文：

用兵有言："吾不敢为主，而为客；不敢进寸，而退尺。"是谓行（háng）无行（háng），攘无臂，扔无敌，执无兵。祸莫大于轻敌，轻敌几（jī）丧吾宝。故抗兵相加，哀者胜矣。

河上公给这一章起的标题叫"玄用"。我以为，这个标题不太合适，放在其他章也可以，同时也没能抓住本章的特点。

这一章的大意如下：

用兵之道说得好："我不敢采取攻势，而甘愿采取防守之势；不敢前进哪怕一寸，而宁可后退一尺。"排兵列阵时，发现无阵可列；奋臂高呼时，发现无臂可挥；准备迎敌时，发现无敌可迎；握紧兵器时，发现无兵器可握。没有比"轻敌"更大的灾祸了；"轻敌"将让我几乎丧失"三宝"。所以，当双方势均力敌的时候，慈爱悲悯的一方会获得胜利。

本章延续了上一章的主题，继续讨论"战争"这个话题，借"用兵之道"来阐述大道的本性。上一章侧重于"不争"，本章则更偏重"退让"，有一些细微的差别。下面，我们具体解析。

首先说"吾不敢为主，而为客；不敢进寸，而退尺"这两句。"为主"，就是在战争中进攻的一方。我不敢主动去进攻别人、侵略别人。因为在当时，进攻的一方往往是出于逞强斗狠，掠夺土地、人口和财富等自私自利的目的来主动挑起战争。"为客"，是指退让的一方、防守的一方。"不敢进寸"，指不敢通过侵略、通过战争去争夺哪怕一寸土地。"退尺"，是说甘愿后退，让出一尺的土地。这里的一寸、一尺都是象征的说法，讲宁愿牺牲、放弃自己更多的地盘、更多的利益，也不愿意靠进攻、靠侵略得到别人的地盘。

后来的成语叫"得寸进尺"，但《道德经》这里是反过来的，是"进寸退尺"。这两句在讲反对战争，特别是不愿意主动进攻，挑起侵略战争，而甘愿避让、退缩。

跟上一章一样，老子讲"放弃进攻，甘愿防守；放弃掠夺，甘愿退让"，我们不能仅仅把这看作一种策略，一种为了胜利而采取的迂回的手段，就好比"布置好陷阱，给敌人一点甜头，诱敌深入，然后一举歼灭"。如果这样看待老子的主张，就未免把他看扁了。

他之所以提出"不敢为主""不敢进寸"，是因为他已经意识到，出于一己私欲或者出于骄狂自大、争强好胜的心理，挑起矛盾，发动战争，这样的做法严重地违背了大道"无为任自然""不争而善胜"的本性，其结果只能是自取灭亡。正如他所说的，"强梁者不得其死"，争强斗狠、耀武扬威、欺凌别人的家伙，没一个能有好下场。

与此形成对照，学会忍让，懂得退缩，也许看上去有些窝囊，不够爽快、不够尽兴，却是符合大道、顺应自然的明智做法，因而也是长久之道。

研究《道德经》的学者董延熹曾经讲过一个故事，很值得我们思考：某个单位有一名女员工，年年获得"优秀员工"的奖励。大家很好奇，她到底有什么特殊的本领。后来才发现，她的成功秘诀其实很简单，就是"退三步"。这位女员工从事的是服务性的工作，要接待各种客户，处理各类问题。她难免会碰到一些脾气不好、特别难缠的客户。这些人一旦情绪来了，往往会脸红脖子粗，声调变高，语气强硬，两手指指点点，两脚步步紧逼。每当这个时候，这位女员工总是面带微笑，一边认真聆听，一边往后退。等她退到第三步，事情往往会发生重大转机。"退三步"是一让、再让、三让，是化解怨气的好方法；退一步可以让对方怨气减轻，退两步可以让自己海阔天空，退三步可以让彼此的矛盾化解。她边倾听边后退的过程，是让对方消气的过程，也是让对方恢复理智的过程，为彼此都留出了化解误会的空间。试想一下，当对方情绪激动、咄咄逼人的时候，如果我方非要针锋相对、寸步不让，那么双方非打起来不可。然而，这能解决问题吗？显然不能，甚至还会让问题变得更严重。所以，这位优秀女员工"退三步"的做法，值得我们不少人学习。

明白了这一点，就容易理解接下来的这几句："是谓行无行，攘无臂，扔无敌，执无兵。""行"在这里读"háng"，指军队排兵布阵时的行列。"行无行"是说，由于我放弃争强好胜，不再倚仗武力，因而，在别人觉得我需要排兵布阵、震慑对手的时候，我却没有军队、没有行列可排。同样的道理，在别人认为应该振臂高呼、打气鼓劲的时候，我却没有手臂可挥舞；在别人看来应该针锋相对、准备应敌的时候，我却发现没有敌人、没有对手需要应对；在别人剑拔弩张，打算抄起家伙往上冲的时候，我却发现没有武器可拿。

这当然不是因为我方麻痹大意，没有做好战争的准备工作，导致一上战场就漏洞百出，丢人现眼。老子的真实意图是从根子上化解矛盾纷争，放弃战争。如果我不再自以为是、盛气凌人，不再意气用事、争强斗狠，而是顺应大道的法则，学会谦让，懂得退缩，知道不争；那么，没有人会敌视我，更没有人能打败我。这就是老子反复讲的"夫唯不争，故天下莫能与之争"。因此，老子心目中的"无敌"，并不是我方的军队强大到谁都打不赢我，我想灭谁就灭谁。无敌不是"打遍天下无敌手";"无敌"是我不认为自己有敌人,我不把任何人当敌手。由于超然,我不会因为是非、对错与对方发生矛盾冲突;由于谦逊,我不会因为争先恐后、争强好胜与对方争一个面红耳赤;由于退让,我不会因为太过强硬、太过自负,而与对方拼个你死我活。这是在用一种釜底抽薪的方式消除战争。

有人可能会由此得出一个结论:老子主张投降主义,跟别人有了矛盾冲突,就要避让,要放弃自己的武装,像乌龟一样缩成一团,任人羞辱、任人宰割。这是一个天大的误解。我要特别强调一下,老子并不是主张投降主义。

首先,从我方来说,如果我方看重武力,强调进攻,大军压上,表面上,我方获得了更多土地,更多的财富,但实质上,我们的损失会更大。我方这样做是背道而驰的,违背了大道"不争而善胜,无为而自然"的本性,最终将因小失大。

再从敌方来看,他们耀武扬威,攻打了我方,抢了我的地盘、我的人口和财富。由于他这样的所作所为是强作妄为,是倒行逆施,背弃了大道自然,所以最终他不可能成功,他的所谓"胜利"都将化为乌有,最后必然走向灭亡。

因此,老子的逻辑是"顺道者昌,逆道者亡"。他是在大道的背景下讲这番话的,他坚信大道是公正的,能做出公道的裁决。

当然,我们今天已经不再具备这样一种信仰背景了。所以,不能靠上天,不能靠大道,只能靠自己。我们既要明白"好战必亡"的教训,也要懂得"忘战必危"的道理。就像当年毛泽东说的:"人不犯我,我不犯人;人若犯我,我必犯人。"可见,我们对于老子的话也不能完全照搬。不过,至少我们要明白,他并不是主张投降主义。

最后,我想分析一下"轻敌"和"哀兵必胜"。

老子说,"祸莫大于轻敌"。人们一般把这句话解释成由于轻视了敌人,我方没有做好必要的准备,结果造成了损失。我认为,这依然是从具体战术、从实践操作的层次来看待老子的思想。这还不够。老子讲的"不要轻敌",或许还有一层含义,那就是"不要轻易地把别人看作敌人,不要轻易地发动战争"。倘若我的主观意图太强,欲望太多,什么都想得到,凡事都要争先,我就难免会跟别人产生矛盾;再加上我盛气凌人,把自己看得过于强大,不愿意妥协,不愿意忍让,而是迷信用暴力手段解决问题。这时,我会发现自己周围到处都是敌人,"举世皆敌"。这是很危险的,将给国家带来灾祸,也会让个人丧失"慈、俭、不敢为天下先"这三件珍宝。

本章最后讲"抗兵相加,哀者胜矣",这就是"哀兵必胜"的来历。词典通常把"哀兵必胜"解释为:力量相当的两军对阵,受压迫、处境绝望而悲愤反抗的一方,将会获得胜利。把"哀"理解成"悲愤""哀痛",认为它是一种压力的反弹,并且这种情绪转化为战斗的意志力。这样的解释,可能有点偏离老子的本意,也不符合老子的一贯主张。我认为,不如把"哀"字解释为"有悲悯的情怀",即和"三宝"中的"慈"相似。在两军对阵的时候,有悲悯之心、有博大的包容心的一方将会获得胜利。毕竟在老子看来,"胜利"不是把对手杀得片甲不留;真正的"胜利",是能够超越分歧,化解矛盾。这才是长久之道、根本之法。

第七十章

在之前学过的章节中,老子给我们留下的印象就像一位睿智的长者。他洞悉宇宙天地的法则,超然而独立,谦和而虚静;他崇尚水一般的柔弱,婴儿一般的天真,山谷一般的包容;他总是冲虚散淡的,做什么都不紧不慢;自然、无为是他行动的指南。然而,我们今天要学习的第七十章,有点让人"大跌眼镜",原来,一贯从容不迫、慢条斯理的老子,居然也有发牢骚,也有吐槽的时候啊!当然,这样的形象让我们感觉更加亲切了:老子也是平凡人,照样有喜怒哀乐,而不是一个高高在上的神灵。

> 吾言甚易知,甚易行。天下莫能知,莫能行!言有宗,事有君。夫唯无知,是以不我知。知我者希,则我者贵。是以圣人被(pī)褐(hè)怀玉。

河上公给本章起的标题叫"知难"。他是想说,"大道",说容易,它是容易知晓的;说困难,它又是很难明白的。标题揭示出了这个矛盾。

本章的大意是:我说的话,也就是我所转述的那些有关大道的言辞,其实是非常容易让人听懂的,人们也很容易照着做。然而,天底下却没有人能够理解我说的话,更没有人遵照执行。原来,我们所说的话,背后都有它的宗旨;我们要做的事,背后都有它的主宰。正因为人们不明白我转述的大道之言背后的宗旨，不懂得大道之行背后隐藏的主宰，所以，他们才没办法听懂我的话并且照着做。因此，真正能够理解我的人实在是少之又少；而这些人一旦以我阐述的大道作为法则，就显得尤其珍贵了。因此，得道的圣人，总是好比身上披着不起眼的粗布衣衫，而实则怀中抱着美玉。

这一章没有太多新的内容，主要是老子发出的感叹，可以被看作一种情绪的宣泄。他对众人有一点失望，当然也有规劝和期待。同时，他还抒发了自己曲高和寡、怀才不遇的郁闷心情。下面，我们结合文句来具体解析。

本章开篇点出"吾言甚易知，甚易行"。这句话的意思很简单："我所讲的话人们很容易听懂，也很容易做到。"在这里，老子很自信，他毫不客气地以大道的代言人自居。"吾言"，正是大道的精神，大道的意图。他其实在代替大道发声，在向人们宣传大道。

为什么说这种指向大道的言论人们很容易知晓，很容易听懂呢？原来"道不远人"，大道离人们并不遥远，它就在我们的身边。"道不远人"的说法是儒家提出来的，不过，放在这里形容老子的思想也同样合适。"大道"一方面是超然的、绝对的最高本体，而另一方面，它又和万事万物、和我们人类紧密联系在一起。它为万物和人的出现、发展、变化提供了最后的根据和最根本的保障。同时，"大道"无处不在，它就体现在那些我们非常熟悉的事物里，隐藏在我们与之朝夕相处的现象之中。

举例来讲，水，可以说是我们的生活中最常见的一类东西，无论是大江、大海，还是小溪、小河，又或者下雨积起来的一小洼水，自然界中的水，几乎随处可见。从水这里，我们能够清晰地感受到"大道"的很多特点，比如"柔弱胜刚强"，比如"善利万物而不争"，没有私心，不执着，懂得柔顺，知道谦让。

再比如，从马车车轮的结构可以感悟出"空"的价值。马车车轮的中间是空的，方便插进三十根辐条，同时可以容纳连接两边车轮的横轴。所以，它反倒因为"空"而发挥出独特的作用。这体现的就是"大道""无之以为用"的作用原理。还有,射箭是古代贵族生活的重要内容之一。那时候还没有科举考试,怎么选拔人才呢?国君或者执政的宰相会定期召集年轻的贵族子弟参加各种礼仪活动,比如"大射""乡饮酒",让他们在这些场合射箭、比试,然后从中挑选人才,任命为官员。老子从人们射箭的活动中领悟了"大道"的又一个重要精神,那就是"损有余而补不足",从富足的、多余的那里,拿出一部分来,补充给那些原本不足、原本有欠缺的。其实,"水往低处流"也是出于同样的道理。

再比如老子很看重"婴儿"的形象。这些看起来只知道"吃了睡,睡了拉"的婴儿,却能让我们感悟"大道"的淳朴、自然、天真的这一面:婴儿的精神是充足的、完满的,他们不会损耗精神去做一些无意义的事情。婴儿的欲望是本真的、自然的,饿了要吃,困了就睡,高兴了就笑,不高兴了就哭。和他们相比,我们的喜悦、烦恼,实在是有点让人羞愧。

从反面来看,现实中,有一些人崇尚强硬,迷信武力,总喜欢用暴力手段来解决问题,最终他们都没有好下场。这就是"大道"所揭示的"强梁者不得其死"的教训。

在老子看来,他所讲述的这些有关大道的真理,已经在我们的日常经验中得到了普遍的昭示,并不陌生,也不深奥,和我们的生命息息相关。

相应地,这些有关大道的真理人们也很容易照着做。因为"大道"以自然为本性;而自然,就是万事万物本来应该有的发展趋势,就像水会自然而然地往低处流,处在低下之地的大江大海可以汇聚百川;就像圣人,由于懂得退让,功成而弗居,所以他的功业能够永世长存。老子认为,这些原本就是事物的当然之理,只要顺其本性,就可以做到。

然而,真实情况却是"天下莫能知,莫能行"。没几个人能够明白这个道理并且照着来做。为什么会这样呢?从表面上看,这是因为"大道""与物反矣",它和我们的常识及我们习惯的做法正好是相反的。

例如,在现实生活中,我们会觉得出人头地最好,向往"醒掌天下权,醉卧美人膝"，江山、美人一个都不能少；我们习惯于争先恐后，希望自己能声名显赫；我们主张"狭路相逢勇者胜"，提倡"爱拼才会赢"，赞美成功者、胜利者。也因此大家会认为老子所说的那些话，要我们退缩忍让，要我们谦虚包容，要我们甘居人下等等，很难接受，没有办法做到。它和我们的常识、经验相冲突了。

紧跟着，老子分析了背后的原因。他说："言有宗，事有君。"人们说一句话，这句话的背后都有它潜含的宗旨；人们做一件事，这件事背后也有它隐藏的主宰。如果我对一个人说的话言听计从，那往往是因为我对他这句话背后的宗旨，对他这个行为背后的主宰，都十分认同。也就是说，我敬重他的为人，接受他的价值观，才会对他的话心悦诚服，才能听得进去，并且照着做。

现在呢，天下人对于世俗的名利欲望，对于各种相对的价值，过于看重，过于执着，无法放手。我们的眼睛太喜欢看那些五光十色的东西，我们的嘴巴太喜欢吃各式各样的美味佳肴，这时候，我们就会觉得"大道"太平淡了，没有滋味，让人无法忍受。

因此，说到底，还是大家舍不得放弃自己过多的欲望，不愿意割舍自己的主观意愿，没办法从根本上来修正自己的价值观；所以，才听不进老子的话，做不到顺应大道而为。而这实际上是"捡了芝麻丢了西瓜"，是因小失大的愚蠢做法，轻则身心备受困扰，重则迷失自我，不得善终。

老子说："知我者希，则我者贵。"老子说的这些话，能够听得进去的人，非常稀少；所以，能听进去，能照着这些法则来做，这样的人显得尤其可贵。他们才是老子真正的"同道"。

最后一句是"圣人被褐怀玉"。"褐"是下等人穿的粗布衣服，不华丽、不起眼。老子以此比喻真正得道的圣人看上去一点都不起眼，既没有华丽的外表，也没有浩大的气势，就像大道，朴实无华。很多人只看到简陋朴素的外表，便舍弃了他。殊不知，他的怀里正抱着举世无双的美玉。其实"大道"比美玉要珍贵一万倍！这既可以看作批评世人有眼无珠，不识货；更可以理解成老子的精神宣言：哪怕无人理解，也要保持精神上的高洁，不同流合污。可见，老子是在抱怨，更是在自我勉励。

第七十一章

听传统相声，我们经常会听到几段"绕口令"，像什么"八百标兵奔北坡"。而《道德经》的第七十一章，竟然也有点"绕口令"的感觉！这一章篇幅不大，老子围绕"知""不知"及"病"这几个词正着讲，反着说。

> 知不知上，不知知病。夫唯病病，是以不病。圣人不病，以其病病，是以不病。

河上公为这一章起的标题叫"知病"，意思是：知道了什么是毛病，才能避免犯这个毛病。

本章的大意是：把"知"看作"无知"，这是最高一等的。相反，不懂装懂，把"无知"当作"知"，这是一种"病"。只有当人们把这种不懂装懂的毛病真正当成一种病，才能不犯这个病。得道的圣人之所以没有这种病，就是因为他把不懂装懂的病当作毛病来预防、警惕。

通读完之后，我们发现，后半部分的"病病""不病"，尽管有点绕来绕去的，但基本含义还是非常清楚的。就是讲：当大家都意识到这是一种病，会给我们带来伤害，于是认真对待，小心防范，这样大家就能够有效地避免得这种病。

理解本章的难点和关键是开头的这两句："知不知上，不知知病。"从字面看，这两句话是在说："知道自己有所不知，这很好；强不知以为知，这有毛病。"

由此，我联想到古代中国和古代希腊的两位思想巨匠都有过类似的言论。

一位是中国的孔子。孔子在教导他的学生子路时，很严肃地说："知之为知之，不知为不知，是知也。"知道就说自己知道，不知道就老老实实承认自己不知道，这才是明智的态度。人们猜测，孔子的这位学生子路性格刚猛好强，有可能明明不懂，却非要装懂，因为绝不能输了架势，颇有点"鸭子死了嘴硬"的意味。于是，孔子特意给他讲了这番话，告诫他：学习知识，要有一种诚实的态度，懂就是懂，不懂就是不懂，千万不要不懂装懂。不懂装懂，一来他是在撒谎、骗人，不诚信；二来，别人看到他说"已经懂了"，也就不会再告诉他正确答案了；第三，人还有一个坏习惯，那就是"自欺欺人"。如果我骗别人说"我已经懂了"，久而久之，有可能把自己也骗了，以为自己真的懂了，就不会再花时间、花精力把问题真正弄懂。

古希腊的哲学家苏格拉底也关注过"知"的问题。在古希腊，有一座德尔斐神庙，名气非常大，大家熟悉的一句名言"认识你自己"就刻在神庙石碑上。此外，由这座神庙还诞生了不少影响重大的"神谕"。"神谕"，指的是古希腊人在神庙里向神灵乞求一些问题的答案时所获得的回应。有的"神谕"是借这些神职人员之口表达的，由神庙的祭司传递出来的，也有不少"神谕"是人通过做梦，以及对梦境的解释来传达的，比如著名的"俄狄浦斯杀父娶母"的神谕采用的就是托梦的方式传达出来的。

有一天，苏格拉底也从德尔斐神庙里面得到了一条神谕。当然，这不是一条令人恐惧的神谕；相反，这条神谕还非常吉利。神谕的内容是："你，苏格拉底，是世间最聪明、最有智慧的人！"这要换作别人，肯定高兴坏了！

但苏格拉底看到这条神谕后，他的第一个感觉不是欣喜若狂，而是茫然和不安。他不相信这条神谕是真的。在他看来，自己是如此浅薄、无知，又怎么可能是世上最聪明的人呢？！如果这条神谕是真实的，那简直是人类的耻辱！

为了反驳神谕，同时也为了维护人类的尊严，苏格拉底决心要寻找一位智慧超过他的人，以驳倒这条神谕。

于是，苏格拉底开始游历世间。那个时代古希腊人所认为的世界，主要环绕地中海。苏格拉底从地中海的北岸出发，途经小亚细亚，直到非洲北部。每到一处，他都去拜访那些以智慧著称的人，包括政治家、诗人、手工艺人等等，同他们讨论问题。结果无一例外，都是苏格拉底赢得了辩论。这和他掌握了一种独特的论辩术有关。苏格拉底并不急于提出自己的观点，而是请对方先发表其最得意的见解；接下来，苏格拉底根据对方的观点来提问，一步一步引导对方得出一个与当初观点自相矛盾的结论，让对手不攻自破。这可以看作归谬法或者反证法。

三年后，"打遍天下无敌手"的苏格拉底载誉归来。苏格拉底的经历，似乎证明了那条神谕的准确。但是，名满天下的苏格拉底却更加谦卑、更加虔诚地跪在德尔斐神庙里说："神啊，直到今天，我才真正明白这条神谕的含义。它是说：'看啊，像苏格拉底那样一个无知的人，居然已经是人间最聪明的人了！可见，真正的智慧是属于神的，人的智慧实在微不足道。'"为什么说苏格拉底最聪明呢？因为，他有自知之明。不像其他人，什么都不懂，却非要装作一副无所不知的模样。也就是说，苏格拉底的聪明就表现在他"自知其无知"。

怎么"无知的人"反倒是"最聪明的人"了？仔细一品味，就会发现它的价值。大家可能都接触过这样的问题：一大一小两个圆圈，圆圈之内代表"已知的东西"，圆圈之外代表"未知的东西"。如果我们把目光盯向圆圈之内，当然会说："大的圆圈比小的圆圈知道的东西更多"。但当我们将视线放在圆圈之外时，我们会发现：与小的圆圈相比，大的圆圈所接触的未知领域要更多。这就是说，我知道得越多，就会发现自己未知的东西更多。这是古希腊的另一位哲学家芝诺提出来的。

根据孔子、苏格拉底及芝诺的言论，我们可以看出，尽管他们关注的具体角度不同，但他们都对"知识"表现出某种尊重。我们承认自己在求知过程中的错误和局限性，并不代表放弃对"知识"的求索。相反，我们要以更踏实、更谦虚的态度来对待未知的东西。这样，才能不断进步，获得更多的真知。这是孔子和苏格拉底对待"知识"的共同立场，也是大家比较习惯的观点。

然而，老子似乎并不以为然。我们不妨先看看道家的另一位大师庄子的看法。

庄子说："吾生也有涯，而知也无涯。"我的生命是有限的，而需要求索的知识却是无限的。我们初次听到这句话，会认为这是在激励人们抓紧时间，刻苦学习。不过，查找原文我们才发现，这句话的后面紧跟着另一句话："以有涯随无涯，殆已！"如果用这有限的生命来追求那无限的知识，就只会让自己疲于奔命，徒劳无功。原来，庄子的本意并不是劝大家抓紧时间来学习知识；相反，他是告诫我们，放弃追求知识才能获得生命的安定。

可以说，在对待知识的态度上，老子和庄子是一样的。他们都反对追求无止境的知识。一是因为"知识"是学不完的，哪怕穷尽一生也不可能达到知识的边界。更主要的原因，是老子和庄子都认为，世人所苦苦追寻的"知识"，要么是那些执着于事物的大小、多少、美丑、善恶、长短、是非等相对差别的东西，是没有意义的；要么是那些依赖人的所谓"耳聪目明"得来的感官经验，是不可靠的；要么是帮助人们争强好胜、炫耀本领的机巧诡辩的东西，是华而不实的；再就是刺激、撩拨人们的欲求，让大家蠢蠢欲动，沉湎于声色犬马、名利富贵等欲望的东西。总之，这些所谓的"知识"，从根本上偏离大道，违背自然。它们不会让我们获得真正的智慧，最多只是获得一点小聪明。

老子说"知不知上"，是让我们放弃对世俗"知识"的迷信，要把这种小聪明式的"知"看作真正的"无知"。因为在大道的眼中，世俗的所谓"知识"正是"无知"的表现。

而"不知知病"，则是说：如果把这种真正的"无知"，把这种背叛大道的世俗知识，看作"知"，扬扬自得，自以为是，就只会让我们犯错更多，偏离真正的智慧更远，蒙受巨大的损失。因此，老子把这看作一种"病"。

　　在本章，老子再一次提出了他的反智主义。需要注意，他反对的"知识"，是偏离大道、滋生欲望的小聪明。在他看来，只有消除这类"知识"，我们才可能获得真正的大智慧。当然，老子的主张也有局限性，抹杀了很多客观知识的价值。这是需要批评和甄别的。

第七十二章

英国女作家夏洛蒂的小说《简·爱》中的女主角给我留下了深刻的印象，尤其是她表现出来的自尊和自爱，震撼心灵。可以说，"自尊""自爱"是一个人的立身之本。那么，如果换成统治者，位高权重的君王，他的"自尊""自爱"又该是什么样子的呢？是高高在上，尽享荣华富贵，凛然不可侵犯吗？对此，老子有不一样的看法：

民不畏威，则大威至。无狎其所居，无厌其所生。夫唯不厌，是以不厌。是以圣人自知不自见（xiàn），自爱不自贵。故去彼取此。

河上公给这一章起标题"爱己"，意为"爱惜自己"。当然，这是一种道家式的爱惜自己。

本章的大意是：如果哪一天，老百姓都不再畏惧统治者的权威和压迫，更大的祸乱就会接踵而至。统治者不要逼迫得老百姓无处可居，不要压榨得老百姓无路可活。正因为统治者不压迫人民，人民才不会厌恶统治者。所以，得道的圣人只求自知，而不会自我表现；只求自爱，而不会自作高贵。他将舍弃后者，而保有前者。

这一章以后面的第七十四、七十五章，这三章主题比较相近，都是在告诫当时的统治者，千万不要用暴力、高压的方式来逼迫、剥削老百姓。否则，必将遭到老百姓的反抗。因此，管理人民，应该用柔顺、温和的方式。

本章一开头就明确讲道："民不畏威，则大威至。"前半句中的"威"，是指统治者的权威，或者说君王的暴力手段。后半句中的"威"，则是指老百姓的反抗，像一些破坏力惊人的造反、暴乱。在历史上，老百姓其实是最温顺、最听话的，他们都畏惧君王的权威。但凡有一条活路，但凡还有一丝希望，他们往往忍辱负重，听从君王的命令。但如果那些统治者变本加厉，对老百姓处处压迫，层层盘剥，用一些极端的、暴力的手段来戕害人民，那么，生不如死、走投无路的老百姓，就不会再害怕、畏惧君王的高压手段了。他们会揭竿而起，奋起反抗，掀起惊涛骇浪，将统治者推翻。

老子并不是鼓励人民造反，也不是为老百姓的反抗行为做辩护。他的目的仍在于提醒和告诫统治者，不要把老百姓逼到没有活路，而是要尊重老百姓的基本利益，让他们活得有尊严、有质量、有希望。这样，还有谁会去造反？

这一章可以和第十七章老子对政治的四种类型的概括连起来看。老子心目中最好的政治，是"太上，下知有之"，天下无比和谐，但老百姓压根儿没感觉到统治者的存在，仅仅知道有个统治者而已，也就是所谓的"无为而治"。第二等的政治，就是儒家推崇的圣贤政治，老百姓都夸这个统治者很英明，于是"亲而誉之"。这两种算是好的政治。再往下的第三等政治就比较差了，人民都畏惧统治者，既不佩服他，也不亲近他，而是单纯地害怕他。这显然是一种白色恐怖式的高压政治了。最糟糕的，是第四等，老百姓连怕都不怕了，打心眼里瞧不起统治者，鄙视他，想要推翻他。

其实，这里的第四等政治就是由第三等发展而来的。一开始，那些残暴的统治者还能够靠权威、靠暴力来恐吓人民，但这种方式一旦用多了，老百姓就会发现：害怕是死，不害怕也是死，干脆拼了。正如陈胜、吴广起义，就是因为秦朝的法令太苛刻了，让人没有活路：陈胜、吴广和另外九百名戍边的士卒被大雨困在大泽乡，暴雨冲毁了道路。按照秦朝的法律，只要是应征戍边，不管什么原因，到了截止日期没有到指定地点报到的，一律死罪。一开始，陈胜、吴广他们肯定是害怕的；然而，当他们意识到害怕无济于事，再怎么求饶也逃不脱死亡的命运时，他们便不再害怕了。他们把畏惧转化成怒火，揭竿而起，要推翻残暴的秦王朝。这也印证了老子说的"民不畏威，则大威至"的道理。

因为让老百姓害怕的统治，往往是靠武力的威胁，靠暴力的手段，靠严刑峻法的压迫。老百姓的确害怕，但只是单纯地害怕，他们的内心其实是抵触的，是反感的，没有认同，更没有尊敬。一旦这些外在的强暴压迫达到极致，老百姓忍无可忍，就不会再忍了，他们就会豁出命来，"敢把皇帝拉下马"。无论是法令严苛的秦王朝，还是逼迫老百姓不敢说话而只能"道路以目"的周厉王，最终都葬身在人民掀起的滔天巨浪里。

老子在警告统治者，一定不要迷信强大的军队、锋利的武器，不要在人民面前耀武扬威、作威作福；必须给老百姓留活路，让他们活得有盼头。包括下文的"无狎其所居，无厌其所生"都是这个意思。

怎样让老百姓活得更好？儒家和道家的做法有很大区别。

儒家规劝统治者要实行"仁政"，减少对人民的剥削，保护老百姓的基本利益。例如，孔子、孟子都主张恢复传说中的"井田制"。不少历史教科书说他们是在开"倒车"，违背了历史的潮流。的确，他们的做法很不合时宜；不过，就目的来说，孔孟想要推行"井田制"是希望用这种制度控制住统治者的贪欲，要求他们向老百姓征收的赋税不能超过"井田制"的范围。因此，孔孟的初衷还是好的。孔子还批评"苛政猛于虎"，要君王仁政爱民，不要跟老百姓争夺利益。还有一些说法，像"父母官"，官员对待老百姓，要像对待自己的子女一样，关心爱护。

老子认为这还远远不够。统治者、各级官员能够关爱人民，这当然很难得。但这些所谓的"仁政"，还是按照统治者的想法，按照他们的意愿来进行的。这还只是第二等的政治，因为统治者很难保证他的想法不出现偏差，也很难说他的意愿真正代表了老百姓的心声。严重的时候，甚至还会出现"好心办坏事"的情况。所以，老子认为，最好是"以百姓心为心"，统治者不要有自己的主观意愿，尊重老百姓的本性，让他们有自然生长的空间。这样的政治才是最理想的。

无为而治的圣人，他有自知之明，但他的"自知"绝不是通过"自我表现""自吹自擂"的方式来显示的；圣人懂得自爱，但他的"自爱"也不是靠高高在上、靠搜刮财富这些方式来保证的。

为了方便大家理解，我举一个反面的例子。

在西方的历史中，有一个很著名的皇帝尼禄。尼禄是古罗马帝国的第五位皇帝。他其实有很高的智商，他在最开始当皇帝的一段时间，做得也很不错：他热情参与公共事务，常常拿着武器与士兵一起操练，对待下属、对待人民也比较谦和，还取消了不少苛捐杂税，时不时给老百姓发放各种礼物。有人写诗来讽刺他，他也一笑了之，不予追究。这个时期，罗马帝国在他的统治下十分繁荣，也很稳定。

然而好景不长。渐渐地，他厌烦了这些政治事务，开始我行我素。在大权独揽之后，为满足自己的突发奇想，他逼迫元老亲自参加角斗比赛。为了寻求刺激，他常常在深夜走出皇宫，到处厮混；喝醉了酒，就肆意殴打路人，打砸商店。在听戏的时候，他跟观众斗殴，调戏别人的妻子，其间传出各式各样的通奸绯闻，而且女人、男人都不放过。

尼禄还大肆铺张，他外出野游时，要一千辆华丽的马车列队护送。他打鱼的渔网要用黄金镶嵌，骑的战马要用白银做掌蹄。他还不分昼夜地举办宴会。据说，为了兴建宫殿，他居然下令用攻城武器将老百姓的住房摧毁，只是为了给建设宫殿腾出地方。当他发现国库耗尽，没钱挥霍的时候，他就果断推翻了自己当年的减税政策，大幅度加税，通过巧取豪夺来聚敛财富。他甚至通过栽赃陷害的手段来没收达官贵人的财产。

尼禄皇帝还非常自恋。尽管没有什么才华，可他非要写诗唱歌弹琴，到处巡回演出，居然获得了1808顶黄金打造的月桂冠。当他发现自己的演出人们听烦了，他就大发雷霆，命人关闭剧场的大门，要求观众不听完不准走人。害得有人靠装死才被抬出剧场；甚至有孕妇被迫在剧场生下孩子。

他还不忘在运动场上一展身手。他亲自参加奥运会，报名参加所有项目，最后把整场奥运会的全部奖金收入囊中。

为了表彰自己，他创办了"尼禄节"，每五年举行一次，让罗马城的艺术家与他一道歌功颂德、粉饰太平。为了逼迫观众热烈鼓掌，他还推出了一件"神器"——窥视镜，用来监视观众的一举一动。谁要是胆敢开小差，等待他的将是可怕的下场。

尼禄的倒行逆施，激起了人民的愤怒，国内爆发了声势浩大的反抗。他被驱逐出境，在绝望中被迫自尽，结束了荒唐而罪恶的一生。

尼禄不可谓"不自知""不自爱"。但是，他的"自知"，是通过不知羞耻地自吹自擂来表演的；他的"自爱"，是通过肆无忌惮地疯狂掠夺来保障的。在老子看来，这些都是强作妄为的取死之道。

真正的"自知"，是谦逊而柔顺；真正的"自爱"，是节制而恬淡。这样的"自然之道"，用来养生，可以免祸；用来治国，可得长久。

第七十三章

在第七十三章，我们会碰到一个熟悉的成语——"天网恢恢，疏而不漏"，当然，在本章"疏而不漏"写作"疏而不失"。本章的重点在于讨论"什么是真正的勇敢"。老子对这个问题，给出了典型的道家式的答案：

勇于敢，则杀，勇于不敢，则活。此两者或利或害。天之所恶，孰知其故？"是以圣人犹难之。"天之道，不争而善胜，不言而善应，不召而自来，繟（chǎn）然而善谋。天网恢恢，疏而不失。

河上公给本章起标题"任为"，或许他是从反面来批评"任意妄为"的举动。

本章的大意是：那些勇于刚强，喜欢争强好胜的人，更容易招致杀身之祸。而那些勇于柔弱，愿意忍让、退缩的人，则更容易保全下来。勇于刚强和勇于柔弱，这两种都是"勇敢"，然而一个有利，一个有害。追究根源，这是由上天之道决定的。天道有所厌恶，谁又能知道这背后的缘故呢？即便是得道的圣人，恐怕也很难说得清。上天之道从来不争高下，却能获得最终的胜利；它向来默默无声，却能得到广泛的回应；它从来不发号施令，万物却会自动地归附于它；它向来都是坦然舒缓的，却好似谋划得很周密。上天之道就像一张天网，广阔无边，虽然网孔很稀疏，但不会有任何遗漏。

第七十三章

本章的后半段讲"天之道",仍然是在说"大道"的"不争""无为"的特性,这些我们已经比较熟悉了。理解本章的难点,是开头的这几句话。我们详细解析一下。

老子开篇讲道:"勇于敢,则杀,勇于不敢,则活。"很明显,他是把这两者进行了比较,肯定"勇于不敢",批评"勇于敢"。不过,到底什么是"勇于敢",什么是"勇于不敢"?答案并不是那么一目了然的。

就字面意思来看,这似乎在说:一个人什么都不怕,无所畏惧,这样的人最容易遭遇危险。相反,那些胆量不大、有所畏惧,知道害怕的人,却能活得长久。

这也可以得到常识的印证。就拿驾驶汽车来说,一般哪一类人喜欢开快车呢?并不是车技最好、驾龄最长的老司机,而是一些刚开车没几年的新司机。他们喜欢挑战,追求刺激,总是下意识地加大油门往前冲。那些老司机其实水平更高,车开得更好,照理说,他们更有资格开快车。实际上呢,他们反而不会开得太快,他们会很稳重。为什么呢?因为老司机知道害怕,他们见得多,经历得多,各种危险的、惨烈的情况,他们都见过或者听说过。于是,老司机往往更慎重,不会为了追求刺激开快车,更不会开斗气车。

我们还可以拿孟子的一个说法来做对比。孟子是一个很刚毅、勇猛的人,他主张养浩然之气,鼓励大家做顶天立地、堂堂正正的人。但在孟子看来,真正的勇敢,并不是什么都不怕、任何时候都豁出命去拼。孟施舍是先秦时期一位以勇猛著称的勇士,在孟施舍看来,勇敢,就是任何时候都无所畏惧。他认为,在两军交战的时候,倘若先去衡量敌我的力量,有赢的把握才打仗,没有把握赢就避免交战,这是畏惧敌众我寡,算不上真正的"勇敢"。像《孙子兵法》讲的,"有优势兵力才交战,兵力比敌人少就要退却,实力不如敌人就要避免决战",在孟施舍的眼中,就是没有勇气的表现。

对于孟施舍的观点,孟子既有认可,也有批评。孟子说,当我和别人有了矛盾、有了争执,火气上来了,想要发作,我必须冷静下来,回到内心,用良知、用理性来评价一下:这件事情,我真的占理吗?我是正义的一方吗?通过分析和评估，我如果发现自己并不占理，一下子就没有了勇气，哪怕对手只是一个手无寸铁的普通人，我也不敢再威胁他、对抗他。这是一种情况。再看另一种情况：我跟别人有了冲突，我先返回内心，用良知和理性来评估，发现在这件事情上，我是对的，是正义的一方，对手是错的，是不正义的。这时候，我会义无反顾地冲上去，"虽千万人，吾往矣"，哪怕敌人成千上万，我也毫不畏惧，一往无前地冲上去。这就是"理直气壮"，占道义、符合正义的一方，胆气更足更壮。相反，"理屈词穷"，如果我没有道理，我就会气短、词穷，更谈不上有什么勇气了。

孟子在讨论"勇敢"的时候，区分了两种状况：一种是我占理，一种是我不占理。当我占理的时候，我是正义的一方，我当然有勇气面对一切强敌，这和孟施舍讲的差不多。然而，当我不占理的时候，我其实是没有勇气来对抗别人的。那么，这时候的"没有勇气"，同样是"勇敢"的一种表现。儒家在讲勇敢的时候，把勇气和道义、正义联系在一起：符合道义、正义，我们就有勇气；如果不符合道义、正义，我就没有勇气了。可见，真正的"勇敢"，有时候体现为"无所畏惧"，有时候又体现为"心存敬畏"。

孟子对"勇敢"的这一番论述，可以帮助我们从一个角度理解老子在本章讲的"勇于敢"和"勇于不敢"。

最符合老子本意的解释，是把"勇于敢"的"敢"理解为"刚强""好胜"，总想着力争上游、独占鳌头。碰到问题，也习惯于用强硬的方式来处理。相应地，"勇于不敢"是说"甘愿忍让、退缩，保持一种柔弱、谦让的姿态"。当他遇到问题、遇到麻烦的时候，并不是头脑一热，就往前冲。相反，他会采用委婉的、柔和的，甚至是有些受委屈、有些掉面子的方法来化解。

按照人们通常的理解，敢作敢为、刚强果断才叫"勇敢"；忍让、退缩，则是懦弱的表现。但老子有不同的看法。一味地刚强、好胜，这种所谓的"勇敢"只会让我们撞得头破血流，甚至丢掉性命。所以，这不能叫真正的"勇敢"。同样的道理，懂得忍让，知道退缩，善于发挥柔弱的价值，这也不是胆小、懦弱，而是真正的勇敢。说它是真正的勇敢，一是就效果而言，"勇于不敢"，甘愿柔弱、谦让，恰恰是遵循大道、顺应自然的做法，它能让我们逢凶化吉、遇难成祥；二是要想做到柔弱、谦让，并不是简简单单地放弃或者"躺平"，它需要我们战胜自己的好胜心、表现欲，战胜世俗的荣辱、得失。所以，谦让、退缩，承认自己害怕，这也是需要勇气的，甚至要有更大的勇气。就好比在朋友之间有了误会、矛盾，这时候先低头、先说"对不起"的一方，往往更有勇气，更加勇敢。

接下来讲到这两种勇敢有利有害，然后又说"天之所恶"，说圣人也难以说清。意思有些晦涩。我猜测，这可能是在说，"勇于敢""勇于不敢"的道理"与物反矣"，跟人们的常识和习惯的做法差异比较大，不容易理解。于是，那些"勇于敢"的人，也就是老子说的争强好胜的"强梁者"，往往结局很悲惨。人们对此只是"知其然"，却不知"其所以然"。这是从反面讲的。从正面来说，"勇于不敢"的人，知道忍让、退缩，善于柔弱，这恰恰体现了"天道"的"不争"和"无为"，因此，这样的人，不仅能够活下来，还可以活得很长久，活得很从容自在。

本章最后用"天网恢恢，疏而不失"来形容"天道"。后世的成语把它改成了"天网恢恢，疏而不漏"，就是强调：天道广阔而公平，坏人只要作恶，就会受到惩罚；天网看起来似乎很不周密，但最终不会放过任何一个坏人。我想补充两点。第一点就是，老子讲"天道"惩罚坏人是接着开头的"勇于敢，则杀"来说的，意思是：过分刚强、过分好胜，总想冲到人生的巅峰，这样的人会遭到天道的惩罚，这印证了老子说过的"物壮则老，是谓不道。不道早已"，事物发展到最雄壮、最强盛的顶点，就会走下坡路。因此，追求强横是违背大道的做法，最终会让自己早早完蛋。我补充的第二点是，"天网"的"稀疏"，或许正体现了"大道"无为的特点，它不会管得太细；而"天网"的"不漏"，则是说它又无所不在，无所不能，正好对应"无为而无不为"，尽管无为，但它由于顺应自然，所以能无所不为，具有神奇的功效。

第七十四章

您在读《道德经》的时候，觉得里面的哪句话最激进、最生猛？就我个人的体会来说，我在读到"民不畏死，奈何以死惧之"这一句时，最受震动。它和之前学过的"民不畏威，则大威至"有些相近，这一句话的语气更刚烈，措辞也更直接。可以说，它把受剥削、受压迫者不屈的呐喊传达得淋漓尽致。1949年8月，毛泽东发表了一篇著名的文章，题目叫《别了，司徒雷登》，其中就写道："多少一点困难怕什么。封锁吧，封锁十年八年，中国的一切问题都解决了。中国人死都不怕，还怕困难吗？老子说过：'民不畏死，奈何以死惧之'。"他用老子的这句话，表达了中国人民不惧威胁、不怕困难的骨气和勇气。

"民不畏死，奈何以死惧之"，就出自《道德经》的第七十四章：

> 民不畏死，奈何以死惧之？若使民常畏死，而为奇（qí）者，吾得执而杀之，孰敢？常有司杀者杀。夫代司杀者杀，是谓代大匠斫（zhuó）。夫代大匠斫者，希有不伤其手矣。

河上公给本章起标题"制惑"。这是针对统治者来说的，告诫他们不要被"高高在上、无比强大"的"错觉"迷惑，不要以为自己就是"天道"，有资格、有权力对老百姓喊打喊杀；否则，很可能搬起石头砸自己的脚。

第七十四章

一旦老百姓连死都不怕了，再拿死亡来吓唬他们，又有什么用呢？而那些统治者没有意识到这一点。他们想当然地认为：老百姓都是怕死的；对于个别出头鸟、带头闹事的人，我把他们抓起来，统统杀掉，还有谁敢起来捣乱？然而，情况真是这样的吗？决定老百姓生死的，只能是掌管此事的"天道"。现在，那些统治者狂妄自大，以为自己有资格替代"天道"来主宰人民的生死，这就像"外行非要顶替高明的专业工匠来砍削木头"。殊不知，那些顶替专业工匠砍木头的人，很少有不砍伤自己的手的。这是本章的大概意思。由于其中存在不少语意的跳跃，为了更通顺，我增加了一些过渡性的语句。接下来，我们逐句解析。

本章开篇，老子直言道："民不畏死，奈何以死惧之。"倘若老百姓连死都不怕了，你们这些统治者拿死亡来威胁他们，又有什么用？

这句话的第一层含义，从根子上讲，是老百姓并不怕死。因此，统治者们如果还想用暴力的方式、高压的手段来对待老百姓，通过喊打喊杀让他们服服帖帖，任其宰割，只能是痴心妄想。换句话说，用杀戮、用暴力来对付老百姓，是没有用的。

打个比方，老百姓就像水一样。平日里，我们看到的水都很柔弱，很低调，当它碰到高山、巨石，它会避开，会绕过去；它也不喜欢出风头，而是谦让、退缩，待在不起眼的低下的地方。老百姓也是这样的，很朴实，很温和，知道退让。但这些水一旦受到压迫，受到阻碍，汇聚在一起，就有可能掀起巨浪，冲破堤坝，把一切阻碍它、伤害它本性的东西拍得粉身碎骨！正是看到了水这种神奇的、伟大的力量，一些有远见卓识的先贤提醒甚至警告历代的君王，民众就像水一样，千万不要瞧不起他们，更不要轻易地侮辱他们。

大家都非常熟悉唐太宗李世民和魏徵这一对君臣的故事。魏徵很耿直，经常劝谏唐太宗："君，舟也；人，水也。水能载舟，亦能覆舟。"他把君王比作大船，把老百姓比作水。水，既能够承载大船，也能将大船掀翻。同样的道理，老百姓可以拥护君王，做国家的基础；老百姓也能揭竿而起，推翻君王的统治。其实，这番话不是魏徵发明创造的，《荀子》这本书里就不止一次提到"水则载舟，水则覆舟"。

这些大思想家为什么要特别提醒君王，不能轻视老百姓的力量，不可残酷压榨民众呢？

君王高高在上，一呼百应，他一念之间能够决定无数人的生死，正所谓"天子之怒，浮尸百万，流血千里"，天子一旦动怒，将会有无数颗人头落地。这都是说君王掌管着臣民的生杀予夺之权。久而久之，这会让君王产生一种错觉，以为一切都在他的掌握之中，以为自己无所不能，以为所有人都惧怕他的权威。老百姓在他的眼中不过是缴纳赋税的工具，或者是战场上的一个数字，甚至把老百姓看作蝼蚁。于是，有了"蚁民""草民""贱民"的蔑称，杀一个老百姓，就像踩死一只蚂蚁，轻而易举。

碰到有良心、有底线的统治者还好，万一碰到自私、贪婪、残暴的君王，他们会把老百姓当成自家圈养的猪狗牛羊，随便欺凌，任意宰割。而通常老百姓会忍气吞声，敢怒不敢言。于是，君王们产生了这样的错觉：老百姓都是胆小怕事的，他们畏惧死亡，不敢反抗。为什么说这是错觉呢？因为从根本上讲，老百姓并不怕死；他们一旦被逼到无路可走的地步，就会奋不顾身，勇于拼命。正所谓"舍得一身剐，敢把皇帝拉下马"。统治者如果迷信暴力手段，用高压、杀戮来恐吓老百姓，以为抓几个刺头，把那些带头闹事的抓起来，当众杀掉，就能起到杀一儆百、杀鸡骇猴的作用，让广大民众乖乖听话。但这只是暴君们一厢情愿的想法。哪里有压迫，哪里就有反抗。只要残酷的剥削、疯狂的杀戮还在，根本矛盾没有解决，老百姓就迟早都会爆发，甚至不惜和剥削者同归于尽。

老子这是在告诫君王，用暴力、用杀人来威胁老百姓，说到底，是不可能得逞的，只会让自己倒得更快。

当然，"老百姓不怕死"，并不是说他们就真的不在乎生命。老百姓其实也怕死，也希望能够拥有"老婆孩子热炕头"，安安稳稳过自己的小日子。那他们为什么敢于把脑袋系在裤腰带上,跟那些暴君对着干呢?因为他们没有活路了,生不如死,没办法养活妻子儿女,只能铤而走险。所以,这句话还有一层意思,那就是我们前两章讲过的,统治者要给老百姓留活路,让他们活得有滋味、有盼头,自然也就没有人想起来造反了。

本章的前半段是说"杀人不管用",后半段则是讲,对统治者来说,"杀人"不仅不管用,反而将给自身带来灾祸。

这部分有点难懂,关键在于理解什么是"司杀者"。这里的"司杀者",并不是君王任命的专门管杀人的官员,比如法官、刽子手;而是指大自然中的决定人们生与死的力量。现实生活中,有人长寿,有人短命,有人顺利,有人倒霉。在老子看来,如此种种,背后的决定力量只能是"天道",也就是上一章讲的"天网恢恢,疏而不失"。一个人的言谈举止违背"大道",就会遭受"天道"的惩罚。他的不顺利,甚至是短命,都是"天道"惩罚的结果。只有"天道"才有资格、有能力,影响和决定人们的生与死。

而"代司杀者"指的就是君王,尤其是那些喜欢杀戮的君王。他们妄自尊大,以为自己有资格代替"天道"来决定老百姓的生死。殊不知,他们的想法和做法本身就违背了"大道",最终必将遭受"天道"的制裁。

老子这些反对暴政、杀戮的思想依旧是在"天道"的大背景下提出的,跟其他学派还有所不同。

第七十五章

第七十五章延续了近几章的主题，继续批评统治者的残酷剥削，同情在贫困线、生死线上挣扎的黎民百姓。本章着重分析导致广大民众衣食无着、生不如死的原因；同时，对什么样的人更适合担任君王，给出了自己的答案。

这一章的原文如下：

> 民之饥，以其上食税之多，是以饥。民之难治，以其上之有为，是以难治。民之轻死，以其上求生之厚，是以轻死。夫唯无以生为者，是贤于贵生。

河上公给本章起标题"贪损"，意即给老百姓带来损失、灾难的，正是一些君王的贪得无厌。

这一章的大意是：老百姓之所以陷入饥饿，是因为在上的统治者索要的赋税太多，老百姓没有吃的了，从而陷于饥饿。老百姓之所以很难治理，是因为在上的统治者肆意妄为，老百姓不堪其扰，从而很难治理。老百姓之所以轻视死亡，是因为在上的统治者奢侈享受，把民脂民膏都搜刮完了，老百姓没有了活路，从而冒险拼命。因此，那些不看重养生享受的人，也就是那些清静恬淡的人，要比看重享受、厚养生命的人，更加高明；清静恬淡的人，更有资格做统治者。

第七十五章

　　这一章的主要含义比较清楚；有几处存在不同理解；另外，最后一句有些不好把握。我们逐句解析。

　　第一句是"民之饥，以其上食税之多，是以饥"。老子生活的时代，黎民百姓生活得非常苦，连吃饱穿暖都成了奢望。老百姓为什么食不果腹、饥寒交迫？老子发现，并不是因为他们懒惰、无能，也不是遭遇了洪水、干旱之类的天灾。而是因为，在上位的统治者向他们征收的赋税太多，盘剥太重，把他们仅有的财产、口粮都给抢走了。

　　《诗经》里面有一首诗，题目叫《硕鼠》。人民把贪得无厌的剥削者比喻成又肥又大的老鼠，他们贪婪成性，狡猾奸诈，面目可憎。他们从不考虑老百姓的死活，只知道拼命压榨，疯狂攫取。正是这些硕鼠导致人民饥肠辘辘，贫困交加。

　　举个例子。甘肃兰州有很多美食，最著名的可能要算兰州牛肉面。关于牛肉面的起源，还有这样一个传说：相传在元朝的时候，蒙古族贵族对广大的汉人政治上高压统治，经济上残酷剥削。为了防止汉人造反，他们向秦始皇学习，把全天下老百姓手上的兵器甚至是铁器，都收缴上来。这样，手无寸铁的老百姓就算想造反，也掀不起什么大浪。按照朝廷的规定，老百姓每十户人家共同拥有一把菜刀；并且这把菜刀还不是由他们自己保管，是由蒙古族人来保管。这十户汉人家庭要奉养一户蒙古人家庭；而菜刀就由他们奉养的这户蒙古人保管。这样做带来的不便是显而易见的。然而，人民的聪明才智是无穷的，兰州当地的汉人干脆发明了拉面，不要菜刀也能做饭。从这个拉面的传说，我们也能感受到腐朽、残暴的统治者是多么荒唐而可恶！管控菜刀还只是一个方面。史书记载，元朝的蒙古族贵族自己不善理财，不会生产，就用暴力手段做后盾，残酷剥削人民。除了沉重的常规赋税，老百姓还要承受名目繁多的"额外税"。朝廷还不断滥发钞票，用这些不断贬值的钞票，强行换取老百姓手里的金银。他们还把农业生产必需的各种农具及人们日常所需的盐、茶、酒、醋等物资，统统列为官方专卖商品垄断，按照昂贵的价格卖给老百姓。至于圈占民田，掠夺民产，更是家常便饭。元代诗人张养浩写了一首元曲《山坡羊·潼关怀古》，其中有一句："兴，百姓苦；亡，百姓苦！"可谓道出了人民的心声。

再看第二句："民之难治，以其上之有为，是以难治。"关于这一句话，可以有两种解释。第一种是把它解读为：老百姓之所以很难管理好，是因为在上位的统治者太喜欢折腾了，太爱自我表现了，隔三岔五就整出个大动作，让老百姓忙得鸡飞狗跳，疲于应付。时间一久，老百姓当然也就不愿意再任他们摆布了。第一种解读思路，是从倡导"无为而治"的角度来说的。除此之外，还可以结合本章的上下文，从让老百姓安宁的角度来理解。这句话可以解释为：老百姓为什么难以享受太平安乐？就是因为君王们有太多的私欲，他们绞尽脑汁，巧取豪夺，要拿走老百姓手里的最后一个铜板。这样一来，人民自然劳苦不堪，难享太平。前一种解释更符合语法，后一种解释更贴合上下文，各有道理。

"民之轻死，以其上求生之厚，是以轻死。"第三句，从文本上看，有两个不同的版本。第一个版本是王弼传下来的通行本，把它写作："民之轻死，以其求生之厚，是以轻死。"少了一个"上"字。怎么解释呢？可以这样解释：老百姓为什么轻视死亡，不再害怕死亡呢？是因为对他来说，活下去实在是一种奢求；既然"让自己吃饱穿暖，给亲人基本的照顾"这些最起码的需求都没办法得到满足，那就只好看淡死亡，拿命去拼了。这和我们上一章讲的"民不畏死"是一个道理。本句的另一个版本，是在王弼通行本上面加一个"上"，把它变成"民之轻死，以其上求生之厚，是以轻死"。结构跟本章的前两句一样，意思是说：老百姓之所以不怕死，漠视死亡，是因为在上位的统治者贪图养生，对自己的奉养过于奢侈铺张，对老百姓的盘剥太重，让人们活不下去了。这两个版本角度稍有差别，不过基本意思差不多。

以上这几句，跟之前的几章相似，继续讨论国君和人民的关系。这让我联想到历史上"周公定都"的故事。周武王伐纣，推翻了商王朝，周取而代之，

第七十五章

建立了一个新的强大王朝。这时，周王朝面临的一个重要任务就是要修一座新的都城。因为原本周国的都城比较偏远，规模也小，不适合作为新王朝的都城。商王朝的都城，已经被战火摧毁了，而且亡国之都也不吉利。所以，周王朝需要选一块合适的地方来修建都城，管理天下。很快，有两个方案摆在人们面前，而且这两个方案正好相反。第一个方案建议把周王朝的新都城修在一个山川险峻的地方，那里有高山，有大河，易守难攻，非常安全。缺点就是交通不方便，交流起来会有障碍。第二个建议是把周王朝的新都城修在一个一马平川的地方，这里地势平坦，交通非常便利，方便人们来往。但它的缺点同样突出，就是无险可守，在安全性上要差很多：万一有敌人的话，很快就会兵临城下。这两个方案的优点和缺点都很突出，周武王有点拿不定主意。于是，周武王就去找他的弟弟周公请教。周公听后思考了一下，说：我个人建议，我们周王朝的新都城按照第二个方案来选址，修在一个一马平川、交通便利、无险可守的地方。

接着，周公给出了自己的理由：如果我们周王朝的子孙后代，将来的周天子们，有德行的话，就会赢得老百姓的拥护。我们把都城修在这么一个交通便利的地方，好处是方便天下人来往交流。接着，他又说：如果我们周王朝的子孙后代，将来的周天子们，昏庸无德，一个个都是暴君、昏君，那么，老百姓当然不会拥护他们。我们把都城修在这样一个无险可守的地方，好处就是：方便别人推翻我们！周公非常大气，他在这里传达了一种伟大的政治智慧：国家的安全、天下的安危不是建立在高山大河的保护基础之上，甚至不是建立在强大的军队维持的基础之上；国家的安全只能建立在老百姓拥护的基础之上。统治者有德行，关爱老百姓，就能赢得民心，国家才能够维持下去。相反，统治者如果贪婪无耻，昏庸残暴，就会失掉民心，就没有资格坐江山了，应该被人民给推翻。

周公没有把周王朝的统治看作理所当然。他明白一个道理：得民心者，才能得江山；失民心者，江山也不可能坐稳。

老子很关注黎民百姓的疾苦，严厉地批评和谴责统治者的贪婪奢侈与胡作非为，他指出，这些"人为的灾祸"才是导致老百姓痛苦挣扎的根源。当然，道家对这个问题的关注角度跟儒家不太一样。

老子更多是从"应该怎么养生"这个方面来考虑的。他认为，在上的君王之所以向老百姓征收沉重的赋税，横征暴敛，不断折腾，是因为他们的"养生观"出了问题：他们以为吃得越丰盛，穿得越精美，住得越阔绰，享受得越奢华，对生命的养护就越充分。于是，他们拼命聚敛钱财来厚养生命。其实，这些人错了。真正的"养生"，应该是不胡乱放纵情欲，不轻易损耗精神，不刻意彰显自我，保持恬淡清静。这样，生命才能合于"大道"，合于"自然"。这样养生，不仅自我的生命可以得到很好的养护，对黎民百姓也没有丝毫的干扰、伤害。能这样做的人，正是老子心目中得道的"圣人"，他们才最适合充当天下的领袖。

第七十六章

中国古代文人雅士特别喜爱竹子，苏东坡就说过："宁可食无肉，不可居无竹。"不少人把竹子视作精神的象征，不仅仅因为它体态清逸优雅，挺拔独立，还因为它虚心而柔韧，坚贞不屈。竹子体现了一种柔韧高洁的品格，这和《道德经》第七十六章的精神是一致的。

> 人之生也柔弱，其死也坚强。草木之生也柔脆，其死也枯槁（gǎo）。故坚强者死之徒，柔弱者生之徒。是以兵强则灭，木强则折。强大处下，柔弱处上。

河上公给本章起的标题非常直接，就叫"戒强"，劝人就像戒烟、戒酒一样，戒掉"强硬"，戒掉"刚强"。

这一章的大意是：人刚出生的时候，身体是柔柔弱弱的。到衰老、临终的时候，身体就变得僵硬了。草木也是一样，刚刚萌生的时候，枝条都很柔软；等到凋零了，枝条就会变得枯槁。所以，"坚强"其实是归属于死亡一类的属性，"柔弱"才是归属于生存一类的属性。因此，军队一味地强横，必将走向覆灭；树木一味地强壮，必将遭受摧折。强大的东西，终将居于下位；柔弱的东西，反而会居于上位。

很显然，本章还是在讲一个老主题，即"柔弱胜刚强"。"胜"，不是

"打败""战胜"的意思,"柔弱胜刚强"并不是说"柔弱能够打败刚强";"胜"应该解释为"胜过""好过","柔弱胜刚强"是说"柔弱要胜过刚强"。在本章,老子换了一个角度,从"人"自身及身边的草木的生长过程,来感悟"柔弱胜刚强"的哲理。

在这一章,老子强调了两对概念:柔弱和坚强,生和死。一般人都希望自己能够长寿,不希望死亡过早降临。另外,人们也期盼着自己更坚强、更强壮,不要太柔弱。

但道家反其道而行之,老子特别强调了与"坚强"相对立的"柔弱"的价值。他说:"人之生也柔弱,其死也坚强。"从人的一生来看,刚出生的时候,我们的身体是最柔软的。婴儿的肢体非常柔软,很多对于大人来说高难度的瑜伽动作,婴儿可以轻松做到。另外,人们发现,婴儿睡觉的姿势千奇百怪,但是婴儿从来不会落枕。他的肢体非常柔软,相应地,他的生命力也最旺盛,他还有漫长的岁月。八九十岁的老人,百岁的老人,身体的筋骨可能已经非常硬,非常脆了。老人是不能摔跤的,万一摔跤,即便不中风,也很可能骨折。我认识的一位前辈,九十多岁了,只能躺在床上,没办法下地行走。结果,有一天,别人给他翻身的时候,他居然骨折了。因为他的筋骨已经硬了、脆了;相应地,生命力也逐渐消逝了。

从大自然来看,也是如此。春天的时候,树木的生命力很旺盛。就拿常见的柳树来说,柳树的枝条非常柔软,人们可以把它摘下来编成环戴在头上,怎么弯,它都不易断,因为它的生命力很旺盛,枝条很柔软。但到了秋冬的时候,同样的枝条,如果你想把它再弯起来的话,它就有可能断。因为它变硬了、变脆了,它的生命力逐渐消失了。

由此,老子得出一个结论:坚强是和死亡连在一起的一种属性。很多人都不希望自己柔弱,其实柔弱才是长久的生命之道。如果我们希望保持长久的生命力,就要学会柔弱,保持柔弱,这是道家的一个独特的智慧。

老子的这个观点出人意料,跟人们的常识不大一样。于是,有人质疑了:

我们喜欢运动，锻炼身体，这难道不是既让我们的身体更刚强，又使我们更有生命力，活得更长久吗？既然如此，老子的说法就不能成立。怎么回应这个质疑呢？我们不妨来分析一下。

现在越来越多的人喜欢运动，每周都要抽出时间打打球、跑跑步，或者游泳、散步。这种有规律的、长期稳定的运动，当然对我们的健康有好处，能让生命更有活力，更有质量。不过，这些运动也会让我们的身体更刚强、更坚硬吗？必须承认，经过一段时间的锻炼，身体上的一些脂肪会转化成肌肉，我们的身体的确比之前更结实。但这并不是说，我们的肌肉会越来越硬。

举个例子来说。过去有一段时间，很流行健美比赛。那些参赛的男士、女士到健身房或者专业机构专门训练身上的肌肉，手臂上的、大腿上的、背部的、腹部的肌肉，一大块一大块，鼓得高高的，看上去很威猛。不过，后来有人专门研究这些健美人士的肌肉，发现：如果我们用手掌用力砍一下，不需要会武功，就是普通人用手掌使劲砍他们的肱二头肌，竟然能把肌肉纤维砍断！为什么呢？因为这些肌肉都是通过高强度的、突击性的强化训练催出来的，导致这些肌肉纤维又粗又短，没有什么韧性，一旦遇到外力冲击，就有可能断裂。因此，有人说，真正有力量的、能抗打击的人，他的肌肉反而不会太夸张。

再来看我们平日里采用慢跑、瑜伽等方式，长期锻炼所形成的肌肉，这种肌肉纤维要健康多了，更细更长，更有韧性；遇到外力冲击的时候，也不会轻易断裂或者受伤。通过这个对比，我们发现：良好的运动习惯，并不是让我们的身体一味地变得更结实、更坚硬，而是让它更柔软，更有韧性。

长期稳定的运动，还会让我们的心肺得到锻炼，变得更有张力，更有韧性，而不是变得更硬。无论是心脏变硬、血管变硬，还是别的脏器硬化，都会要人命的。

我们这么一分析，就会发现：长期良好的运动，在让生命更有活力的同时，其实也在让我们的身体更柔韧，而不是更僵硬。这又可以反过来印证老子的"坚强者死之徒，柔弱者生之徒"的观点。

老子还把这个"贵柔"的道理引入社会人生："兵强则灭，木强则折。"

所谓"兵强则灭"，字面看是说"军队要是太强大了，就会走向灭亡"。那这是不是说，我们不要发展国防，不要建设一支强大的军队呢？倒不是这个意思。而是说，如果因为手里有强大的军队，就处处仗势欺人，恃强凌弱，穷兵黩武，这样的话，必将盛极而衰、自取灭亡。历史上的纳粹德国，建立了强大陆军，野心勃勃地要称霸全球。喜剧大师卓别林演过一部名字叫《大独裁者》的电影来讽刺希特勒，其中有一个场景，让人印象深刻：他扮演的大独裁者抱着一个巨大的气球做的地球仪，沉醉地跳着舞蹈，幻想着统治全世界，最终地球仪在他的手中破成碎片。电影辛辣地讽刺了独裁者的美梦终究只是一场泡影。

"木强则折"的道理比较清楚，树木生长要匹配环境，要有韧性，不能只顾着刚强，只想着往高处蹿。

刚硬、强横的东西，看着气势汹汹、盛气凌人、不可一世，但最终都会衰落。反倒是那些柔弱、坚韧的事物，更能经历风雨！

第七十七章

"搭弓射箭"和"天道"有什么联系?"天之道"与"人之道"又有哪些异同?恐怕没有人想过这些问题。两千多年前的老子却脑洞大开,从"射箭"联想到不少深刻的哲理。

天之道,其犹张弓与(yú)?高者抑之,下者举之。有余者损之,不足者补之。天之道,损有余而补不足。人之道则不然,损不足以奉有余。孰能有余以奉天下?唯有道者。是以圣人为而不恃,功成而不处,其不欲见(xiàn)贤。

河上公给本章起标题为"天道"。他认为,其中所讲的"损有余而补不足"正是"天道"的精髓,值得人们用心品味和效法。

这一章的大意是:上天之道,莫非就像人们张弓射箭的道理?如果举得过高,就往下压一压;如果举得太低,就往上抬一抬。倘若用力太猛,就适当松一松;倘若力道不够,就再增加一点。上天之道正是这样的:有多余了,就减损一些;有不足了,就补充一些。然而人世间的做法,却不是这样,它是"剥夺原本就不足的,来供奉给原本就有余的"。什么人才能把"有余"的拿出来,补充给原本那些"不足"的?只有得道之人这样做。所以,得道的圣人,他助长了万物,而不扬扬自得;他功德圆满,而不居功自傲;他不愿意表现、夸耀自己的贤能。

在这里，老子以"张弓射箭"来比喻天道。古人喜欢通过比喻的方式来讲道理，而很多比喻都来源于日常生活。射箭就是老子那个时代日常生活中很常见、很重要的内容。

张弓射箭，如果射出去过高的话，下一次就要稍微压低一点。如果一箭射出去，偏低了，那么下次就往上抬一点。或者用力过头，下一箭就减少点儿力道；而力量偏弱，就再增加一些力道。总之，通过矫正，通过调整，逐渐找到正中靶心的力道和姿势。老子发现，在这个过程中有非常重要的一个诀窍，就是要"损有余而补不足"。这不仅是射箭的道理，更体现了"天道"的规律。

然而，老子注意到，现实生活中君王的统治之道，也就是所谓"人之道"，却跟天道不一样，它是"损不足以奉有余"的：它会把穷人的钱抢过来，交给富裕的人；它会用各种方式盘剥老百姓，供统治者奢侈享受。

需要注意的是，尽管老子在这里用了"人之道"的说法，但这并不是说，他认可那些帝王将相剥削黎民百姓的做法。相反，他对这类不公平、不正义的行为深恶痛绝。可以说，这里的人之道，应该要打上引号，它们是所谓的"人之道"，是君王们一厢情愿推行的"人之道"。实际上，这种"损不足以奉有余"的勾当，根本就违背了"天道"，没有资格被称作人之道。

老子说过"人法地，地法天，天法道，道法自然。"人之道终究是要效法天道，顺应自然的。我们从射箭的道理中明白天之道的原则是"损有余而补不足"，把多余的东西拿出来，补给那些欠缺的、不足的。真正的、好的人之道，也应该效法天之道，遵循"损有余而补不足"的原则。老子用这种对比来批评现实中的君王，认为他们没能够遵奉天之道。

我们不妨由此引申开，谈一谈跟这个话题有关的一个概念——"马太效应"。

金融学领域有一个很著名的"马太效应"。名字来源于圣经《新约·马太福音》。"马太"据说是耶稣的十二使徒之一。《马太福音》里面，记载了一个寓言故事：从前有一个国王，手下有三个仆人。国王要考验这些仆人，就交给他们每人一锭银子："这锭银子是我给你们的本钱，你们要用它去做生意赚钱。"三个仆人接过钱离开了。一段时间之后，国王把这三个仆人找来，询问他们做生意的成果。第一个仆人很自豪地说："陛下，我用您交给我的一锭银子，赚回来十锭银子！"国王很高兴，奖励这个仆人十座城市。第二个仆人谦虚地说："我没有他厉害！不过，我用这一锭银子赚了五锭银子。"国王奖励了他五座城市。第三位仆人最后汇报，他说："陛下啊！您当初给了我这锭银子，我想去做生意，又担心赔本；放在家里，又担心被偷了。所以，我把它小心地包在手帕里，贴身放着，一直没有动。"国王听了这话，命令第三个仆人把手上的这一锭银子交出来，奖励给了获利最多的第一个仆人。按照国王的说法："凡是少的，就连他所有的，也要夺过来。凡是多的，还要给他，叫他多多益善。"

后人根据《圣经·马太福音》里的这个寓言故事，总结出了"马太效应"。

从经济学的角度来说，把资本交给最会利用它的人，才是最明智的做法。第一个仆人最懂得做生意，本钱交给他，赢利的机会最大，获利的数额也可能最多。第三个仆人，完全不会做生意，把钱交给他，只会浪费这笔资金。

一些著名的投资公司，一旦发现某家科技创新公司很有潜力，能够带来高额回报，就会主动合作，把钱投给对方。而那些急需资金，但赢利机会不太大的公司，即使求着他们投资，他们也不会搭理。

应该说，马太效应在不少领域，尤其是经济领域，有它的合理性，能够发挥很重要的作用。有人总结说，马太效应体现了一种"吸引力法则"：越是优秀的人，就越表现出一种积极的、自信的魅力；而这种魅力，又会吸引更多的关注、更多的资源。这样滚动下来，形成了一种良性循环。从反面来说，一个失败者，如果一天到晚后悔、抱怨，别人见了，就会心烦，躲得远远的，好机会也不会再光顾他。这就是一种恶性循环。对于领先者来说，"马太效应"意味着一种优势的累积，当你取得一定的成功后，往往更容易取得更大的成功。

随着优势的积累，强者会更强；而随着劣势的叠加，弱者会更弱。两者的差距将越来越大。

还有人揭示了恋爱中的"马太效应"。当然，这不是拿感情做投资，而是说：一个人，如果有美好感情的滋润，心态就会很好，很自信，人也非常放松，会对快乐更加敏感，对伤害变得迟钝。再加上体内分泌激素的作用，他（她）整个人就会容光焕发，对异性往往更有吸引力。就是人们常说的，"恋爱中的女人最美丽"，其实男士也一样。

不过，也有人反思"马太效应"的弊端。"马太效应"体现了一种极端的"赢家通吃"的现象。就拿体育界来说，一提到百米世界纪录，很多人都会想到飞人博尔特所创下的世界纪录，9秒58。不过，排在他之后的第二名，却很少有人知道名字。大家只记得第一名。全部的荣誉，至少有百分之九十都给了第一名。其他人能分享的荣誉，恐怕加起来都不到百分之十。这样的评价原则显然不够公平，不够合理。

尤其是在社会领域，"马太效应"的问题就更大了。就拿残疾人朋友来说。由于身体方面的缺陷，一个残疾儿童有可能无法像其他小朋友一样去学校接受常规教育。等到长大了，无论是知识，还是各种技能，他可能都不如同龄的孩子。要是所有公司、所有企业，都按照"马太效应"把工作机会给那些更有能力、更能带来效益的健全人，残疾人朋友求职的通道就会被堵死。最终，他们处境只会越来越艰难。

因此，千万不能滥用"马太效应"。不然，整个社会就会"富的更富，穷的更穷"，两极分化越来越严重，最终酿成大祸。

当然，老子那个时代的统治者不懂得"马太效应"。他们心目中的"人之道"很简单：利用手里的权力，把钱财从穷人那里挪到自己的荷包里。

老子尖锐地批评这些君王，一方面，是因为他同情遭受剥削、压榨的黎民百姓。这跟前几章的主旨是一致的。正如孔子说过的，"不患寡而患不均，不患贫而患不安"，与担心社会财富稀少相比，老百姓更担心社会财富分配不均衡、不公平。另一方面，老子从遵循天之道的角度来看待这个问题。他发现，现实中的那些君王之所以违背天道，盘剥穷苦大众，来满足自己的穷奢极欲，说到底，是因为他们把自己摆得太高了，看得太重了，太自以为是了。他们的私心私欲太多，主观意愿太强，总想着展示自己的成就、炫耀自己的功劳，甚至要拿全天下老百姓的口粮来供他们养生享乐。这种所谓的"人之道"是刻意的、做作的，背弃了大道，违背了自然，因而无法长久。

只有圣人，恬淡自然，无为而治，奉行的才是真正的"损有余而补不足"的人之道。

第七十八章

前些年，曾流行过日本人制作的一个短片，以及出版的一本书，名字叫《水知道答案》。大意是说：水的结晶，能够对人的不同情绪做出相应的反应——听到"爱"或者"感谢"，水结晶会呈现出完整的、美丽的六角形；而被骂作"浑蛋"时，水几乎不能形成结晶。的确，"水"看着很普通，其实非常"神奇"。老子对"水"的神奇力量，体会得尤为深刻。在整部《道德经》里，"水"出现的频率特别高。可以说，它是"大道"最重要的象征物之一。"水"的独特力量，以及它对人们的启示，同样体现在第七十八章：

> 天下莫柔弱于水，而攻坚强者莫之能胜，其无以易之。弱之胜强，柔之胜刚，天下莫不知，莫能行。是以圣人云：受国之垢，是谓社稷主；受国不祥，是为天下王。正言若反。

河上公给本章起标题"任信"，这里的"信"，应该解释为"伸展"的"伸"。"任信"的意思是：任由"水"自由伸展，没有什么东西能够束缚"水"的自然流淌。

本章的大意是：天底下没有什么东西比"水"更柔弱，但是，论起冲击坚强事物的力量，却没有哪个东西能胜过"水"。因为任何东西都代替不了"水"。"弱"要胜过"强"，"柔"要胜过"刚"，"水"告诉我们的这个道理，天下没有人不知道，可就是没谁照着做。因此，得道的圣人说：只有能够承受全国的屈辱，才配称作国家的君主；只有能够承担全天下的灾祸，才有资格做"天下的君王"。正话听起来犹如在反着说。

这一章的前半段，老子继续借助"水"的例子讲"柔弱胜刚强"的道理。在人们的印象中，"水"很柔弱，很低调，老子却发现，这柔弱平凡的"水"，其实包含着无与伦比的力量。我还记得看过的一段影像，是2011年日本"3·11"大地震之后，海啸席卷日本海岸的场景。近十米高的海浪裹挟着失控的船只，冲向堤坝，然后把遇到的一切彻底摧毁，让人触目惊心。一直影响到今天的福岛核泄漏废水排海，就是它造成的恶果之一。看完这段影像，想必人们都能明白老子讲的"天下莫柔弱于水，而攻坚强者莫之能胜"的道理。现代科技，甚至能够以"水"为"刀"，用高压水流切割金属、玻璃、岩石等坚硬的物品。反过来呢，"抽刀断水水更流"，再锋利的刀也没办法切断水流。

"以柔克刚"还只是"水"众多本领中的一项。在本章，老子特别突出了"水""低调、谦逊、包容，甘愿处在低下的地方"的品质。这也是本章后半段的核心。

老子说："受国之垢，是谓社稷主；受国不祥，是为天下王。"这个"垢"，就是"诟病"的"垢"。"受国之垢"，是说：能够承受整个国家的耻辱、诟病。当然，这绝不是给国家带来羞耻、带来辱骂；而是说，当这个国家的老百姓，对国家的一些政策及某些现象不满意了、有意见了，他就有可能发牢骚，甚至骂大街。那谁来承担这个骂名，来背这个"锅"呢？只能是君王。同样的道理，天下遭了灾难，老百姓有怨气，也只会把它发泄到统治者身上。

在得道者之人看来，"君王""天子"应该向"水"学习，特别是要学习它心甘情愿地待在最低下、最卑微的地方，从来不抢风头，不争强好胜；还要学它的虚怀若谷，包容一切，不管是灰土尘埃，还是枯枝烂叶，"水"都不会拒绝，而是默不作声地接纳它们、净化它们。按照这个说法，"水"可谓"藏污纳垢"，这不是贬义，而是对它的赞美。更准确的说法应该是："水"能够洗涤污垢。

可见，在老子的眼中，当君王、当天子，并不是什么享受或者荣耀的事情。真正称职的君王、天子，就应该是"背锅侠"，专门来替国家、替天下背"黑锅"。这一点，集中表现在"君王"对自己的称呼上。第三十九章和第四十三章都提到，君王拿"孤、寡、不穀"来做自己的称呼。

中国古代的帝王君主，往往自称"孤家""寡人"。原本，正常人不会喜欢"孤""寡"跟自己联系在一起。为什么地位尊贵的君王反而用"孤、寡、不穀"之类不吉利的词来称呼自己呢？他们为什么要"受国之垢""受国不祥"呢？我想，这大概有三方面的原因。

第一个原因，是表示"谦虚"。君王已经是所有人里地位最高的了，根据"过满则亏"的道理，一旦过度，反而有可能乐极生悲。古人也意识到这一点。就像《易经》中的乾卦是纯阳之卦，从"潜龙勿用"一直到"飞龙在天"，步步高升。最后一爻，却是"亢龙有悔"，提醒人们：不要被大好形势弄昏了头脑，越是强盛就越要谦虚谨慎，否则很可能盛极而衰，招来灾祸。君王自称"孤家""寡人"，正是要让自己有所缺憾，不要什么都占齐了。其实，古人在形容自己时用的"鄙人""不才""在下"，包括用"犬子"来形容儿子，除了表示客气，同样有用"谦虚"来保全长久福分的意味。

第二个原因，就是"权力越大，责任越大"。无论是一国的君王，还是全天下的天子，他们在自己的疆域里可谓权势滔天。他们的一言一行、一举一动决定了无数人的生死祸福。另外，全天下的财富，在一定意义上都属于他们。《诗经》就说："溥天之下，莫非王土；率土之滨，莫非王臣。"

从公平的角度来看，拥有的权力、财富越多，相应地，要承担的责任、义务也就应该越重。西方有一句谚语："欲戴王冠，必承其重；欲握玫瑰，必承其伤。"一件事情，你在获得它的好处的同时，也必须要承担它可能伴随的不良影响。

有一年央视春晚的一个小品,讲述一位女董事长到医院看病,中途进一家洗车店休息。女董事长抱怨自己工作压力大,这时,洗车店主问了一个问题:"请问,挣了钱,谁分得多?"很显然,女董事长肯定拿走了大头。既然这样,就该她操心。管理国家、经营天下也是一个道理,君王、天子享受了巨大的权力、无上的尊贵和惊人的财富,那他们就应该承担主要的责任,背负最大的压力。万一国家出了问题,老百姓遭受了损失,不找他们找谁?老百姓有了怨气,不朝他们发泄,朝谁发泄?因此,老子说:只有愿意承受全国的屈辱,当老百姓的"出气筒",才有资格做国家的君主;只有甘愿承担全天下的灾祸,负起责任,才有资格做"全天下的君王"。

第三个原因跟第二个原因相关,不过要更加神秘。有学者研究说,在人类的上古时期,曾经存在过一个现象,"神权"和"世俗权力"不分,也就是说,一个氏族、一个部落的首领,往往同时是这个氏族或者部落的大祭司。他一方面管辖着部落的实际事务,像生产、劳动、分配;另一方面,他还是超然的神圣力量的象征,就像"天子"这个说法所显示的,他是"天神"和"凡人"之间的联系人,是"神灵"的代言人。这样的身份,在给他带来至高无上的权威的同时,也让他戴上了枷锁。因为他的任何举动,都有可能影响,甚至破坏自然界的平衡。他的行为是不是恰当,他的品行是不是端正,不仅仅影响他个人或者身边的人,还会关系到风霜雨雪会不会如期降临,关系到庄稼作物能不能顺利丰收。一句话,风调雨顺、五谷丰登都要取决于他。万一出现了严重的自然灾害,人们就会归咎于他。

根据西方的文化人类学的研究,古代围绕着国王,有不少的禁忌或者说惩罚。例如,国家如果出现了严重的旱灾、风暴,导致饥荒,人民就会指责国王失职甚至有罪,相应地,会用鞭挞或短期囚禁的方式来惩罚他。倘若还没有效果,大家会废黜他的王位,乃至处死他。

中国古代也有类似的传统。《论语》里记载了舜说的一番话,其中有一句

"万方有罪,罪在朕躬":世间的各个地方如果有罪过,那这些罪过的责任都在我这个帝王的身上。舜的表态,恐怕不仅仅是他高风亮节,勇于承担责任,还有原始的古老神圣观念在里面。直到汉朝,还出现过一个荒唐事件:由于出现了"荧惑守心"的凶险天象,汉成帝担心这个罪责要落到自己头上,就逼着丞相翟方进替自己担罪,硬是把他给逼死了。当然,汉成帝也没有好下场,一个月后暴病而亡。当然,这个例子带有迷信色彩,没有科学根据。

老子说君王要能"承受国家的屈辱和灾难",或许就有此类的古老观念在起作用。当然,他更多还是从"水"的启发入手,希望君王们能够"体道""悟道",像"水"那样谦和、退让、包容。不要把君王的位置看作贪图享乐、作威作福的宝座;而要把它当成顺应大道、助长天下的机缘。这样的人,才最适合做"社稷主""天下王"。

最后,老子用"正言若反"来概括"柔弱胜刚强""尊贵者受屈辱"此类的独特智慧。这也是道家的一个特色。

第七十九章

有人的地方，就会有矛盾。牙齿尚且有咬着舌头的时候，更不要说人和人的交往了。不同的人想法千差万别，各有各的利益，各有各的感受，自然容易产生分歧，引起矛盾，甚至积累怨恨。那么，怎么来处理矛盾、化解怨恨呢？老子的建议很值得我们细细品味：

> 和大怨，必有余怨，安可以为善？是以圣人执左契，而不责于人。有德司契，无德司彻。天道无亲，常与善人。

河上公为这一章起标题"任契"，"契"，是"借据""欠条"的意思，就是别人找我们借钱或者借东西时，给我们写的"借据"、打的"欠条"。"任契"是说，要宽和、平淡地对待这些"借据""欠条"，不要老去催债。

这一章的大意是：调和大的怨恨，肯定还会遗留下一些怨恨，这又怎么称得上"善行"呢？因此，得道的圣人，他们手里握着别人立下的借据、欠条，也不会催促、强迫别人还债。有德之人，正像持有借据、欠条的圣人那样，宽和、平易。无德之人呢，则像征收赋税的官差一样，严厉苛刻，咄咄逼人。上天之道虽说没什么偏向，不过，它对能够与人为善、化解怨恨的善人，恐怕还是会更认同一些。

就我个人的体会而言，这也是《道德经》里非常难理解的一章。一个原因是，它里面有不少的语意跳跃，需要去推导、连缀。另外一个原因是，今天的人对其中提到的古代的一些礼仪、制度比较陌生。我读书的时候，不止一位老师跟我们讲过，不懂古代的礼仪、制度，读古书会非常吃力：要么望文生义；要么断章取义；要么就像看天书一样，一头雾水。这一章就是一个例证。由于我们不太了解古时候的人怎样借钱、还债，怎样征收赋税，所以我们没办法抓住这些比喻的精髓。老子用"司契""司彻"来打比方，肯定有他的考虑；然而，我们已经很难弄清楚他的微妙用意了。我只能试着解读一下。

先看第一句："和大怨，必有余怨，安可以为善？"这一句大概有两种解释思路。

第一种思路，是把落脚点放在"大"字上。当怨恨已经积累到很大、很深的程度，再来想办法化解，不管你用什么方法都会留下隐患。"伤害"就像钉子钉在木板上，即便拔出来了，木板上的孔也不会消失。因此，关键不在于采用什么方法处理矛盾、化解怨恨，而是千万不要让彼此的怨恨积累到"大怨"的地步。也就是说，在矛盾、怨恨刚刚冒头的时候，就要着手化解，就像第六十四章所讲的，"为之于未有，治之于未乱"，早点儿采取措施，把不好的事情扼杀在摇篮之中。以名医扁鹊为例。像他这样，等别人病入膏肓、奄奄一息的时候再来诊治，就算救活了，病人的元气也已经损耗得差不多了，会留下很严重的后遗症。这跟本章所讲的"和大怨，必有余怨"，是一个道理。

第二个思路，是把落脚点放在"和"字上。对待很大的怨恨，用"和"这种方法来处理，并不是一个好的方案。为什么呢？因为"和"，就是"调和"，是对这件事情本身做一些说服、疏导、沟通的工作。在老子看来，这种"和"的方式，恐怕"治标不治本"。表面上看，它好像化解了矛盾，让双方不再剑拔弩张、针锋相对；然而，从根源上看，双方的误会、彼此的反感，很可能并没有真正消除。只要碰到一个小的导火索，说不定就会再次大动干戈。因而靠"调解""调和"并不能彻底地消除怨恨、化解矛盾。要怎么做才行呢？那就是老子讲过的"报怨以德"。

第七十九章

"报怨以德",也叫"以德报怨"。用这种方式来对待"大怨",才是釜底抽薪的根本解决之道。从浅一点的层次说,"以德报怨"可以跳出"冤冤相报"的恶性循环,用宽和、大度的高姿态来回应对方的挑衅与攻击。最不济,也可以让对方的愤怒情绪不再火上浇油;更理想一点,说不定对方被我的善意打动,也开始自我反省,尝试着换位思考,体谅彼此的苦衷和难处。各退一步,原来的矛盾、问题,就有可能从根子上得到解决。就更深的层次来说,道家认为,一个人之所以能做到"以德报怨",是因为他对"大道"的精神有了感悟,有了体会。他发现,之前跟别人的一些分歧、争论,没什么意思,只不过是"盲人摸象"般的"窝里斗",是"五十步笑百步"罢了。不如效法"大道",超然物外,不谴是非,自然就跳出了"怨恨"的狭隘圈子。因此,"以德报怨"的"德",不仅仅指一个人的道德涵养,比如宽容大度,更是指他对"大道"的感悟已经到了很高的境界,能够按照"大道"的精神来行动。这时候,他能全面、彻底地,从根子上来化解仇恨,不会留下任何尾巴。

战国时期,魏国靠近楚国边境的地方,有一个小县城,一个名叫宋就的人在这里当县令。当地有种瓜的传统,每到春天,村民们就会种瓜。这一年,天公不作美,整个春季都很干旱。缺少雨水,瓜苗长得缓慢。魏国的村民们担心影响收成,便积极行动起来,每天晚上挑水到地里,给瓜苗浇水。渐渐地,地里的瓜苗长势好起来了。

边境线另一侧的楚国百姓也在种瓜。面对干旱,他们懒得浇水育苗,地里的瓜苗当然又瘦又小。看到邻国村民的瓜苗长得又好又快,楚国人心里"羡慕嫉妒恨"啊!有些人干脆趁着夜色,偷偷越过边境线,跑到魏国村民的瓜地里,一顿踩踏。这也体现了有些人的一种缺德心态:我不好,你们也别想好!

"纸包不住火",很快,楚国人的破坏行为被魏国村民察觉了。大家群情激奋,纷纷嚷着要给楚国人一点厉害看看,最起码也要把他们的瓜苗给踩平了。

这时候,宋县令站出来了。他对村民说:"我理解大家的愤怒,他们干的真不是人事!不过,你们想过没有:如果跑过去把他们的瓜苗给踩了,接下来会发生什么？他们肯定会继续报复，来给我们捣乱。最终，我们地里的瓜也会遭殃！"接着，他出主意，"不如这样，你们每天晚上浇完自己的地之后，费一点精力，把楚国人的地也顺便浇一浇。过一段时间，你们再看看效果。"

村民们将信将疑，照着宋县令的办法去做了。楚国的村民发现，对面的人不仅没有报复，反而天天帮他们浇地，羞愧不已，也赶紧行动起来，自己浇水，甚至也跑去帮魏国的村民浇水。一场风波就此化解。

这件事情还有后续：原本楚国更强大，楚王对魏国虎视眈眈，不过，当他听说了这件事情，他深受感动，放弃了攻打魏国的计划，还给魏国的这个县送去礼物，表示感谢。

宋县令的做法非常高明，它诠释了"吃亏是福"的道理。当然，这不是教我们一味地纵容坏人；而是为人们解决一些左右为难的复杂问题，提供一种可能有效的方案。

接下来看"圣人执左契，而不责于人"。"契"，指"借据""欠条"。古时候，找人借钱、借东西，要立下"契约"，立一个"借据""欠条"。这个"契约"很可能包括"左""右"两个部分："右契"由借款方，即债务人拿着；"左契"就归借出的一方，也就是债权人持有。将来，债权人就可以凭着手里的"左契"，找对方索债。

老子说，圣人虽然手里握着"左契"，拿着别人向他打的"借据""欠条"，可他从不会追着别人讨要。圣人的做法，就是"有德司契"，跟"无德司彻"正好形成对比。

"司"指"负责""经管"某件事情；"彻"是古代的人民向官府缴纳的赋税。在当时，那些官差在向老百姓征收赋税的时候，可能非常严厉、非常苛刻。谁要是胆敢拖延、胆敢欠缴，就牵走他们的牛羊，夺走他们的粮食，甚至逼迫他们卖儿卖女。

本章的"司契"和"司彻"都是比喻，是就统治者的行为而言的。"司契"对应的是道家主张的"无为而治"，统治者尊重老百姓的意愿，不去干涉他们。"司彻"则是胡作非为,像某些贪婪残暴的君王,斤斤计较,如狼似虎,盘剥民众。后者只会激化矛盾,引起老百姓的愤怒和反抗。老子把统治者的此类做法看作"无德"的表现。

"有德司契"就是"执左契,不责于人"。它不光是慷慨无私,不给民众增加负担这么简单。结合老子讲过的圣人"为而不恃,功成而弗居",真正的得道高人,他帮助了别人,有功于人民,却从来不以"恩人"自居,更不会要求别人回报,这才是"有德者"的真正魅力。

最后看"天道无亲,常与善人"。老子说过,"天地不仁,以万物为刍狗",上天对万物一视同仁,顺着它们的本性,没有任何偏向。那为什么又对"善人"更加亲近呢?"善人"就是上文讲的"有德司契"的得道之人。与其说,上天亲近"善人",不如说,"善人"能够顺应"大道",言谈举止符合"自然无为"的精神,于是,他可以分享"天道"的成效。

第八十章

古今中外，不少思想家都曾经描绘过他们心目中的完美世界。在西方，古希腊有柏拉图的《理想国》，16世纪有托马斯·莫尔的《乌托邦》。在中国，儒家经典《礼记》讲述过"天下为公"的"大同"社会，庄子幻想过逍遥自在的"无何有之乡"。作为思想巨匠，老子也描摹了他心目中的理想世界，那就是"小国寡民"的社会，集中体现在《道德经》第八十章：

>小国寡民。使有什伯之器而不用；使民重死而不远徙；虽有舟舆，无所乘之；虽有甲兵，无所陈之。使民复结绳而用之。甘其食，美其服，安其居，乐其俗。邻国相望，鸡犬之声相闻，民至老死不相往来。

河上公用"独立"这个词来做本章的标题。后世有"遗世独立"的成语，指脱离社会，独自生活，不跟任何人往来，或许可以解释河上公的用意。

这一章的大意是：国家很小，人民稀少。即便有能十倍、百倍提高效率的工具、器械，也舍弃不用；让老百姓重视死亡，不轻易往远方迁移。虽然有船只，有车辆，却没有必要去乘坐；虽然有铠甲，有兵器，却没有必要去展示。使人们回到远古的结绳记事的质朴状态。大家吃得简单，却香甜；穿得朴素，却舒适；住得简陋，却安稳；遵循习俗，而其乐融融。国与国比邻，人们相互可以望见对方；鸡鸣狗吠的声音，也能相互听得见；但是老百姓从出生直到老

第八十章

死,都没有什么来往。

本章可以看作老子政治理想的大综合,比如反对战争、不要剥削、恬淡寡欲、无为而治,等等,都在这里有所体现。这一章非常重要,名气也很大,不少朋友都能背上几句。不过,对这一章的误解也不少。接下来,逐句解析一下。

通常把"小国寡民"理解成"小其国,寡其民","小"和"寡"都是动词。把国家变小,也就是把大国拆解成众多小国,这样,每个国家的人民也就变少了。为什么要这么做?因为老子发现,当时诸侯大国之间的兼并战争的基础,同时也是目的,就是"广土众民",国家规模很大,人口众多,动不动"地方千里,带甲百万",有能力发动大型战争。为了争夺利益,抢更多地盘、更多人口,大国的君王不断发动兼并战争,给老百姓带来了深重的灾难。由此老子提出,干脆把那些大国拆分成无数小的国家。每个国家领土很小,人口很少,就像我们今天的一个乡镇,甚至一个村子一样,就那么点儿地盘,那么点儿人口,想打仗也没有物质基础和人口基础。这样就可以从根本上来化解战争。

第二句是"使有什伯之器而不用"。"什伯之器",有人把它理解成军队用的武器。古代军队的编制,五个人为"一伍",设有一个"伍长";两"伍"也就是十个人为"一什",设有一个"什长"。十个"什",就是一百个人为"一百",设有一名"百长"。这样就方便管理和指挥。相应地,"什伯之器"就是军队之中所使用的器械,也就是武器。不过,这个解释跟后文的"虽有甲兵,无所陈之"有重复,因为"甲兵"也是指军队里面的武器。最好是把"什伯之器"解释为"能够十倍、百倍提高工作效率的工具和器械",例如水车。在发明水车之前,人们浇灌田地,只能靠肩挑手提。效率可想而知。而水车发明之后,它能够几十倍、上百倍地提高灌溉效率。

然而,老子却说,要把这些能大幅度提高效率的工具、器械,统统废弃不用。有人会质疑:老子的这种主张,不是文明的倒退吗?其实,道家在启发人们去反思:我们为什么要提高效率?可能有人回答:提高效率,能让我们创造更多的财富。但道家会反问：为什么要创造更多的财富？这些多余的财富对人类而言，究竟是好事，还是坏事？也有人会说：就算不增加财富，提高效率，也能让我们人类从繁重的体力劳动中解脱出来。原先一天可能要劳作八个小时才能填饱肚子，现在效率提高了，两个小时就够了，能节省出六个小时。不过，道家会继续追问：当我们从体力劳动中解脱出来，节省下来的时间，我们拿来干什么呢？多余的时间可以用来从事文学、艺术创作，进行休闲娱乐。但在道家看来，那些所谓的"提高人的精神生活品质的文学艺术创作"及"休闲娱乐"等等，从某种意义上，会不会对人的淳朴的精神造成一种干扰和破坏呢？

更严重的是，如果一个人习惯了追求机巧的工具器械，必然会习惯于做投机取巧之事；而习惯了做投机取巧之事，就会萌发投机取巧之心；而这会从根本上伤害人的淳朴的道心。这才是老子反对"什佰之器"的根本原因。

"使民重死而不远徙"这一句比较好理解。"重死"，就是"害怕死亡"，就是让老百姓活得有滋味、有希望、有盼头，这样他们就不会冒着生命危险向远方迁徙。在古时候，远距离迁徙是一件很凶险的事情，可以说前途叵测。不到万不得已，人们都不愿意背井离乡。这是提醒统治者，千万不要欺压百姓，弄得他们没有活路。

接下来的两句是："虽有舟舆，无所乘之；虽有甲兵，无所陈之。"将军队、武器废弃不用，这容易理解。因为老子反对战争，不主张用武力来解决矛盾，当然也就不需要武器了。但为什么连"马车"和"船只"也要丢在一边不使用呢？要知道，"车""船"等交通工具能够大幅度地扩大人们的交往范围。靠走路，我只能到百八十里远的地方；有了"车""船"，我就能够到"百里之外"，甚至"千里之外"。但老子又问了：你为什么要到遥远的地方去？扩大交往范围，究竟是一件好事，还是一件坏事？我们以为这样做，自己的生活更丰富、更精彩了，然而，事实真的如此吗？我们所失去的，或许比得到的，要更多、更珍贵！

弄清楚这一点，下文的"结绳而用之""民至老死不相往来"等，就好解释了。他实际上在提倡一种慢节奏的、低交往频率的生活。他希望人们回归到一种非常原始、非常简单的生活状态。在老子看来，回到这种状态之后，我们才能做到甘其食、美其服、安其居、乐其俗。而这样的生活是非常幸福的，是甘、美、安、乐的。通过这种放弃，通过这种简化所得到的恬淡的生活，给我们带来的是真正的快乐，是精神上的真正享受。

这让我想起多年前看过的一篇小说。尽管它讲述的时代背景跟今天不大一样；但它的一些基本的内容，还是能给我们一些感悟。20世纪90年代后期，在一座城市里的一个很常见的生活小区，人们都住在楼房里，白天出门上班、上学，晚上一回到家就把门关上，吃饭、写作业、看电视。人们日复一日地这样生活，平淡而有规律，连对门的邻居姓什么，做什么工作都一无所知。

一天，小区突然停电了。人们心急火燎：我的作业还没写呢！那个热播剧正看到一半啊！大家纷纷打电话询问。得到的回答很糟糕：这次停电，是因为小区的电路存在系统性的问题，要想彻底解决，至少要两个星期的时间。当然也可以临时修补一下，很快恢复供电，但往后隔三岔五都有可能停电。

抱怨，发火，都无济于事。人们只好接受现实，去适应没有电的生活：下班、放学后就匆忙赶回家，大人趁着天没黑，把饭做好；小孩子也抓紧时间把作业完成。吃饭、洗澡，都提前解决。等天黑下来了，不能看电视。要是没风没雨，小朋友们就跑下楼，成群结伴地玩游戏。妈妈们不放心，跟着下楼，在一旁看着，有一句没一句地闲聊，发现彼此居然有不少共同话题。爸爸们懒得下楼，有闲得无聊的，拿着象棋，敲开对面邻居的房门："哥们儿，有没兴趣杀两盘？"于是，就着烛光，开始下棋。天气不好的时候，一家人都关在房里，闲得没事做。这时，有人摸出了一个收音机，幸好，它还能用！在烛光下，伴着收音机传出的旋律，人们慢慢松弛下来，一些人有了倾诉的愿望，另一些人也有了聆听的耐心。不知不觉，在轻言细语中，大家把一些心结给解开了，把一些误会化解了。慢慢地，居民们觉得：就这么停电，其实也蛮不错的!

　　一个星期过去了。这一天，电来了。原来供电公司抓紧抢修，提前完工了。看到灯亮了，大家愣了一下。小孩子们叫道："回家看动画片喽！"妈妈们也跟着上了楼。正在下棋的男主人发现灯亮了，有点尴尬地把棋收起来，说了句"回见"。送客，关上门，打开电视，生活又回到原来的轨道。

　　这篇小说是一个隐喻。就形式来说，它跟老子的主张其实并不一样。不过，二者带给我们的感受和思考，却有不少相似之处。很多时候，我们已经习惯了某种生活方式，以为这就是生活的本来面目。老子却启发我们思考：究竟什么是我们真正需要的？得到的与失去的相比，到底哪一个更宝贵？简单一点、缓慢一点、迟钝一点，是否就一定是坏事？老子让我们看到了一种不同的生活方式，一种低欲望、低交往、慢节奏的生活方式。

第八十一章

"收官",指一盘棋临近结尾的阶段。我们对《道德经》的学习,也终于到了"收官"的时刻。《道德经》为什么分为八十一章?有多种解释。一说取自"九九归一"的观念。"九"是单数里面最大的,《管子》讲,"九九"之数合于天道。而且"九"的读音跟"长久"的"久"相同。"九九归一"意味着,经过一番兜兜转转,又回到了起点。所以,第八十一章既是终结,也是起点。唐僧取经,历经九九八十一难,也是类似的观念。另一个说法来自道教。在道教的神话故事里,《道德经》的作者老子,从出生来看,就不同凡响:他的母亲玄妙玉女怀孕,一直孕育了八十一年,才生下他。老子把《道德经》分为八十一章,也是为了纪念母亲的含辛茹苦。

> 信言不美,美言不信。善者不辩,辩者不善。知者不博,博者不知。圣人不积,既以为人己愈有,既以与人己愈多。天之道,利而不害。人之道,为而不争。

河上公为本章起标题"显质","质"就是"大道"的本体。本章的主要内容是怎样感悟、彰显"大道"的本相。

真实的、可信的话,往往不好听;好听的漂亮话,往往又不可信。真正善的人,往往不喜欢巧辩;能言善辩的人,不一定真善。有智慧的人,不见得知识广博；知识渊博的人，未必有智慧。圣人不聚敛财富名利；他帮助别人越多，自己反而越充足；他给予别人越多，自己反而越富有。上天之道惠及万物而不伤害它们；人间之道顺应天道，施与他人而不去争夺。

"信言不美，美言不信。善者不辩，辩者不善。知者不博，博者不知。"语句工整对仗，充溢着一种语言之美，也体现了《道德经》"格言诗歌"一般的独特韵味。这三句可以看作对全书内容的某种总结。老子举出了三组对比："信言"和"美言"，"善者"和"辩者"，"知者"和"博者"。他的态度是肯定前者，否定后者。

"信言不美，美言不信"，字面上，这是说：可信的话不好听，好听的话不可信。正如老话讲的，"忠言逆耳""良药苦口"，真正好的、有价值的、值得信赖的东西，往往不那么令人舒服、愉快。反过来，"巧言令色"之类迎奉人、讨好人的话语，又常常别有居心。这似乎揭示了普遍存在的"形式"和"内容"之间的不一致性。但我们要追问一下：这句话真的这么简单吗？

说到这里，我想提一下诗人木心先生的一个说法。木心先生写过的一首诗，估计很多人都有所耳闻。这首诗，题目叫《从前慢》："从前的日色变得慢／车，马，邮件都慢／一生只够爱一个人。"我们今天在快节奏的生活中"卷来卷去"的人，听着格外有感触。木心先生是老子的知音。他说，有些书，可以往浅了看，比如《离骚》；而有些书，一定要往深了看，比如《道德经》。如果我们往浅了看，就会觉得它不过是一些世俗的哲理箴言，甚至把它看作老谋深算、老奸巨猾的权谋诡计。只有往深了看，才能慢慢品味到它所独具的深奥、博大的智慧。

木心的观点有助于我们理解《道德经》。就"信言不美，美言不信"这一句来看，恐怕需要先弄清楚"信言""美言"的标准。"美言"，指好听的话，让人高兴的话。那什么是"信言"呢？"信言"就是大实话，值得信赖的话。问题是，拿什么做标准？在老子这里，很显然，不会是张三、李四，也不会是帝王将相，而只能是"大道"。也就是说，符合"大道"的言论，体现

"大道"精神的话语，才是真理，才值得相信、值得依赖。这是我们首先要弄清楚的一点。

具体来说，"信言"正是老子在前面章节里所揭示的真理。例如："柔弱"要胜过"坚强"；"守雌、守黑、守辱"；尤其是君王，要甘愿做"背锅侠"，担负起国家的重担和屈辱，等等。它们是老子体认"大道"之后的感悟，是"大道"对人们的昭示，因而值得我们信赖和遵从。

然而，老子又感叹道："吾言甚易知，甚易行。天下莫能知，莫能行。"这些"信言"并没有被人们接受。主要原因在于，此类"信言"往往出人意料，跟人们的常识、愿望经常是相悖的。老子把这个现象叫作"正言若反"，明明是正确的、有益的话，听起来却好像是反话，是让人糟心的话。

那人们的常识或者说愿望又是什么样的？这一点，大家在生日宴会、节日祝福中经常碰到，比如："考试门门得第一""财源广进""步步高升""鹏程万里"，多半是"更高""更快""更强"一类的。这些都是"美言"，好听的话。老子讲"美言不信"，倒不是说，美好的愿望很难实现；而是讲，"美言"往往寄托于造作、有为的举动，往往充斥着声色犬马、名利富贵等欲望。这些举动、欲望，是对"自然"的偏离，对"大道"的背叛。也许可以这样说，人们正是因为沉迷、执着于"美言"，才感受不到"信言"的真实和可贵。"美言"就像绚烂迷人的肥皂泡，让人目眩神迷、欲罢不能。然而，它终究还是要破灭的。老子揭示了人们的世俗观念与大道之间存在的一种分歧、一种隔膜，这也是现实世界、现实生活中存在各种问题与各种矛盾的总根源。老子希望所有人都能够穿透"美言"的虚假外表，去追寻、感知更为真实与更为宝贵的"信言"。从这个意义上讲，整部《道德经》，老子其实都在用源自"大道"的"信言"与人们习以为常的"美言"做抗争。

第二句"善者不辩，辩者不善"也应该往深处理解。"善者"知道好歹，不喜欢争论。因为他已经看穿了，平日里大家争来争去的"是非""长短""美丑""高下"等等，其实都只不过是相对的，实在没有必要计较。就拿我们先前提过的"西施"和"东施"为例。人们觉得西施很美，东施很丑，这会不会是人的一种偏见呢？我们试着从"大道"的视角来看，"西施""东施"不都是自然的创造物吗？她们真有美丑的差别吗？道家老庄启发我们，要超越原有的狭隘立场，从更多元乃至更超然的角度来看待世间的种种差异。这时候，我们就会发现，原先的争论、辩论，顿时索然无味。此外，我们也会意识到，语言的作用是有限的；在大道面前，语言显得苍白无力。于是，我们学会了沉默。

作为对立面，那些夸夸其谈、喜欢争辩的人，他还体会不到这种超然的东西；因此，他很在意是非对错，拼命炫耀语言，爱做无谓之争。

"知者不博，博者不知"这一句很值得重视。这里的"知者"不是有小聪明、小智慧的人，而是感悟了大道、真正有大智慧的人。不过，老子不认为这种"大智慧"要靠积累知识的方式来获得。相反，他非常警惕各种知识。老子有一种"反智主义"的倾向，他对通常意义上的知识，抱有一种批评的、排斥的态度。他不认可"为学日益"的做法，提出"常使民无知无欲"。他还对"耳聪目明"的世俗价值不屑一顾，认为这会让我们偏离大道。最明显的例子，是他所说的"不出户，知天下。不窥牖，见天道"，即对天道的感悟，并不需要通过观察、认知的方式，而是要依赖精神的直观和生命的体悟。

"见多识广""博览群书"无法给我们带来智慧，反倒有可能干扰我们领悟大道的活动。这有点像佛教讲的"知见障"，有时候，我们知道得越多，反而越被蒙蔽；我们会受限于自己所知道的事物。打个比方，今天人们获取信息的方式很丰富、很便利，不少朋友喜欢通过网络观看短视频，接触各种信息。但真要问起"我究竟从这些东西里获得了多少有价值的知识和感悟，提升了多少智慧"，恐怕要打一个大大的问号。此类碎片化的、泡沫化的知识，论广博的程度，要超过历史上的任何时代，但它们真能带给人们智慧吗？我很怀疑。所以，老子的这句教导在今天显得格外醒目。

另外，这句话里的"知者"，也可以用来指《道德经》这本书。说它是一本书，其实很勉强，因为它只有区区五千字，在今天，充其量三四页纸就能打印完。这并不是老子"江郎才尽"，写不出更多的内容。按照他的理解，真正的智慧，不应该啰里啰唆，不需要长篇累牍，有五千字，就足够了。

　　本章后半段的关键是"圣人不积"。"积"指"积累"。具体来说，前面的"美言""争辩""广博"，都是在积累——积累好的名声、大的财富、多的知识。但老子发现，积累的这些东西都跟私心私欲、名利枷锁密切相关。所以，圣人对此不以为然。他会散掉这些东西，消解欲望，超脱名利。最终，圣人将效法天道，"损有余而补不足"。他追随"信言"，做"善者"和"知者""为而不恃，功成而弗居"，功成身退。这样的人，才是最富足的人。

结束语

合上陪伴已久的《道德经》，此刻的感受有些复杂：既有些许轻松，也有更多的惶恐。中国古人喜欢占卜预测；然而面对神秘的未来，即便最顶尖的高人，其预测的准确性也很难达到八成。顺便提一句，孔子就是一个很懂预测的人，据他的自述，他预测的准确性也只有百分之七十。《道德经》就好比一部天书，理解它的难度，丝毫不亚于理解古代的占卜。也许像庄子这样的奇人，或者像王弼这样的天才，才能够比较完整地感悟它的全部奥秘吧！但这些不包括现代人。

喜欢《道德经》的人非常多。尤其值得一提的是，《道德经》也是中国文化典籍中，在全世界范围内流传最广、接受度最高的。它已经被翻译成七十多种语言文字，各种外文译本超过一千五百种。据说，每四个德国家庭就收藏有一本《道德经》。

中外潜心研究和解读《道德经》的人，也不在少数。其中，有不少我很尊敬、仰慕的前辈和同行。但说句容易得罪人的话，恐怕没有人敢说，自己已经领悟了《道德经》八成以上的精髓！当然，我自己就更不行了，能有两三成，就很知足了。

还是回避不了一个问题：我们该怎么读《道德经》？我也没有资格教导大家，只能跟大家聊一聊我个人的读书方法。在读《道德经》的时候，我最看重的一点，是"通"。《道德经》是一个整体，它的各部分、各章节之间，不大可能存在明显的自相矛盾的地方；具体到同一章之内，前后的内容，各个句子之间，恐怕不仅不会相互冲突，甚至可能还有某种联系。所以，我在读的时候，当然会参考历史上的重要的注释，也会吸收现当代学者们的真知灼见，但我秉持的一个原则，就是：这种解读，要能做到"通"，小到本章内部的"通顺"，大到全篇各个部分之间的"通达"。这是我个人的解读的立场。

在具体读书过程中，我觉得还有一点很重要，那就是"迎难而上"。面对一些含义模糊、令人费解的章节或者语句，千万不要糊弄过去，不要把前辈名家的说法抄一遍，应付了事；而是要细心揣摩，慢慢推导，尽量贴合老子的基本立场、核心观念，来尝试着疏解。这样做，虽不一定成功，但终究是有意义的。

前面说了，我们很难完全读懂《道德经》。为什么读不懂，还要读呢？一个原因，是我们的生命需要指引，需要一些远远超出我们自身的东西来指引。当我还是一名"小镇做题家"的时候，我冒出过一个想法：我真正担心的，不是习题集里的题目不会做；而是，再也找不到不会做的题了。听起来很奇怪，但我就是希望，这个世界上存在一些东西，它是远远超出我的生命的，它的广度、它的深度、它的难度、它的价值，都是我永远无法企及的。这样，对我而言，它才具有永恒的吸引力。就像天边的那颗启明星，虽不可即，却可以望见。《道德经》就是这样的存在。

当然，这不是说，《道德经》里讲的每一句话，都是金科玉律，人们都要照着做。面对当时的社会弊病，《道德经》给出了自己的方案。它的方案肯定有自身的局限性。道家是药店，把药当饭吃肯定不行，完全照搬道家的原则来安排我们的生活，管理我们的社会，并不是一个好主意，甚至有可能是一场灾难。但是，药店又是我们需要的。道家作为完美的批评者，它能够启示我们来反思我们的社会，反思我们每个人的生存状态，反思我们的精神处境。我想这就是老子的《道德经》最有魅力的地方吧。

附录

《道德经》阅读指导

（一）《道德经》是谁写的

我们想要学习某种知识、了解某个观点，绕不开的一个问题就是：这种知识、这个观点是谁提出来的？这可以说是最重要的基础问题之一。同样，学习《道德经》，也必须首先要知道这本书是谁写的。

历代学者在通读《道德经》之后，有一个共同的看法，那就是：这部书的各部分内容，语言风格一致，核心思想统一，没有自相矛盾的地方，应该是一个作者独立完成的。换句话说，《道德经》不是一个群体、一个学派的多个作者集体创作的；不像《管子》《吕氏春秋》等古代典籍，每一本的作者不止一个，而是一个作者群的集体成果。《道德经》是单个人的学术成果，作者只有一个。当然，这本书在最后定型的过程中，可能加入了其他人的修饰、补充；不过，从总体上看，它的著作权只能属于一个作者。

对于《道德经》唯一的作者，基本上大家有一个共识：这个人就是老子。老子，不仅是《道德经》的作者，更是道家学派的开创者，是中国古代最伟大的思想家之一。

然而，这个说法很简略，并且依然留下来不少问题，例如：老子究竟是何许人也？他的真实姓名是什么？他的职业是什么？他经历了哪些事情？等等。接下来我就来回答这些具体的疑问。

首先，老子究竟是谁？这个问题的答案，早在秦汉时期，就有点说不清了。西汉的司马迁在著《史记》时，在《老子韩非列传》这一篇里，花了四五百字的篇幅来讲老子。司马迁把老子、庄子、申不害和韩非子这四位思想家放在一篇里介绍。不过，司马迁对于"老子究竟是何许人也"这个问题的答案也不太有把握，因此，根据他掌握的先秦时期的材料，司马迁干脆列出了三种可能性：老聃、老莱子和周太史儋。前两位是春秋末期的人，大约与孔子同时。最后一位是战国时期的人，要稍晚一些。其中，老莱子是一位隐士，和湖北荆门关系密切，传统的二十四孝图里有一幅叫《戏彩娱亲》，说的就是他的孝顺故事。而周太史儋活动在战国初期，曾经游说过秦献公。

当然，流传最广泛的说法还是：《道德经》的作者是老聃，活跃在春秋末年，是道家学派的开创者。今天，在没有颠覆性的古老文献出土以前，学术界一般都主张老子指的就是老聃。

那么，老子的真实姓名就是老聃吗？恐怕未必。司马迁就认为老子姓李，叫李耳，聃是他的字。

之所以称他为"子"，是为了表示尊重。在古代，姓氏后面加上"子"，是一种尊称，例如儒家的孔子、孟子、荀子，道家的老子、庄子，还有兵家《孙子兵法》的作者"孙子"，这是一种很尊敬的称呼，好比"先生""老师"。这样说来，"老子"就是"老先生"或者"老老师"的意思。

可是，按照司马迁的说法，他明明不姓"老"，而是姓"李"。为什么不叫他"李子"，而要叫他"老子"呢？这当然不是因为"李子"的称呼容易和"李子"这种水果弄混淆，而是有另外的理由。

一种解释认为，"老子"的"老"也是一种尊称。就像人们日常打招呼，对于年龄大的人，称作"老伯""老先生"，实际上是把对方摆在自己的地位之上。按照这个说法，称呼"老子"，是为了突出他德高望重、历尽沧桑，也就是"年高德劭"的意思。

此外，还有另一种解释，一种比较怪异的解释。这是道教的一种说法。道教正式产生是在汉朝的时候，相传是"汉初三杰"之一张良的八世孙张道陵开创的。道教和道家之间的关系很微妙，道教在创立的时候，挖空心思地要跟道家扯上关系。其中的一个做法，就是对老子的出生做了一番神化。

按照道教的传说，老子姓李，名耳，字伯阳，谥号聃。老子出生在商王朝武丁时期，具体来说是公元前1242年农历的二月十五日。他似乎没有父亲，他的母亲是一位女神，名叫玄妙玉女。这位女神独自孕育老子，结果怀孕八十一年。这孩子一生下来就已经白发苍苍，已经有八十一岁了，所以被称为"老子"（后来《道德经》被分为八十一章，也与此相关）。八十一年后的一天，母亲在一棵李树下生下老子（割左腋而生）。由于他没有父亲，母亲于是就以李树的"李"作为他的姓氏。之所以叫李耳，是因为他的耳朵很有特点："耳有三漏"，有三个耳孔。我们普通人都是一左一右两个耳孔，他不一样，有三个，所以母亲干脆给他起名字叫"耳"。道教将老子奉为三大教主之一的"道祖"，称他为太上老君，也就是道教三清道祖中的道德天尊。这当然是宗教的神话，不足为凭。

不管取哪种说法，老子很可能不姓老，而姓李。后来唐朝皇族是李姓，也将道教当作本家宗教。

前面讲老子德高望重，的确，他的资历很老。他大约生于公元前581年或前571年，我们知道孔子的确切出生年是公元前551年。这样算来，老子要比孔子年长二十或三十岁，完全长了一辈。

相传这两位思想巨匠有过交集。《史记》记载，孔子曾经拜访过老子，并向他请教关于"周礼"的问题。老子并没有直接告诉孔子答案，而是对孔子的儒家主张做了委婉的批评。孔子回去后，学生问孔子的感受，他回答："对于天上飞的鸟，我知道它善飞；对于水里游的鱼，我知道它善游；对于地上跑的兽，我知道它善跑。既然它们有踪迹可寻，我自然就可以想办法捕获到。但是，对于翱翔九天的龙，见首不见尾，就不是我所能知道的了！老子，可能就是传说中的龙一般的人物吧！"

这个评价很巧妙地反映了老子的高深莫测。当然，这段故事也可能是编造的。

根据《史记》记载，老子是楚国苦县人。因为古代楚国的版图变动非常大，所以苦县究竟在今天的哪个地方，一时也说不清楚。有的说，苦县就是今天的河南鹿邑，老子是河南人；也有的说，苦县在今天的安徽涡（guō）阳，老子是地地道道的安徽人。双方各不相让，都以老子故里的名义大力发展文化旅游业，争得不可开交。其实，这种"文化搭台，经济唱戏"的名人经济古已有之，君不见"太白遗风"的招牌千百年来一直挂遍大江南北！

老子的职业属于史官，他曾经做过周王室的守藏室之史。守藏室有点类似今天的国家图书馆、档案馆、博物馆的综合，当然规模要小了很多。因此老子的官职有点类似于周王朝国家图书馆、档案馆和博物馆的馆长，主要管理周王室的典籍图书资料。

特殊的工作性质，使得老子有机会广泛地涉猎中国上古时期宝贵的文献典籍；他也因此有机会成为中国上古文化最杰出的继承者之一。再加之本人具有天纵之才，于是老子开启道家，写出《道德经》这样的卓绝古今的旷世之作。

值得注意的是，当时有人根据《史记》中的一句话：老子晚年出关，"莫知其所终"，创作了一个故事，说老子骑着大青牛，出了函谷关，向西走啊走，一直到了印度。到印度之后，老子觉得百无聊赖，就先后收了一些印度的徒弟，总共有二十九个。其中，最杰出的一个徒弟后来创立了一个宗教，这个宗教就叫作佛教；而老子的这个杰出的印度徒弟就叫作释迦牟尼。这就是"老子化胡说"，老子用佛教教化胡人。这个故事的含义是：佛教的理论不过是《道德经》在国外的变种罢了。

（二）由一个故事引发的思考

话说《道德经》这本书，它的诞生与一个故事有关，那就是"老子西出函谷关"的故事。

老子在周王室当了一段时间的守藏室之史。在这期间，他目睹了周王室的日渐衰微，以及当时社会的种种弊病。老子的态度是不参与，眼不见心不烦。所以他决定远走高飞。到哪里去呢？老子决定到西边去，出函谷关，去西方。函谷关大概在今天的河南灵宝市境内。这里两山相对，绵绵的大山中间有一条小路，小路在山谷里又深又险要，就好像函子，也就是匣子，像我们在中药铺里看到的装药的药匣一样，很深很长。因此这个地方被称为函谷。在函谷之外，修有一座雄伟的关卡，就叫函谷关。在先秦时期，函谷关是所谓关外和关中地区的一个重要的分界线。

当时函谷关的长官叫喜，也称关令尹喜。这一天，他正站在城关上眺望，突然看到关谷中有一团紫气从东方缓缓飘移过来。关令尹喜一看就知道了不得，"紫气东来"。这可是天大的祥瑞之兆！于是他满心欢喜地在那儿等，不多一会儿，果然见到一位相貌清奇的老人骑着一头青牛正缓缓向关口行来。

一打听一了解，原来这位打算过关的老人就是老子。看这架势，他是打算远走高飞，行李都带齐了。关令尹喜久仰老子的大名，知道机会难得，于是非要这位睿智的老人留下一点墨宝，留下一点思想成果。

关令尹喜为什么会提出这个请求呢？倒不是因为他附庸风雅。他的做法，其实代表了春秋战国时期不少有识之士的共同心声，那就是千方百计寻找拯救世道人心的方法。

今天人们一讲到先秦时期的"诸子蜂起、百家争鸣"，都非常惊叹、敬佩，认为这是一场伟大的思想大爆炸。可能大家没有意识到，这场思想爆炸是被迫发生的，是在"礼崩乐坏"的重大社会危机下，思想家们被迫进行的自我拯救。

春秋战国时期社会的主要特征就是"礼崩乐坏",简单点说,就是西周以来几百年时间里行之有效的一整套制度、观念,出了大问题,整个社会也就陷入混乱之中。

先秦诸子百家争鸣,可以归结到一个问题上,那就是"救世"。该不该"救世",以及怎样"救世"？围绕这些问题,春秋战国时期的思想家们各抒己见、畅所欲言,形成众多思想派别,最后演奏出"诸子蜂起、百家争鸣"的伟大的思想交响乐！这就是老子和《道德经》出现前后的时代大背景。

大致上,各家各派可以分为两类。

一类是不救派。

例如它嚣、魏牟等,可以称作野兽派。他们认为人其实是禽兽不如的,所以主张向禽兽学习,遵从本能,为所欲为,潇洒过一生。

还有以许行为代表的农家,号称遵奉神农的教诲,主张所有人都应该亲自参加农业生产,自食其力,自给自足,反对设立一些国家组织机构。农家其实希望取消社会组织,回到原始的分散、自立的生活样态。农家可以说是早期的无政府主义者。

再就是法家,也不主张救世。法家认为,社会之所以出现重大变化,是因为不够好。法家不仅不害怕变化,反而以积极、现实的态度迎接和拥抱时代的巨变。战国晚期,法家笑到了最后,这和法家与时俱进的特点是分不开的。

也有不少学派主张要救世,这就是第二类：救世派。

例如墨家,它提出从古老而质朴的夏文化里面寻找精神资源,来改造社会,比如相信鬼神,勤劳节俭,乐于奉献等。

儒家也主张救世,只不过,它更希望采用一种温和的、改良的方式来拯救世道人心。

再来看道家。道家的老子和庄子对当时的社会乱象有很多批评,他们是从自然主义的立场来批评当时的礼乐文明,提出要放弃现有文明的价值观念,恢复原始质朴的本性，回归自然天真的生活状态。

以上，我们简单地概括了先秦时期百家争鸣的情况。而老子、孔子一辈，正是百家争鸣时代的先行者、启发者。

可以说，当时各家各派，无论是有名的，还是名气不大的，大多很关心社会的变化，并且提出解决社会危机的方案。函谷关的关令尹喜深知老子德高望重，于是专门请求这位智慧的老人留下他的思想观点，供当时的人们选用。

老子其实是不乐意的。可是没办法，"人在屋檐下，不得不低头"，为了拿到"签证"顺利出关，他只得答应写点儿东西留下来，于是就有了五千言的《道德经》。正是关令尹喜的这番请求，甚至是刁难，促成了一部伟大的哲学著作的诞生。

不过，这个故事很有可能是后人杜撰出来的，那么为什么会杜撰这样一个故事呢？这是因为《道德经》这本书的诞生，暴露了一个自相矛盾的问题。这一点我们可以通过唐代大诗人白居易写的一首诗《读老子》看出来。白居易读了《道德经》，产生了一个疑问，于是写了这首诗。诗中说道："言者不知知者默，此语我闻于老君。若道老君是知者，缘何自著五千文？"这首诗的意思是说：老是在讲的人，其实是不懂的；真正懂的人，反而沉默不语。这句话，我就是从老子那里知道的。因为《道德经》里就有一句话，叫"知者不言，言者不知"，懂的人不说，说的人不懂，这句话在《道德经》的第五十六章。那么，问题来了，如果老子本人是智者，智者当然懂了，那他就应该不说呀。可为什么他还要亲自写这五千字的《道德经》呢？毕竟，"写"也是一种说、一种言。

因此《道德经》这本书的诞生，是矛盾的产物，是悖论。根据《道德经》的内容来讲，真正有大智慧的人是不喜欢多说话，不喜欢多写文章的。然而在形式上，老子偏偏又言说了，这不是"拿己之矛攻己之盾"吗？所以说，《道德经》的产生，本身就体现了道家的一个矛盾，一个"知"与"言"，也就是"知道"和"言说"之间的悖论。

这其实正好体现了哲学的一种特质，或者说一种困境，那就是"言说不可言说者"。

为了化解这个矛盾，帮老子摆脱尴尬的处境，也不知道是哪个天才编造出这么一个故事，试图说明：老子原本是不愿意写《道德经》的，他知道这本书是不能写的；奈何造化弄人，关令尹喜拿着通关条件做要挟，逼着老子写了这部《道德经》。这样一来，责任就不在老子，而是在关令尹喜身上。

（三）牛顿VS（对决）老子：猜猜创作《道德经》的真实目的

上面我们介绍了《道德经》的产生过程，说到"老子出函谷关，被迫写《道德经》"的故事。这个故事试图化解老子自相矛盾的困境。不过，这个故事很可能是编造出来的。像《道德经》这样成熟、伟大的著作，怎么可能在那么短的时间里完成？而且还是在心不甘、情不愿的情况下？由此可见，老子写《道德经》更可能是有目的、有计划的行为，并不是被逼迫写的。

那么，老子为什么要"言不可言说者"，也就是写这本不该写的书呢？我们来推测一下老子真实的创作理由。

或许，这与老子对本体的思考紧密联系在一起。为了方便大家了解什么是本体，我们不妨从一个看似无关的事情说起，谈一谈牛顿信仰上帝这件事。牛顿是经典物理学甚至可以说是现代科学的重要的奠基人。著名的科幻作家阿西莫夫，同时也是一位科普作家，曾经说过一句非常俏皮的话：如果我们要评选世界上"第二伟大的科学家"，那么，竞争者一定非常多，但如果要评选世界上"最伟大的科学家"，答案反而变得非常明确，那就是牛顿。当然这是阿西莫夫个人的看法。

不过，通过这个说法，我们能看出牛顿在物理学界、科学界的无与伦比的地位。但是，我们同时也知道牛顿晚年信仰了上帝。可能很多人会惋惜：牛顿晚节不保，那么大一个科学家，最后却信仰了上帝。然而，当我们换一个视角来理解牛顿信仰上帝这件事，我们就会发现它其实有一定的必然性。

因为在牛顿这样一位伟大的科学家眼中的宇宙，和我们一般人看到的宇宙，是不太一样的。在牛顿的眼中，宇宙中事物的存在、一切现象的发生都是完美的、和谐的。它就像一架最精密的机器，每一个部分、每一个零件都是丝丝入扣的，都是合理的。没有任何偶然性，没有任何不可解释的东西，一切都井井有条。

那么，问题来了，为什么会这样？是什么原因、什么力量让它如此合理，如此和谐？我们不妨把宇宙想象成一个多米诺骨牌系统。国外有些人喜欢玩多米诺骨牌，复杂的甚至多达几十万张、上百万张。如果设计合理，摆放准确，只要你推倒第一张，它就会压倒第二张，第二张又压倒第三张……就这样，每张骨牌都会被上一张压倒，最终系统里的所有骨牌都会被压倒。

如果我们把整个宇宙也想象成是一个由无数张多米诺骨牌所构成的系统，那么，按照牛顿的理解，这个系统将是完美的、和谐的，不会有任何意外。一切严格地遵循着因果律，只要推倒第一张，那么接下来第二张、第三张、第四张，直至最后一张，所有的骨牌都会被推倒。因此，整个宇宙中的事物和现象，完全可以通过这样一个因果性的链条贯穿起来，可以得到合理解释。

问题是，第一张骨牌是怎么倒的？很显然，推倒第一张骨牌的力量一定不是多米诺系统内部的，它一定来自系统之外。这就是所谓"第一推动力"的困境。在牛顿的经典物理学体系下，只能是来自系统之外的力量导致第一张骨牌被推倒。而这个系统之外的力量显然无法从宇宙之内找到原因。正是因为有这样的反思，有这样的困惑，所以牛顿把第一推动的力量追溯到上帝。其实，在牛顿眼中的上帝，和一般的宗教信徒及一般的神学家眼中的上帝，是不太一样的。可以说，上帝在牛顿这里，其实是为他的整个物理学体系、整个科学体系奠定一个毋庸置疑的基础。

我们对于这个世界的本源的思考，其实分为两种类型：一种类型，就像牛顿这样，认为世界是有统一性的，我们可以找到一个共同线索，将世界上的所有现象、所有事物都串联起来。换句话说，这个世界上不存在偶然性。什么是偶然性呢？偶然性只不过是尚未被发现的必然性。一切都是有理由的，一切都是可以解释的。这就是世界统一性的一种构想。另外一种类型要稍微少见一点，那就是认为这个世界充满了偶然性。就如当年法国的存在主义者萨特，他就提出了一个看似悲观其实很深刻的看法。他认为这个世界从根本上讲，充满的就是偶然性。就以人类来说，一个人的诞生，其实就是偶然性的产物。我们的父母相识相爱是偶然的，而某个精子和卵细胞的结合更是充满了偶然性。因此，萨特说：我们是被偶然性创造的，被抛弃到了这个充斥着偶然性的荒谬的世界之中。世界上的种种事物、种种现象，同样都是偶然性的结果。这是法国存在主义思想家萨特对于世界本源、世界存在状态的一种猜测。

从这个意义上讲，牛顿晚年信仰上帝，其实是他对于世界的根源、世界的第一推动力思考的产物，和他的物理学体系是一脉相承的，并不是背叛了他的科学信仰。

牛顿的这种思考，正是对本体的思考。"本体"这个词的意义不太容易把握。大体上可以说，本体指我们刚才提到的宇宙的多米诺系统的第一张骨牌的推动力量，这是一种外在于系统的推动力，是一种绝对的存在者。如果说多米诺系统是一个相对存在，那么本体就是超越于它的，之外的、之上的独立的存在，是一种绝对的存在，也是最后的、最终的依据。

本体还是因果性链条的第一环。从联系性的角度上看，我们这个世界的所有事物、所有现象都是一环套一环的。拿人类来说，一个人是由他的父母所生的，他的父母又是由父母的父母所生的，这样一层一层追溯上去，最早的人是怎么来的？很显然，最早的那个人或那群人，一定不是由人诞生的，否则就不能叫"最早的人"。推广到世界的存在，A事物是B事物的结果，B事物是A事物的原因；而B事物作为结果，又有自己的原因，这样就构成因果链条。但是，一定存在这样一个事物：它只是某个事物的原因，而不是任何事物的结果。换句话说，它是没有原因的，没有来源的，没有父母的。只有这样，才能够让这个因果链条不至于陷入恶性循环。而"本体"就是要打破这种恶性循环。本体就是因果链条的起点，是一种超越于系统的绝对存在。

不仅仅是牛顿，任何一位探索思想与宇宙的终极奥秘的巨匠，那些伟大的智者，都必然会对本体、对世界存在的最后依据有所思考。而老子思考的答案，就是"道"。因此，《道德经》的诞生正是老子追溯宇宙本体的某种尝试和努力。而《道德经》所讲的"道"，就是老子对于终极本体的猜测与描述。

我们前面反复说到，本体是超越于系统的绝对存在，它是超出语言的范围的。在这个意义上，本体乃是"不可言说者"，是没办法讲的。正因为如此，老子一边言说著述了《道德经》，一边又说"知者不言，言者不知""道可道，非常道"。这些都表明了"言说不可言说者"的困境，因为作为世界的本源，终极本体的"道"就是玄之又玄的。这是我们对老子创作《道德经》的真实意图的猜测。

（四）《道德经》有哪些核心概念

前面两讲，我们推测了老子创作《道德经》的过程和目的。接下来谈谈老子精心创作的这部《道德经》究竟有哪些核心概念。

我以为书中有五个核心概念。说它们是核心概念，是因为它们贯穿了《道德经》全书，可以说是这本书的灵魂。第一个核心概念，毫无疑问是"道"；第二个核心概念是"德"；接下来三个，分别是"自然""无为""损"。前面的四个概念，很多学者都谈过，研究《道德经》的书多半都会讲到这四个概念。而我本人，则非常看重"损"这个概念。在我看来，"损"体现了"道""德""自然""无为"这四个概念的神韵，所以，我把它也看作《道德经》的核心概念。

先来看"道"和"德"这组概念。

这本书既然叫《道德经》，顾名思义，"道德"应该是整本书的重点。不过，《道德经》所讲的"道德"，和我们今天熟悉的"道德"不是一回事。当然，要说起来，两者也还是有一定联系的。

我们平日里说的"道德"，是指一种好的品质、好的行为规范，例如社会公德、职业道德等等，作用是维护社会的正常秩序，促进人与人之间的和谐关系。这是我们通常理解的"道德"。

《道德经》所讲的"道德"，与这种道德伦理、道德品质意义上的"道德"不同。它关心的是，从根本上来说明、讨论我们这个世界，以及万事万物，包括人在内，这一切为什么能够产生，是如何产生的。乍一想，这不是科学关注的问题吗？大爆炸理论、广义相对论、量子力学、进化论等等，这些科学理论也在研究世界的来源、万物的演化。

其实，更早关注这些根本性问题的，不是科学，而是哲学。打个比方，在两千多年前，诗人屈原就曾经写过一篇文章——《天问》。《天问》开头的一句就是："遂古之初，谁传道之？上下未形，何由考之？"屈原在追问远古开端之际，天地未分、一片混沌的最初的样子。

老子的《道德经》所谈的"道德"，就是此类的思考。因此，《道德经》所讲的"道德"，和我们常说的"伦理道德"是不同的，要更加深刻、更加根本。可以说，日常生活的"伦理道德""社会公德"之所以是好的、是善的，正是因为它们从根上讲，遵循、符合了更为根本的"道德"，《道德经》所讲的"道德"其实为我们日常生活中的"道德品质""道德行为"提供了最重要的支持和保障。从这点来看，这两种"道德"又是有联系的。

在《道德经》里面，"道"和"德"是分开讲的。

首先是"道"。这是书中最重要也最难理解的一个概念。《道德经》五千字，"道"字出现了多少次呢？七十六次，频率可以说非常高。为什么说"道"很难理解呢？因为它讲的不是我们日常熟悉的事物，而是那些隐藏得很深的、最根本的东西。老子说"道可道，非常道"，"道"是很难用语言描述的，是"不可言说"的东西。有一个词可以体现"道"的这种神秘色彩，这个词就是"本体"。

"道"最重要的身份，是宇宙的本体，是世间万事万物存在的最高理由和最终根据。按照老子的理解，天地万物之所以能够出现，追根溯源，都是由于"道"的存在；是神奇的"道"，让天和地，让日月星辰，让万事万物得以产生，得以变化发展。"道"是一切具体事物产生和存在的总根源。

本体其实是"打破砂锅问到底"的结果。当我们看见一座山时，会追问：山的后面是什么？后面的后面又是什么？可以不断地追问下去。只不过，一般人的追问往往会停在具体的事物或者景象上，例如"山的后面还是山"，或者"山的后面是平原、是大海、是沙漠……"。而一些有大智慧的思想家、哲人，会将这种追问一直推向极致，推到隐藏在具体的事物和景象背后的更加深刻、更加抽象的原因。这一类的追问，就是对宇宙的本体、宇宙的终极奥秘的探索。

老子是一位伟大的智者，他对宇宙的本体、对世界存在的最终依据，同样有追问、有思考。《道德经》所讲的"道"，就是老子对于终极本体的猜测与描述。

举例来讲，在《道德经》第三十九章有这么一段话：天为什么会清明，地为什么会稳固，神为什么得以灵验，溪谷为什么会盈满，万物为什么会生生不息，君王为什么能安定地统治？根本原因就是道。这一切都是由于道的作用。道是宇宙万物产生和变化的背后原因。

"道"有这样一些属性，和本体相关，如：它是最早的、唯一的、最高的、整全的。"最早"，是说"道"在一切出现之前就已经存在了，它比天地更古老；"唯一"，也就是"绝对"，没有什么可以和"道"相提并论，没有什么东西能够跟它并肩，更不要说超过它了，因此，它也是最高的；"整全"，就是"完整"，其他东西都是局部的、片面的，只有"道"是浑然一体、完整无缺的。

由于具备了这些属性，"道"才能成为一切事物的源头和根据。

那么，什么是"德"？

"德"包括两个层次：第一个层次，"德"是"道"在人和事物上的体现。按照权威的解释，"德者，得也"，"德"的本义是"获得、得到"。"道"产生了万事万物，而且内在于万事万物，在一切事物中表现它的属性。"道"体现在万事万物上，就是万事万物的"德"。或者说，万事万物正是因为获得、分享了"道"，所以才成其为具体的事物。因此，尽管"德"的地位要低于"道"，但它才是我们能直接感受的有关"道"的印记。通过顺应"德"，我们可以体认和回归"道"。

第二个层次，"德"有"真""假"的区分。"真德"就是所谓"上德"，"假德"则是下德。区分的标准在于是不是真正遵循"道"。老子说："孔德之容，惟道是从。"这里的"孔德"就是"上德"，它能在根本精神上与道保持一致。"下德"则不然，它是自以为有"德"，是沽名钓誉，是表面文章。

再来看"自然"和"无为"这一组概念。

"自然"在《道德经》里十分重要。"自然"的概念源自大自然本身的存在和变动。老子发现，大自然的存在和变动是自己而然的，它既不是鬼神的功劳，也不是人力作用的结果。当然，老子讲的"自然"是"道"的本性意义上的"自然"，也就是"道法自然"。它和外界的大自然还是有区别的。

"自然"和"无为"经常连在一起，它们是一对互为表里、密不可分的概念。"无为"不是袖手旁观，什么都不做；"无为"也是一种"为"，是顺自然而为。可以说，"自然"是"无为"的内涵；"无为"是"自然"的价值实现形式，是一种理性化的"自然"。

最后一个概念是"损"。《道德经》的第四十八章说："为学日益，为道日损。损之又损，以至于无为。""损"就是"减损""消除"，也就是要做减法。一般人习惯在生命中做加法，看到社会有问题，看到生活不如意，我们会努力采取行动，去拼搏，去改善。而道家的老子和庄子，则主张做减法。无论是对"道"的追求和体认，还是对待社会和生活，都应该用减法，一步步否定，减损种种的偏见、执着和错误，才有可能逐渐接近"道"的智慧。"减损"不仅是我们感受"道"的途径，是"上德"的表现，而且也符合"自然"的精神。例如，"无为"就是对"有为"所做的减法。

（五）说道说道："道"的第一个来源

之前我们猜测老子写《道德经》是为了记录他对于本体，也就是世界存在的最终依据的思考。而老子思考的答案，就是"道"。可以说，"道"是老子哲学体系的核心，也是道家名称的来源。但是，"道"给人的感觉仍然像雾里看花。

那么，"道"是怎么来的呢？老子为什么会选用这个词来指代本体？由于这个问题既复杂又重要，我们将用两讲的篇幅来谈谈"道"的来源。

"道"这个字在甲骨文里还没有发现，它最早出现在西周时期的青铜器铭文中，以及像《周易》《尚书》《诗经》等这样一些传世的古代典籍文献里。

一般来说，"道"有两个原始含义。所谓原始含义，就是"道"的最基础的、最根源性的含义；这两个含义是并列的，不能相互引申，不能相互取代。而"道"的其他的含义都是由这两个基础意义引申发展而来。

"道"的第一个原始含义，就是"言说"。我们通常讲"某某道"就是"某某说"的意思。"道"的第二个原始含义就是"道路"。"道"的这两层原始含义，恰好能够说明"道"这个概念的两个来源，也就是老子为什么选用"道"来作为世界的本源，世界的本体。

先来看"道"的第一层原始意义："道"就是"言说"。关于这层含义，现在西方很盛行的语言哲学给了我们一些启发。西方的语言哲学是从《圣经》解释学发展而来的，在西方有一个漫长的传统。在解读《圣经》的过程中，一些学者注意到语言似乎具有某种独特的价值。例如《圣经》开篇《创世纪》的

第一句话就是："上帝说：'光'，然后有了光。"上帝并不是吹一口气，或者用手一指来创造世界，又或者像哈利·波特那样，借用魔法杖来创造世界；也不像中国古代神话里的盘古开天辟地，用手掌一挥或者用巨斧一砍来创造世界。上帝不是用这样一些动作或者工具，他是通过言说来创造世界，用语言来创造世界的。因此，语言哲学就从《圣经》的解释学中发现了语言所具有的独特的魅力。

说到语言，马克思曾经对语言做过一个非常经典的界定，他说"语言是人类思维的外壳"，也就是说，语言是人类的大脑发展到一定程度，进化到一定阶段的一个产物。这个论断非常精彩，也非常重要。不过语言哲学的思路更看重语言本身的某些特质。

例如，在语言哲学看来，语言具有某种独立性。一般我们会说，人在说话，语言是由人言说的；然而语言哲学认为，在一定意义上，我们可以说"语言能够脱离具体的言说者而独立存在"。就像我们读的书籍，我们唱的歌曲，等等，这些都是语言的产物。它们最开始肯定是由具体的言说者创造出来的。但是它们一经创造之后，就可以独立存在，独立流传。在某种程度上，语言的成果可以脱离当初的具体的创造者、具体的言说者而发挥作用，所以说，语言具有某种独立性。

在独立性的基础上，语言又具有了某种创造性，也就是说，我们可以通过语言本身来进行创造。我们并不一定需要亲自经历那么多的事情，而是可以通过看别人的作品，听别人的歌曲，从别人的语言中获得素材，来进行创造。这样一来，我们的创造活动可以建立在语言的基础之上，我们在语言中进行创造，语言成为我们创造的一个媒介。

最重要的是，语言还具有了某种本体色彩。不仅仅是人在言说，也可以反过来讲，言说成为人的一种存在方式。我们是在语言中展开生命的。就像汉语讲"谈恋爱"，要谈才能恋爱。我们需要在语言中进行各种各样的生命活动，我们也习惯了在语言的笼罩下生存。这一方面固然展示了语言对我们生命的一种塑造功能，语言对人的一种影响力；但是反过来，语言哲学也注意到，这也体现了一种异化现象，也就是语言对人进行了某种主宰，某种包裹，某种限制，甚至于离开语言我们寸步难行。

为什么说这是一种异化呢？因为从根本上讲，无论语言多么丰富，它相比于生命来说，总是苍白无力的。人的生命的内涵、生命的精彩，要远远超出语言的范围。然而我们又是在语言中展开自己的生命活动的，这就使得生命活动的深度和广度被局限在语言的有限范围之内，导致我们的生命变得狭小，变得苍白。所以说，这实际上是一种异化，是一种生命的萎缩。

因此，在注意到语言的独特价值的同时，语言哲学家提出我们要防止语言对生命的限制、束缚，要在一定程度上突破语言的界限，突破语言的边界。因为生命的内涵是无穷无尽的，生命的精彩是语言不可能穷尽的。这些都不是语言所能够涵盖、所能够彻底表达的。

那么，怎样才能够突破语言的边界呢？人们发现了两种途径。

第一种途径，人们发现，各种语言中有这么一类语言，有着独特的性质，那就是诗的语言。无论是古代的诗还是今天的诗，无论是中国的诗还是外国的诗，只要不是那些无病呻吟的，而是真正意义上的诗，它们都有一个特点，那就是模糊性。诗的语言具有某种模糊性，或者按照我们中国古代的话讲叫"言有尽，意无穷"。就像大家读李商隐的《锦瑟》这首诗："锦瑟无端五十弦，一弦一柱思华年。庄生晓梦迷蝴蝶，望帝春心托杜鹃。沧海月明珠有泪，蓝田日暖玉生烟。此情可待成追忆，只是当时已惘然。"大家其实并不一定完全明白这首诗到底讲了什么，但是，就在模模糊糊、朦朦胧胧之间，又或多或少能感受到一些东西，甚至感受到一种独特的韵味，一种独特的情绪。这就是诗这类语言的独特价值。不光中国古诗是这样，西方的诗也一样。因此，存在主义哲学家海德格尔就讲过，他看重这种诗性的语言，用诗意的语言来破除语言对于生命的一种束缚，一种限制。所以，运用诗的语言，是人们试图以语言来突破语言的一种方法。

除此之外，还有另外一种途径，来突破语言对于生命的限制和束缚。那就是中国式的直觉体悟的方法。例如，中国佛教中的禅宗强调"不立文字，教外别传"，强调"以心传心"。如拈花微笑，禅宗为什么要用拈花微笑的方式来传递智慧的精髓呢？因为无法通过语言或通过其他的形式来传递，这些形式都是蹩脚的、拙劣的。语言的根本局限性表现在"言不尽意"，任何语言都是有偏差的。无论怎么精心修饰，语言在传递的过程中都会出现偏差。也就是，我在说话的时候，我想要表达的，和你听到的，总会有一个偏差。例如，我现在说"卓别林是一位伟大的喜剧演员，是喜剧之王"，我在讲这句话的时候，心里想要表达的意思，和大家听到这句话时感受到的意思，两者之间一定会有偏差，只不过是程度大小的区别罢了。这就是语言在传递过程中出现的"言不尽意"的现象。

诗的语言，就是借助模糊化的语言来传递信息。因为模糊，所以诗的语言不强调精确性，反而能够最大限度地减少误差。就像科学里面讲到的误差一样，当我们用比较大一点的尺度，比较模糊一点的尺度来衡量的时候，这个误差就不那么明显。而当我们用非常精确的尺度来衡量的时候，这个误差就显得很明显。例如，要把此时此刻中国的人口具体准确到百位数、十位数，甚至个位数，我们很难做到准确；但如果我们说中国有十几亿人口，那么这个说法一定是比较准确的，因为它的表述比较模糊，尺度比较大。诗的语言，从某种意义上说，其实就是一种模糊的、大尺度的语言，它能够减少误差的干扰。

另外一种做法，就是像禅宗的拈花微笑，不立文字，不通过语言，不依赖文字，而是以其他的方式，通过心灵的默契来传递。借助这种看似神秘的佛祖拈花、迦叶微笑的方式，才能够保证它的内容传递的完整性和准确性。

《道德经》的做法与禅宗的做法相似，但是不同。道家也强调采用"非语言"的直觉的方式传递信息、传承智慧，这就是"道"。老子巧妙地运用了"道的言说"这层含义。按照老子的理解，我想要说"卓别林是一位伟大的喜剧演员"，但是只要我开口，我说出来的内容、听众感受到的东西，和我想要表达的东西，就会出现偏差。也就是说，我想表述的内容，和语言这个形式之间，会出现错位，出现偏差。那么，怎样才能够保证不出现偏差呢？那就是：欲说还休。就好比"某某道"，在要说的一瞬间，停下来。在将说未说之际停下来，只有这样才能保证内容的完整性和准确性。因而，老子所谓的"道"恰恰是不说。《道德经》第一章说："道，可道，非常道；名，可名，非常名。"那些能够言说的、能够用语言来表述的"道"，并不是老子想要讲的"常道"，真正的永恒之道是无法用语言去言说、去界定的。正如人们通常讲的，知识是可以通过语言来传递的，但智慧并不能依靠语言来直接传递。智慧的获得伴随的是对语言的超越。

（六）道路："道"的第二个来源

东晋诗人陶渊明曾经讲过："此中有真意，欲辨已忘言"。诗人在淡雅悠闲的隐居生活中，隐隐约约领悟到生命的某种真谛；可是，刚要把它说出来，却发现忘了该怎么说，已经找不到合适的语言来描述此刻的感悟了。可见，生命的感悟和智慧是一种活泼泼的、丰满的东西，无法用语言来形容。逻辑的语言，其实不足以体现它的微妙与整体性。因此，将说未说之际的停顿，欲辨已忘言，恰恰是对待智慧的正确做法。

这还只是第一步。至于怎样来传递？老子和庄子还有很多具体的讲法，如"虚静""心斋坐忘"，都有比较完整的描述。

可见，老子之所以选用"道"来作为描述世界本源的概念，一个原因，恰恰在于"道"就是"将说未说之际的语言本身"，在这种玄妙的状态下，语言尚未偏离它的本质，没有偏离它的内涵。老子很看重这种状态。

除了"言说"，"道"还有第二个原始含义，那就是道路。这一层含义对于老子选用"道"这个字眼来概括世界本源，也同样有重要的启发意义。

什么是道路？《说文解字》里说："道，所行道也。"段玉裁注释讲：

"道者，人所行，故亦谓之行。"这是什么意思呢？道就是供人行走的路。在近几十年出土的楚国竹简中有一个"道"字，书写得很有特点：十字路口中间有一个人。这种书写方式直观地说明，"道"的本义就是人在路上走，或者供人行走的路。那什么是道路呢？鲁迅先生曾经在《故乡》这篇文章里说过："世界上本来没有路，走的人多了，也就变成了路。"路都是人走出来的，正因为如此，道路的两旁往往是悬崖、密林、河谷等等，人是无法行走的，只有沿着道路走。

现在我们假设有两个地方——甲地和乙地，如果甲地和乙地之间有且只有一条道路，那么这条道路就有两层含义。第一层含义，我们只要按照这条道路走，就可以从甲地到达乙地，或者从乙地到达甲地。这时候，道路具有某种指引性，它可以指引我们从甲这个地方走到乙这个地方，或者反过来从乙这个地方走到甲这个地方。这是第一层含义，道的指引性。除此之外，"道"还有另一层含义：如果我们想要从甲地到达乙地，或者从乙地到达甲地，只有按照这条道路走，也就是说必须沿着这条道路走，才能从甲地到乙地或者从乙地到甲地。从这层意义上讲，"道"具有了某种规范性。由此，"道路"这个原始含义可以推导出"道"的指引性和"道"的规范性两层含义，而这又可以自然地引申出"规律"这个重要的含义。

大家可能听过这么两个成语，一个是"明修栈道，暗度陈仓"，另一个是"兵行诡道"。这两个成语里都有"道"字，但两个成语中的"道"并不是同一个含义。"明修栈道，暗度陈仓"里的"栈道"，仍然是道路的意思，但"兵行诡道"中的"诡道"，就不再是一条具体的道路了，指的是诡变莫测的法则、规律。"兵行诡道"的意思是行军打仗要遵循出其不意、诡变莫测的法则。从这两个成语中"道"字的运用，我们可以看出，语义的变化明显地有一个抽象化的过程。从具体的道路，抽象成无形的法则。中国古代思想的发展变化，其实通过一些成语的演变，也能够看出一些轨迹来。

在"兵行诡道"这个成语里，"道"还只是一种战争的规则。再往后，

"道"被用来表示自然界、天地万物及人类社会的行为法则。例如"天之道""地之道""人之道"。这时候,"道"的抽象的"规则、法则"的含义就更明显了。它已经完全脱离了"道"的具体形象,具有了抽象的哲学的意义。只不过这时候的"道"还不是最高的概念,"道"仍然在"天"和"上帝"的掌控之下。

说到"上帝"这个词,其实它原本是中国古代已经有的观念,中国的夏商周时期就经常讲到"上帝",甲骨文里也经常出现"上帝"的字眼。因此我们在讲"上帝"这个词的时候,不要想当然地联想到西方的基督教。"上帝"这个词原本是中国文化固有的,只不过基督教在翻译和传播的过程中,选用了"上帝"这个词来作为对基督教的最高偶像的称呼。

"天之道""地之道""人之道",这些意义上的"道",仍然是在"天"和"上帝"的操控之下的,并不是最高的。而老子的一个伟大贡献,就在于他把"道"从"天之道""地之道""人之道",进一步提升,进一步抽象,把它升华为"常道""恒道",也就是永恒之道、普遍之道。让"道"成为一个在天之上、在上帝之上的,最高的、独一无二的概念,一个形而上学的、本体的概念。

所谓"本体",只能是独一无二的,只有一个,而且是最高的。因此,春秋时期,在老子之前的"道"是从属于天的,从属于"上帝"的。老子改变了这一点。在老子这里,"道"比天更加根本,比"上帝"更加崇高,是最高的概念,最终极的力量,是世间万物存在的最终的根据。

这就是"道"的第二个来源,从"道路"这层原始含义引申发展而来。

我们从"道"的两层原始含义,推导出《道德经》里"道"这个概念的来源。正因为"道"在语言的层面上,在规律的层面上,有着独特的解释能力,所以老子才把"道"作为本体的一个代名词。

了解"道"的两层来源,可以让我们更好地理解老子的玄之又玄的"道"。

（七）不"道"是怎么来的

明白了"道"的来源后，相伴随的有一个问题：不"道"又是怎么来的？

《道德经》的五个核心概念，实际上是老子所肯定的、所赞同的。也就是说，老子肯定"道""德"，肯定"自然""无为"，肯定"损"。他用这样一些正面的核心价值、核心概念，来反思、批评那些和正面价值相背离的东西。例如"道"的反面是"不道"，"德"的反面是"下德"或者"不德"，"自然""无为"的反面是"矫揉造作""肆意妄为"，"损"的反面是"一味地增加"。老子对这些"不道"的现象，是有所警惕、有所批判的。

老庄哲学的批判色彩比较浓厚，老子和庄子对于现实的社会政治，对于既有的文明，对于人性、人的欲望、人的愚昧等等，有很多讽刺和批评。

那么为什么会出现"不道""不德""矫揉造作""肆意妄为""一味增加"等不好的东西呢？或者说，这些反面的东西是怎么来的？

我想从两个层次来回答这个问题：第一个层次，是根源性的层次，也就是更为根本、更为关键的层次；第二个层次，则属于比较表层的、比较具体的层次。

先来看第一个层次。这个层次涉及一个自相矛盾的问题。一方面，按照老子的说法，宇宙和天地万物，所有这一切都是由道而来的，都可以追溯到"道"。但另一方面，现实中却又出现了一些不符合"道"的东西，就如刚才提到的"不道""不德""造作""有为"等等。打个比方，如果说"道"是美的，是好的；那么，为什么会出现"丑"，出现"坏"的东西？这些违反道、偏离道的东西，是怎么来的？它们也源于"道"吗？还是来源于和"道"不同的东西？很显然，在老子看来，"道"是唯一的，不存在和它相提并论的其他事物。所以，这些违反"道"、偏离"道"的东西，也只能是由"道"产生的。这就造成了一个困境：既然一切都是由"道"而来，那么为什么会出现跟"道"唱反调的东西？

为了方便大家理解，我们可以用"善恶"这个话题来举例。大家都知道，在人性的问题上，有"性善论""性恶论"的提法。无论是"性善论"还是"性恶论"，我们都可以把它们归结为"人性一元论"，也就是认为本性只有单一的来源，要么是"善"，要么是"恶"。不过，"人性一元论"往往会面临一个挑战：如果主张"人性本善"的话，必须回应现实中为什么会出现"恶"；反之也是一样，主张人性本恶，也需要说明现实中为什么会出现"善"。

我们可以借用西方的基督教对这个问题的讨论，来获得一些启发。当然，我们这里不是在介绍神学，主要是借鉴基督教关于善恶问题的一些思考，它的角度、它的结论，都很有特点。

基督教有一个很重要的说法：上帝是一切的来源；而这个上帝，是全知、全善、全能的，是唯一的、最高的存在。这个说法当然也遭到了很多的质疑，我们就从"上帝全善"这方面谈谈。

从逻辑上讲，上帝是唯一的来源，而上帝又是"全善"的，也就是没有一丁点儿"恶"；这就会冒出一个问题，"恶是怎么来的"？既然上帝是全善的，上帝又是一切事物的来源，那么，"恶"也来自上帝吗？举个例子，大家都知道"伊甸园"的故事，亚当和夏娃在伊甸园里生活，结果夏娃受了毒蛇的诱惑，偷吃了禁果，亚当跟着也吃了。他们因此犯下原罪，被赶出伊甸园。这个故事里有一个很重要的角色——毒蛇。毒蛇是怎么来的？有朋友会说，它是魔鬼撒旦创造的。但我们再追问一句：魔鬼撒旦又是怎么来的？很显然，它不可能来自上帝之外。前面说了，上帝是唯一的、最高的存在，没有对手，没有敌人。因此，撒旦并不是和上帝并列的存在，而是在上帝之下的，也是由上帝创造的。

按照基督教的上帝一元论的起源学说，一切都是由上帝创造的。那么，我们在逻辑上就会得出一个非常奇怪或者荒谬的结论，不仅"善"是上帝创造的，"恶"也是由上帝创造的——撒旦、毒蛇也都是上帝创造的。

那么，怎么来解决这个问题？其实，基督教对这个问题的回应是比较简单的。我有一个朋友是基督教信徒，他说，按照基督教的说法，如果这些东西我们都明白，我们都能理解了，那我们不就是上帝了吗？正是因为有些东西我们无法理解，只有上帝才能理解，才显示了我们和上帝的差距。而我们不明白的东西，并不意味着它不真实、不合理。

当然，这样讲有点玄虚。我们回到"善恶"的话题。应该怎么解释上帝是纯善的，上帝又是一切事物的来源，而现实世界中却出现了恶？就像"挪亚方舟"的故事所说：上帝对他的创造物——人类——很不满意，因为恶人在大地上横行，道德败坏，手足相残，亲人反目，等等。上帝很愤怒，也很失望，决定用洪水把他创造的人类全部毁掉。只有挪亚一家是好人，于是上帝让他们修建方舟，来躲避即将发生的大洪水。

这个故事背后有一个奇怪的逻辑：大地上的恶人是谁创造出来的？是上帝。又是谁毁掉的呢？还是上帝。也就是说，这个全能全善的上帝，创造出了让他不满意的创造物，又把这一切给毁掉。这就是上帝一元论逻辑上的困境。

对于这个困境，基督教有一个精彩的回应，那就是：上帝固然是全知全善全能的唯一的最高存在，但是，上帝不能创造出高于自己的东西，不能创造出比他更知更善更能的东西，否则，他就不是最高存在。

不仅如此，上帝也不能创造出跟他一模一样的东西，因为上帝是独一无二的，所以，他不能创造出和他一样全知全善全能的东西。

这就得出了一系列造物的规则：

规则一，上帝不能创造出比他更高级的东西。

规则二，上帝也不能创造出跟他一样的东西。

由以上两条规则，推导出规则三：如果上帝能够创造，那么，他所能创造的东西一定是低于他的，一定是不如他的。

假设说上帝的"全知全善全能"是标准答案，是唯一的正确答案，那么，他所创造的那些不如他、低于他的东西，必然是与正确答案有距离的，是不完美的。也就是说，上帝的创造物一定是不完美的。

从"善恶"的角度来说，上帝是"全善"的，是纯粹的善。他的创造物，无论是动物植物，还是人类，一定不是"全善"的，不是"纯粹的善"。而"不纯粹的善"，在一定意义上，也可以看作"恶"。就好比，我们可以把世间所有的颜色都看成红色，无论黄色、白色，还是绿色、蓝色，所有的颜色都是红色；只不过，有的是最红的红色，有的是不那么红的红色。我们把所有的颜色都放在一个红色的色谱序列里，有的颜色与最红的红色更接近一些，而有的偏离得更远一点。同样的道理，我们也可以把所有的行为都看作"善"的行为，把它们都放在一个"善"的序列里。最高的善，按照基督教的讲法，就是上帝的善，最完美无缺的"善"；其他像天使、使徒、善人等，这些"善"都在这个序列里。不仅仅是他们，普通人，甚至那些坏蛋、恶棍，例如魔鬼撒旦，同样也在这个"善"的序列里，只不过，他们距离"纯粹的善"更加远。

按照这样的理解，什么是恶呢？恶并不是善的对立面，恶也是一种善，只不过是有缺陷的善。

受基督教这种说法的启发，借用这样的模式，我们也可以说：道是唯一的、最高的存在，它创造了万物。但由于道是唯一的，所以它的创造物一定是与道有距离的，一定是具有某种缺陷的。这样一来，出现"不道"，也就是出现"违反道""偏离道"的事物，就成为必然。只要"道"创造，那它的创造物就一定是某种程度上"偏离道"的东西。

这是我们从根源性的层次来讲的。

我们再从一个更加具体、更加浅显、更容易理解的层次来说：万物之所以是万物，而不是道，就在于万物是片面的，而道是全面的。就像盲人摸象，"道"好比大象，大象是完整的；而万物则好比盲人，他们对大象的感知都是片面的、局部的。因而，万物都是有欠缺的，有各自的缺陷。就拿人来说，人有各种私欲，各种怪癖，会丧失理性，等等，这让我们越发地与"道"背离。于是，种种"不道"的行为、"不道"的现象就会出现。

这也是老子反思的一个起点。

（八）应该选哪一个版本来读

市面上有关《道德经》的各种解说版本，可谓数不胜数。我们去机场，去高铁站，如果时间早了，逛一逛候机大厅、候车大厅，往往会有书报亭。除了财经类、成功学的书籍，书架上最多的就是这三种：《周易》《道德经》《孙子兵法》。而且每一种都有好多不同的解说版本。往好处讲，这说明大家更看重传统文化了，对国学古籍有很强烈的需求。但往坏里讲，其中很可能鱼龙混杂，不少都是套路。

所以，我们花那么多时间、那么多精力来读《道德经》，首先必须要选一个合适的版本。只有这样，才能事半功倍，真正有收获。

尤其是《道德经》，不同的版本所带来的差别可能要更大一些。不管是《周易》《孙子兵法》，还是《论语》《庄子》，对这些古代典籍来说，版本带来的差别，还只是大同小异，但是，《道德经》就不一样了。

这些差别主要体现在三个主要的版本里：第一个是通行本，也就是从古至今一直流传下来的版本；第二个版本是马王堆汉墓出土的帛书本；第三个版本是湖北荆门郭店楚墓出土的竹简本。我们分别来看看这三个版本，比较一下它们的共同之处和不同的地方。

首先来说通行本的《道德经》。其实，只有这个版本才叫《道德经》，另外两个版本都不能叫《道德经》。说它是通行本，是因为这个版本从西汉一直流传到今天，而且影响非常广泛。可以说，《道德经》千百年来的赫赫威名，全都是它打下来的。

前面我们曾介绍过，《道德经》是春秋晚期的大思想家老子创作的。照这样讲，这本书应该早在春秋晚期就已经写出来了。不过，《道德经》的正式流传却是在三百年后的西汉时期。在这三百年时间里，知道它的人不少，不过有关它的传承，就不是很清晰了，更谈不上连贯。

一直到西汉文帝时期，出了一个河上丈人，也叫河上公。其实，他就是无名氏。因为河上是汉代的一个郡县的名字，所以，河上丈人、河上公，就是河上郡的一位老人，也不知道他的真实姓名。就是由这位河上公开始了《道德经》两千年的传承。说不清他是从哪里得到这本书的，总之，这本书出现了。河上公对这本书做了一番整理工作，他做了三件事：

首先，他把全书分成了八十一章，具体做法就是"章句"。

所谓"章句"，简单点儿说，就是分章，然后句读。古代的书都是白文，繁体字、竖排版，一列一列，密密麻麻，没有标点符号，没有分段落。而"章句"正是对这种白文古书的处理："章"就是根据内容分段落，分章节；"句"，就是"句读"，断句。这些白文古书，只有经过"章句"的处理，才方便阅读。

很可能河上公手里的《道德经》就是白文的，于是，他对《道德经》做了章句，按内容区分成八十一章，断句，并且每一章都给了一个名称。这是他做的第一件事情。

在这个基础上，他把这八十一章又分成上下两个部分，从第一章到第三十七章，叫作"道经"；从第三十八章到结尾这部分，叫作"德经"。合起来就是《道德经》。后来，有些书也把这两部分叫作"道德上经"和"道德下经"，但最初的名称是"道经"和"德经"。可以说，"道德经"这三个字，就是从这两个部分提炼出来的。这是他做的第二件事。

河上公做的第三件事，就是为这本书做了注释。当然，他的注释比较简略。经过他整理的版本，就叫《汉河上公老子道德经章句》，大约有五千字。为什么说"大约"呢？因为在流传的过程中，抄录的人、传承的人，有可能会根据自己的理解增减调整几个字。举例来说，第二章的第一句话"天下皆知美之为美"，这里的"天下"两个字，有的抄录本就没有。这样的情况不止一处，因此，《道德经》到底有多少个字，其实没有一个公认的标准答案，但总归是五千字上下，这是没问题的。

　　河上公章句并注释的这个版本，之所以能流传两千多年，成为最主流的通行本，很大一部分功劳要归在王弼头上。王弼是魏晋时期最著名的青年哲学家，不到二十四岁就因病去世了。王弼为河上公章句的《道德经》版本做了注释。他的注释非常精准，也非常深刻，让后人叹服不已。也正因为如此，《道德经》拥有了顽强的生命力，在一次次动乱与浩劫中存留了下来，一直流传到今天。

　　通行本的《道德经》是汉代的河上公章句，魏晋的王弼做了注释，这是第一个重要版本。

　　再来看第二个版本。1973年，湖南长沙马王堆三号汉墓出土了一批帛书。"帛"就是丝绸，"帛书"是抄写在丝绸上的古书。这批珍贵的帛书里，就有《老子》甲乙两种抄本。

　　所谓"甲乙两种抄本"，是说甲本和乙本都是独立、完整的抄录本。甲本大概是汉高祖刘邦时期抄录的，乙本要稍晚一点，大概在刘邦的儿子汉惠帝时期抄录。

　　为什么把它们叫《老子》，而不是《道德经》呢？因为它们都是《德经》在前，《道经》在后。帛书版本也分为八十一章，但都是把《德经》放在前面，《道经》放在后面。所以，硬要起名的话，应该叫《德道经》。听着有些别扭，于是，干脆用作者的名字来命名，就叫它帛书《老子》。帛书版《老子》的出土，也回答了一个千古疑问。战国晚期的法家思想家韩非子很重视老子，专门写了两篇文章，《解老篇》和《喻老篇》，都是他研究老子的成果。人们发现，韩非子在引用《道德经》的时候，总是先引用"德经"的内容，再引用"道经"的内容，和通行本的顺序矛盾。一直以来，大家都不明白原因。直到马王堆汉墓帛书《老子》出土，才解决了这个疑问：韩非子当年看到的《道德经》的版本，应该与这个帛书本是同类版本，都是《德经》在前，《道经》在后。

帛书《老子》除了顺序不一样，还有一个比较明显的差别，它的篇幅要比通行本多一些，大约有五千四百字。不过，仔细对比一下，我们会发现多出来的这四百字，基本上都是语法辅助词，就好比通行本第一章第一句："道，可道，非常道；名，可名，非常名。"而帛书《老子》对应的内容，变成了："道，可道也，非恒道也；名，可名也，非恒名也。"除了因为要避皇帝的名讳，把"恒"改成"常"，区别就在于多了几个"也"字。

这是第二个重要版本，帛书本，叫《道德经》不合适，一般称作帛书《老子》。

至于第三个版本，出现得要更晚一些，但抄录的时间反而是最早的。1993年，湖北荆门郭店一号楚墓出土了一批宝贵的竹简，一共有十六种先秦儒家、道家的古书，其中道家类的有两种，一种是《太一生水》，另一种就是《老子》甲乙丙三组。这三组也是并列的，不过都不是完整的抄本，而是节录本，给人的感觉，就像是三个同学分别做的课堂摘录笔记，既有重合的内容，也有不一样的地方。这就是郭店竹简本的《老子》。它的篇幅只有一千七百多字，相当于通行本、帛书本的三分之一。另外，各章的排序也有很大不同，看不出"道经"和"德经"的区分；有些章的文字也有不同。这个版本也不能叫《道德经》，一般称它为郭店竹简本《老子》，它的抄录时间是最早的，大约在战国中期。

以上，我们介绍了《道德经》的三个最重要的版本，其实，后两种都不能叫《道德经》，而是叫《老子》。

那么，我们应该选用哪一个版本呢？我个人推荐的，还是通行本的《道德经》，也就是河上公章句、王弼注释的这个版本。原因有这么几个：首先，这个版本流传时间最久远，影响力最大，和中华文化的关系也最为密切；其次，后世出土的帛书本、竹简本《老子》，虽然抄录时间更早，但并没有能够从根本上动摇通行本的权威性，更多的还是补充作用；再次，通行本《道德经》的内容结构更加清晰，而且历朝历代的注解更加丰富，方便我们理解。当然，我们在以通行本为主的同时，也要吸纳另外两个版本的长处，取长补短，融会贯通。

我向大家推荐的具体的解读《道德经》的版本，是著名国学大师任继愈先生所著的《老子绎读》。我手边的这本，是北京图书馆出版社于2006年出版的。

任继愈先生和老子很有缘分：他长期担任国家图书馆的馆长，而我们知道，老子也曾经当过守藏史，这个守藏史就相当于今天的国家图书馆、档案馆、博物馆的综合管理人员。这样说来，任继愈先生和老子算是同行了。可能也是这个缘故吧，任先生对《道德经》可谓情有独钟。他用了半个世纪来研究这本书，前后共出版了四种解读《道德经》的著作。我推荐的《老子绎读》，就是任先生晚年研究《道德经》的定论。任先生对《道德经》的解读，真正算得上"举重若轻"！看上去简单平易，仔细一推敲，我们就会发现其中文字非常平正，深入浅出，而且得其精髓！

另外，这本书还有一个可贵之处，它把我们前面提到的三大版本都融会进来了。任先生的解读，是以通行的河上公、王弼的版本为主干；同时，他在附录中，又把马王堆帛书本和郭店楚墓竹简本这两个版本，也全部收录进来。这样，就可以让我们很方便地比较这三个版本的相同和不同的地方。

（九）采用什么方式读

《道德经》有各种各样的读法，应该怎样区分和选择呢？

首先，我想说一说，二十多年前国学经典热时的一些读法。这里必须提到的是于丹教授。于丹借助"百家讲坛"的平台，推出了像《论语心得》《庄子心得》等一系列介绍国学经典的课程，影响非常大。可以说，于丹教授和当时的一些文化学者，对于国学文化在整个社会的普及，尤其在吸引年轻朋友对国学感兴趣方面，有很大的贡献。他们的成绩是不容抹杀的。

当然，这样的读法，可能在传播学的意义上有更多的价值。回到国学经典本身，可能还有一些缺憾，它仍然是比较表层的。这种解读，还是属于传统文化意义上的，只不过，与这个经典本身的关系不是太紧密。

市面上关于《道德经》的解读产品，同样有不少也是非常表层的，类似于心灵鸡汤。

还有一类，可以归到人生感悟类。中国台湾的南怀瑾先生，就出版了一本《老子他说》，厚厚的一大本。这本书，实际上就是对南怀瑾先生在讲课的时候讲授内容的汇集。他也没有准备讲稿，信马由缰，想到哪里说到哪里。虽说是以老子为线索，不过，讲的内容散乱，无所不包。这种讲法呢，是非常自由散漫的。

南怀瑾先生是在九十五岁高龄去世的。他的生活阅历非常丰富，所以他这样讲是可以的；或者说，他这样讲有他的长处，可以把他的很多人生体悟、很多的联想放进来。

因此，大家听他的讲法，也会有一些收获，这种讲法有同样的一个问题，就是和《道德经》内容的贴合程度，也就是深入的程度，是不够的，准确性上也存在一定的疑问。

另外，还有一些讲《道德经》的人，目的是突出讲授者个人的权威，把自己打造成"智者""精神导师"，让听众、学员对他顶礼膜拜。说得严重一点，这是一种类似邪教一样的讲法。当然，背后的目的也可能是"敛财"，或者是"犯了狂热病"。我们现在的国学普及，偶尔也有各种各样的乱象。

而我们采用的读法，与这些是不一样的。我想用两个词来概括我们的读法：一个是"正说"，一个是"精读"。

所谓"正说"的"正"，当然不是要大家正襟危坐，是"平正"的意思。我们希望用一种平实的、尊重原意的方式，来解读《道德经》，它是从传统的、正统的解说发展而来。不过，在综合前人解说的基础上，我们会讨论前人解说中一些矛盾的或者不清晰的地方，根据自己的理解来补充一点，澄清一点。根本目的，就是要"求通求顺"。这是"正说"的第一个意思。

再谈"正说"的第二个意思。因为我本人是哲学专业出身，所以在解读的过程中，我会比较多地关注《道德经》的哲学意涵，从哲学的角度来解读。当然，这也缘于我的其他的阅历不够，生活经历简单，从学校读书到学校工作，缺少社会经验。因而，我也没有资格来谈人生体会、社会经验。那么，我就干脆老老实实地回到《道德经》本身，参考前人的理解，根据自己的体会和感悟，来谈一点学习《道德经》时的收获。至于引申、发挥、联想，这样一些任务，就请各位读者朋友自己来完成，因为大家的生活阅历、人生经历，比我丰富得多，深刻得多。所以，在这方面，我就不"班门弄斧"了。

所谓"精读"，就是我们希望采用一种深入、细致的读法。

《道德经》有很多正式的读法，这些读法可以分为不同的类型。

例如，从内容编排上看，它可以分为纵向和横向两种读法。

纵向读法，就是顺着《道德经》的顺序，从第一章开始，依照顺序往后读。而横向读法，则是把《道德经》打散，把它按照不同的主题、不同的类别，拆开来读。每一主题、每一类别，可能既有前面的章节，也有后面的章节，也就是按照内容重新排列组合，重新解读。

纵向读法的好处是：容易形成对于全书的整体理解，因为《道德经》各章顺序的编排可能最初就有一定的原因和目的，更重要的是在历代的解读过程中，人们已经习惯了这样的顺序，各种注解、推导，也都是按照这个顺序发展而来的。所以，它会更顺畅，对于《道德经》全书的结构的理解更方便。

至于横向读法，好处是对于《道德经》的重要思想的理解更有帮助，重点更突出。不过，对于初学者，也就是对《道德经》不是特别了解的人来说，这样的读法实际上是比较凌乱的，容易让阅读者的头脑中一团乱麻。

因此，我个人认为，如果是对于《道德经》已经有相当了解的人，对它的文本，对它的基本含义认识有一定基础的人，采用横向读法，会更有收获。

如果没有这些基础，对《道德经》的文本和基本思想并不是特别熟悉，那么可能从第一章开始逐章解读效果会更好，踏踏实实，稳打稳扎，这样的效果会更理想。

按照读的内容多少来区分，也有两种形式，一种是选读，一种是全读。所谓"选读"，就是挑选其中一些有代表性的章节来读；全读是从头到尾一章不落地读下来。显然，这就是时间问题和精力问题。

选读，是在有限的时间里，用有限的精力，选一些最有代表性的、更能够体现《道德经》特色的章节来读，让我们在有限的时间里有较大的收获。全文通读这种读法，则是一种比较奢侈的读法，投入的时间精力会比较多，但它的收获应该是最大的。因为那些我们以为不太重要的章节，也许对我们了解全书却有很大的帮助。

最好我们能够采用一种更加奢侈、更加从容的形式，来逐篇通读《道德经》。因此，本书采用的方式，是从头到尾通读，从第一章开始，一直到第八十一章，逐章解读。

具体的做法是先把原文列出来，然后对这一章里的一些重要的字句、概念，首先做一点疏解，并给出翻译。最后，围绕着这一章做一些展开，例如这一章的含义，它和前面、后面的相关章节有什么关联，它在《道德经》的整个体系里占有什么地位。对于内容丰富的章节，我会讲得多一点，而那些内容相对单薄的章节，则讲得少一些。

我在精读的时候，依托的是任继愈先生的《老子绎读》。当然，也有一些地方，我可能会提出不同的理解。

我想，无论采用哪一种解释，目的都是达到通顺：这既包括每一章内部的通顺，更指各章之间不矛盾，对《道德经》的整体理解能够做到贯通、合理。

尽管是"正说""精读"，它们也不能是刻板的、艰涩难懂的，我们希望把《道德经》讲得更清晰，更通俗易懂，让朋友们多少有一点收获。